LES LIBERTINS

EN FRANCE AU XVIIᵉ SIÈCLE

CORBEIL. Imprimerie Éd. CRÉTÉ. — 3762-06.

F. T. PERRENS

MEMBRE DE L'INSTITUT

LES LIBERTINS

EN FRANCE AU XVIIᵉ SIÈCLE

PARIS
LÉON CHAILLEY, ÉDITEUR
41, RUE DE RICHELIEU, 41

LES
LIBERTINS EN FRANCE
AU XVIIᵉ SIÈCLE

AVANT-PROPOS

A la veille de devenir septuagénaire, j'avais de mon plein gré dit adieu à la vie active et résolument pris mes invalides. Je pensais qu'après quarante-huit ans de services dans l'Université et vingt-huit à l'École polytechnique, j'avais quelque droit à passer mes derniers jours dans le repos. Mais ce repos, il fallait empêcher la retraite, homicide pour tant de retraités, de le rendre trop tôt éternel. Or la double vie du corps et de l'esprit ne se prolonge, à l'abri de la décrépitude, que par le travail sagement mesuré à nos forces décroissantes. Mettre en jachère un vieux cerveau, coutumier de l'activité, c'est avancer l'heure fatale, sans compter que c'est aussi, comme dit Lucrèce, perdre par amour de la vie les raisons de vivre.

Parmi divers travaux qui m'ont occupé l'espace d'un matin, je veux dire quelques semaines ou quelques mois, un seul m'a demandé des années, objet, pour ce motif même, de mes prédilections. Passer incessamment d'un sujet, d'un milieu à un autre, marcher à la manière du Juif errant, n'est guère hygiénique et délectable que pour la jeunesse. L'étude du groupe dit des libertins me permettait de me fixer, car elle exigeait de nombreuses lectures et un effort soutenu d'assemblage. Elle avait tenté déjà plusieurs esprits curieux, mais tous bientôt découragés par les difficultés de l'entreprise ou arrêtés par la mort. J'ai eu plus de ténacité que les uns et de vie que les autres. Ainsi des notes patiemment recueillies ont pu prendre quelque cohésion. Si je les publie aujourd'hui, ce n'est pas que je me dissimule ce qui leur manque ; c'est que les hommes studieux, me semble-t-il, en pourront tirer quelque profit. On ne saurait « planter à mon âge », je ne dis pas « bâtir », sans s'exposer à l'ironie de notre fabuliste et aux foudres d'une critique peu tendre à quiconque sort du cercle où l'on a coutume de le voir. Va donc pour les volées de bois vert que j'entrevois à l'horizon. Mes vieux os auront toujours la ressource de dire que l'esprit de parti s'est mis de la partie, et le silence même serait loin d'être une preuve qu'il s'est abstenu.

Je supplie qu'on ne se méprenne pas sur la nature de la tâche que j'ai abordée. Trouvant sous mes yeux une poussière humaine dédaignée des deux derniers siècles et du nôtre, j'ai tenté d'en rapprocher les molécules d'inégale grosseur et de les embrasser dans une vue d'ensemble. Je me voyais en présence de nombreux personnages dont les uns, âme de cette foule quasi anonyme, sont si connus qu'on formerait des bibliothèques de ce qui a été écrit à leur sujet, et dont d'autres sont si inconnus qu'à peine peut-on dire d'eux, comme Boileau d'un de ses héros de roman : *Astratus vixit*. Je ne pouvais me livrer à la recherche des documents authentiques, pour produire du neuf. Ceux de ces documents qui en valent la peine ont été presque tous publiés ; ils sont sans intérêt, ils sont rares ou manquent tout à fait sur les hommes du second ou du troisième rang. Je ne me croyais d'ailleurs pas tenu à faire l'érudit plus que le biographe. De chacun je me borne à dire ce qui convient dans un livre où leurs sentiments et leurs actes en morale, en religion, en métaphysique, sont seuls en question. Je prends mon bien où je le trouve, et par là j'entends le fonds commun. Que si je donne souvent mes sources, c'est pure habitude d'historien ami des béquilles et répugnant à jurer sur la parole d'autrui, autrui fût-il un maître.

Si ceux qui me liront estiment que ces pages sont de quelque utilité, je serai largement payé de mes peines. Que dis-je? ces peines ne méritent aucun salaire : elles ont été une série de plaisirs. Vivre avec un sujet sans le souci de publier à jour fixe, dit l' « ignorant » à qui nous devons la vie du « savant » que fut mon glorieux camarade Pasteur, il n'y a pas au monde de sort plus enviable. Tout manœuvre du bâtiment éprouve une satisfaction intime à tailler, à équarrir la pierre confiée à ses mains, quoiqu'il ne se puisse rendre compte de l'effet qu'elle produira dans l'ensemble de l'édifice. A cette tâche, qui n'est ingrate qu'en apparence, le jugement sûr d'Augustin Thierry a condamné pour longtemps ceux qui voudront s'occuper de notre histoire nationale : j'en ai recueilli le conseil auprès de son fauteuil d'infirme, et je n'ai pas eu de mérite à le suivre : il proportionnait à mes forces les besognes dont je pouvais me charger. Le manœuvre dépose timidement sa pierre auprès de tant d'autres qui attendent que l'heure soit venue où un architecte de génie nous pourra donner le monument définitif qui nous fait encore défaut.

Nota. — On trouvera dans ce volume une lettre inédite de Gaston d'Orléans, frère de Louis XIII, qui en est le principal ornement. J'en dois la communication à l'obligeance de M. Ludovic Lalanne, bibliothécaire de l'Institut, et je le prie d'agréer en public les remerciements que je lui ai adressés en particulier. Dans l'expression de ma gratitude, j'ai l'agréable devoir de lui adjoindre son adjoint, son collaborateur dévoué, M. Alfred Rebelliau, dont le savoir précis autant qu'étendu, le goût sûr autant que délicat, la complaisance inépuisable autant qu'active, ont été pour moi de précieux points d'appui.

INTRODUCTION

Sens du mot *libertinage*. — Novateurs de Hollande et de Genève au xvi° siècle. — Ils sont persécutés par Calvin. — Origine du mot *libertin*. — Acceptions diverses de ce mot. — L'existence des libertins contestée. — Les libertins tenus pour athées. — Dans quelle mesure l'accusation est fondée. — Épicurisme des libertins. — Leur culte pour la nature. — Leurs doctrines métaphysiques. — Persécutions contre les libertins. — Ils sont réduits à s'effacer. — Distinction entre le libertin et l'esprit fort. — Faiblesse morale des libertins. — Le mot *libertin* change de sens.

I

Le xvi° siècle donnait le nom de *libertinage* à l'esprit d'incrédulité, esprit très ancien en France. Si, à l'heure de la Réforme, nos pères avaient eu plus de foi chrétienne, ils se seraient faits huguenots. Tant qu'on n'aura pas transformé l'homme, il se trouvera des intelligences portées à croire par le besoin d'espérer, d'autres toujours prêtes à rejeter ce qu'elles renoncent à savoir avec certitude, à comprendre avec clarté. Ce sont deux courants également naturels et légitimes, ayant droit chacun à sa place au soleil.

Mais comme toutes choses, ils ont leurs vicissitudes. Tantôt les croyants, tantôt les incrédules ont le vent en poupe ou sont obligés de carguer leurs voiles, de mettre en panne, de se réfugier dans quelque crique obscure pour échapper aux regards. Le xvi° siècle fut pour l'incrédulité un de ces moments où le trouble des consciences et la ferveur de convertir permettent à la pensée ses plus indépendantes manifestations.

Or vers l'année 1528, vivaient en Hollande un certain

nombre d'hommes qui professaient des idées hardies sur la religion. Leurs mystiques chefs, Antoine Pocques et Quintin, faisaient bon marché de l'Écriture et des cérémonies extérieures (1). On assure qu'ils se répandirent bientôt dans les Flandres, puis de là en France, à Rouen, à Paris, enfin et surtout à Genève, où le triomphe de la Réforme semblait promettre et permettre aux impatients du joug séculaire un avenir d'émancipation. Doit-on admettre, avec les auteurs d'encyclopédies, la traînée de poudre, la tache d'huile, le servile troupeau des imitateurs? Nullement. Les idées alors cheminaient à pas tardifs. L'esprit d'affranchissement, produit naturel de faits nombreux et divers, se fit jour simultanément en différents lieux ou du moins à des dates très rapprochées. L'unité d'origine est une hypothèse juive et chrétienne.

De ces idées, qui germaient alors à Genève et ailleurs, le fond était panthéiste. Un seul esprit au monde, celui de Dieu, répandu partout et dans toutes les créatures; l'âme humaine qui n'en est, comme le corps, qu'une parcelle mourant avec lui; le paradis pure illusion et l'enfer pur fantôme imaginé par les théologiens, comme les religions par les politiques, pour s'assurer l'obéissance : tels sont les principaux dogmes de ces émancipés. La récompense, la punition n'étant plus que des non-sens avec un Dieu qui contient tout en soi et est par conséquent l'auteur du mal comme du bien, l'homme peut lâcher la bride à ses passions, égayer ainsi de quelques joies son séjour de misère, s'y ouvrir le seul paradis à espérer. Et le blasphème accompagne ces audaces de la pensée : Jésus-Christ n'est qu'un composé de l'opinion des hommes avec cet esprit divin qui circule dans l'air, dans l'eau, dans le sol, dans les plantes, dans toute matière organisée (2).

Pour que ce vent de révolte, qui soufflait à la fois sur plusieurs points en Europe, attirât l'attention générale, il

---

(1) Voy. Ch. Dardier, dans l'*Encyclopédie des sciences religieuses* de Lichtenberger, 1880, art. LIBERTINS.
(2) Voy. *Encyclopédie ou Dictionnaire raisonné des arts et métiers*, t. XIX, 1780, art. LIBERTINS, par Diderot; *Encyclopédie du XIX° siècle*, art. LIBERTINS.

lui fallait, ici ou là, rencontrer une de ces résistances qui brisent ou augmentent la force impulsive. Tel est le spectacle qu'offrit Genève sous l'âpre et rigide domination de Calvin. Dans les « enfans de Genève » le grand hérésiarque combattait tout ensemble la hardiesse des pensées, la licence des mœurs, le parti conservateur. Ses adversaires, qui avaient reconquis sur le duc et l'évêque la liberté de leur patrie, ne voulaient point qu'elle fût confisquée par ces impérieux Français si dociles à la tyrannique voix de leur chef. Malheureusement, l'opposition donnait au mot de « liberté », en même temps que son sens politique, le sens voluptueux qui plaît à la jeunesse, toujours désireuse de « vivre à son appétit, sans loi, règle, ni compas ». En vain Pierre Berthelier, coryphée du parti, essayait-il de le ramener pour son honneur à cette liberté « qui n'est pas de faire ce que l'on veut, si l'on ne veut ce que l'on doit (1) ». Les écarts étaient-ils graves? C'est peu probable, puisqu'on s'en prenait aux doctrines pour allumer les bûchers (2).

Les doctrines non plus, celles du moins qu'on avouait, ne devaient pas mériter le fagot, puisque ces dissidents marquaient bien haut leur dessein de prendre part à la cène et appelaient les calvinistes leurs « frères en Christ » ; puisque la protestante Berne leur ouvrait ses portes quand ils avaient échappé aux serres de l'autour picard, du « cafard Caïn », qui contre eux « faisoit l'évêque ». Lui, par surcroît de précaution, il entendait les livrer au bourreau. Jacques Gruet, brûlé uniquement parce qu'il pensait à sa guise, l'avait mis en goût (1547). Désormais, aux imputations doctrinales il joignait les imputations morales : ses victimes désignées étaient des « débauchés, chrétiens déchus, livrés au démon de la chair », des anabaptistes, l'abomination de la désolation.

(1) *Chronique de Bonnivard*, t. I, p. 28 et 29; Mignet, *Mémoire sur l'établissement de la réforme religieuse et sur la constitution du calvinisme à Genève*, p. 17, 21, dans les *Mémoires de l'Académie des sciences morales et politiques*, 15 et 22 novembre 1834.
(2) Mignet, *Ibid.*, p. 142, 143.

II

Dans son abondant vocabulaire d'injures, nous rencontrons l'appellation de « libertins », dont il semble bien avoir, le premier, enrichi notre langue. Ce mot, on ne le trouve pour désigner ses ennemis, dans aucun manuscrit du xvi° siècle (1). Nos plus anciens lexiques, en effet, ne portent point ces deux vocables : « libertin » et « libertinage ». Ni Henri Estienne (1539), ni Jean Thierry (1564), ni Jean Nicot (1584), ni même César Oudin (1621), ne paraissent se douter qu'il fût naturel de leur faire place à la suite du mot « liberté ». Le jésuite Philibert Monet se décide avant tout autre (1635) à faire jouir du droit de cité ces deux nouveaux venus du langage parlé. Il y joint cette triple traduction : « liçancieus, *æquo liberior, justo solutior* » (2). C'est à croire qu'il l'avait empruntée à Calvin. Pierre Richelet (1690), tout en reproduisant cette définition injurieuse, la corrige et la complète. S'il dit que « libertin » s'entend dans le sens de coquin et de débauché (*nequam, dissolutus*), il dit aussi : « *Justo licentior;* ce mot se dit en riant et signifie : qui suit sa pente naturelle sans s'écarter de l'honnêteté ». A la même date, Furetière enregistre aussi cette interprétation non diffamatoire. Le sens s'est élargi. Les libertins du xvii° siècle ont passé par là.

Où Calvin avait-il pris cette forme nouvelle de l'invective ? D'une part dans la langue latine. *Libertinus* y signifie fils d'affranchi, homme qui vit dans la condition d'affranchi, en possession de son indépendance (3). D'autre part dans les saintes Écritures. Il y voyait la *synagoga libertinorum* (4),

---

(1) Voy. Abraham Ruchat, *Histoire de la Réformation de la Suisse*, 1838, t. V, p. 136, 140, 142, 319; Audin, *Vie de Calvin*, t. II, p. 188, 203, 342; Mignet, *loc. cit.*, p. 94, 95, 106; Dardier, *Encycl. des sc. relig.*, p. 244.
(2) Ph. Monet, *Invantaire des deux langues françoise et latine*, 1635.
(3) C'est le seul sens que Fréd. Godefroy (*Dictionnaire de l'ancienne langue française du ix° au xv° siècle*, 1885) donne au latin *libertinus*.
(4) *Actes des apôtres*, ch. vi, ŷ. 9.

celle des hommes dont l'esprit s'est émancipé ou est resté étranger au génie des nations classiques, des Hébreux et des Grecs (1). Au fond, c'est l'indépendance religieuse que l'hérésiarque flétrit du nom de « libertinage » : en user à son exemple, ce serait en mésuser ; derrière lui il a coupé les ponts. Mais, à la longue, les ponts détruits se reconstruisent. Les hommes du xvii° siècle qui prétendent y passer forcent la main à leur temps. « Libertin » se dit alors, selon le Père Bouhours, de tous ceux qui pensent ou vivent à leur mode. Pour ce qui est de la pensée, rien de nouveau. Bossuet a dit : « Les hérésies n'ont jamais été que des opinions particulières (2) ». Pour la conduite de la vie, l'acception honorable est nouvelle; mais les exemples abondent. « Je suis tellement libertine quand j'écris, lisons-nous dans M™° de Sévigné, que le premier tour que je prends règne tout du long de ma lettre (3) ». Et encore : « J'aime fort la liberté et le libertinage de votre vie, de vos repas ». Le cardinal de Retz applique ce terme à la politique, lorsqu'il parle de « ce sage milieu que nos pères avoient trouvé entre la licence des rois et le libertinage des peuples (4) ». Furetière, qui reproduit les sens d'usage, déclare libertins l'écolier qui frippe ses classes, qui désobéit à son maître, la fille, la femme indocile, le moine qui sort de son couvent sans permission, l'homme qui hait la contrainte, qui suit son inclination, « sans pourtant s'écarter des règles de l'honnêteté et de la vertu ». Il tient même, tout autant que Richelet, son contemporain, à cette restriction significative, car il ajoute qu'une femme peut dire de soi, « dans un bon sens et dans une signification délicate », qu'elle est née libertine (5). Pour Voltaire aussi le libertin est un homme désireux d'indépendance.

---

(1) Voy. dans les *Mémoires de Trévoux* (t. II, mai-juin 1701, p. 110, sq.) les conjectures du P. Hardouin, dont, au reste, la critique est si sujette à caution.
(2) Edition de Bar-le-Duc. 1862, t. V, p. 20, n° 22.
(3) Lettre du 20 juillet 1679.
(4) *Mémoires*, éd. des Grands Écrivains, t. I, p. 272 et note 1.
(5) Les deux éditions de Furetière, celles de 1690 et 1701, indiquent la nécessité de tenir compte d'une acception alors si répandue.

III

Mais il était inévitable, dans un siècle croyant, que l'esprit d'indépendance fît scandale, s'il s'étendait aux matières de foi. D'où une signification dérivée, qui devint aisément la principale. Déjà Lanoue et Charron prenaient le mot « libertin » dans le sens d'affranchi de la religion (1). Le petit Père André ne l'entend pas autrement, quand il parle des « imaginations libertines ». Le Père Garasse, dont il faut, sur ce sujet, tenir compte, quoiqu'il soit bien « fort en gueule », appelle libertins les gens qui pensent librement. — « Il y en a, dit Pascal, qui ne croient pas, mais par libertinage (2). » Pour Bossuet, il suffit d'être indifférent, de ne penser qu'à vivre en repos avec le magistrat, et l'on est libertin. A ses yeux, « les fausses religions ne sont que libertinage d'esprit ». — « Penser tout ce qu'il leur plaît est le charme par où ces esprits sont jetés dans les opinions libertines (3). » Molière, lui, ne saurait être suspect de ces exagérations ; mais il les constate avec une fine malignité qui en fait toucher du doigt l'abus :

> C'est être libertin que d'avoir de bons yeux.....
> Je le soupçonne encor d'être un peu libertin ;
> Je ne remarque pas qu'il hante les églises (4).

Comment et à quel moment passe-t-on de ce sens au seul en usage aujourd'hui ? Comment et à quel moment « libertinage » s'entend-il pour la première fois du désordre dans les mœurs et la conduite ? On peut dire sans crainte d'erreur que ce fut vers le même temps. La morale étant tenue pour une annexe et un fruit de la religion, quiconque prenait des libertés avec la religion, était par là même atteint et

---

(1) Voy. les exemples que donne Littré dans son Dictionnaire.
(2) *Pensées*, art. XXV, n° 45, éd. Havet.
(3) Sixième avertissement aux protestants. Part III, n° 11, t. V, p. 190.
(4) *Tartufe*, act. I, sc. 6 ; act. II, sc. 2.

convaincu d'en prendre avec la morale. D'où tant d'accusations outrées ou même sans fondement auxquelles est en butte la vie des incrédules. Nous ne nierons pas qu'elles en eussent parfois un trop réel ; ce que nous affirmons, — et la suite de cet ouvrage le prouvera, — c'est que l'inconduite n'était ni plus rare ni moins choquante chez les hommes de l'autre bord. « La débauche est universelle », écrivait Guy Patin (1). Mais la passion, dans l'esprit de parti, comme la piété filiale chez les fils de Noé, cache les nudités de ceux que l'on aime. Sur les turpitudes des princes et des seigneurs bons catholiques passons l'éponge ; au moindre écart d'un croquant en révolte religieuse, crions en chœur : « Haro sur le baudet ! » mettons au compte de ces réprouvés tous les péchés d'Israël. Le grand Corneille lui-même s'abaisse à la calomnie — dubitative, il est vrai :

> On doit craindre le ciel, et jamais libertin
> N'a fait encor, dit-on, qu'une mauvaise fin.

Or, à première vue, une mauvaise fin semble, au xvii° siècle, presque aussi rare, pour parler comme La Bruyère, que les diamants et les perles. — L'amour qu'on a de la vie éternelle, disait Scaliger, est cause que les prêcheurs mènent le monde où ils veulent (2). La crainte qu'inspirent l'enfer et l'inconnu ramène au Dieu vengeur et rémunérateur ; la perspective de l' « enfouissement » en terre non consacrée, le respect du décorum, le désir de « sauver les apparences », faisaient rapprendre le chemin de l'église à qui se sentait touché par l'aile de la mort. Ceux que leurs jambes ne portaient plus appelaient à leur chevet le confesseur, sollicitaient ou acceptaient avec empressement le viatique et les saintes huiles. Quand Mme de Maintenon fut admise à la cour, elle ne put cacher sa surprise : « On n'a ici, écrit-elle,

---

(1) Lettre 490, 28 oct. 1659, éd. Réveillé-Parise, 1846, t. III, p. 158. Pour les références la date seule serait peu commode, parce que l'ordre chronologique recommence pour chaque correspondant. On arrivera plus vite aux textes cités, si nous indiquons chaque fois le volume et la page.
(2) EXERCITATIONES *contre Cardan*, cité par G. Patin, Lettre 800, 14 juin 1670, III, 729.

aucune attention à la vie, et on compte pour tout de recevoir les sacremens à la mort ».

Qui n'admettrait avec elle, dans l'ordre des choses profanes, qu'il soit fort singulier d'accorder moins de prix à toute une existence qu'à cet instant suprême où nous ne sommes jamais bien sûrs d'avoir conservé toute notre tête ? Nous n'arguerons pas de la facilité connue du clergé à enrôler, sans y regarder de près, les mourants sous sa bannière : on peut admettre que beaucoup étaient de bonne foi dans leur amende honorable; mais ce que les hommes ont fait ou pensé au cours d'une longue vie, voilà ce qui constitue la trame de l'histoire, voilà par où l'on agit sur les contemporains, parfois même sur la postérité. Qu'il y ait eu chez ceux qui se déclaraient libertins de la fanfaronnade, c'est ce qu'atteste le judicieux Montaigne (1), et chez ceux qui s'obstinent dans leur libertinage, du respect humain, c'est ce qu'affirme Boileau :

... De ses faux amis il craint la raillerie
Et ne brave ainsi Dieu que par poltronnerie (2).

La fanfaronnade, toutefois, devait être le cas ordinaire, puisque, selon notre satirique, un libertin mettait l'honneur « à rompre et jeûnes et carême (3) ». Que pèse donc ici la pénitence finale ? Elle n'est connue que par ceux qui ont intérêt à en mener grand bruit. Ce qu'on voit surtout des hommes, c'est ce qu'ils montrent ou laissent voir. Ce n'est pas par ce qu'ils cachent que leur action s'exerce sur le monde.

IV

De tout ce qui précède retenons que les mots « libertin » et « libertinage » étaient pris, au XVII° siècle, dans un sens

---

(1) Voy. *Essais*, liv. II, ch. XII. Apologie de Raimond Sebond. éd. Louandre, 1854, t. II, p. 268.
(2) Épître III, v. 25.
3) Satire IX, v. 57.

trop large pour n'être pas très vague. Il faut l'entendre à la fois des pratiques profanes et des dispositions de l'esprit. On est libertin, pour Mme de Maintenon, quand on nie les miracles (1); on l'est, « sans âme et sans foi » avec Boileau, quand on

> Tient que ces vieux propos de démons et de flammes
> Sont bons pour étonner des enfants et des femmes...
> Et qu'enfin tout dévot a le cerveau perclus (2).

On l'est avec Molière, nous venons de le voir, quand on est sceptique, indifférent, clairvoyant. De ces brebis galeuses un grand nombre révoquaient en doute l'immortalité de l'âme. Qu'elles fussent par là sur la pente du matérialisme, on a pu le soutenir; mais qu'ils fussent athées, comme on le prétendait non sans les mettre en grand péril, ils en peuvent être défendus sur l'autorité de Bossuet s'écriant : « Au défaut d'un meilleur refuge, *iront-ils enfin* se plonger dans l'abîme de l'athéisme (3)? » Justement parce que l'athéisme était un cas pendable, on s'empressait d'en accuser des adversaires, arme commode, mais émoussée, tant il était facile de la retourner : Saint-Évremond invoquait Bacon pour soutenir que les grands athées sont les hypocrites qui abusent du nom de Dieu (4). Il n'est pas une période de l'histoire où ne se rencontre ainsi quelque mot de ralliement pour les haines. Au temps de Polyeucte, le paganisme expirant voyait dans le vocable de « chrétien » l'équivalent plus expressif d'un « torrent d'injures ». Au xve siècle, passait pour athée quiconque avait proféré une parole malsonnante contre l'Église; car de trouver qui fît profession d'athéisme, c'eût été mettre la main sur la pierre philosophale : Pomponace lui-même n'avait osé se découvrir (5). Au xvie, contre Luther et Calvin,

---

(1) Lettre au cardinal de Noailles, 14 juillet 1707.
(2) Satire IV, v. 23.
(3) Oraison funèbre d'Anne de Gonzague, éd. Gazier, 1894, p. 193.
(4) Lettre à Mme de Mazarin, 1683. Voy. Ch. Giraud, *Œuvres mêlées de Saint-Évremond*, 1865, t. III, p. 218.
(5) Voy. Burckhardt, *La civilisation en Italie au temps de la Renaissance*. Trad. Schmitt, 1885, t. II, p. 279.

« hérétique » tend à remplacer « athée », sans le faire oublier : L'Hôpital est *homo doctus, sed verus atheus*, uniquement parce qu'il est apôtre de tolérance ; Jean Bodin, parce qu'il a des opinions « un peu libres » et qu'il favorise les huguenots (1). On va même jusqu'à dire que Bodin est « juif dans son âme (2) », sans lui tenir compte des préjugés et superstitions ridicules qui foisonnent dans sa *Démonomanie* et sa *République*. Le jésuite Garasse flétrit du nom d'athée tous ceux indistinctement que poursuit sa rage grossière. Son confrère Hardouin, plus savant mais non plus sensé, taxe d'athéisme Descartes, Arnauld, Pascal, Nicole, Malebranche, Jansénius, le Père Quesnel et bien d'autres. Pour Pierre de Marca, archevêque de Toulouse, « le pape n'est qu'un faquin qui ne croit pas en Dieu (3) ». Gabriel Naudé ne voit-il pas dans le conte fameux du diamant laissé par un père à ses trois filles (4) la preuve que Boccace était athée (5) ? Un médecin de Paris, nommé Marescot, a dit d'une possédée : *ficta multa, a natura plurima, a Dæmone nulla*; c'est donc un abominable athée (6). Cette manie devenue banale provoquait le cinglant coup de fouet de Voltaire : « Autrefois, tout philosophe qui s'écartait du jargon de l'école, était accusé d'athéisme par les fanatiques et par les fripons, et condamné par les sots (7) ». Autrefois ? Naudé, c'était la veille ou l'avant-veille. A vrai dire, il n'était pas un sot, et ses condamnations n'entraînaient pas mort d'homme.

Nous comprenons maintenant ce qu'étaient les cinquante mille athées du Père Mersenne, cités partout, et les dix mille que Roquelaure avait offert de fournir pour une expédition

---

(1) G. Patin, L. 171, 16 nov. 1643, I, 303.
(2) *Id.*, L. 351, sans date, II, 480.
(3) Mémoires autographes de Pontchateau, cités par le chanoine Godefroy Hermant, *Mémoires* (inédits) *pour servir à l'histoire ecclésiastique du* XVII° *siècle*, en la possession de M. Gazier. Voy. cet auteur, *Les dernières années du cardinal de Retz*, 1875, p. 99 note.
(4) Boccace, *Decameron*, I, 3.
(5) *Naudæana*, Paris, 1701, p. 83.
(6) Voy. Jacques Denis, *Sceptiques ou Libertins de la première moitié du* XVII° *siècle*, dans les *Mémoires de l'Académie de Caen*, 1884, p. 197. Cet excellent travail ne porte malheureusement que sur cinq libertins.
(7) *Dictionnaire philosophique*, art. ATHÉISME.

en Italie, si M. de Liancourt fournissait vingt mille jansénistes et M. de Turenne vingt mille huguenots (1) : des sceptiques, des déistes qui n'aimaient ni ne craignaient un Dieu inerte, qui raisonnaient leur nonchalance, comme dit Ménage ; de braves gens nourris de l'antiquité, substituant sans malice dans leurs discours et leurs écrits à Dieu la Fortune ou le Destin. On leur en fait un crime ? Il n'est pas jusqu'à nos orateurs sacrés qui ne jugeassent ces synonymes commodes tout au moins pour remplacer le Diable, dès lors assez mal porté. Ajoutons les « beaux esprits », les grands plus suspects que personne, mais à tort, car « sous un roi dévot ils sont dévots, trop paresseux pour décider en leur esprit que Dieu n'est pas ; leur indolence va jusqu'à les rendre froids et indifférents sur cet article si capital, comme sur la nature de leur âme et sur les conséquences d'une vraie religion. Ils ne nient ces choses ni ne les accordent, ils n'y pensent point (2) ». Il y a pourtant de ces monstres, ajoute La Bruyère ; mais Bossuet avait dit déjà qu'il y en a peu (3), et Robespierre a émis cette maxime judicieuse que l'athéisme est aristocratique. Croyant honteux, selon Boileau,

Ce libertin en public intrépide
Qui prêche contre Dieu que dans son âme il croit (4) ;

déiste honteux, selon Voltaire, qui vivait comme s'il était athée (5). Ne se déclaraient-ils pas en paroles, ils se dénonçaient par leurs actes. Les imputations de La Bruyère sont loin d'être isolées. « Par ce mot d'athée », dit le Père Garasse, « je n'entends ni un huguenot, ni un athée, ni un hérétique, ni un politique, ni un composé de toutes ces qualités : de jeunes veaux qui, sous le nom d'esprits forts, revendiquent surtout le droit de jouir de la vie (6). » Et s'il est permis

(1) G. Patin, L. 603, 17 nov. 1663, III, 410.
(2) La Bruyère, *Des esprits forts*. Éd. Hémardinquer, p. 420.
(3) Sermon pour le 1er dimanche de l'Avent, 1665, et pour le 2e, 1669, t. II, p. 31, 41.
(4) Épître III, v. 22.
(5) *Dict. philos.*, art. Athée.
(6) *La doctrine curieuse des beaux esprits de ce temps ou prétendus tels.* Paris, 1623.

de rapprocher du jésuite bouffon le plus grand des « Pères de l'Église » en ce même siècle, ce sont gens qui, « pressés et incommodés dans leurs passions déréglées par les lois de la Divinité qui les contraignent, par ses menaces qui les étonnent, par la crainte de ses jugemens qui les trouble, désireroient que Dieu ne fût pas. Bien plus, ils voudroient pouvoir croire que Dieu n'est qu'un nom, et ils disent dans leur cœur, non par persuasion mais par désir, *non est Deus*. Ils voudroient pouvoir réduire au néant cette source féconde de l'être (1) ». Que ne combattent-ils du moins avec de vraies armes de combat? Mais non! Simples indifférents, ils n'en ont d'autres que la plaisanterie et la raillerie, ils ne peuvent être pris au sérieux.

Sur ce point, les attaques tombaient juste. Dans les rangs des libertins, comme dans tous les rangs sauf ceux des jansénistes, se trouvaient force amis de la joie trop occupés de leurs plaisirs pour former une secte philosophique ou antireligieuse. S'ils attiraient plus que les autres le regard, c'est qu'une foi affichée par calcul ne cachait pas ou n'excusait pas leurs vices. Ils appartenaient pour la plupart à ce grand courant de l'esprit français ou plutôt gaulois qui nous a donné nos fabliaux, Rabelais, Marot, Regnier, La Fontaine, Molière, Diderot. Maniée par de telles mains la raillerie est une arme redoutable, alors surtout qu'elle est la seule qui soit laissée à leur disposition. Les libertins n'avaient pas l'éloquence de leurs plus illustres adversaires ; la science des religions n'était pas née ; Proudhon et Renan ne nous avaient pas menés encore à l'école des Allemands.

V

Voulait-on se contenter d'une demi-injure ? Le mot d' « athée » faisait place au mot d' « épicurien ». Ici pas moyen de crier à la calomnie, et l'imputation ne manquait pas de gravité. Déjà dans le monde païen, malgré l'admirable apologie de Lucrèce, Épicure n'avait qu'une réputation

---

(1) Sermon sur le 1ᵉʳ dim. de l'Avent, 1665, t. II, p. 31.

équivoque, puisque Sénèque croyait devoir prendre sa défense (1). Parmi les premiers chrétiens le désaccord subsiste sur le chef de l'école : saint Augustin fait de lui un apôtre de la débauche ; saint Ambroise déclare ses jardins moins à craindre que ceux du Lycée ; saint Jérôme le propose en exemple aux fidèles, pour les détourner de la dissolution (2). En fait, l'épicurisme put manquer d'élévation, Épicure n'avait manqué ni de sens ni de vertu. Tout en subordonnant sa philosophie à la recherche du bonheur, tout en professant que la morale doit nous fournir les moyens de l'atteindre, il ne voyait dans le plaisir qu'un élément de bonheur, il le liait étroitement à l'honnêteté de la vie, il le tenait pour nuisible dès que le calme de l'âme en pouvait être troublé.

Mais on ne saurait le nier, de cette doctrine très supérieure à sa réputation découlent des conséquences propres à révolter tout bon chrétien. Pour que le bonheur soit possible sur cette terre, il faut que l'homme cesse d'y vivre dans la crainte de l'intervention divine, répressive de ses écarts, et d'y mourir avec la perspective, dans cette vie future qu'il appelle de tous ses vœux, d'un châtiment mérité. Le plus élémentaire spiritualisme devait même incliner à tendre la main au christianisme, les dieux d'Épicure ne pouvant apaiser sa soif du divin. Relégués dans leur empirée, composés d'atomes comme tout être vivant et comme notre âme, sujets par suite à la destruction, ces dieux n'étaient plus guère que des hommes sages divinisés, d'une matière plus subtile que les autres êtres, sans parenté avec les dieux tyrans et vengeurs des stoïciens.

VI

Bien pis encore : la morale, qui est, à leur honneur, l'essentiel des religions, trouvait à se gendarmer, non moins

(1) Voy. *De vita beata*, cap. 13.
(2) Voy. J. Denis, *loc. cit.*, p 225 ; Ch. Giraud, *loc. cit.*, t. I, p. cxvi.

que la métaphysique. Selon les épicuriens, qui sur ce point ne se distinguent pas des stoïciens, il faut se soumettre à la nature, et, si nous le pouvons, nous y conformer ; il faut user des choses naturelles avec modération, les excès n'étant propres qu'à troubler le présent et compromettre l'avenir. Or ce retour à la nature est, depuis la Renaissance, comme un mot d'ordre d'instinct pour tout homme rétif à l'esprit de renoncement et de lutte contre la loi naturelle prêché par le christianisme. Bacon n'a d'yeux que pour la réalité sensible. Dans la même voie marchent Rabelais, Montaigne, et jusqu'à un certain point Descartes, Spinoza. Les libertins, ceux de la première heure et ceux de la dernière, sont des adorateurs formels de la Nature : *Natura ipsa quæ Deus est*, dit un d'eux (1). Au lieu des hymnes à la Divinité, les poètes entonnent des chants passionnés à la Nature reine et déesse, « seule puissance souveraine au monde, qu'il faut contenter en toutes choses sans rien refuser à notre corps ou à nos sens de ce qu'ils désirent de nous (2) ». Naudé, se souvenant d'avoir lu l'Évangile, essaye de concilier les deux doctrines : « La loi de la nature est la vraie règle d'un honnête homme, pourvu qu'il pratique ce premier point : *quod tibi fieri non vis, alteri non feceris* (3) ». Dans Molière, les personnages chargés de porter sur la scène le langage de la raison, les Cléante, les Philinte, les Ariste, les Béralde, proclament la convenance et la nécessité d'obéir aux lois de la nature. A peine le XVIII° siècle reprendra-t-il cette prédication avec une ardeur plus bruyante (4). Ne versent-ils pas, les uns et les autres, dans l'ornière du fatalisme ? N'ont-ils pas tort de faire du Destin, conducteur de toutes choses, la loi infaillible et nécessaire ? C'est à quoi ils ne pensent point.

Que les piliers de cabaret aient trouvé leur compte à

---

(1) J.-C. Vanini, *Secreta Naturæ*.
(2) Voy. Brunetière, *Essais critiques sur l'histoire de la littérature française*, 4° série, 1891, p. 116.
(3) *Naudæana*, p. 66.
(4) Voy. Lucrèce, Diogène de Laërte, *Vies des philosophes*; Martha, *Le poème de Lucrèce*; Guyau, *la Morale d'Épicure*.

suivre, à propager cette loi dont la tyrannie laisse une marge plus que suffisante aux plus désordonnés caprices du libre arbitre, il n'y a là rien d'étonnant. N'aimons-nous pas, d'ailleurs, en France, à étaler nos vices, ceux-là mêmes parfois qu'on nous prête et dont nous sommes dépourvus? Mais voir l'essence de l'épicurisme dans ses pires excès, c'est une injustice autant qu'une erreur. Il serait criant de ne pas distinguer entre les libertins qui dévient parce qu'ils sont hommes de plaisir, et ceux qui restent dans la ligne droite, en pensée et en action. Sans doute leur pensée à tous flotte trop dans le vague; de ce vague pourtant on détache sans peine quelques principes précis, auxquels, avec ou sans réflexion, il n'est pas un seul d'entre eux qui ne se rattache. Ils discutent les questions qui se rapportent à l'existence de l'être humain, du corps social et du monde, ou plutôt ils émettent sur ces matières des opinions parfois hardies jusqu'à l'extravagance, dont s'indignent les moutons de Panurge, qui reçoivent les leurs toutes faites. Rebelles en général à l'intervention quotidienne de la Divinité dans nos petites affaires, étrangers à l'idée d'une autre vie, ils répètent volontiers après Épicure : Lorsque nous sommes la mort n'est pas; lorsque la mort est nous ne sommes plus; elle n'est donc ni pour les vivants ni pour les morts.

De bon gré ou non, nos libertins se trouvaient enrôlés sous le drapeau d'Épicure, puisqu'ils s'écartaient du spiritualisme métaphysique et moral qui a été dans les temps historiques, chez les païens comme chez les chrétiens, la grande voie de l'humanité. *Oportet hæreses esse*, a dit saint Augustin. Oui, il le faut, dans les deux sens dont cette parole est susceptible : c'est inévitable et c'est utile; la contradiction est dans la nature des choses et d'elle souvent jaillit la lumière. Il y a des siècles où l'esprit humain se plaît à l'hérésie, d'autres où il s'y plie; il y en a où elle le révolte, où il prétend la comprimer, où il y parvient par le feu, le fer et le sang. Siècles trop nombreux! L'histoire des hérésies est un long martyrologe.

VII

On avait pu croire qu'après les atroces guerres de religion, durant ce xvii° siècle d'une majesté si sereine à distance, la pensée et la parole auraient enfin conquis une tardive émancipation. Il n'en fut rien : elles connurent la persécution, les proscriptions, les échafauds, les bûchers. Cet âge de grandeur et de gloire se demanda-t-il seulement jamais si notre intelligence est libre de nos conceptions comme notre volonté de nos actes, si nous sommes coupables par conséquent lorsque nous pensons d'une manière plutôt que d'une autre, punissables lorsque notre erreur n'a pas produit une faute? Entrevit-il, fût-ce à travers d'épais nuages, que la seule arme légitime contre l'erreur c'est la discussion sincère et calme, conduite par la raison?

Qu'on regarde cependant au résultat, il est instructif entre tous. Du xvi° siècle le xvii° a hérité cette croyance qu'on peut, au moyen du bourreau, extirper les doctrines abominées, et le succès momentané de l'odieuse méthode l'a persuadé de son excellence. La « crainte rafraîchissante des fagots » réduit les libertins à n'exprimer plus leurs idées que sous forme de plaisanterie, et, si la plaisanterie devient dangereuse, à faire amende honorable en détournant la tête pour pouffer de rire. Viennent « la bonne régence » et l'anarchie de la Fronde, les audaces où s'enhardiront de nouveau les esprits n'iront plus jusqu'à réveiller ceux qui sont tombés dans l'engourdissement. La leçon a été bonne, le temps n'est plus des bravades, alors même qu'elles ont cessé d'être héroïques. Et quand la lassitude de vains désordres ramène les Français à souhaiter une discipline, à la demander, dans l'État, au despotisme olympien de Louis XIV, dans les choses de l'esprit à la logique inventive de Descartes, à l'éloquence impérieuse de Bossuet, à la rectitude étroite de Boileau, quiconque veut sa part de la rosée des faveurs pleuvant du trône, n'a plus qu'à s'enfermer dans le silence, si mieux il n'aime s'enrôler au chœur immense de ceux qui, pour flatter, crient bien haut ce qu'ils ne pensent pas. Pour sauver sa dignité sans compromettre son repos, le plus sage est de disparaître, comme fait le Rhône, sauf à reparaître dès que les circonstances le permettront. Le simple filet d'eau devient alors un grand fleuve qui, tout en se débarrassant avec peine de ses souillures, emporte sans peine tout ce qu'il trouve sur son passage. Les libertins d'antan, devenus philosophes, seront bientôt en plein triomphe : le xviiie siècle est à eux. Enguirlandés d'honneurs dans les cours étrangères, tandis que la cour de France les persécute encore, le vent de la popularité les pousse, le terrain perdu par l'orthodoxie religieuse et philosophique ne sera plus reconquis.

VIII

C'est donc, au demeurant, la libre pensée qui est le sujet de ce livre. C'est une des pages de son histoire dont nous entreprenons de crayonner l'esquisse. Il n'en est pas sur laquelle on ait fait plus obstinément le silence. Vaincus trois fois, par les supplices d'abord et par d'incessantes tracasseries qui les autorisaient à craindre que les torches des bûchers ne fussent pas éteintes, puis par le raisonnement, enfin par un dédaigneux oubli, les libertins ont eu un triple malheur : ils n'ont pas eu à leur tête suffisamment de grands esprits ; ceux qu'ils ont obtenus du hasard n'étaient pas dans une condition sociale qui leur permît de les diriger à travers la bataille de la vie ; trop rarement surtout parut parmi les chefs et les soldats une âme assez ferme pour n'avoir pas, à l'article de la mort, ces résipiscences terrifiées qui permettent à leurs adversaires de ne voir dans les idées de leur vie qu'un égarement passager et de saluer dans leur tardif acte de foi la seule minute essentielle, qui ramène au bercail la brebis égarée et en assure le salut. A ce triple malheur dont ils ne sont que pour une bien faible part responsables, il en faut ajouter un quatrième, où leur responsabilité est entière : ils ont laissé aller leur plume et leur vie au gré de leurs caprices. Or le caprice, n'étant pas bon conseiller, conduit souvent au mal, au désordre, à la débauche. De là le sens à peu près exclusif de leur nom depuis le xviii° siècle. Mais comme dans l'esprit des croyants ce n'est pas la paresse, c'est l'incrédulité qui est mère de tous les vices, libertinage et débauche, répétons-le, devaient être bientôt synonymes. La morale n'était-elle pas tenue pour inséparable de la religion ?

IX

Maintenant que nous avons montré en quoi consiste l'« hérésie » des libertins, nous pouvons rapprocher de ce nom mal famé ceux qui en sont donnés comme les équivalents. On dit « esprits forts, beaux esprits, libres esprits, libres penseurs ». Ces deux dernières appellations sont modernes et, chez un grand nombre de nos contemporains, prises en bonne part ; nous n'avons pas à y insister ici. Tout au plus convient-il de protester en passant contre l'abus de langage dont elles témoignent : la pensée peut être libre dans des directions fort diverses ; tel qui exagère la foi orthodoxe jusqu'à la rendre hétérodoxe, par exemple en la poussant au mysticisme le plus excessif, ne pense guère moins librement que tel autre qui repousse toute croyance établie. « Beaux esprits » ne nous arrêtera pas non plus ; il s'entend des gens du grand air qui, à la cour ou à la ville, se piquent de lettres.

Mais en quoi l' « esprit fort » diffère-t-il du libertin ? Que la synonymie entre eux ne soit pas absolue, c'est prouvé : Bossuet ne dit pas les libertins *ou* esprits forts, il dit : « les libertins *et* les esprits forts (1) ». Qu'on ne soit pas loin de la synonymie, c'est évident. La nuance n'est perceptible qu'à un œil attentif. Entre ces deux termes l'écart est moins

(1) Voy. notamment le sermon pour le 2° dimanche de l'Avent, 6 déc. 1665, t. II, p. 51.

grand, et de beaucoup, qu'entre le sens primitif et le sens dérivé du mot « libertin ». L'écart est réel pourtant. En disant « esprit fort » on distingue ce que, en disant « libertin » on réunit, le désordre des mœurs et les hardiesses de la pensée. Seules, celles-ci font l'esprit fort, c'est-à-dire l'intelligence affichant ses idées, les proclamant, croyant faire preuve de force en refusant d'admettre ce qui est admis. Toute intention ironique n'est point absente, nous en serions sûrs alors même que La Bruyère ne nous en aurait pas averti : « L'esprit fort, dit-il, n'a point de religion ou se fait une religion ; donc l'esprit fort c'est l'esprit foible (1). » En tout cas, il affirme plus ou moins ses négations ou ses doutes. S'il en fait parade, c'est donc qu'il se croit sur un terrain solide. Mais le plus souvent il en parle d'un ton léger qui n'inspire qu'indignation ou dédain aux philosophes profonds, aux maîtres de la parole sacrée. Pascal a trop douté pour ne pas être indulgent au doute, s'il y voyait l'ombre seulement de ses tragiques angoisses (2). Bossuet le prend de haut (3), et s'il n'avait soin, avec cette admirable propriété d'expression qui n'est jamais en défaut, de toujours distinguer les libertins des esprits forts, on pourrait croire qu'il les confond, tant il les regarde, les uns et les autres, comme gens sans consistance et sans portée, qui tournent au bel esprit et traitent légèrement les choses d'importance.

Il y avait pourtant des hommes graves qui raisonnaient au coin du feu sans le moindre désir de bruit ou d'esclandre, et même des hommes de génie qui recouvraient leurs fortes pensées d'une enveloppe vive et gaie. Mais Gassendi se faisait pardonner d'être philosophe en restant un prêtre exemplaire, Molière n'était qu'un amuseur public, et Bayle, qui n'amusait personne et n'en avait pas moins un public immense, devait, pour éclairer ses contemporains, chercher en Hollande la sécurité. Ils disparaissaient dans le grand nombre de ces esprits forts, raisonneurs et frondeurs à la légère, dont

(1) Des Esprits forts, *Caractères*, éd. Hémard., p. 417.
(2) Voy. *Pensées*, passim, et surtout art. 9.
(3) Voy. Sermon pour le 2º dimanche de l'Avent, 1665, t. II, p. 50.

Bourdaloue dit avec une crudité méprisante : « Rien pour l'ordinaire de plus ignorant que ce qu'on appelle les libertins du siècle (1) ». Ne dirait-on pas vraiment qu'il suffit de « s'appliquer à une étude sérieuse de la religion » pour être convaincu de sa vérité? Ces âmes pieuses et sereines éprouvent une horreur profonde pour quiconque voit dans la croyance une faiblesse. Se place-t-on au-dessus ? on est pour elles un esprit fort. Se place-t-on à côté, on est un libertin.

Le malheur des libertins fut de rester à côté au lieu de s'élever au-dessus. Qui veut rompre avec les opinions consacrées doit inspirer le respect de sa rupture. La calomnie n'en est point désarmée, — elle ne désarme jamais ; — du moins son industrie lui est-elle rendue plus difficile. Les minorités sont tenues à s'observer, infiniment plus que les majorités. Une vie sans reproche était de rigueur pour rendre tolérable une pensée importune par ses témérités. La moralité des croyants n'était pas plus irréprochable que celle de leurs adversaires ; mais sur leurs plus gros péchés comme sur leurs peccadilles on se montrait coulant, parce qu'ils étaient bien en cour, bien dans le monde, bien dans le sens de l'opinion générale. A ceux qui vivaient en révoltés ou en indépendants, personne ne tint compte, — et c'est tant pis pour eux, — de ce que leur principe, qu'il faut suivre l'impulsion de la nature, était propre à favoriser bien des écarts. Personne ne réfléchit que leur doctrine était, en même temps qu'une excitation au mal, une excuse telle quelle, et que ceux qui faisaient le mal sans avoir cette excuse, méritaient bien davantage la réprobation de la terre et du ciel. Sur les scandales des uns l'on ferma les yeux ou l'on plaisanta avec bienveillance ; sur les scandales des autres l'on se plut à tonner, en chaire, à la cour, dans le monde, dans la rue.

Rien n'établit mieux la réalité de cette injustice que la déviation de sens subie par le mot « libertin ». Le XVIII° siècle, qui relève la secte de son abaissement et assure sa victoire, reste impuissant, on comprend trop pourquoi, à

(1) *Sermons du P. Bourdaloue sur l'Avent.* Sermon pour le 1er dimanche de Avent. Lyon, 1711, t. I, p. 57.

la relever de cette flétrissure, outrage du xvii⁰ siècle en ses dernières années. Pour être compris aujourd'hui quand nous voulons rendre au vocable décrié sa signification primitive, nous en sommes réduits à l'expliquer, sans espoir de séparer jamais, dans le langage courant, les deux acceptions qu'il a successivement reçues : indépendance de l'esprit et dévergondage des mœurs. Nous le regrettons sans en être surpris : pour les âmes viles, basses ou simplement terre à terre, proclamer l'indépendance de leur esprit est une bonne couverture à l'inavouable liberté de leurs actes. C'est ainsi que, de nos jours, les scélérats prétendent, par l'assassinat ou le vol, accomplir une œuvre de justice sociale, ce qu'ils appellent une « légitime revendication ». Toutes proportions gardées, les débauchés du libertinage au xvii⁰ siècle, eux aussi « maximèrent leurs pratiques », et les « honnêtes gens » furent excusables, à tout prendre, de ne pas discerner une pensée sérieuse d'un bavardage insolent.

Les pages qui précèdent nous dispenseront, dans celles qui vont suivre, de renouveler sans cesse, en parlant des libertins et des esprits forts, les protestations, les restrictions, les réserves que commanderaient le sentiment naturel de l'impartialité et l'impérieux devoir de rendre à chacun ce qui lui est dû.

C'est une des difficultés de ce sujet que nous aurons à produire trop de personnages pour qu'il ne soit pas nécessaire d'établir entre eux une sorte de classement. On ne saurait parler avec clarté de l'histoire littéraire et philosophique au xvii⁰ siècle, comme au surplus, de son histoire politique, sans y distinguer, à l'exemple de Sainte-Beuve, plusieurs périodes. Mais de cette obligation justement provient notre embarras. Gens de cour, gens du monde, gens de lettres, pour peu qu'ils aient eu la vie longue, enjambent d'une période sur l'autre, appartiennent presque également à des moments du siècle fort différents entre eux. Tel s'est formé sous l'énergique domination de Richelieu, qui s'épanouit sous la faible régence d'Anne d'Autriche ou sous la Fronde et n'est en pleine gloire que sous le despotisme de Louis XIV. Ainsi, pour ne nommer que quelques-uns des plus éminents, le cardinal de Retz, La Rochefoucauld, Mme de Sévigné, Descartes, Bossuet,

Molière, La Fontaine. A quelle période convenait-il de les rattacher ? Question délicate d'appréciation que chacun est en droit de résoudre à sa guise. Il nous faut donc passer d'avance condamnation sur les critiques de nos lecteurs. Même il ne nous déplaît pas de les leur rendre plus faciles encore, en mettant autant que possible, à côté de chaque nom propre, la première fois qu'il apparaît à la place que nous croyons devoir lui assigner, les deux dates de la naissance et de la mort. Nous n'avons point fait de recherches spéciales pour vérifier ces dates. Beaucoup d'entre elles sont sujettes à caution, et peu de jours se passent sans qu'une monographie nouvelle en rectifie quelqu'une. Il ne s'agit pas de fournir des instruments de précision, il s'agit de fournir des moyens de repère. Nous aurons pu, avec nos devanciers, nous tromper, à l'occasion, d'une ou deux années ; aucun de ceux qui consentiront à nous suivre ne pourra nous accuser de les avoir trompés.

CHAPITRE PRÉLIMINAIRE

Origines du libertinage. — Le XVIe siècle.

Incertitudes doctrinales de l'Église primitive. — Hérésies au moyen âge. — Premières lueurs de renaissance. — L'incrédulité avant la Renaissance. — L'incrédulité au temps de la Renaissance en Italie. — L'Arétin. — Cardan. — Décadence de l'Italie. — Le XVIe siècle en France. — Érasme. — Rabelais. — Premières victimes de la libre pensée : Étienne Dolet. — Ramus. — Geoffroy Vallée. — Montaigne sceptique et sectateur de la nature. — Les *Essais*, « livre cabalistique » des libertins.

I

Il faudrait remonter bien haut dans l'histoire, pour y trouver l'origine des idées contraires à celles du christianisme régnant. Voltaire, qui ne se piquait pas de recherches profondes, a montré les Pères de l'Église persuadés eux-mêmes que l'âme est corporelle, Tertullien affirmant qu'on le voit dans l'Évangile, saint Ambroise disant que nous ne connaissons rien d'immatériel, sauf la vénérable Trinité (1). Cette opinion, Sénèque l'avait énoncée avant eux (2); bien plus, selon lui il n'y a rien après la mort, nous irons où se trouve toute chose qui n'est pas née (3).

Il semblait peu logique de déclarer immortelle, sur la foi de l'Évangile, cette âme où l'on ne voyait que matière. Mais l'Église, dans les premiers siècles de son existence, était si peu sûre de ses dogmes, qu'il lui arriva, comme on sait, de les établir à la pluralité d'une voix, laissant ainsi entre

---
(1) *Dictionn. philos.*, art. Ame.
(2) *Troades*, act. II, *ad finem*.
(3) Voy. Voltaire, *Mélanges*, éd. Beuchot, t. XLVI, p. 139.

l'orthodoxie et l'hétérodoxie tout juste l'épaisseur d'un cheveu. Seulement le cheveu devenait câble à vue d'œil, tant on sentait le besoin d'un *credo*. Avoir une opinion la veille, ce n'était pas être hérétique ; l'avoir le lendemain c'était mettre sa vie en jeu.

Au moyen âge, le *credo* est maître du monde, grâce à la crédulité des esprits, grâce aux persécutions, au fer, au feu, au sang, aux soldats, aux sbires, aux bourreaux. Néanmoins, il reste impuissant à supprimer toute dissidence religieuse et philosophique. Aux dissidents primitifs, qui ont troublé les siècles d'établissement, succèdent de nouvelles sectes et des sectes renouvelées. Dans la première moitié du XVIIe siècle, Bernard de Chartres expose une sorte de panthéisme, et l'on revient bientôt à Scot Érigène. David de Dinan, qui a vécu à la cour d'Innocent III, enseigne qu'il n'y a qu'une substance, commune à tous les esprits, à tous les corps, et que cette substance est Dieu. Son contemporain Amaury de Bennes affirme d'après l'apôtre que Dieu est tout en tout, qu'il fait en nous le vouloir et l'exécution, le bien et le mal, qu'il n'y a donc ni ciel, ni enfer autres que la science et l'ignorance. Ces opinions trouvaient des partisans enthousiastes (1). Au XIVe siècle, les frères du libre esprit ou beghards professent encore ce panthéisme mieux défini : l'homme est dieu par nature, incapable de mal faire, dégagé de l'obéissance, la Bible n'est que lettre morte ou recueil de fables. La théorie de la liberté de l'esprit combinée avec le panthéisme, menait ainsi au communisme et à l'indifférence morale (2). On vit les sectes se multiplier parmi les nobles, parmi les artisans ou les paysans : cathares, patarins, albigeois, vaudois firent refleurir l'esprit de l'arianisme aux lieux mêmes qui en ont vu l'éclosion. Prétend rester chrétien qui détruit le christianisme dans son essence. De ces sectes, une seule chose doit être rappelée ici, à savoir qu'elles furent chargées dès lors de toutes les infamies morales dont

---

(1) Voy. Ch. Schmidt, *Précis de l'histoire de l'Église d'Occident pendant le moyen âge*, 1885, p. 177. Cet auteur indique les textes.
(2) *Ibid.*, p. 306.

l'humaine nature n'a jamais su s'affranchir, dont, en tout cas, les accusateurs ne s'étaient pas mieux affranchis que les accusés (1).

Au demeurant, s'écarter du troupeau sur certains points de discipline ou même de doctrine, c'est avouer que pour tous les autres on marche dans le rang, c'est faire encore acte de foi. Les hommes, en ces temps-là, étaient foncièrement chrétiens. Ils voyaient dans notre monde terrestre une vallée de larmes, confiée à la garde du Pape et de l'Empereur, jusqu'à la venue de l'Antéchrist (2). A peine trouvait-on quelques esprits portés, sinon à penser par eux-mêmes, du moins à s'écarter des modèles proposés par l'Église à leur imitation. Pourtant, au sortir des siècles barbares, le goût réveillé de la lecture ouvrait aux regards des horizons jusqu'alors inaperçus, faible lueur d'une lointaine renaissance, lueur insuffisante pour éclairer le jugement, mais propre à préparer les yeux pour la lumière. Le souvenir nous a été conservé d'un certain Vilgard, obscur maître d'école à Ravenne, pour qui toute vérité religieuse était dans les poètes païens. Finalement, dit Raoul Glaber, on découvrit qu'il était hérétique (3). Son temps ne connaissait pas de plus cruelle injure. Au xii° siècle, Guillaume de Malmesbury parlait d'hommes selon qui l'âme se dissout avec le corps et se dissipe dans l'air (4). Dante plonge dans son Enfer le cardinal Ottaviano des Ubaldini, coupable d'avoir dit : Si j'ai une âme, je l'ai perdue pour les gibelins (5). Le péripatéticien mahométan Averroë (1170), simple déiste, niait l'immortalité de l'âme et promettait à la sienne la mort des philosophes (6). Or, vers le milieu du xiv° siècle, l'averroïsme était si florissant en Italie que Pétrarque et

---

(1) Voy. les textes dans notre *Histoire de Florence*, 1877, t. I, p. 351.
(2) Burckhardt, *loc. cit.*, ch. v, t. II, p. 346.
(3) *Glabri Radulphi Cluniacensis Historiarum* lib. II, cap. 12, dans les *Historiens de la France*, X, 23. Cette chronique s'arrête à l'an 1046.
(4) *Historia regum Anglorum et Historia Novella*, dans Burckhardt, ch. iii, t. II, p. 275.
(5) *Inferno*, chant X, v. 120.
(6) *Patiniana*, recueil attribué à Bayle, p. 117, publié à la suite du *Naudæana*. Paris, 1701, Amsterdam, 1703; Renan, *Averroës*, 1852.

Boccace se croyaient tenus de le combattre (1). Jusqu'où allait pour lors l'incrédulité italienne, on ne le vit nulle part plus clairement que dans ce *Conte fameux des Trois Anneaux*, emprunté par Boccace (2) aux *Cento antiche Novelle*, et dont la pensée de derrière la tête est le déisme. La phrase connue sur les trois chefs de religion qui ont trompé le monde, Moïse, Jésus-Christ, Mahomet, ne remet elle pas en mémoire de le *De tribus impostoribus* attribué à Frédéric II (3)?

Jamais peut-être plus qu'en Italie, durant ces siècles du moyen âge, n'apparut un si curieux mélange de foi et d'incrédulité. Il serait impossible d'indiquer les proportions d'une mixture où des éléments contraires faisaient bon ménage; mais il est possible de fournir, au moyen de faits précis, quelques indications. Sur le domaine de cette merveilleuse Florence qui nous donne de si bonne heure un avant-goût du génie moderne, on entendait un curé répondre à ses ouailles qui lui reprochaient de ne pas recouvrir son église dont le toit laissait passer la pluie : — Dieu a dit que le monde se fasse et il s'est fait; qu'il dise que l'église soit couverte et elle le sera. — Un de ses confrères, portant le viatique à travers champs, doit passer à gué un torrent gonflé par les orages, et, pour maintenir à sec l'hostie consacrée, l'élever par-dessus sa tête au bout d'un bâton. — Vous êtes bien heureux, lui crient, quand il est près d'atterrir, ses paysans qui l'ont laissé seul au péril d'une noyade, vous êtes bien heureux d'avoir eu avec vous Notre-Seigneur Jésus-Christ ! — De bonne foi, riposte ce pasteur rabelaisien, si je ne l'avais aidé mieux qu'il ne m'a aidé lui-même, nous serions tous les deux au fond de l'eau. — Ce vif propos est colporté à la ville, y amuse tout le monde, n'y scandalise personne; on ne s'aborde plus sans se demander, le sourire aux lèvres, lequel des deux a sauvé l'autre. Ces chrétiens de Toscane n'attendaient

---

(1) Renan, *Ibid.*; Burckhardt, ch. v, t. II, p. 335.
(2) *Decam.*, giorn. I, nov. 3.
(3) Voy. Burckhardt, ch. III, t. II, p. 271.

même pas qu'un incident provoquât leur malice. Spontanément ils posaient cette question : — Si tu étais en mer, qu'aimerais-tu mieux avoir sur toi, l'Évangile de saint Jean ou la ceinture de gourdes qui aide à nager ? — Jusque parmi les juges, hommes graves, se trouvaient, nous apprend le conteur Sacchetti, des incrédules qui blasphémaient Dieu, sa sainte mère et toute la cour du paradis (1). Si ces anciens temps étaient mieux connus dans leurs détails, les chaînons aujourd'hui perdus permettraient de reconstituer la chaîne de l'incrédulité. Elle nous paraît avoir été plus d'une fois rompue ; elle ne le fut sans doute jamais complètement.

II

Il est certain qu'à l'heure de la Renaissance, l'incrédulité fit en avant un très grand pas. Mais quelle est l'heure de la Renaissance ? Pour le nord de l'Europe, c'est le commencement du xvi° siècle, pour la France la fin du xv°, pour l'Italie le xiv°. Un contact désormais plus fréquent avec les Byzantins rouvrit alors aux Italiens la source des trésors antiques, en même temps que le voisinage de l'islamisme les portait à la tolérance envers les hérétiques, ennemis de la veille. Quand les yeux éblouis, mais éclairés, purent contempler la civilisation merveilleuse de ces sociétés antiques étrangères au christianisme, les esprits, selon leur pente, allèrent à l'indépendance ou à l'indifférence, se donnèrent même, les plus savants surtout, le ridicule de retourner aux croyances païennes, ou, pour mieux dire, au vocabulaire païen. Jusque sous la tiare, Léon X est suspect d'avoir été un chrétien médiocre. Sa cour le suivait dans sa voie et le dépassait. Un de ses familiers, Luigi Pulci (1432-1487), reproduit dans son *Morgante Maggiore* les idées du *Conte des Trois Anneaux*, croit à la bonté relative de toutes les religions, et, malgré ses protestations réitérées de chanoine,

---

(1) Voy. pour les sources notre *Hist. de Flor.*, t. III, p. 319, 378, 379, 380.

n'est au fond qu'un déiste. Marsile Ficin (1433-1499), Pomponace (1462-1526), Machiavel (1469-1527), Guicciardin (1482-1541) sont des incrédules. Machiavel ose dire que le christianisme passif et contemplatif, ne sachant que faire espérer ou craindre la vie à venir, est inutile à la vie présente, à l'État, à la défense même de la religion (1). Au concile de Latran (1513), Léon X se voit réduit à publier une constitution en faveur de l'immortalité et de l'individualité de l'âme, à laquelle, dit Guy Patin, il ne croyait non plus que cet Augustinus Niphus qu'il avait appelé pour la défendre contre Pomponace (2). *Telum imbelle sine ictu!* Pomponace, quelques années plus tard, publiait le livre où il soutient qu'on ne saurait prouver philosophiquement l'immortalité (3).

Par leurs vifs propos sur l'Église et la foi, sans faire profession d'athéisme, les humanistes du xv° siècle avaient passé pour athées. Casaubon écrira bientôt : « Si j'étais athée, j'irais à Rome (4). » Là, en effet, trouvaient leur centre de prédilection les savants hardis et aussi les politiques « qui faisaient de bonne heure provision d'athéisme, afin que les scrupules de conscience ne les empêchassent pas de faire fortune (5) ». Dès le xvi° siècle, était vrai pour l'Italie ce que Naudé dit de la France au xvii°, qu'elle abondait en ces sortes de gens qui pénètrent la plus avant qu'il leur est possible dans la nature et ne croient rien de plus (6).

Au xvi° siècle comme au xv°, c'est encore l'Italie qui mène le chœur des philosophes, de ceux qui, selon le mot spirituel de l'Arioste, « ne croient pas au-dessus de leur toit (7) ». C'est elle qui remet à l'ordre du jour l'éternel et inquiétant problème de notre destinée. On lui laisse ses

---

(1) *Discorsi*, L. II, c. 1.
(2) L. 309, 14 juin 1657, II, 318.
(3) Voy. Burckhardt, ch. v, t. II, p. 340.
(4) Epitres. *Naudæana*, p. 10.
(5) G. Patin, L. 565, 4 mars 1661, III, 323.
(6) *Naudæana*, p. 8.
(7) Sonnet dans Burckhardt, ch. v, t. II, p. 338.

coudées franches, pourvu qu'elle ne s'attaque pas à l'Église, condition qu'elle oublie souvent. Le déisme a trouvé son point de ralliement dans cette Académie platonicienne où Laurent des Médicis laisse démolir les dogmes chrétiens qu'il affecte de respecter (1). Dans ce singulier temps, Rome paraît de bonne composition. L'abominable Arétin (1492-1557) jouit de la faveur des papes qui se succèdent sous ses yeux, au point qu'il ose briguer le chapeau de cardinal. Que ne lui passerait-on pas? il traduit les Psaumes de la Pénitence, il écrit la Vie des Saints. Peu importe que ce soit en style de tréteaux et même que cet hagiographe aspirant à la barrette soit athée, comme il appert de son épitaphe (2). Les Italiens ont toujours été des politiques.

A cet opprobre de leur pays et de leur temps ils pouvaient opposer d'autres lettrés, honneur de la pensée libre, Cardan, par exemple (1501-1576), citoyen de Pavie, mathématicien et médecin, sectateur d'Aristote, rêveur et bizarre, qui croit aux songes, qui prône l'astrologie, la magie, les amulettes. Mal fixé sur toutes les questions religieuses et morales, il tenait pour problématique tout ce qu'on dit de Dieu, du paradis, du purgatoire, de l'enfer, de l'immortalité ; il ne voyait dans le remords qu'un produit de l'habitude (3). L'âme du monde est la source du mouvement et de la vie; puissance universelle, il ne paraît pas la distinguer de la divinité. L'homme et Dieu sont identiques. L'esprit dans son essence est absolu, éternel, mais il se cantonne dans l'individu, qui a ainsi des facultés personnelles. Si l'âme humaine est immortelle, l'immortalité n'est que la continuité du principe de toute vie. C'est donc une vérité inutile et même dangereuse (4). Saluons en Cardan un des meilleurs parmi ces chevaliers errants de la philosophie, qui, pour rompre des lances

(1) Burckhardt, ch. v, t. II, p. 316.
(2) « Ci-gît Pierre l'Arétin qui, tant qu'il a vécu, a médit de tout le monde, hormis de Dieu, duquel il n'a point parlé, parce qu'il ne le connoissoit point. » (Puliniana, p. 88). Cf. Pierre Gauthiez, L'Arétin, Paris, 1895.
(3) Naudæana, p. 16 ; Voltaire, éd. Beuchot, t. XII, p. 160.
(4) Voy. la doctrine de Cardan dans son De subtilitate, libri XVI, et dans son De utilitate ex adv., II, c. 5 (Œuvres, 10 vol., 1663); Encycl. des sc. relig., art. CARDAN, p. 637; Franck, Dict. des sc. philosophiques.

contre celles des superstitions qu'ils ne partageaient pas, et en faveur du plus singulier mélange de néoplatonisme et d'averroïsme, passaient de ville en ville, d'université en université, bravaient les accusations meurtrières d'impiété et d'athéisme. Les bûchers n'étaient pas allumés encore, mais l'Inquisition préparait ses torches, et déjà Pomponace montrait dans les penseurs altérés de vérité, oublieux des ménagements, de nouveaux Prométhées honnis de tous, tenus pour insensés, persécutés néanmoins, comme s'ils avaient leur raison (1).

Toutefois, jamais le fanatisme sanguinaire ne put prendre racine dans ce sol que, depuis deux siècles déjà, fécondait le génie de la Renaissance. Ce qui ne touchait ni aux lettres ni aux arts comptait pour peu dans les pensées d'une race amollie. Si cette race a connu des volontaires et des héros de l'indépendance intellectuelle, ils disparaissent presque au milieu de bassesses sans nombre et sans nom. S'affranchissant de tout esprit religieux, mais se maintenant esclave de toutes les superstitions, l'Italie se complaisait dans un scepticisme élastique et sans curiosité. Elle s'endormait dans une sensualité abjecte, ne se réveillant qu'aux heures où le réveil était sans danger, et pour inquiéter, sinon pour traquer les solitaires qui conservaient quelque courage et quelque grandeur d'âme. Elle est bientôt si méprisée, dans la personne surtout des cardinaux, des prêtres, des moines à qui elle laisse le soin de la conduire, qu'on verra en plein XVII° siècle un pieux gentilhomme français, venu à Rome du fond de sa Bretagne, s'acharner à leur faire mille avanies, enjoindre à son cocher de ne pas arrêter devant eux par déférence, comme c'était l'usage, et, furieux de n'être pas obéi, uriner à la barbe des *porporati*, qui en riaient de bon cœur (2). Le concile de Trente excepté, l'indifférente et railleuse Italie devait rester désormais étrangère aux

---

(1) Voy. Francisque Bouillier, *Histoire du cartésianisme*, t. I, p. 27, 28.
(2) Tallemant des Réaux, *Historiettes*, éd. Monmerqué et Paulin Paris, t. II, p. 380. Il est de mode aujourd'hui de contester l'autorité de cet auteur. On verra au ch. v la réponse à ces critiques de tendance.

campagnes d'attaque et de défense religieuse qui s'ouvraient dans les pays du Nord, moins favorisés du ciel.

III

C'est en Allemagne, en France, en Angleterre que le XVIᵉ siècle prend toute son importance et toute sa grandeur. Là seulement le progrès se concentre, s'accélère, profite de toutes les nouveautés qui frappent les yeux ou l'imagination : imprimerie, découvertes scientifiques et géographiques, écluses, canaux, canons, horloges, lunettes, îles, continents qui suent l'or, astres qu'on n'avait jamais aperçus, mondes nouveaux qui réduisent le nôtre à l'infiniment petit. Des voyages lointains comme des agitations confessionnelles résulte un prodigieux ébranlement. De cette Amérique rencontrée par hasard, de ces Indes orientales dont on a enfin trouvé la route maritime, vient la redoutable confirmation des doutes qui assaillaient les esprits depuis que les manuscrits retrouvés des antiquités grecque et latine révélaient toute la grandeur de ces deux sociétés, les plus glorieuses que l'espèce humaine ait connues. N'étaient-elles pas étrangères aux croyances que l'Église déclarait seules propres à faire les sociétés viables ? Il n'était pas jusqu'aux peuplades sauvages, végétant d'une vie rudimentaire, mais s'obstinant à vivre, qui n'ajoutassent un argument de plus à la démonstration. Et c'est à ce moment critique, où le doute s'insinuait d'autant mieux qu'il était moins prêché, qu'on voyait l'orthodoxie et l'hétérodoxie enseigner concurremment à des adorateurs du même Dieu qu'ils doivent s'entr'égorger pour des nuances dans les formes de l'adoration !

Ainsi la parole brutale de Luther, le dogmatisme homicide de Calvin, les bûchers que, par calcul politique, François Iᵉʳ allume ou laisse allumer, les haines et les luttes de la Ligue, l'anarchie sanglante des guerres de religion, la décomposition progressive de la société chrétienne et féodale du moyen âge, font du XVIᵉ siècle le plus tragique peut-être de l'histoire ;

c'est du moins le jugement de Daunou, qui avait vu la Terreur. Et nonobstant, Montaigne sait gré au sort de l'avoir fait naître dans cette mêlée, parce qu'elle n'a été ni oisive, ni molle, ni languissante. Naudé ne parle de ce temps qu'avec admiration, par contraste avec le sien, si universellement admiré. En toutes choses la France alors apportait la même fougue de jeunesse, à la renaissance des lettres et des arts comme à la réforme de la religion. Ces maximes grecques ou latines qui remplaçaient sur les lèvres des doctes les maximes de l'Écriture, témoignaient, sous une apparence pédante, d'un mouvement intense des esprits. La société polie vivait à l'antique, écrivait en vers grecs aussi aisément — quelques-uns plus aisément — qu'en vers français. Dans telle famille, chez les Estienne entre autres, on parlait latin même aux gens de service. Le latin entrait dans l'éducation que recevait Montaigne, comme aujourd'hui l'anglais dans celle de nos enfants (1).

Érasme (1467-1536) est en ce temps le guide des classes éclairées, comme Luther celui des classes ignorantes. Il personnifie l'esprit de la Renaissance, et il incline à la Réforme, mais avec une prudence d'homme qui « craint sa peau », comme disaient nos ancêtres. Natif et habitant de la Hollande, il est pénétré du génie français. S'il a des superstitions, et il en a d'énormes, — ne croit-il pas sérieusement que le diable a brûlé une petite ville d'Allemagne (2)? — il n'a de religion que par habitude, à l'italienne; il n'éprouve pas le besoin de sortir du catholicisme, pourvu qu'il le puisse entendre à sa guise et qu'on ne lui impose pas une foi fabriquée presque sous ses yeux par ces brouillons (*nebulones*) de catholiques romains. Jamais il ne se pose en réformateur. Sa liberté d'interprétation atteint pourtant et sur certains points dépasse celle des plus grands hérésiarques. Longtemps avant Luther, il avait effleuré de son doute maint dogme consacré: Trinité, Saint-Esprit, divinité du Christ, culte des saints, sacrements, autorité des Écritures

---

(1) Voy. Ch. Giraud, *Œuvres mêlées de Saint-Évremond*, t. I, p. cxxviii.
(2) Em. Gebhart, *Rabelais, la Renaissance et la Réforme*, 1877, p. 68.

et des conciles, pouvoir et cérémonies de l'Église, peines éternelles, indulgences, mariage des prêtres, indissolubilité du mariage et jusqu'à la redoutable Inquisition (1). Luther venu, il lui est bienveillant malgré les violences, les grossièretés, les injures; il le tient pour l'ouvrier indiscret et maladroit d'une œuvre sainte. Il a trop de haine du pharisaïsme et de la tyrannie des moines et des scolastiques pour ne pas voir d'un œil favorable qui les ruine par la base. Bossuet ne s'y est pas trompé, quand de si nombreux catholiques s'y trompaient (2).

Veut-on voir avec quelque précision dans quelle mesure Érasme innovait ? La confession à Dieu seul suffit, insinuait-il ; gardons néanmoins la confession au prêtre, quoiqu'on ne puisse prouver par des raisons solides qu'elle soit instituée de Dieu : *Consulo quieti meæ*, disait-il sans détour. Pour être suspect à l'Église, il n'est pas obligatoire de lui rompre en visière. Qui se réserve doit être un ennemi. Qui répudie un langage barbare est certainement infesté d'hérésie. Qui déclare heureux entre tous l'homme dont le guide unique est la nature, la nature incapable d'égarer personne, à moins qu'on ne veuille franchir les limites de la vie humaine (3), ne peut être qu'un ennemi de la religion. Avec ses manières douces et finement railleuses, avec ses ménagements envers la papauté, le moine de Rotterdam était un adversaire plus redoutable que Luther et Calvin, car il groupait autour de soi, dans une opinion moyenne, mi-partie de croyance et de critique, les hommes si nombreux chez nous qui, sans nulle vocation d'apôtre ou de martyr, inclinaient à l'incrédulité tolérante, également éloignés des

---

(1) Voy. Burigni, *Vie d'Érasme*, 1757 ; Désiré Nisard, *Études sur la Renaissance*, 1855.
(2) *Hist. des variations*, liv. II, nos 6, 16, dans Rebelliau, *Bossuet, historien du protestantisme*, 1892, 2e éd., p. 195-202. A cette dernière page, note 2, on trouve l'indication des ouvrages qui tirent Érasme les uns au catholicisme, les autres au protestantisme. Très judicieusement, M. Rebelliau se range à l'avis de Bossuet tenant Érasme pour bienveillant aux luthériens.
(3) Solam naturam ducem sequi, quæ nulla sui parte manca est, nisi forte mortalis sortis pomeria transilire velimus. (*Stultitiæ laus*, Bâle, 1676, p. 71.) Voy. sur tous ces points les pages 89, 92, 94, 121, 132, 139, 141.

catholiques immobiles et des réformés trop remuants.

Il devait donc être l'oracle de ces Français rétifs à la Réforme qui, sans adhérer à leur foi comme l'Espagnol à la sienne ou l'huître à son rocher, se sentaient assez libres, dans les langes dont on les emmaillotait, pour ne pas les déchirer et proclamer leur indépendance. Nos aïeux, au XVI° siècle, vivaient dans un état d'esprit analogue à celui des grands Italiens, moins le terre à terre qui déshonorait les indignes héritiers d'un Guicciardin et d'un Machiavel. Pas plus que ces maîtres de la pensée ultramontaine, pas plus qu'Érasme, ils n'étaient portés au martyre; mais justement pour ce motif ils s'estimaient heureux de trouver un guide dans l'écrivain illustre et prudent dont l'Europe entière recueillait avidement les moindres propos.

IV

Ils durent l'être bien davantage, quand, plus près d'eux, ils en trouvèrent un qui s'exprimait dans leur langue avec une verve sans pareille et un jugement sans égal. Rabelais (1483-1553) parle avec exubérance, mais pense avec modération. Lui non plus il n'entend compromettre ni sa vie ni sa liberté; mais il combat les abus et il raille les erreurs. Érudit et lettré, il ne pardonne pas à l'érudition ses excès, à la fausse science ses chimères. Adversaire résolu du despotisme, il réclame la liberté pour tous comme pour lui-même. Persuadé que la Mère Église touche à son déclin, il ne croit pas à l'avenir de celle qui s'y veut substituer, et il désire cette substitution moins encore qu'il n'y croit. Quiconque prête le flanc, pédants, charlatans, juges, chattemites, « démoniacles calvins », papimanes, papfigues, moines sorbonistes avec leur « lac punays de Serbonne », est l'objet de ses poursuites acharnées, tombe sous ses coups sans merci. Ne voir en lui qu'un amuseur — on l'a essayé — n'est qu'un paradoxe. Le sens commun ne s'y est point trompé : il a vu en Rabelais un penseur, un philosophe, un critique, gai et bouffon par volonté autant que par nature, car il sait que gaieté et bouffonnerie sont, en France, le meilleur passeport pour les vérités sérieuses, et il compte, par une satire aussi vive que juste, enfoncer son coin plus avant.

Quel coin? où prétend-il conduire ses lecteurs? Cet ancien frocard, ce curé des derniers jours, avait-il à un degré quelconque une foi religieuse? On n'en peut rien savoir. La généalogie de Pantagruel, parodie insolente de celle de Jésus dans saint Mathieu, ne prouve pas plus à cet égard que l'ordure de son langage contre ses mœurs. On ne peut déclarer athée l'écrivain qui termine la journée de son héros par une prière à Dieu le Créateur, et par un acte d'adoration (1), tant il est loin de le reléguer, comme font les épicuriens, dans un lointain empirée.

D'autre part, on ne saurait dire ce que pense de l'âme le facétieux conteur qui, parlant d'elle, écrit par trois fois âne, sauf à accuser l'imprimeur du jambage qui manque et de la « coquille » typographique. De bons juges pensent, sans parvenir à le prouver, que c'est ici Gargantua ou Pantagruel, et non Panurge, qui exprime la pensée « absconse » de Rabelais (2). Absconse, elle l'est souvent. S'il est exact de dire que Rabelais marche à la suite d'Érasme, il n'est pas sûr d'affirmer qu'il aspire comme lui à un christianisme élargi, dégagé de la lettre, puisqu'il tourne parfois en dérision ce que les chrétiens respectent le plus, jusqu'au texte des Évangiles. Tout ce qu'il est permis de soutenir, c'est que la papauté et le monachisme sont seuls les bêtes noires de ce moine défroqué, encore qu'on puisse juger Henri Estienne bien autrement dur pour l'Église. Le surplus de la religion peut être attaqué au cours du fangeux chef-d'œuvre, il l'est rarement avec passion.

Ce qu'il y a d'incohérent dans les idées de Rabelais s'explique par l'heure où il est venu. L'anarchie intellectuelle était à son comble. Les médecins et les naturalistes de

---

(1) Voy. Paul Albert, *Histoire de la littérature française*, t. I, p. 145.
(2) René Millet, *Rabelais*, 1892, p. 174.

Padoue, de Venise, de Ferrare, demandaient au texte enfin restitué d'Aristote des preuves à l'appui de leurs doctrines négatives sur l'âme et l'immortalité (1). Ceux qui, en tout pays, cherchaient une voie religieuse nouvelle, en étaient venus à ce point de hardiesse que s'arrêter à la Réforme eût été descendre de leurs hautes conceptions. Rabelais, lui, n'est pas un héros ; il ne veut pas faire connaissance avec les bûchers : il maniera donc de préférence l'arme de l'ironie, il ne dira qu'en riant les choses périlleuses, il les mettra sur le compte de personnages qu'il reste libre de désavouer, il graduera ses attaques selon les circonstances. C'est ainsi que, dans ses deux premiers livres (1533), il s'abstient de toucher à la papauté, quoiqu'il ait manifestement des tendances protestantes ; dès le troisième (1546), plus trace de protestantisme : l'architecte de l'abbaye de Thélème ne saurait penser comme Luther sur le libre arbitre et la prédestination. En revanche, c'est alors que la papauté et le monachisme deviennent ses points de mire, non d'ailleurs pour les supprimer, mais pour les renfermer dans les justes limites qu'ils ont formidablement dépassées.

Malgré les vivacités piquantes du langage, il reste donc maître de soi et modéré dans la lutte ; mais nous retrouvons en lui tout ce qu'il y a d'essentiel et de nouveau dans l'esprit de la Renaissance. En premier lieu le retour antichrétien à la nature. Jamais le christianisme n'a admis cette idée que le développement du corps doit aller de front et de pair avec celui de l'âme ; or c'est elle qui domine toute l'œuvre de Rabelais. Tel est le conseil que l'oracle donne aux pantagruélistes. Là est le secret de toute science, de toute morale, de tout bonheur : il faut « rechercher dans le libre épanouissement de la vie sensible une cause de fécondité intellectuelle (2) ».

En second lieu, l'épicurisme, rendu plus indulgent que ne l'avait fait Épicure, particularité singulière chez un homme qui n'effacera jamais, malgré ses haines intimes, le

---

(1) Voy. Ém. Gebhart, *Rabelais*, édit. populaire Lecène, 1895, p. 95.
(2) Gebhart, *Rabelais*, 1877, p. 251.

pli des habitudes monastiques de jeunesse. Cette originalité est aussi son point faible : dans le siècle par excellence de l'action, il voit le bonheur dans un quiétisme oisif, qui supprime l'effort, c'est-à-dire l'essentiel de la vie, le ressort même de la moralité. Son idéal, c'est un moine épicurien (1). Il faut jouir de tout et ne s'émouvoir de rien, il faut faire bonne figure à la mort qui nous replonge au sein de la nature, et ne pas la voir entourée d'un appareil affreux, comme l'ont faite les cafards (2). Mais qu'on ne s'y trompe pas : l'action supprimée est celle du mouvement physique, non celle de l'esprit, qui n'est jamais plus grande que dans le repos du corps. Le libre et universel examen, le doute philosophique qui feront plus tard la gloire de Descartes, procèdent de Rabelais. Le premier il les a donnés comme fondement nécessaire à nos connaissances, et c'est ainsi que la scolastique est devenue une de ses plus notables victimes. Il parle au nom de la raison dans un temps où la sagesse même paraissait folle, pour peu qu'elle s'écartât du style qui convient à la chaire. Sa philosophie paraît se résumer dans ce grand « Peut-être » qu'il a prononcé. Homère bouffon, a-t-on dit? Disons plutôt Jean de Meung de génie, et qui écrit sans qu'un Philippe le Bel le lui ait ordonné.

Telle est son ascendance, si l'on veut, dans l'histoire littéraire, lui en trouver une. Sa descendance, Châteaubriand l'a montrée dans Montaigne, La Fontaine, Molière. Il aurait pu ajouter Regnier et dû ne pas omettre Voltaire. Voilà des noms qui honorent l'ancêtre Rabelais, bien autrement que ses obscurs et faibles imitateurs, Guillaume des Autelz, Horry, Rebout, et même ce Noël du Fail (÷ 1588), épicurien à la mode d'Horace, dont on ne doit faire ni un mécréant, puisqu'il a écrit contre les athées, ni un croyant puisque cette phrase est tombée de sa plume : « Il faut des hérésies, mais la difficulté gît à bien juger qui est l'hérétique (3) ». C'était rester en deçà du modèle. Le modèle,

---

(1) Gebhart, *Rabelais*, 1877, p. 255-259.
(2) Voy. R. Millet, p. 173.
(3) Voy., sur Noël du Fail, La Croix du Maine, *Bibliothèque française*, et

s'il ne peut être rangé parmi les libertins, non encore baptisés de son vivant, est du moins un de leurs plus retentissants précurseurs.

V

Avait-il tort d'envelopper parfois de ténèbres ses pensées hardies? Ce n'est pas pour les seuls huguenots que flambaient les bûchers. Ils s'allumaient comme d'eux-mêmes à la moindre dissidence religieuse, sur un simple soupçon d'alchimie ou de sorcellerie. Aonius Palearius, auteur d'un poème latin *De animorum immortalitate*, était brûlé à Rome en 1566, et il est au moins douteux que ce fût comme luthérien. Son crime, selon l'historien de Thou, se bornait à montrer dans l'Inquisition un glaive tiré contre les lettrés (1). Ce n'est pas non plus comme huguenot qu'Étienne Dolet (1509-1546) périssait si jeune dans les flammes, avec si peu de bruit que Guy Patin ne connaît ni le lieu ni le moment du supplice. On sévissait alors non pour l'exemple, mais pour venger Dieu (2). C'est d'être athée, selon Scaliger, qu'on accusait cet infortuné, et nous savons aujourd'hui qu'on n'était pas difficile sur les fondements de l'accusation.

Ramus (1515-1572), lui, appartenait bien à la religion exécrée; toutefois, ce qu'on poursuivait sous couleur d'hérésie dans cette âme noble et vertueuse, dans cet esprit de portée médiocre, mais de verbe éloquent, c'est le docte qui osait attaquer Aristote dans Paris, centre de son empire. En attaquant l'idole, il sapait par la base foi et morale, ce douteur académique, cet impie, cet athée « fort amoureux de nouveautés », pour emprunter à Étienne Pasquier ce mot plus discret que les précédents, mais mortellement compréhensif. Pas plus que Rabelais, Ramus n'était un libertin ; il n'en a pas moins servi de guide et souvent de modèle à

J.-M. Guichard, *Notice sur Noël du Fail*, en tête de l'édition de ses Œuvres, 1842.
(1) *Patiniana*, p. 13.
(2) *Ibid.*, p. 37, 38.

Gassendi, tout autant qu'à Port-Royal. Il a passé pour un bel esprit, et Voltaire dit même que, si l'on veut, il en est un (1).

Deux ans plus tard (1574), comme si le massacre général de la Saint-Barthélemy n'eût pas assouvi la soif du sang, mourait par autorité de justice Geoffroy Vallée, d'une bonne famille d'Orléans. Ainsi s'expiait sur l'heure du tard un péché de jeunesse commis à l'âge de seize ans, un livre intitulé *La béatitude des chrétiens ou le fléau de la foy*. « Homme souple et remuant, écrit le P. Garasse, Vallée s'étoit glissé dans la familiarité de ces sept braves esprits qui faisoient la brigade ou la pléiade des poètes, dont Ronsard étoit le coryphée. Il avoit commencé à semer parmi eux de très abominables maximes contre la Divinité, lesquelles avoient déjà ébranlé quelques-uns de la troupe... Ronsard cria au loup! fit son beau poème contre les athées. Sainte-Marthe écrivit aussi contre lui, et l'on ne désista pas qu'il ne fût pendu et brûlé en place de Grève (2). »

Que Henri Estienne (1532-1598) n'eût pas fini de vivre dans un lit d'hôpital, on eût peut-être aidé à mourir le grand érudit qu'on appelait « le Pantagruel de Genève » et « le prince des athéistes (3) ». Jean Bodin (1530-1596), « aux principes religieux très relâchés (4) », ne tirait son épingle du jeu que pour avoir soutenu contre les libres esprits l'existence des sorciers, et Guillaume Pélicier (1527-1568), évêque de Montpellier, qui avait vendu son évêché et fait profession de huguenot, puis d'athée, qu'en souvenir du caractère indélébile et sacré d'oint du Seigneur (5). Ces tolérances d'exception ne faisaient oublier ni Dolet, ni Ramus, ni Vallée. On s'explique la réserve d'Érasme, de Rabelais, de Montaigne.

---

(1) Voy. Ch. Waddington, *Ramus, sa vie, ses écrits, ses opinions*, 1855 ; Bouillier, *Hist. du cartésianisme*, t. I, p. 8 ; Ch. Giraud, *Œuvres mêlées de Saint-Évremond*, t. I, p. cxxix.
(2) *Doctrine curieuse*, Mémoires de Garasse, édit. Ch. Nisard, p. 78, n. 1.
(3) Bibliophile Jacob, Introduction à Béroalde de Verville.
(4) G. Patin, L. 770, 27 juillet 1668, III, 679.
(5) *Id.*, L. 124, 7 sept. 1654, I, 210. Cf. Moreri.

VI

Montaigne (1533-1592) est le grand ancêtre des libertins. Ils sont nés, a dit le P. Garasse, de la doctrine des *Essais*, leur livre cabalistique (1). Pascal reproche à l'aimable philosophe dont il est si visiblement tributaire ses allures sceptiques, comme étant une affectation du « bel air ». Injustice de disciple qui voudrait s'émanciper plus qu'il n'y réussit! Le fameux « Que sçai-je? » est un retentissant écho du « Peut-être » de Rabelais. Gardons-nous cependant de croire que Montaigne suivit la mode : il est de ceux qui la font, non de ceux qui la subissent ; il est, comme son joyeux devancier, un des modèles de notre génie national, sous celle de ses faces qui est, à coup sûr, la plus française.

Le scepticisme se rencontre dans tous les temps ; mais, sporadique au moyen âge, il devient, à la fin du xvi° siècle, par un concours de circonstances vraiment extraordinaires, la tentation d'un grand nombre d'esprits justes et même de cœurs généreux. Quoi! tant de sang versé en pure perte pour des questions qui ne relèvent que de la conscience! « C'est mettre ses conjectures à bien haut prix que d'en faire cuire un homme tout vif (2). » Quoi! la révolte religieuse, dont la justification serait d'affranchir, se montre tyrannique à l'égal de l'autorité réputée jusqu'alors légitime! Quoi! les anciens n'ont eu ni nos mœurs, ni nos idées, ni nos lois, et pourtant ils ont vécu des siècles, et ils sont le juste objet d'une admiration universelle! D'autres hommes sous nos yeux, vivent et prospèrent, heureux ou croyant l'être, dans la barbarie comme dans la politesse!

Où donc se prendre? Qu'admettre et que rejeter? « Les philosophes avec grand raison nous renvoient aux règles de nature... Le plus simplement se commettre à nature, c'est s'y commettre le plus sagement. O que c'est un doux et mol chevet et sain que l'ignorance et l'incuriosité à

---

(1) *Doctrine curieuse.*
(2) *Essais*, liv. III, ch. xi, t. IV, p. 196.

reposer une tête bien faite (1)! Nous ne saurions faillir à suivre Nature. Le souverain précepte, c'est de se conformer à elle (2). » S'y conformer, l'accepter, est-ce suffisant? Non; nous devons nous reconnaître ses obligés. C'est comme un hymne, et qui revient fréquemment : « Nature est un doux guide, mais pas plus doux que prudent et juste (3) ». — « Nous avons abandonné Nature et lui voulons apprendre sa leçon, elle qui nous nourrit si heureusement et si sûrement (4). » C'est elle qui, par le calme d'une vertu souriante et incapable de méconnaître dans un pessimisme chagrin les bienfaits reçus, nous donnera la volupté, le bonheur. Nous sommes en plein dans la doctrine épicurienne.

Seulement, Montaigne ne peut devenir tout à fait étranger aux doctrines qu'il a sucées avec le lait. Il ne supprime pas tant la Providence qu'il ne la déplace. La Nature, dit-il, « a maternellement observé que les actions qu'elles nous a enjointes pour notre besoin nous fussent aussi voluptueuses ». Du moins la providence de la Nature n'est elle pas tyrannique : elle nous propose les règles, et « c'est injustice de les corrompre (5) », mais elle ne les impose pas. Il y a des règles naturelles, il n'y a pas de lois naturelles. « Ils sont plaisans quand, pour donner quelque certitude aux loix, ils disent qu'il y a en a aucunes fermes, perpétuelles et immuables qu'ils nomment naturelles !... Ce que Nature auroit véritablement ordonné, nous l'ensuivrions sans doute d'un commun consentement (6). Les lois de la conscience, que nous disons naître de nature, naissent de coutume (7). » L'homme ne peut vivre en société qu'il ne soit « bridé de loix, de religions et de coutumes, poussé dans un chemin battu sous une forte tutelle ». Pour qui ne veut point d'affaires, « le meilleur et le plus sain parti est sans doute celui qui

---

(1) *Essais*, liv. III, ch. XIII, t. IV, p. 262.
(2) *Ibid.*, liv. III, ch. XII, t. IV, p. 210.
(3) *Ibid.*, liv. III, ch. XIII, t. IV, p. 334.
(4) *Ibid.*, liv. III, ch. XII, t. IV, p. 222.
(5) *Ibid.*, liv. III, ch. XIII, t. IV, p. 303.
(6) *Ibid.*, liv. II, ch. XII, t. II, p. 506, 507.
(7) *Ibid.*, liv. I, ch. XXII, t. I, p. 144.

maintient et la religion et la police ancienne du pays (1) ». Mais qu'on ne s'y trompe pas, sous cette prudente couverture Montaigne abrite l'indépendance de la pensée, comme ont fait Érasme et Rabelais, comme fera Descartes, sans parler de tant d'autres qui ont suivi la voie tracée, faute de génie pour la tracer eux-mêmes, ou

Étant venus trop tard dans un monde trop vieux.

Hostile au protestantisme (2), ce qui était sans danger, Montaigne pratique donc le catholicisme, et même en son imagination l'accepte (3). Telle de ses pages respire le parfum de l'orthodoxie. Il lui a plu de dire que nous devons nous résigner à notre ignorance ou « nous laisser hausser et soulever par les moyens célestes ». Mais il a dit tant de choses contradictoires ! Ne nous a-t-il pas montré l'être humain, qu'il contemplait en lui, « merveilleusement vain, divers et ondoyant (4) ? » Nous ne savons même pas, à l'heure présente, si son morceau capital, l'apologie de Raymond Sebond, est d'inspiration chrétienne ou sceptique. Les grammairiens en disputent, j'entends les philosophes et les théologiens. Un bon croyant ne laisse pas échapper l'occasion d'accaparer Montaigne ; mais les incrédules et même les tièdes résistent : « œuvre d'ironie antichrétienne », selon Charles Giraud, « toute une comédie », selon Sainte-Beuve ; ce que l'auteur insinue contre la foi a pour pendant ce qu'il dit contre la raison « moitié sérieusement, moitié jeu (5) » ; nos contradictions intimes lui paraissent notre loi et il n'a garde de résoudre les difficultés qu'il soulève (6).

Le scepticisme, voilà, en effet, où tout aboutit avec Mon-

---

(1) *Essais*, liv. II, ch. xix, t. III, p. 107.
(2) *Ibid.*, liv. I, ch. LVI, t. II, p. 71.
(3) Voy. liv. I, ch. LVI « Des prières », t. II, p. 65, sqq., et Labouderie, *Le christianisme de Montaigne*, 1819, simple anthologie de passages d'où un magistrat de la Restauration a pu tirer à sa foi le maître sceptique. M. Stapfer, *Montaigne* (Petite Collection des Grands Écrivains), et *La famille et les amis de Montaigne*, M. Lanusse, *Montaigne* (Classiques populaires Lecène) s'en tiennent au paradoxe de contester le scepticisme de Montaigne.
(4) *Essais*, liv. I, ch. i, t. I, p. 7.
(5) Voy. J. Denis, *loc. cit.*, p. 221.
(6) Gebhart, *Rabelais*, p. 271.

taigne. « Nous sommes chrétiens à même titre que nous sommes Périgourdins ou Allemands (1) ». — « Quelle vérité est-ce que ces montagnes bornent, mensonge au monde qui se tient au delà (2)? » Pascal donnera à la forme une précision plus saisissante ; sur le fond il ne dira pas davantage. L'incertitude tiendrait-elle à la diversité des lieux? Non ; elle est aussi et plus qu'ailleurs dans notre cerveau : « Toutes choses produites par notre propre discours et suffisance, autant vraies que fausses, sont sujettes à incertitude et débat (3) ». — « Ce que nous appelons la science n'est qu'une inquisition sans arrêt et sans but (4). »

Si rien n'est assuré, si rien n'est immuable, où serait ce que Kant appelle l'impératif catégorique ? « L'humaine sapience n'est que vanité, âneries (5). » Nous ne connaissons rien que par les sens, et le témoignage des sens est incertain (6). Et Montaigne ne va pas, comme Pascal, se réfugier au port de la foi, car il met en doute l'autre vie, qui y est seule l'ancre de salut : « Les plus aheurtés à cette si juste et si claire persuasion de l'immortalité de nos esprits, c'est merveille comme ils se sont trouvés courts et impuissans à l'établir par leurs humaines forces: *Somnia sunt non docentis, sed optantis*, disoit un ancien (7) ». Les bêtes ont une âme raisonnable, tout autant que l'homme pour le moins (8). Si l'immortalité n'est pas un simple rêve du désir, cette réalité non démontrée doit leur être commune. En tous cas, admettons que Platon n'ait pas tort de promettre à la partie immatérielle de l'homme les récompenses d'une autre vie, ce n'est pas l'homme lui-même qui en jouira, car il est « bâti de deux pièces principales, essentielles, desquelles la séparation c'est la mort et ruine de notre être ». Au surplus, serait-ce

---

(1) *Essais*, liv. II, ch. XII, t. II, p. 267.
(2) *Ibid.*, p. 500.
(3) *Ibid.*, p. 450.
(4) *Ibid.*, p. 438.
(5) *Ibid.*, liv. II, ch. XII, t. II, p. 444.
(6) *Ibid.*, t. II, p. 525, 539-542.
(7) Cicéron, *Acad.*, II, 38; *Essais*, liv. II, ch. XII, t. II, p. 458.
(8) Sur ce point Montaigne est intarissable. Voir l'Index de l'édition Louandre, à l'article *Animaux*.

juste, puisque ce sont les dieux qui ont « acheminé et produit » en nous les actions vertueuses ? Épicure, l'oracle, a déclaré impossible « d'établir quelque chose de certain de l'immortelle nature par la mortelle (1) ». C'est notre égoïsme qui repousse toute limite de la durée, qui veut survivre à la destruction du corps dans un séjour de tous points conforme à nos désirs.

Sur un seul article il semble que l'imputation de scepticisme ne puisse atteindre Montaigne : il reconnaît l'existence de Dieu, « l'athéisme, écrit-il, étant une proposition comme dénaturée et monstrueuse, difficile aussi et malaisée d'établir en l'esprit humain, pour insolent et déréglé qu'il puisse être (2) ». Mais son Dieu est bien celui d'Épicure, si grand et si haut, si étranger à tous rapports avec la création et avec l'homme, qu'il n'y a pas lieu de voir en lui une Providence, et que, du reste, on peut fort bien s'en passer. La providence de la Nature pourvoit et suffit à nos besoins.

Les *Essais* étant le « livre cabalistique » des libertins, il pouvait paraître nécessaire de regarder d'un peu près à la doctrine qui y est contenue. Cette doctrine n'est point originale : elle suit la trace d'Épicure, et même, remontant plus haut, celle de Sextus Empiricus. Mais n'est-ce rien que d'avoir acclimaté ces deux Grecs en France par les grâces négligées et la vive imagination d'un style cavalier, fait pour plaire, pour insinuer les motifs en nombre infini que nous avons de douter sur presque toutes choses ? Celles que Montaigne met à part de son doute, sans jamais varier ni même flotter, le pédantisme qu'il exècre, l'amitié qu'il chérit, Brutus et Caton qu'il admire (3), sont si rares qu'elles montrent à quel point le scepticisme s'impose à son jugement. Il en a obtenu une popularité pour le moins égale à celle de Rabelais ; il en est devenu le principal organe de la révolution profonde qu'accomplirent pour lors dans

---

(1) *Essais*, liv. II, ch. XII, t. II, p. 397-399.
(2) *Ibid.*, p. 275. Quelques pages plus haut (p. 270) Montaigne a appelé l'athéisme « exécrable ».
(3) *Essais*, liv. I, ch. XXIV, t. I, p. 174; ch. XXVII, p. 258 ; ch. XXXVI, p. 312.

les esprits tant d'événements tragiques ou merveilleux.

Sa philosophie insouciante, mais bienveillante et optimiste, se répand après lui dans la société française. Nous sommes au seuil du xvii° siècle, dont la première moitié est remplie de ses disciples. La seconde en verra les survivants aux prises avec les dogmatiques et leur prêtant le flanc par les exagérations du doute, lesquelles le faisant tourner au dogme, altèrent sa fine essence. L'orageuse période qui vient de s'écouler, débordante de vie, de force, de foi, de chimères, d'hypothèses, d'énigmes, de luttes confuses et de sang, a manqué singulièrement de lumière et d'ordre. Les introduire dans la pensée française, sera, malgré tant de troubles et de guerres, la tâche de la période plus calme et plus sereine qui va s'ouvrir. Une société nouvelle se fonde qui croira bien à tort se fonder pour toujours, mais qui se couvrira d'une gloire immortelle, rejetant dans l'ombre et condamnant au silence les doctrines qui lui ont si longtemps fait obstacle. Pour éclatant qu'il soit, ce triomphe sera passager. Les vaincus, malgré leur inertie, ne pourront être anéantis. Ils se reprendront obscurément à la vie, ils pousseront lentement leur pointe contre vent et marée, ils prépareront d'instinct sous les yeux de Louis XIV et de Bossuet, la revanche imprévue qui les rendra vainqueurs au xviii° siècle.

CHAPITRE PREMIER

Au XVIIᵉ siècle. — Avant Richelieu.

Anarchie dans les esprits au commencement du xviiᵉ siècle. — Rôle important des libertins. — Henri IV et sa cour modèles de scepticisme et de mauvaises mœurs. — Béroalde de Verville. — Réaction de l'honnêteté profane. — Charron préféré à Montaigne. — Querelles religieuses sous la régence de Marie de Médicis. — Commencement de la persécution contre les libertins. — Supplice de Giordano Bruno à Rome. — Morts impénitentes. — Persécution en France. — Jules César Vanini. — Ses idées. — Son supplice à Toulouse. — Supplice de Jean Fontanier à Paris. — Campanella. — Recul des libertins. — Société des cabarets. — Théophile de Viau. — Sa condamnation. — Attaques du Père Garasse contre les libertins. — Les amis de Théophile. — L'entourage de Louis XIII. — Vauquelin des Yveteaux, précepteur de ce prince.

I

Découper l'histoire en tranches séculaires est un procédé trop commode pour que, tout en le reconnaissant conventionnel et défectueux, on y renonce jamais. C'est le devoir de la critique, quand elle se conforme à l'usage, de faire ses réserves devant ces fausses et trompeuses unités. Henri IV a pu, en prenant possession du trône, ouvrir une ère nouvelle; sa main puissante n'a point clos l'ère ancienne : l'anarchie subsiste dans les esprits, dans ce qu'on appelle déjà la République des lettres, alors même qu'elle a disparu de l'État monarchique. Vainement Richelieu l'aura un moment vaincue, elle reprendra de plus belle après lui. Le désordre ininterrompu des mœurs, dont témoignent Brantôme,

Tallemant des Réaux, tant de mémoires et de pamphlets, établira la continuité (1).

Pour assurer le triomphe de l'ordre intellectuel, sinon moral, il ne faudra pas moins des efforts convergents de Descartes, de Pascal, de Bossuet en communion fondamentale d'idées avec un jeune roi couvrant de sa protection les plus sûrs d'entre eux. Cette période ne s'ouvrira qu'en 1660. Une erreur trop commune est de voir le siècle tout entier dans sa seconde moitié, si différente en fait de la première. Reste d'idolâtrie monarchique, disait Condorcet (2).

Des fanatiques de la Révolution française ont décidé qu'il faut l'admirer en bloc, sans regarder à ses souillures. De même les fanatiques du xvii° siècle ne veulent pas voir de taches au soleil de Louis XIV. Ils le montrent brillant à son zénith alors qu'il n'est pas levé encore. Sainte-Beuve et Charles de Rémusat ont fait entendre discrètement la voix de la critique? Ce sont des blasphémateurs, et le dieu n'a qu'à poursuivre sa carrière. Saint-Simon, qui nous est ouvert depuis 1829, a enfin montré le dessous des cartes? Ce terrible témoin en devient suspect : qui a tant d'antipathies n'est pas digne de créance. Distinguons, s'il vous plaît, la cour raffinée de Louis XIV de la cour grossière de Henri IV et de celle même de Louis XIII. — On serait bien empêché d'établir cette distinction. Partout règne la même immoralité : loin du trône, autour du trône, au pied du trône, sur le trône, toutes réserves faites, cependant, à l'honneur du terne et peu galant monarque qui ressemble si peu à son père et à son fils.

Les libertins jouent sur la scène du monde un rôle plus important que leurs adversaires et eux-mêmes ne l'imaginent. Tandis que Henri IV, Richelieu et aussi Louis XIV répondent

---

(1) Voy., parmi cent autres, Bussy-Rabutin et Sandras des Courtilz. M. Poitevin, éditeur de Bussy, a publié quelques-uns de ces écrits à la suite de l'*Histoire amoureuse des Gaules*, 1857.

(2) Depuis Condorcet, Sainte-Beuve, qui a encore quelque chose de ce reste, Eug. Despois (*Les lettres et la liberté*, 1885), Paul Albert (*Hist. de la littér. française*, t. II, p. 2 sqq), d'autres encore, ont relevé cette erreur qui règne depuis deux cents ans.

au plus impérieux besoin du temps, qui est de savoir où se prendre et de respirer en paix, ce groupe décrié représente l'opposition, facteur nécessaire de toute société. En politique, en religion, en littérature, ils résistent au convenu et à l'imposé; ils représentent les droits trop méconnus de la liberté humaine, se rattachant ainsi au siècle confus, mais fécond, qui vient de finir. Entre ce XVIe siècle qui a tout remis en question et le XVIIIe qui résoudra les questions par la négative, c'est eux et non les dogmatistes du XVIIe qui établissent et nous font toucher du doigt la continuité de la chaîne, l'union des idées. Sans eux serait inexplicable, au temps de Voltaire, ce retour offensif, — et victorieux cette fois, — des doctrines jusqu'alors vagues, flottantes, mal définies, que Descartes et Bossuet s'étaient flattés de faire rentrer au néant.

Cette lutte, si inégale en apparence, mérite d'être suivie de près. Le siècle de Luther et de Montaigne avait, dit Sainte-Beuve, laissé au public français toute sa rouille (1). Les agitations de la rue et du champ de bataille ne permettaient pas la vie calme et les doux loisirs du foyer, plus propices aux élégances de la civilisation. Ainsi se perpétuaient les mœurs rudes et grossières des courtisans guerriers de Henri IV. Ceux même d'entre eux qui, après l'épée, maniaient la plume, n'étaient ni hommes de lettres ni hommes de société. Pour nous rendre ce qu'avait eu de bon la politesse des Valois, il fallut la seconde invasion d'Italiens dont Marie de Médicis infesta la France, en attendant l'invasion d'Espagnols que nous valut Anne d'Autriche. Ce fut un travail lent, sensible d'abord dans les modes, enveloppe des mœurs : Épernon et Sully, après dix ans de retraite, paraissent ridicules à la cour. Le progrès s'accuse ensuite dans le langage, qu'améliorent Malherbe, Balzac, les salons où se coudoient la vieille gentilhommerie féodale, la jeune bourgeoisie financière, reliées entre elles par l'aristocratie de robe. Mais longtemps encore les idées resteront les

---

(1) *Portraits littéraires*, t. II, p. 479.

mêmes. Le haut clergé, la haute noblesse continueront de donner à cette société en formation des exemples et jusqu'à des leçons de désordre, comme le montrent les brochures, les *Mémoires*, les couplets, les actes. Ces deux courants continueront à suivre la même route sans se confondre. Le mélange, enfin, s'opérant, donnera « l'honnête homme », élégant et poli, en qui nous avons le tort de voir tout le siècle. Ce n'est pas du jour au lendemain que le dogmatisme aura triomphé du scepticisme ou de l'épicurisme et Descartes de Gassendi.

II

Henri IV, modèle fâcheux pour les mœurs, contribuait, dans le domaine des idées, sans le savoir et sans le vouloir, à propager la doctrine de Montaigne. Prouver par ses actes et déclarer ouvertement qu'à ses yeux Paris valait bien une messe; à peine sorti du protestantisme, livrer aux Jésuites son âme de néophyte inquiétant; conserver sa confiance à Sully, rebelle au saut périlleux et tenant pour être de sa religion « tous ceux qui sont honnêtes et bons », c'était se livrer pour le scepticisme à la plus efficace des propagandes, celle de l'exemple. D'esprit expansif, d'ailleurs, ce prince ne se faisait faute de proclamer hautement son goût pour l'auteur des *Essais*, et les bons courtisans, Épernon, Bellegarde entre entres, forçaient la note. Autour du Béarnais, la libre pensée, sous le nom d'athéisme, s'affichait, comme elle s'afficha plus tard à Londres, sous le règne de Charles II. De la cour elle s'infiltrait dans les couches bourgeoises, en attendant qu'elle gagnât les populaires.

Dans ces rangs divers, des hommes sans tact ni délicatesse poussaient les natures vulgaires à confondre le désordre de la conduite avec la liberté de la pensée. Des écrivains abjects imitaient de Rabelais ce qui est trop facilement imitable, sans l'excuse du génie ou du talent. Au prix de quelles basses et plates obscénités ne faut-il pas payer quelques anecdotes divertissantes dans ce *Moyen de parvenir* où Béroalde de Verville (1558-1612), fils d'un ministre de Genève, chanoine également détaché de ses deux religions, ne sait reproduire ni la clarté, ni la vie, ni l'esprit, ni le style du *Pantagruel* (1)! Si tel est le répertoire où ont puisé Bruscambille et Tabarin pour leurs tréteaux, Agrippa d'Aubigné pour *le Baron de Fœneste*, Charles Sorel pour le *Francion*, reconnaissons du moins que ces deux derniers ont quelque peu tamisé le flot impur de leur source. Un autre contemporain, plus délicat quoique libertin, La Mothe le Vayer, déclarait « les *Moyens de parvenir* tout à fait exorbitans et rendus tels pour couvrir des saletés honteuses et condamnables (2) ». Mais cette voix honnête criait au désert, et les éditions se multipliaient. « Beau livre de dévotion », disait Christine de Suède. L'étrange reine plaisantait? On voudrait le croire ; c'était pourtant pousser un peu loin la plaisanterie que de se faire lire « les bons endroits » par ses dames et par les plus jeunes, pour jouir de leur confusion. Nous n'avons tant insisté que pour marquer, dès le début, la tendance, car autrement de ce triste ouvrage un seul mot serait à retenir : « Il faut suivre la nature (3) », et un seul fait, à savoir que le désir d'introduire quelque variété dans ses pages monotones non moins qu'écœurantes, n'entraîne jamais l'auteur à rien dire qui soit contre nature, en quoi il se rattache à l'école des libertins.

Si grand était le mal de ce dévergondage, que de divers côtés on s'efforçait d'y porter remède, les uns par les moyens doux, comme saint François de Sales (1567-1622), d'autres par les moyens durs, comme Pierre de Bérulle (1574-1629) et l'abbé de Saint-Cyran (1581-1643); plusieurs par les arguments de la philosophie, comme Du Vair (1556-1621) (4) et Pierre Charron (1554-1603). Nous pouvons tout négliger du président Du Vair, non parce qu'il est médiocre, car il

(1) Voy. La Monnoye, Avant-propos au *Moyen de parvenir*, éd. Lenglet-Dufrénoy.
(2) *Doutes de la philosophie sceptique*, Préface.
(3) *Le Moyen de parvenir*, t. II, p. 121.
(4) Voy. sa *Philosophie morale des stoïques*.

n'est peut-être pas encore aujourd'hui apprécié à sa valeur (1), mais parce que en lui le chrétien ou tout au moins le spiritualiste pur ne se sépare jamais du stoïcien. Il s'inspire également des philosophes anciens et des Pères de l'Église. Il est cartésien quarante ans avant le *Discours de la Méthode*. Cela n'empêchait pas Gassendi, en 1652, de recommander au prince Louis de Valois la lecture du meilleur ouvrage de Du Vair, *De la constance et consolation ès calamitez publiques* (2) ; mais cela nous empêche de compter l'auteur parmi les libertins, ou parmi ceux qui leur ont frayé les voies.

Quant au chanoine Charron, si nous pouvons aussi négliger presque toute son œuvre, le *Traité de la Sagesse* (1601) doit nous arrêter. Par les dehors, c'est une *Somme* théologique aux rebutantes allures ; par le dedans c'est un écrit nullement orthodoxe, et c'est le seul de ce genre où sa lourde plume se soit aventurée. Que dis-je aventuré ? il y donne le fonds et le tréfonds des doctrines qui lui sont chères, on y peut voir son testament philosophique (3).

Charron est-il le secrétaire ou le plagiaire de Montaigne ? Question controversée, mais qui importe peu. L'important, c'est que la parole du maître prend, pour se répandre sur le XVIIe siècle, ce porte-voix lourd, terne, pédantesque, qui le travestit et ne lui en est pas moins préféré, cinquante années durant. « Homme divin, grand homme, qui dit vrai partout, et dont le beau livre, le livre divin vaut mieux que perles et diamans », lisons-nous dans Guy Patin (4). Son ami Gabriel Naudé, plus discret dans l'enthousiasme, se bornait-il à dire : « Belle morale et belle anatomie de l'esprit de l'homme (5) », il n'en jugeait pas moins, lui aussi,

(1) Voy. E. Cougny, *Guillaume Du Vair*, 1857, excellente étude dont l'auteur s'efforce d'obtenir plus de justice, et Sapey, *G. Du Vair et Ant. Le Maistre*, 1858.
(2) Cougny, p. 115-148.
(3) Voy. Brunetière, *Études critiques*, 4e sér., p. 112 ; L. Etienne, *Essai sur La Mothe le Vayer*, 1849, p. 92.
(4) L. 659, 23 janv. 1655, III, 310 ; L. 795, 21 nov. 1660, III, 719 ; L. 149, 2 juin 1660, I, 252.
(5) Voy. G. Patin, L. 351, II, 480.

le plagiaire, secrétaire ou disciple supérieur au maître.

D'où vient cet excessif succès? D'un impérieux besoin de l'esprit public. Entre la dévotion et l'impiété, entre l'hypocrisie et le cynisme n'y a-t-il pas un moyen terme? On le cherchait. Charron l'indique, en rouvrant la porte au dogmatisme par l'exagération de la doctrine sceptique. « Que sçai-je » devient « Je ne sçai », négation qui implique affirmation. Avec qui doute on ne fonde pas une secte. Avec qui nie se fonde la secte de ceux que l'on commence à nommer « esprits forts », esprits en travail, avides de négations tranchantes plus que d'affirmations hardies. Les lecteurs de Charron, dit le Père Garasse, ne juraient que par lui ; les jeunes seigneurs lisaient le *Traité de la Sagesse* comme un livre « spirituel ». Quand on inquiétait l'auteur, quand chartreux ou célestins refusaient de le recevoir dans leurs couvents, un ministre de la régence, nullement suspect d'opposition à Marie de Médicis, le président Jeannin, le prenait sous son patronage et déclarait qu'on devait permettre la vente du livre comme d'un livre d'État (1).

Cette faveur ministérielle, Charron la mérite, car, son principe posé, il ne se montrait point chiche de concessions. Irréprochable dans ses mœurs, d'avocat devenu chanoine et prédicateur goûté, tolérant quoique missionnaire de la Ligue, la sottise du gouverneur d'Angers lui interdisant la parole, il se jetait dans les bras de Montaigne et prenait sa revanche avec sa plume. Revanche aux réserves prudentes, comme chez le maître ; mais au disciple il ne suffit plus de quelques phrases éparses pour se couvrir ; il faut un gros volume, *les Trois Vérités* (1594) où il demandait longuement et lourdement qu'en attendant de posséder la vérité, on se soumît à ce qui paraît le meilleur et le plus vraisemblable. Telle est la forme de l'épais bouclier qu'il oppose à des persécuteurs toujours à craindre. Sans doute il tient les philosophes pour l'honneur de l'humanité, pour seuls dignes d'être libres ; mais il ne veut pas avoir maille à partir avec

---

(1) Voy. Garasse, *Doctrine curieuse*, p. 1015.

les théologiens, il veut ménager le vulgaire, né pour servir, et, dans cette double vue, sauver les apparences.

Le *Traité de la Sagesse* ne s'écarte point de cette sage circonspection ; toutefois, les tendances épicuriennes et naturalistes de l'auteur s'y manifestent à chaque page. Les sens sont nos premiers et nos derniers maîtres, le commencement et la fin de tout. Entre l'homme et l'animal il n'y a qu'une différence de degré. La nation, le pays, le lieu donnent la religion. Nous sommes circoncis ou baptisés avant d'être hommes. Toutes les religions sont « étranges et horribles au sens commun ; elles sont, quoi qu'on dise, tenues par mains et moyens humains ». On pourrait regretter que les hommes n'aillent pas nus et qu'ils s'embarrassent de la pudeur. — N'est-ce pas, au charme près, du Montaigne que nous venons de résumer ? N'est-ce pas aussi comme un avant-goût de Rousseau ? L'historien sévère du cartésianisme fait au succédané de Montaigne l'honneur de le rattacher à Socrate plutôt qu'à Pyrrhon (1).

Ce chanoine libéré est donc bel et bien un philosophe de la nature. Il n'est même pas loin de mériter le renom d'athéiste, lui qui a écrit que la notion de la cause première ne se peut loger que dans une âme extrêmement forte, forcenée et maniaque, assertion qui dépasse singulièrement la négation du Dieu-Providence où se limitaient les épicuriens. L'immortalité de l'âme est, à son avis, la chose la plus utilement crue, la plus faiblement prouvée, aucunement établie par raisons et moyens humains, mais proprement et mieux par le ressort de la religion. Faire de cette survivance le pivot de la morale lui paraît peu digne de nous. C'est une chétive et misérable sagesse de fuir le mal non parce que la nature et la raison le veulent ainsi, et parce que la loi du monde dont vous êtes une pièce le requiert, mais parce que vous n'osez ou que vous craignez d'être battu. Qui est homme de bien par religion ne l'est pas assez. Gardez-vous-en et ne l'estimez guère. — Scolastique par la forme, si Charron

(1) Voy. Bouillier, *Hist. du cartésian.*, t. I, p. 22.

sécularise ainsi, s'il émancipe à ce point la morale, c'est qu'il est lui-même singulièrement émancipé pour le fond (1).

Comment s'étonner dès lors qu'il ait fait école? Rien de tel que de parler net. A vrai dire, on pourrait relever chez lui des assertions peu compatibles avec les précédentes, celle-ci par exemple : « La vérité ne se laisse point posséder à l'esprit humain, elle loge dans le sein de Dieu, le doute est un grand préparatoire à la vraie piété ». Pascal, ici, se greffe sur Montaigne; mais Sainte-Beuve a finement remarqué qu'en Charron est évidente l'insouciance d'arriver, tandis qu'arriver est le vœu ardent et pathétique de Pascal (2).

Durant les neuf dernières années de Henri IV, à la faveur du calme rendu au royaume, le *Traité de la Sagesse* fit sa trouée; l'école sceptique et libertine s'établit solidement. La philosophie chrétienne, celle du moyen âge, bat en retraite devant la païenne, devant le pyrrhonisme des anciens. L'imitation de l'antiquité, passion de la Renaissance, et déjà devenue ridicule, devient fléau par surcroît, car elle s'étend jusqu'aux mœurs, parmi les croyants comme parmi les incrédules. Mais pour les scandaleux qui restent dans le giron de l'Église il y a des trésors d'indulgence; ceux-là seuls qui s'affranchissent sont exposés à la médisance, à la calomnie. De la calomnie on se défend encore; de la médisance c'est impossible. Or les libertins sont souvent de vie libidineuse. Ce grief s'ajoutant à celui que fournissait contre eux leur indépendance d'esprit, on sent ce que devaient peser, au jugement du gros de leurs contemporains, des hommes qui aggravaient par une légèreté ignorante ou superficielle leur impatience de toute règle et de toute autorité. Ainsi leur école s'est aisément désagrégée, sans avoir créé aucun système. Plutôt qu'une secte il faut voir en eux un simple groupe. Ce groupe, à coup sûr, n'est point méprisable, quoiqu'on le méprise. La société officielle

---

(1) Voy. Sainte-Beuve, *Lundis*, t. XI, p. 242 ; Ch. Giraud, *Œuvres de Saint-Évremond*, t. I, p. cxxxiv.
(2) *Lundis*, t. XI, p. 243.

ne sentira qu'à la longue ses yeux se dessiller et sa raison comprendre qu'il faudra tôt ou tard engager le combat.

III

Henri IV mort, Marie de Médicis régente était trop faible pour ne pas temporiser. Elle était comme une cire molle aux mains du nonce Ubaldini, trop politique, malgré sa fougue naturelle, pour avoir deux ennemis à la fois. Or son ennemi de l'heure, c'était le catholicisme gallican, non le protestantisme, et moins encore le libertinage (1). Son pacifique successeur, Bentivoglio, laisse cinq ans tout le monde en repos. « De la liberté en France, écrit-il à Rome, on peut craindre tout mal en matière de parler et d'écrire... Avec les Français il faut beaucoup de réserve; on est forcé de dissimuler beaucoup (2). » Luynes, Vitry et leur bande goûtaient fort cette politique d'apaisement, dont le nonce marquait le triomphe en écartant du jeune Louis XIII le jésuite Cotton, son remuant confesseur (3). Richelieu alors était déjà dans la place. Le maréchal d'Ancre l'y avait introduit en le donnant pour collègue aux ministres Barbin et Mangot, ses créatures. Porté aux opinions ultramontaines, — il l'avait bien montré aux états généraux, — l'évêque de Luçon, s'il eût été le maître, n'eût pourtant pas plus imité Ubaldini que Bentivoglio. Quand il le fut, on le vit bien, car son génie courut au plus pressé, qui était de faire rentrer dans le rang les huguenots, fauteurs de dissolution nationale autant que d'hérésie, danger de tous les jours, immédiat et menaçant (4).

N'osant s'attaquer à si forte partie, Luynes, en paix du côté des gallicans et des ultramontains, permit que leur

---
(1) Voy. sur cette question notre ouvrage *l'Église et l'État sous le règne de Henri IV et la régence de Marie de Médicis*. 1867.
(2) Dép. du 5 juillet 1617. *La nunsiatura di G. Bentivoglio*, n° 401. Flor. 1863, t. I, p. 250.
(3) *L'Église et l'État*, etc. T. II, p. 345 sqq.
(4) Voy. *l'Église et l'État*, t. II, p. 269, 363, 369.

ardeur religieuse, d'abord excitée, maintenant contenue, trouvât un exutoire dans la persécution des libertins, des esprits forts, des « athées ». Les progrès de la doctrine pyrrhonienne, propagée avec tant de succès par Charron, offrait aux frères ennemis un terrain commode pour sceller sur le dos d'autrui leur réconciliation. Ainsi allait commencer pour l'autrui mécréant une période de tracasseries et aussi de féroces rigueurs.

Justement, la cour de Rome venait avec éclat de donner l'exemple. Elle avait envoyé au bûcher (1600) le dominicain Giordano Bruno, comme apostat, violateur de ses vœux, hérétique et luthérien. Le bruit de ce supplice retentissait encore par toute l'Europe. Au fond, le méfait de cette grande victime était d'avoir voulu affranchir de ses béquilles la philosophie, dans un pays où elle n'avait osé que bien rarement marcher sans l'appui des autorités consacrées. D'un large coup d'œil il embrassait le vaste cercle, remontait aux éléates, redescendait aux alexandrins et aux néo-platoniciens, puis s'élançait vers l'avenir, et, avec sa vive imagination de poète, devançait Spinoza. Ne pouvant l'accuser de « panthéisme », mot encore inconnu, on le flétrit, on le marqua pour la mort du nom d'impie et d'athée. Répondait-il que la personnalité de l'homme et celle de Dieu, que la liberté humaine et la providence divine se trouvaient proclamées en maint endroit de ses écrits? On lui en pouvait opposer d'autres qui affirmaient l'unité absolue des choses et l'univers infini, qui traitaient la doctrine d'un monde fini de dogme impur inventé par le Diable. Plus de savoir et de méthode eût permis à Bruno de ne pas tomber dans ces contradictions; mais doivent-elles faire oublier le hardi courage qui refusait aux protestants de restreindre le libre examen à l'interprétation orale des Écritures et qui dédaignait de s'abriter, avec presque tous les adeptes de la libre pensée, derrière la distinction prudente de la raison et de la foi? Ce qui rendit le cas plus révoltant encore et dispensa les juges de tout remords, c'est que le supplicié mourut, a écrit un témoin oculaire, en refusant d'abjurer ses erreurs, en repoussant « d'un air farouche » le crucifix (1).

Laissons de côté l'« air farouche », broderie de la malveillance ou de la rhétorique, et qui se transforme ailleurs en « sérénité des saints et des martyrs (2) ». Ce qu'il faut retenir, c'est qu'une mort impénitente, pour rare qu'elle fût, n'était point alors sans exemple. On la trouvait sur la couche d'un moribond comme sur le bûcher. En 1615, s'éteignait à Paris un courtisan si vieux qu'il est déjà parlé de lui au procès fameux de La Mole et Coconas (1574). On l'appelait Cosmo Ruger, nom italien défiguré à la française. Astrologue, faiseur d'horoscopes et d'almanachs, assez bien en cour pour avoir obtenu force libéralités et même une abbaye, quand sa dernière heure parut venue, ses amis lui amenèrent le curé de la paroisse, qu'il refusa de recevoir, puis des capucins qu'il ne reçut que pour leur dire : — Fols que vous êtes, allez, il n'y a point d'autres diables que les ennemis qui nous tourmentent en ce monde, ni d'autre Dieu que les rois et princes qui seuls nous peuvent avancer et faire du bien (3) ! — Dix ans plus tard, un personnage tout autrement en évidence disparaissait avec aussi peu de piété, quoique avec plus de façons, Maurice de Nassau, prince d'Orange (1567-1625), fils du Taciturne et maître de Turenne. Il mande à son chevet un prêtre et un ministre, les met aux prises sur la religion et résume leur débat en déclarant qu'il n'y a de certain que les mathématiques. Même langage chez un prince allemand *in extremis* : son confesseur lui demandant s'il ne croit pas : — Nous autres mathématiciens, répond-il, nous croyons que 2 et 2 font 4, que 4 et 4 font 8 (4).
— Ce Tudesque ne tenait pas « croire » et « savoir », « foi » et « science » pour synonymes. Moins rares peut-être qu'on ne pense étaient alors ces adieux impénitents à la vie. Le souvenir de quelques-uns nous est parvenu ; qui pourrait dire le nombre de ceux qu'a emportés le vent ou enseveli

---

(1) Lettre de G. Schoppe (Scioppius), 17 févr. 1600, dans Victor Cousin. *Vanini, ses écrits, sa vie, sa mort*, 1843. Cf. Bouillier, t. I, p. 7, 11-14.
(2) H. Martin, *Hist. de France*, t. XII, p. 8.
(3) *Mercure françois*, 1615, p. 45 ; Tallemant, t. I, p. 67, Comment.
(4) Tallemant, t. I, p. 403 et note 2.

dans le silence un calcul intéressé de ceux qui les ont reçus !

Le clergé avait donc conçu les plus vives alarmes. Dès l'année 1614, ses cahiers réclamaient des états généraux le supplice ou tout au moins le bannissement des « athées ». Il s'y montrait d'autant plus acharné qu'il ne pouvait compter sur les ministres de Louis XIII majeur comme naguère sur ceux de la régence. Le poignard de la Ligue, même aux mains des Jésuites, n'empêchait plus les protestants d'aspirer à une république sur le modèle des Provinces-Unies, et les Jansénistes déplaisaient déjà par leur austérité gourmée (1). L'auréole de la persécution n'avait pas couronné encore leurs têtes respectables, et ce n'est pas contre eux, pour le moment, que l'Église brandissait des foudres toujours disponibles. La guerre pouvait être engagée: une armée était debout, redoutable plus qu'ailleurs dans notre effervescent Midi. En divers lieux les libertins se heurtaient à une répression violente. Toulouse n'eut bientôt plus à envier aux bourreaux d'Italie leurs abominables lauriers.

Courait alors le monde un jeune prêtre napolitain, Jules César Vanini (1585-1619) — qu'on prit l'habitude d'appeler Lucilio, — grand lecteur de Pomponace, de Cardan, de Cesalpini, naturaliste et médecin du pape Clément VIII. Cet honneur sacré, pas plus qu'une profession de foi orthodoxe, ne l'empêchait d'avoir renom de matérialiste (2). Il est certain tout au moins qu'ami de la raison et ennemi du dogmatisme, mettant beaucoup d'esprit au service de ses idées, il devait plaire aux libertins et aux jeunes gens de la cour. Il leur plaisait davantage encore par ses dons extérieurs, ses qualités d'homme du monde, son caractère gai, sa vivacité et sa grâce italiennes, son goût aussi, qu'il

---

(1) Tout cela a été très bien vu par Ch. Giraud, *Œuvres de Saint-Évremond*, t. I, p. cxxxix.
(2) Voy. Raff. Palombo. *G. C. Vanini e i suoi tempi*, Naples, 1878 ; A. Baudouin, *Histoire critique de J. C. Vanini, dit Lucilio*, dans la *Revue philosophique*, juillet-décembre 1879, en 4 parties. L'auteur reconnaît s'être servi de Palombo. Ces deux ouvrages ôtent beaucoup de son autorité à celui de Cousin.

unissait à celui du travail, pour les « repues franches », et, paraît-il, pour la Vénus vulgaire. On l'accusait de répéter sans cesse ces deux vers:

> Perduto è tutto il tempo
> Che in amor non si spende (1).

On proférait encore contre lui une imputation beaucoup plus infamante ; mais contre un adversaire déclaré la calomnie pouvait-elle connaître le chômage ? Que des apologistes comme Bayle et Arpe (2) l'aient disculpé, qu'un historien comme Victor Cousin, que le *Mercure* (1620), que le président Gramond et le Père Garasse, si hostiles, ne soufflent mot sur ce sujet scabreux, en faut-il davantage pour déclarer l'accusé non coupable ? On a judicieusement dit que ses juges, s'ils avaient disposé d'un tel grief, n'auraient pas eu à en chercher d'autres pendant cinq ou six mois (3). Tout porte à croire qu'il disait vrai quand il protestait formellement de n'avoir jamais péché contre la loi de nature (4). Mais il avait la parole libre, et, grand voyageur, il colportait ses aventureux propos dans un temps où il ne faisait pas bon être mal famé ; il avait par surcroît la mauvaise chance de tuer dans une rixe certaine créature du tout-puissant Concini. Voilà comment il devint le bouc émissaire des iniquités d'Israël.

Il semble avoir senti le péril et tenté de le conjurer. Convaincu qu'il est sage de paraître ce qu'on n'est pas, lorsque la multitude déteste ce qu'on est et que les magistrats le punissent (5), il publiait des livres où un grand étalage d'orthodoxie et un formel éloge des Jésuites lui devaient, pensait-il, faire pardonner ses préférences pour Averroès et Pomponace sur Aristote et les scolastiques (6). Il combattait

---

(1) Voy. Garasse, *Doctr. cur.*, p. 144 ; Chaufepié, *Supplément au Dict. de Bayle*; Peignot, *Dict. des livres condamnés au feu*, 1806, t. II.
(2) *Apologia pro J. C. Vanini neapolitano*, 1712.
(3) Voy. Baudouin, *loc. cit.*, p. 50.
(4) *D: Arcan.*, p. 425, dans Baudouin, p. 162.
(5) Baudouin, p. 71.
(6) Voy. son *Amphitheatrum æternæ providentiæ... adversus philosophos*,

d'ailleurs Machiavel « prince des athées », accablait Cardan d'invectives, concluait par un hymne à l'Être infini. Mais de qui déplaît on ne retient que ce qui déplaît. Il passa bientôt pour libertin, chef des libertins, admirateur de la nature. Porte-voix sonore, réflecteur infidèle et bizarre, n'osait-il pas dire qu'elle est la divinité même : *Ipsa natura quæ deus est*? Des accusations précises on passait aux procès de tendance : il exposait les objections des athées avec force et les réfutait avec mollesse, si bien qu'il y avait des lecteurs pour les objections et point pour les réponses.

C'était peu des armes que ses adversaires forgeaient contre lui ; l'imprudent leur en fabriquait lui-même. Un an à peine écoulé, il publiait un nouvel ouvrage, de titre non moins significatif que le précédent, mais dans un sens opposé : *De admirandis Naturæ reginæ deæque mortalium arcanis* (1). A l'exemple de ses devanciers, il se contredisait donc ; du moins ne soufflait-il pas le chaud et le froid : il avouait courageusement l'évolution de son esprit. S'il écrit par un reste d'habitude : « Ajoutons foi aux paroles de l'Église », il recommence contre l'Église la guerre de Ramus et de Bruno ; il court du panthéisme spiritualiste de Cesalpini au panthéisme matérialiste de Cardan et de Cremonini. Ne reconnaissant plus d'autre dieu que la Nature, sa morale épicurienne admet tout juste la distinction métaphysique du bien et du mal ; sans périphrases il réduit l'amour aux plus grossiers plaisirs des sens. La vertu et le vice sont, à ses yeux, le produit nécessaire des circonstances extérieures, du climat et du milieu. De nos jours, où cette doctrine a fait une si belle fortune, on n'accorde à ces agents qu'une part d'influence. La témérité de Vanini ne connaissait pas de bornes. Cette Nature qui est dieu, c'est le monde éternel, mû par sa forme, nullement par la volonté d'une intelligence, c'est une substance infinie. Quant à l'âme humaine, elle

---

atheos, epicureos, peripateticos et stoicos. Lyon, 1615. Ce verbiage scolastique voudrait bien passer pour orthodoxe. Voy. V. Cousin, *Vanini* ; H. Martin, t. XII, p. 6.

(1) *Libri quatuor*. Paris, 1616.

n'est ni immatérielle ni immortelle. L'*Amphitheatrum* contient beaucoup de choses que l'auteur n'admet plus et n'a désormais qu'un mérite à ses yeux : il s'y est écarté « du ruisseau banal de l'ordure scolastique ». Son ancienne croyance ne lui inspire plus qu'une pitié méprisante : « Les enfants qui naissent avec l'esprit faible sont par là d'autant plus propres à faire de bons chrétiens ». Ainsi les voiles sont déchirés et les vaisseaux brûlés. Nulle âme bienveillante ne peut plus en appeler de Philippe ivre à Philippe à jeun.

Ce qui donnait à cette publication provocatrice une exceptionnelle gravité, c'est que, en son fatras, elle témoignait d'un réel talent. On s'en était aperçu dès le précédent ouvrage ; l'évidence, cette fois, sautait aux yeux : le talent avait grandi. Vanini a moins d'imagination que Bruno ; mais il a autant de malice, d'ironie, de mordant, d'érudition légère et de cynisme que Lucien ; il fait penser à Voltaire. Dira-t-on qu'il manque de sérieux ? La critique française hait les formes pesantes, et ce Napolitain était devenu Français.

Son succès fut donc très grand. Les libertins s'approprièrent ses formules un peu vagues. Les mots de « nature » de « loi naturelle » sortis de sa plume, furent bientôt dans toutes les bouches. A ceux qui les répètent, le Père Garasse reproche de ne pas savoir ce qu'ils entendent par là. Vanini ne vivait plus qu'entouré de disciples. Quoique diffamé pour ses mœurs, il trouvait la table, le couvert, une pension pécuniaire chez l'évêque de Marseille, Arthur d'Epinay de Saint-Luc ; il devenait l'aumônier de Bassompierre avec deux cents écus par an. Le baron de Panat, l'abbé de Redon, le comte de Cramail, petit-fils du maréchal de Montluc, officier lettré lui aussi, et même précieux, ami de Saint-Cyran, mais plus circonspect par crainte des flammes (1), et à leur suite toute la belle jeunesse, embouchaient en son honneur des trompettes compromettantes. Loin de suivre ses conseils de prudence,

---

(1) Tallemant, I, 506 ; P.-A. Brun, *Savinien de Cyrano Bergerac*, 1893, p. 83.

ils exagéraient ses hardiesses équivoques, où Guy Patin voyait l'athéisme et Voltaire le déisme (1); ils leur donnaient ainsi tant de netteté précise que le bûcher en fut allumé.

L'infortuné qui devait y périr semblait y lancer l'étincelle. Enivré du succès, il oubliait sa circonspection première, il s'enhardissait à vue d'œil. Les âmes bien pensantes ne l'appelaient plus que « l'exécrable Vanini ». Elles lui font interdire la chaire, elles provoquent son procès (1618). Un sieur de Francon le dénonce comme lui ayant dit souvent que le christianisme était une invention ridicule et que Dieu n'existait pas (2). On court l'arrêter dans sa chambre, et l'on n'y trouve qu'une Bible, quelques cahiers de philosophie, un gros crapaud au fond d'un vase plein d'eau, maigres pièces de conviction (3). Mais durant les six longs mois qu'il resta cloué sur la sellette, l'accusé se défendit mal. Convaincu qu'il ne peut être condamné, il se dit plus digne de foi que ses accusateurs, parce qu'il est prêtre, et il met tout son effort à prouver qu'il croit en Dieu. Tactique inutile! Il avait affaire à trop forte partie. Contre lui les témoins, quoi qu'on ait prétendu, ne manquèrent point, et le parlement de Toulouse n'eut pas à violer la règle juridique du *testis unus, testis nullus*. La condamnation fut prononcée. Si elle ne réunit pas l'unanimité des suffrages, c'était une consolation à ranger parmi les plus platoniques (4).

Quand l'accusé se vit perdu, il redevint lui-même. Il releva la tête devant ses juges. Il cessa de se confesser et de communier (5). A ce moment se rapporterait le propos que lui prête Garasse: « Nous étions douze compagnons, chargés comme les apôtres du Christ de répandre la doctrine de la Nature, et la France m'étoit échue en partage (6) ». Malheureusement pour l'assertion, Garasse est une autorité peu

---

(1) *Patiniana*, p. 52; *Dict. philosoph.*, art. ATHÉISME.
(2) Tallemant, I, 508, Comment.
(3) Baudouin, p. 387.
(4) Il y eut même deux condamnations, l'une sous le nom de Pompeo Usiglio par le parlement (9 févr. 1619), l'autre par le juge d'Église et l'Inquisition, sous le nom de J. C. Vanini. Voy. Baudouin, p. 409.
(5) Baudouin, p. 395-399.
(6) *Doctrine curieuse*, p. 145.

sûre, et déjà se formait la légende. Récemment encore on a pris dans le sac la main d'un faussaire dont Victor Cousin a été la dupe (1). Parmi les contemporains il y avait déjà d'effrontés menteurs, entre autres le jeune conseiller Gramond, plus tard premier président, que Paulin Paris appelle « un abominable homme (2) », et qui osa écrire que le condamné mourut en lâche et en brute. Qu'il ait, quand on lui « arracha » la langue devant la foule, poussé un cri « comparable à celui du bœuf qu'assomme le boucher (3) », qui en serait surpris ? L'opinion en fut toute retournée. Le *Mercure françois* (1619), écho du bruit public, peut bien se féliciter de ce que « quelque action mémorable ait été faite en France contre l'athéisme » ; il n'en donne pas moins à entendre que la jeunesse, le savoir, l'éloquence de Vanini n'avaient pas laissé de toucher les spectateurs du procès et du supplice.

N'oublions pas, toutefois, qu'on ne prête qu'aux riches et qu'il y a un fond de vérité dans beaucoup de légendes. Les propos que Gramond et Garasse mettent sur les lèvres du supplicié dans les affres de la torture et de la mort, c'est dans sa prison et de sang-froid qu'il les tint. Quand on lui lut son arrêt, il fit cette réponse restée célèbre : « Pour Dieu, je n'en crois point ; pour le roi, je ne l'ai offensé ; pour la justice, que le diable l'emporte, s'il y a des diables au monde (4). » — C'est alors aussi qu'il nia la divinité de Jésus et qu'il affirma l'éternité de la nature (5). Cette attitude ferme de révolté, il la conserva, de l'aveu unanime, jusqu'à la dernière minute, et, tout en ayant horreur

(1) Ce faussaire, nommé Dumège, a fabriqué et mis sur le compte de Malenfant, greffier au parlement de Toulouse lors du procès, un pastiche grossier de Rabelais ou de Froissart que Cousin a publié sous le nom du greffier. Celui-ci ne dit pas un mot de Vanini. Voy. son *Journal du palais*, improprement appelé « Mémoires ». (Baudouin, p. 50.)
(2) Tallemant, I, 508, Comment.
(3) Gramond, *Historiarum Galliæ ab excessu Henrici IV libri XVIII*. Balzac (*Socrate chrétien*) dit que la langue fut « coupée » dans la prison. Le cri de bœuf serait donc un conte ; mais Baudouin, qui a vu les pièces, affirme que cette atrocité fut commise sur le bûcher.
(4) *Doctrine curieuse*, p. 115.
(5) Baudouin, p. 100.

de ses blasphèmes, on admira son courage. C'est même
l'admiration qui domine aux relations contemporaines (1).

Ce cruel supplice condamnait l'athéisme à un pas en
arrière; si l'on dit généralement que la persécution sert
les causes persécutées, cette assertion n'est pas plus sûre que
les oracles de Calchas. Les amis de la victime se sentirent
impuissants à défendre sa mémoire. Quant aux bourreaux,
l'odeur du sang les avait mis en goût. A défaut d'athées, ils
firent main basse sur de libres esprits que, dans leur rage,
ils accusaient d'athéisme. Deux ans à peine après la tragique
fin de Vanini (1621), mourait sur la place de Grève Jean
Fontanier (1586-1621), issu d'une bonne famille de Montpellier. Garasse lui reproche d'avoir été tour à tour huguenot,
catholique, moine, protestant de nouveau, Turc, juif,
athéiste. Il reproduit le texte d'un placard que cet esprit
versatile venait d'afficher à Paris, au lendemain du jour
où deux Portugais l'avaient converti au judaïsme (2). Ce
singulier relaps, cet ennemi du christianisme, n'avait pas
du moins de superstitions, car il logeait, rue de Béthisy,
« à l'enseigne de Jésus ». Dans sa chambre, il recevait des
curieux qui voulaient connaître son scandaleux ouvrage,
le Trésor inestimable, ou Mausérisme, plein d'impiétés
contre Dieu, la Vierge et toute la chrétienté (3). Les
visiteurs le trouvaient de bonne façon, couvert de soie,
« ne montrant à l'extérieur ce qu'il avoit dans l'âme ». Lui, il
leur fait jurer le secret. « Je m'engage », est-il dit dans la formule du serment, « à lui assister de ma personne et de
mes moyens pour l'accomplissement de son œuvre, comme
juste, honorable, utile *et qui ne contrevient point aux
commandemens de Dieu*. Et en cas que je contrevienne à
ce serment, je veux que l'ire, le courroux et l'indignation

---

(1) Baudouin, p. 402. Voy. en outre J.-M. Schramm, *De vita et scriptis famosi athei J. C. Vanini Tractatus singularis*, Custrin, 1715; David Durand (anonyme). *La vie et les sentimens de L. Vanini*, Rotterdam, 1717. Ce dernier
ouvrage est une charge tardive à fond de train.
(2) *Doctrine curieuse*, p. 150.
(3) Voy. Ch. Nisard, *Les Gladiateurs de la République des Lettres*, 1860,
t. II, p. 297.

du grand Dieu tout-puissant demeure éternellement sur mon corps, *sur mon âme* et sur mes moyens (1). »

Cette formule, assurément, n'est pas d'un athée, ni même d'un esprit irréligieux, mais quelques-unes des personnes présentes y trouvent encore trop de hardiesse : elles se refusent à jurer : elles vont jusqu'à dénoncer l'hôte candide qui, malgré ce refus, avait eu confiance dans leur loyauté. Le lieutenant criminel accourt et l'appréhende au corps, tandis qu'il dictait à une quinzaine d'amis les paroles suivantes : « Le cœur me tremble, la plume me tombe des mains. » — « C'est, ajoute Garasse, qu'il étoit *sur le point* de proférer un grand et horrible blasphème. » Il fut pris, *convaincu*, livré aux flammes, avec son livre préalablement lacéré. L'arrêt portait une attache ainsi conçue : « Il est retenu qu'auparavant que ledit Fontanier sente le feu, il sera secrètement étranglé ». La justice était donc un peu moins inhumaine à Paris qu'à Toulouse : si elle frappait à mort, elle se refusait le plaisir des tortures. Garasse prétend — c'est dans l'ordre — que la fin de cette autre victime fut d'un lâche ; mais il se contredit en ajoutant qu'on n'y vit pas plus le repentir des offenses que la rage désespérée de Lucilio (2). Fontanier mourut donc maître de soi, sans forfanterie comme sans faiblesse. Il avait vécu en homme honnête, puisque Garasse n'incrimine point ses mœurs.

Les persécuteurs français n'en eurent pas plus de remords. D'Italie leur venaient les encouragements de l'exemple. Vers 1637, subissait le dernier supplice un certain marquis Manzuoli, Florentin, « athée et de mauvaise vie », disait-on. Son crime réel était « d'avoir écrit quelque chose contre le pape (3) ». Le dominicain calabrais Campanella (1568-1639) n'échappait au bûcher que par vingt-sept ans de cachot et par la torture sept fois renouvelée : il avait voulu affranchir du joug espagnol le pays de Naples et publié sa *Civitas solis*, réminiscence malheureuse de Platon et de sa *République*.

---

(1) Voy. le texte entier de cette formule dans *Doctr. cur.*, p. 151.
(2) *Doctr. cur.*, p. 151, 152.
(3) *Naudaeana*, p. 66.

œuvre jugée trop savante pour que l'auteur ne se fût pas servi du Diable, maître de Luther et de Calvin (1). Il n'était certes ni athée, lui qui a écrit contre l'athéisme, ni adepte de la philosophie atomistique. Les libertins ne l'en saluèrent pas moins pour un des leurs ; il estimait, en effet, que, pour réformer la science, il fallait revenir à l'étude de la nature, « ce manuscrit de Dieu », selon sa belle expression; il faisait dériver des sens toute connaissance, toute certitude, et il distinguait en nous deux âmes, venant l'une de Dieu, l'autre du Soleil (2).

Mais lorsque Urbain VIII eut enfin brisé les fers de son prisonnier, lorsque Campanella eut reçu de Richelieu une pension et fut venu en jouir à Paris (1634), presque à la cour, où il devait, selon Peiresc, « trouver sa principale protection (3) », ses admirateurs virent de trop près ce contemporain de Descartes qui tirait l'horoscope du dauphin fils de Louis XIII, ce rêveur attardé qui ne tenait compte ni de la liberté individuelle, ni de la propriété, ni de la famille, cet homme dont on connaissait de longue date les bizarreries, reposant « quelquefois sur de très bons fondemens » et dont en conséquence « il ne faut rien négliger (4) ». — « Il sait beaucoup, écrit alors Guy Patin (1635), mais superficiellement, il doit beaucoup aux mensonges des siens. » Le caractère, comme l'esprit, était l'objet de croissantes attaques. Gassendi répond visiblement aux détracteurs, quand il note que celui qui n'a pas versé une larme au milieu des tortures, a pleuré d'émotion devant les bontés de Peiresc (5). Peiresc l'appelait d'abord et fréquemment « le bon Père Campanella »; bientôt il ne dit plus que « le R. P. Campanella » (6). Pourtant il lui écrit encore, mais le refroidissement est manifeste et il s'aggrave. Contre ce

(1) G. Naudé, *Mascurat*, p. 331, dans J. Denis, p. 196.
(2) Voy. Bouillier, t. I, p. 16.
(3) Lettre à M. de Saint-Sauveur Du Puy, Aix, 12 déc. 1634 (*Lettres de Peiresc*, publiées par Tamizey de La Roque, t. III, p. 239).
(4) Peiresc à M. Du Puy, 16 oct. 1627, 17 janv. 1630, I, 403, II, 272.
(5) Note de Tamizey de La Roque, III, 198, n. 3, qui indique la source.
(6) Voy. lettres des 12 déc. 1634, 5 juin 1635, 16 avril 1636, III, 237, 323, 483 et bien d'autres encore.

moine d'Italie réfugié aux Jacobins du faubourg Saint-Honoré, Naudé écrit un violent acte d'accusation : « Charlatan, bavard, menteur, effronté, fol enragé, philosophe masqué, ingrat et superbe, la lie et l'excrément de tous les hommes de lettres (1) ». C'est l'âpreté des érudits de la Renaissance et peut-être Naudé avait-il sur le cœur quelque grief personnel; mais le doux Gassendi donne discrètement raison à ce torrent d'injures. « Je vous renvoie, écrit-il à Peiresc, la lettre de M. Naudé, du contenu de laquelle j'ai bien à la vérité un peu été surpris, mais non pas au point que vous pourriez croire, car M. Diodati et M. Bouchard vous pourroient témoigner comme quoi m'ayant demandé avec candeur le sentiment que j'avois du bon Père, pour le peu de fréquentation que j'en avois eue chez vous, je leur ai dit quelque chose d'approchant de la teneur de cette lettre, mais avec de tels adoucissemens que lui même, quand il auroit vu mes réponses, n'auroit point eu tout le sujet du monde de s'en offenser. En un mot, je pense que M. Naudé écrit bien comme un homme qui est un peu outré et dont le phlegme n'a point tout à fait tempéré la bile; mais après tout, je crois qu'il y a plus de raison de son côté que de l'autre et je le connois d'ailleurs si naïf, qu'il ne diroit point ces choses-là si elles n'étoient véritables (2). »

L'ultramontain qu'était cet hôte de la France, défenseur résolu de toutes les prétentions du Saint-Siège, ne pouvait être goûté longtemps d'esprits libres pour qui le gallicanisme n'était qu'un insuffisant minimum.

IV

Toute sécurité leur faisant défaut, les libertins vont donc prendre le masque sinon de la sagesse, du moins de la dis-

---

(1) Lettre de Naudé à Peiresc, dans Sainte-Beuve, *Portraits littéraires*, t. II, p. 499, et append., p. 524.
(2) Digne, 16 nov. 1635 (*Lettres de Peiresc*, IV, 509). On peut voir le grand ouvrage de M. Luigi Amabile, *Fra Tomaso Campanella*, Naples 1882-1887, 6 vol.

crétion. Leur pensée véritable, ce n'est plus dans leurs écrits qu'il faudra la chercher, c'est dans leurs paroles, parce qu'ils savent qu'autant en emporte le vent, ou parce qu'ils ne savent plus celles qu'ils ont prononcées dans les fumées du vin. Le vin et les lieux où l'on en boit, salons interlopes, tavernes, cabarets, prennent alors une vogue toute nouvelle, ont des fidèles de tous les rangs. On voit un président piquer une épingle à sa manche pour se rappeler de s'enivrer le lendemain (1). De ce monde sans tenue les libertins forment le noyau. N'ayant guère accès à la cour, il leur faut des lieux de réunion ; mais ces lieux sans doute ne sont pas déplaisants, puisqu'on y voit affluer les seigneurs, gros bonnets qui peuvent sans danger s'avouer athées, et à leur suite les moindres gentilshommes qui s'ennuieraient entre eux. Le rire a ses franches coudées dans la société bruyante d'hommes enjoués et sceptiques. Quelque chose aussi de plus noble s'y produit, car gênés ailleurs dans la discussion du vrai, là ils se sentent libres pour l'admiration du beau, honneur de l'épicurisme. Ils essayent même de le produire, mais en vers seulement, car la poésie, ou ce qu'on décore alors de ce nom, obtient des tolérances refusées à la prose : les œuvres d'êtres « fols » sont dédaignées des pouvoirs publics, jusqu'au jour très prochain où ils s'apercevront que les obscénités poétiques de ces voluptueux peuvent devenir une arme contre leur incrédulité.

Mélange curieux de talons rouges et de rouges trognes, de goinfres rimeurs à gages et de débauchés du grand monde qui les soudoient, de poètes crottés et de beaux messieurs tout dorés qui viennent en carrosse au cabaret ! Le cabaret est alors ce que sera au XVIII° siècle le café et au XIX° le cercle. De nos princes, de nos seigneurs, de nos écrivains en renom, combien en pourrait-on citer qui ne se soient attablés dans ces salles basses, enfumées, sans élégance, même sans propreté ? Au cœur de la cité, près du Palais, rue de la Licorne, florissait dès le temps de Villon, le plus

(1) Francisque Michel et Édouard Fournier, *Histoire des hôtelleries, cabarets, courtilles*, 1859, t. II, p. 3 s.

illustre des cabarets littéraires, la *Pomme de pin*, dont la gloire ne commence à décroître que vers 1635 (1). La *Croix de Lorraine*, à peine moins célèbre, sans rivale dans la seconde moitié du xvɪɪᵉ siècle, remonte pour le moins aux jours troublés de la Ligue. Chose étrange pourtant, on n'est pas d'accord sur le quartier où elle était située (2); mais il faut en croire Chapelle, qui y avait ses habitudes et qui la place au Marais (3). Dès les premières années de Louis XIII (1612), la *Boisselière*, toute voisine du Louvre, recevait les courtisans qui en sortaient pleins d'ennui et désireux de s'ébaudir. Ils ont tous passé chez cette Hébé dont l'hospitalité se payait dix livres tournois, au lieu des vingt ou quarante sous de l'*Hôtel d'Anjou*, rue Dauphine, du *Pressoir d'Or*, rue Saint-Martin, de la *Toison*, rue Beaubourg, de l'*Hôtel de France*, rue Guénégaud, du *Signe de la Croix*, du *Juste prix*, rue Saint-Honoré (4).

Bientôt, les diverses professions ou coteries voulurent avoir leurs cabarets particuliers, où elles se sentissent maîtresses. La *Croix de fer*, seule concurrente sérieuse de la *Pomme de pin*, au temps où celle-ci prospérait, ne recevait ni seigneurs ni financiers. Les comédiens avaient leur lieu de réunion et de beuverie près de leur théâtre. On trouvait les pédants de l'Université à la *Corne*, place Maubert, à l'*Écu d'argent*, aux *Trois Entonnoirs*; les gens d'Église au *Riche Laboureur*, près de la foire Saint-Germain, à la *Table Roland*, dans la Vallée de Misère, au *Treillis vert*, rue Saint-Hyacinthe, et les réguliers, paraît-il, y étaient plus nombreux, plus assidus que les séculiers (5).

Au temps de la Fronde, et même sous Louis XIV toutpuissant, cette institution des cabarets s'accroît encore. Nous la retrouverons jusqu'à l'heure où le monarque vieilli, assombri, embrigadé par Mᵐᵉ de Maintenon dans l'armée

---

(1) *Visions des pèlerins du Parnasse*, 1635 ; Ch. Nisard, *les Gladiateurs*, etc. T. II, p. 300.
(2) Taschereau (*Vie de Molière*) place la Croix de Lorraine sur la rive gauche.
(3) Voy. Fr. Michel et Ed. Fournier, t. II, p. 290, 300, 303.
(4) *Ibid.*, t. II, p. 300-310.
(5) *Ibid.*, p. 318-320.

sainte, forcera les compagnons joyeux et amis des libres propos, à se claquemurer plus étroitement pour échapper aux rigueurs. Mais il convient dès à présent d'avertir que le mot du temps « faire la débauche » s'entendait seulement de boire avec plus ou moins d'excès en disputant sur des sujets sérieux, égayés d'indécences, d'ordures qui ne risquaient pas d'offenser de pieuses ou chastes oreilles. Qui voulait faire pis, allait, principalement hors ville, chez le pâtissier ou fricoteur, dont l'arrière-boutique s'ouvrait aux rendez-vous donnés ou de rencontre : la novice entrait par la porte dérobée, l'effrontée par la porte commune (1). Ni cette industrie infâme, ni les obscènes et cyniques propos entre hommes ne sont pour nous surprendre : l'espèce humaine ne change guère que de vêtement, et les principes religieux n'ont jamais exorcisé le démon du mal. Si les petites gens du XVII° siècle, chez qui ils étaient restés en vigueur, passent pour avoir été plus vertueux que les grands, nous sera-t-il permis de dire qu'ils doivent peut-être cette réputation à leur obscurité? On ne saurait oublier que les classes populaires fournissaient à Paris trente-deux mille filles publiques (2).

V

Dans la société mêlée des cabarets, au lendemain des retentissants supplices, deux poètes tiennent le haut du pavé, Théophile de Viau et Nicolas Vauquelin des Yveteaux. Fort différents l'un de l'autre par le caractère et fort inégaux dans l'art des vers, ils sont au même degré les champions de ce prétendu pantagruélisme qui n'est en réalité que le naturalisme.

Théophile de Viau (1590-1626) est surtout connu par les

---

(1) Fr. Michel et Éd. Fournier, t. II, p. 279.
(2) Voy. outre l'ouvrage de Fr. Michel et Éd. Fournier, ceux de Victor Fournel, *La littérature indépendante et les écrivains oubliés au XVII° siècle*, p. 159, et de M. de Maulde, *Les mille et une nuits d'une ambassadrice de Louis XIV*, 1896.

deux vers qu'on lui reproche depuis que Boileau les lui a reprochés :

> Ah! voici le poignard qui du sang de son maître
> S'est souillé lâchement. Il en rougit, le traître!

Le mauvais goût est évident; mais il ne l'est guère plus que dans le célèbre jeu de mots de Racine :

> Brûlé de plus de feux que je n'en allumai,

ou que dans « l'île escarpée et sans bords » du sévère Aristarque. Aristarque a fort compromis sa sévérité en enveloppant Ronsard dans la même réprobation que Théophile (1). Comme écrivain, Théophile vaut mieux qu'on ne le dit. Malheureux au théâtre, — il en convient de bonne grâce, — il est un poète lyrique et descriptif de quelque prix, le premier en date de nos raisonneurs en vers. Malherbe aurait pu reconnaître en lui un membre de sa famille littéraire, au lieu de dire dédaigneusement qu'il n'avait « rien fait qui vaille dans le métier dont il se mêloit ». Plus juste, Théophile goûtait Malherbe et ne condamnait que ses imitateurs. Lui-même il se jugeait sans faiblesse d'amour-propre :

> La règle me déplaît, j'écris confusément.
> Jamais un bon esprit ne fait rien aisément.

« Je ne suis ni poète ni orateur », écrivait-il à Balzac (2). Il se faisait tort. S'il improvise trop dans ses vers, s'il manque de couleur et d'images, il a le souffle, l'élégance, la fraîcheur, le sentiment de la nature (3). Dans sa prose, supérieure à sa poésie, se reconnaît l'homme du monde, que ne gâtent ni les gentillesses d'un Voiture, ni la pompe d'un Balzac (4). En tout cas, sa poésie, aujourd'hui trop décriée, lui procurait l'encens de Saint-Évremond, les éloges de Scudéry, qui

---

(1) Voy. Satire III, v. 172.
(2) Voy. Alleaume, notice en tête des Œuvres de Théophile, éd. Jannet, 1852, p. 94.
(3) C'est l'avis d'un bon juge, Théophile Gautier. Voy. Les Grotesques, éd. de 1859, p. 62 sqq.
(4) Voy. ses lettres dans l'éd. Jannet.

l'appelait « le divin grand Théophile », et de Mairet, qui voyait en lui, « un des premiers esprits de leur âge (1) ».

Pas plus par sa naissance que par ses talents, Théophile n'était le premier venu. Loin d'être fils d'un cabaretier, comme on l'a dit, il appartenait à une famille grandie dans les charges de cour : son aïeul avait été secrétaire de la reine de Navarre, bonne école d'idées et de mœurs libres ; son père était maître d'hôtel chez les Montmorency (2). Recherché lui-même par les courtisans, par ceux surtout qui se piquaient de lettres, il vivait dans leur société. Il en devait payer cher le plaisir : quand on voulut faire un exemple sur les mondains dissolus, ses compagnons de haute lignée jugèrent expédient de détourner l'orage sur le moindre d'entre eux. Sans valoir moins, assurément, que Luynes, Bassompierre ou Cinq-Mars, il avait leurs mœurs. « Pour moi, écrivait-il, dont le tempérament est invincible et qui ne romps pas facilement avec les plaisirs, je ne laisse pas de verser quelquefois deux doigts de bon vin tout pur sur l'embrasement de ma fièvre (3). » Ainsi, même malade, il buvait ! Mais, eux, ils évaporaient en paroles leur impiété libertine : lui, il condensait la sienne dans ses vers, on avait sous la main le corps du délit. *Le Cabinet satyrique* (4) contenait, avec des pièces de Sigogne, Regnier, Morin, Berthelot, Maynard, etc., dont plusieurs immorales, indécentes, « indignes d'un chrétien tant en croyance qu'en saletés », des vers connus pour être de Théophile (5). Son nom n'apparaissait pas encore ; on ne tarda pas à le voir au frontispice d'un autre recueil, les *Quatrains du déiste*.

Depuis les états généraux, la foudre grondait dans l'air ; le parlement, dirigé avec adresse, en frappe la tête de

---

(1) Voy. La Bruyère, *Des ouvrages de l'esprit*, et Géruzez, *Hist. de la litt. française*, éd. de 1869, t. II, p. 27 sqq.
(2) Voy. Ch. Giraud, I, cxxxvii.
(3) Lettre publiée par M. Bernardin, *Tristan l'Hermite*, 1895, p. 117. Cf. Alleaume, notice, p. 90.
(4) La première édition est de 1618. Celles que j'ai pu voir sont de 1632 et 1666.
(5) Voy. Rosset, *Histoires tragiques* ; Gramond, *Hist. gall.* ; *Mercure françois*, 1620 ; P. A. Brun, *Cyrano Bergerac*, p. 29.

Théophile. Quoique protégé par Luynes, il ne peut échapper à la mort que par la fuite. Tout d'une traite il court à la frontière des Pyrénées ; mais là il s'arrête, répugnant à sortir de France ; il compte sur un autre protecteur, Montmorency, la future victime de Richelieu, pour éclaircir son horizon. Le danger disparu, on voit ce téméraire renouveler ses bravades, si tant est que ce qu'on rapporte soit véritable. Passant par Agen, pour voir exorciser une fille, il se serait moqué des exorcistes ; il aurait dit que si l'on n'était pas certain qu'il y eût un Dieu, au moins était-on sûr qu'il n'y avait point de diable, sur quoi des fanatiques ameutés lui faillirent rompre les os. Semblable mésaventure en Touraine, pour ne s'être pas découvert devant une procession. Force lui est de fuir à Londres, d'où il ne revient, deux ans plus tard, qu'au prix d'une ode courtisanesque à Louis XIII, d'un désaveu des sentiments qu'on lui attribuait, et d'une abjuration du protestantisme, « afin, écrit-il, de me réconcilier avec le peuple et de ne paroître pas ennemi de ma patrie pour un petit mot ou une chose de peu d'importance ».

Le voilà donc catéchumène et bientôt catholique, sur les instructions du capucin Athanase Molé et du jésuite Arnoux, confesseur du roi. Mais rien n'y fait : la profession de foi change, l'homme reste, qui aggrave ses torts par la récidive. En 1623, paraît le *Parnasse des poètes satyriques*, sans noms d'auteurs. Les auteurs n'en sont pas moins connus. Au surplus, dès 1625, l'éditeur imprime à la première page le nom du seul Théophile, qu'il juge propre à accélérer l'écoulement de sa marchandise. Dans l'ombre restent jusqu'aux plus estimés après lui : Colletet le père (1598-1659) et Nicolas Frenicle (1600-1661), qui ne vit pas, comme Colletet, s'ouvrir devant lui les portes de l'Académie. Il était pourtant une sorte de personnage en sa qualité de conseiller à la cour des comptes, et surtout pour avoir, sur la fin de sa vie, expié par des poésies chrétiennes le tort de s'être appliqué « aux fables du Parnasse plus qu'aux vérités du Calvaire ».

Le Père Garasse, avec son exagération habituelle et une affectation marquée d'impartialité, fait honneur plus que de raison à ce livre des bons mots, des sonnets ingénieux, des odes bien rendues, des stances bien rimées qu'il contient ; mais c'est pour le dénoncer, aussitôt après, comme « le plus horrible livre que les siècles les plus païens et les plus débordés enfantèrent jamais (1) ». Dès la première page le poison : le converti de la veille retournait à son vomissement ; le proscrit de l'avant-veille bravait ses proscripteurs ; il mettait « en front » du *Parnasse* un sonnet dont il ne se cachait point d'être l'auteur, et, où, récemment blessé dans un voyage à Cythère, il faisait en termes obscènes le vœu de n'aller plus qu'à Sodome. La plaisanterie était d'une grossièreté, d'un cynisme révoltants ; pouvait-on de bonne foi y voir pis qu'une plaisanterie ? A la cour de Louis XIV, de jeunes fous aggraveront ce même scandale, en signant l'engagement collectif de borner aussi à Sodome leurs lubriques excursions (2) ; de leur part simple peccadille. Pour Théophile le péché est irrémissible, et Luynes, son protecteur, n'était plus là. L'occasion est propice pour frapper ce législateur, ce porte-bannière d'une douzaine de libres esprits, ce « fléau », cette « peste », ce « chef des athées secrets », une jolie trouvaille d'expression. L'on disait « impie comme Théophile ». Les bienveillants, il est vrai, s'obstinaient à dire : « spirituel comme Théophile ».

L'accusation d'impiété reposait sur des griefs très divers. Il y en avait de puérils et aussi de sérieux. Le poète comparait ses Iris à des anges ; il déclarait les tourments de l'amour plus cruels que ceux de l'enfer, et les plaisirs terrestres préférables aux joies du paradis (3). Mais, ce qui est plus grave, il affirmait, comme plus tard Rousseau, Helvétius et La Mottrie, la bonté native de l'homme : en d'autres termes, il niait le péché originel. Sectateur de la Nature, il jugeait bonnes les passions que l'Église prétend extirper. Le réquisitoire du procureur général Molé lui reproche d'avoir traité « païennement » un sujet aussi

---

(1) *Doctrine curieuse*, p. 51, 781.
(2) Voy. à la suite de l'*Hist. amoureuse des Gaules*, éd. Poitevin, t. II.
(3) Voy. Th. Gautier, *Les Grotesques*.

chrétien que la destinée humaine (1). Athée, l'était-il comme on le prétendait ? Rien ne paraît moins sûr quand on se reporte à la lettre éloquente qu'il écrit à son ami Luillier dans un latin aussi bon que son français, où il se plaint des hardiesses du jeune Des Barreaux, et à ces paroles qu'il adresse au marquis d'Asserac : « Après la crainte de Dieu et le service du roi, qui suit immédiatement après, il n'y a rien, ce me semble, qui ne puisse légitimement aider à nos fantaisies et à nos opinions (2) ». Sans doute nous pouvons croire qu'il voulait surtout, comme on dit familièrement, « se garder à carreau », ce qu'il faisait encore en publiant sa paraphrase du *Phédon*, moitié vers, moitié prose, qu'il intitule ambitieusement *Traité de l'immortalité de l'âme*; mais rien ne justifie les attaques passionnées dont on le poursuivit. Ses dogmes, s'il en avait, se réduisaient à la pratique d'une vie commode, celle que prêche Montaigne, et d'un régime de liberté pour l'esprit, celui dont s'arrange le mieux l'épicurisme.

Contre le profane poète ne s'en éleva pas moins un formidable concert de voix sacrées. Le jésuite Guérin prêche sur ce texte : « Maudit sois-tu, Théophile ! » Ses dignes confrères, Raynaud, Caussin, Voisin, font chorus et renchérissent de gros mots : impie, athée, ivrogne, sodomite, autant d'imputations, surtout la dernière, prestement retournées par Théophile et ses amis contre la Compagnie de Jésus. Le bruyant, l'impétueux Garasse (1585-1630), « traînard de la Sainte-Union, personnage bizarre en qui se rassemblent le prêtre, le journaliste, le sycophante, le théologien, le farceur et le matamore (3) », tonne plus fort que tous les autres et sait rendre amusantes ses pantalonnades acrimonieuses. Raulin, Barletta, Maillard, le petit Père André ont trouvé un digne héritier de leurs facéties tapageuses, plus agressif cent fois qu'ils ne l'avaient jamais été. On dut mettre un

---

(1) Voy. Ch. Giraud, I, cxxxiii; H. Martin, t. X¹¹, p. 3, note 3.
(2) Voy. Philarète Chasles, *Revue des Deux Mondes*, 1839, t. III, p. 376 ; René Grousset, *Œuvres posthumes*, 1880, p. 64 ; P.-A. Brun, *Cyrano*, etc., p. 40.
(3) Ch. Lenient, *La Satire au XVIᵉ siècle*, 1877, t. II, p. 207.

frein à sa verve poissarde ; c'était la réduire au silence. Sa plume lui restait, il en abusa comme de la parole, nous l'allons voir tout à l'heure ; mais il arriva trop tard pour assommer l'ennemi du coup décisif. Qui en eut l'honneur, ce fut le Père Voisin, plus retenu dans les termes et moins dans l'action. Il profita de son crédit auprès du cardinal de La Rochefoucauld pour pousser à la roue du procès, suborner des témoins, obtenir la prise de corps (1).

Le faible Louis XIII avait fait une belle défense : il ne voulait pas qu'on recherchât Théophile ; il lui continuait sa pension. La clameur du clergé, de la magistrature, de la populace, triompha de ses velléités intelligentes et généreuses. Le 19 août 1623, un arrêt du parlement condamnait par contumace Théophile de Viau à être brûlé vif, Berthelot à être pendu, puis étranglé, Colletet à être banni pour neuf ans. En leurs trois personnes c'est *le Parnasse satyrique* qu'on poursuivait. A défaut du principal d'entre eux, toujours caché par ses amis, fut ignominieusement promené sur le parvis Notre Dame un mannequin, grotesque effigie de ce criminel de lèse-majesté divine et humaine, de cet athée, de ce blasphémateur. La foule applaudit : elle se souvenait d'avoir été ligueuse, elle n'aimait pas les Méridionaux, et elle croyait, dans ce Méridional, voir Satan sous forme humaine.

Traqué comme une bête fauve, Satan fut arrêté au Catelet par les soins de l'implacable Père Voisin, et conduit à Saint-Quentin, chargé de fers. — C'est un athée que nous allons brûler ! — criait sur la route le lieutenant de la Connétablie. Mais on n'osa renouveler l'holocauste de Vanini et de Fontanier : cette nouvelle victime s'abritait derrière de puissants amis. La sentence de mort fut commuée en bannissement (25 septembre 1625). Théophile put se réfugier à Chantilly, chez les Montmorency, revenir même sous leur aile à Paris, et, gravement malade des suites de sa captivité, y mourir en paix (1626).

---

(1) Ch. Nisard, *les Gladiateurs*, etc., t. II, p. 310, n. 1.

VI

La *Doctrine curieuse* de Garasse n'avait paru que le 18 août 1623, la veille même de l'arrêt du parlement. L'auteur put se consoler de n'avoir pas contribué à la ruine du monstre : il en restait d'autres à frapper, la « bande d'athéistes qui s'est élevée depuis peu, bélîtres dangereux, jeunes veaux (il joue ici sur le nom de Viau), qui écoutent Pomponace, Corneille Agrippa, Paracelse, Jérôme Cardan, l'un des plus raffinés athéistes que le monde porta jamais (1) ». A défaut de vivants, il y a les morts, toujours bons à poursuivre : Charron, « un ignorant », et toute la séquelle des ministres réformés, athées comme leur maître Luther (2). Le but qu'il s'agit d'atteindre, c'est d'écarter des libertins la bourgeoisie, tâche facile, puisqu'elle est déjà mal disposée pour eux, et de la ramener aux Jésuites, tâche plus ardue, parce que leurs excès durant la Ligue leur avaient enlevé, sauf à la cour, toute faveur.

Il faut rendre cette justice au Père Garasse qu'il ne met pas tous ses adversaires dans le même sac : entre eux il établit des catégories. Tandis que le Père Mersenne les traite tous de sceptiques, de sensualistes qui ravalent l'homme, de libertins qui sont indignes d'en porter le nom (3), Garasse « appelle libertins nos yvrognets qui n'ont d'autre Dieu que leur ventre. Ils croient en Dieu, haïssent l'hérésie, craignent la mort, ne sont pas du tout abrutis dans le vice, s'imaginent qu'il y a un enfer, mais vivent licencieusement, jetant leur gourme comme jeunes poulains, jouissant du bénéfice de l'âge, s'imaginant que, sur leurs vieux jours, Dieu les recevra à miséricorde. » Ce sont des apprentis de l'athéisme, qu'on peut encore ramener et qui ne doivent pas être confondus avec les pervers passés maîtres. « J'appelle, poursuit-il, impies et athéistes ceux qui sont plus avancés en

---

(1) *Doctrine curieuse*, p. 24, 27, 33, 73.
(2) *Ibid.*, p. 42.
(3) *Vérité des sciences*, Dédicace. 1625, p. 2, 3.

malice, qui ont l'impudence de proférer d'horribles blasphèmes contre Dieu, qui commettent des bestialités abominables, qui disent avoir prié Dieu quand ils étoient niais et superstitieux, qui ne vont aux églises que comme des chiens pour y faire leurs ordures, qui disent que jusqu'à présent les hommes ont été sots, n'ayant pas su renier le nom de Dieu, qui publient par sonnets leurs exécrables forfaits, qui font de Paris une Gomorrhe, qui font imprimer *le Parnasse satyrique* (1). »

Le voilà donc lâché, ce secret plein d'horreur !

La distinction établie avec une équité apparente n'est qu'habile tactique : il faut faire deux camps de ce qui n'en fait qu'un, pour en avoir plus facilement raison. Mais on ne pipe ainsi que les ignorants et les simples. Théophile est tout juste aussi scélérat que Luther athée, que Bèze, Du Moulin, Charrier « ministres libertins, proches parens et alliés de nos athéistes », que tous les calvinistes, « tiercelets des beaux esprits (2) ». Ce que Garasse tient pour vrai des « libertins », l'est aussi des « athéistes », à savoir qu'ils reconnaissent qu'on doit entretenir la populace de miracles et de prodiges, et fréquenter soi-même les sacrements, pour ne formaliser personne (3). Politiques en même temps que sceptiques ou croyants à rebours, ils ne sont pas le produit exclusif d'un siècle, ils n'ont jamais manqué de pareils.

Le plus sérieux reproche du belliqueux jésuite, c'est que ses bêtes noires n'admettent d'autre puissance souveraine que la nature, soutiennent qu'elle n'a rien fait que sagement, qu'en conséquence il faut la suivre, et que, du reste, voulût-on lui résister, on ne le pourrait (4). Ici l'analyse de la doctrine ne manque point d'exactitude. — Nous sommes, disent les « jeunes veaux », soumis aux destins, qui ne nous ont point appelés pour nous mettre au monde, qui ne nous appelleront pas pour nous en retirer. Donc laissons faire. —

(1) *Doctrine curieuse*, p. 36-38, 71.
(2) *Ibid.*, p. 404, 11, 423.
(3) *Ibid.*, p. 981, 994.
(4) *Ibid.*, p. 675-677.

D'où l'abandon de leurs personnes à des penchants qu'ils déclarent irrésistibles. Ils ajoutent que, posé qu'il y ait un Dieu, il ne s'ensuit pas qu'il y ait des créatures purement intellectuelles et séparées de la matière. Tout ce qui est en nature est composé, il n'y a ni anges, ni diable, et il n'est pas assuré que l'âme de l'homme soit immortelle. Ce qui achève de perdre les libertins, ce sont leurs fréquentations et leurs lectures : Pomponace, très méchant homme, le misérable Lucilio, Paracelse, rêveur et alchimiste dangereux, Machiavel dont le fait est si sale, Cardan, dont les œuvres fourmillent d'impiétés, Charron, doucement immodeste, et... *le Parnasse satyrique* (1). Ce malheureux *Parnasse* était donc le *Delenda Carthago* du bon Père. Il venait sans doute après la ruine de Carthage; mais quoi? Les ruines elles-mêmes ont une sorte de vie, puisque le poète voit une exception dans celles qui périssent.

Le Père Garasse n'a donc pas perdu son encre, son temps et sa peine. Il peut espérer, si Théophile n'est pas monté sur le bûcher, qu'on y pourra voir ses principaux adhérents, on dirait volontiers sa monnaie. La pieuse espérance fut déçue? C'est que les fidèles de la victime manquée, dûment avertis par le danger qu'elle avait couru, renoncèrent à s'élever, à aborder « les grands sujets », comme y renoncera plus tard La Bruyère. Réduits aux frivolités, ils n'en seront pas moins turbulents. Les chefs-d'œuvre qui les pouvaient sauver furent lents à venir. Pour que la France en eût le bonheur et la gloire, le génie des libres esprits allait grandir dans un milieu de plus en plus hostile, et ce n'est pas sans mille précautions qu'il osera discrètement indiquer quelques-unes de ses idées fondamentales en des écrits immortels.

VII

Pour le moment, il ne s'agit que de vivre, de se rapetisser encore, puisque ses faiblesses et son amende honorable

(1) *Doctrine curieuse*, p. 100-120, 703, 1010-1015.

n'ont pu procurer à Théophile la sécurité. On ne voit, au lendemain de sa mort, que des impies prudents, qu'un sensualisme et un scepticisme de demi-jour. Que deviennent ses amis? Le baron de Panat avait disparu avant lui, tragiquement tué (1616) par son beau-frère, en compagnie de sa sœur et de l'ami de cette sœur. Disciple de Vanini, on ne sait pas s'il avait accordé ou refusé l'hospitalité à Théophile fugitif (1). Balzac (1594-1654), âgé de dix-sept ans, avait fait avec le poète un voyage en Hollande, pays suspect, et débuté dans les lettres par le *Discours politique d'un gentilhomme françois*, où il se prononçait pour la liberté et la Réforme. Mais la brouille avait éclaté entre eux avant l'heure des disgrâces et le pompeux écrivain trouvait son chemin de Damas, semé, pensait-il, d'abbayes, au bout duquel il devait bâtir dévotement son *Socrate chrétien* sur l'excellence de la religion.

Malherbe (1555-1628) n'est pas précisément un ami; mais nous devons le rattacher au groupe libertin des indifférents et des sceptiques. Son repos lui est cher, il parle donc avec respect de Dieu et des choses saintes; il vit en chrétien, va à la messe le dimanche et les jours de fête, se confesse « à Pâques », dit Racan (2). Veut-il manger de la viande les jours prohibés, il en attend la permission. Dans une maladie de sa femme, il fait le vœu d'aller à pied, tête nue, en pèlerinage à la Sainte-Baume d'Aix. Soulevons pourtant ce rideau des convenances observées. A l'heure de la mort, Malherbe a besoin qu'un ami lui rappelle l'usage de recevoir les sacrements et sa prétention constante de vivre comme tout le monde. La sainte formalité remplie, il se détourne sans peine des appréhensions du grand inconnu pour gourmander sa servante sur une faute de grammaire. A en croire Tallemant, il « n'étoit pas autrement persuadé de l'autre vie (3) ». De sa bouche sortaient des paroles d'un scepticisme courtisanesque, à la manière de Montaigne : « La religion du

---

(1) Voy. Tallemant, t. I, p. 437
(2) Tallemant, I, 305.
(3) *Ibid.*

prince est celle des honnêtes gens », et même d'un libertinage plus déclaré, « assez libertines », dit Sauval, celles que le poète Prudence attribue à l'empereur Gallien : *Cole Dæmonium, quod colit civitas* (1). Quand il écrivait ces deux vers :

> C'est Dieu qui nous fait vivre,
> C'est Dieu qu'il faut aimer,

il ne faisait que paraphraser les psaumes. Le choix d'un tel sujet atteste qu'il n'était qu'un libertin honteux et indifférent. Voilà tout ce qu'on peut dire pour défendre le reste de foi qu'il avait (2).

Nombreux sont alors dans tous les rangs de la société les hommes de croyances flottantes, au fond libertines, comme Théophile et Malherbe. François Savary, marquis de Brèves (1560-1628), nous pourra servir d'exemple. Diplomate et politique jusqu'au bout des ongles, fort goûté de Henri IV et de bien d'autres, — de cet Achille de Harlay notamment, qui se serait consolé, disait-il, de perdre sa bibliothèque, s'il avait pu sauver les dépêches de M. de Brèves, — ambassadeur à Constantinople depuis 1591, il y procurait avec zèle le protectorat de la France sur les chrétiens, se mettait en quatre, allait de sa personne jusque dans les États barbaresques d'Afrique pour y obtenir la liberté des esclaves, dont il avait arraché l'ordre au sultan. Des bords du Bosphore transféré aux rives du Tibre (1608), lui qui avait épousé la nièce du grand vizir (3), il écrit que « le changement d'ambassade ne l'a point fait changer de climat (4) ». Le pape est pour lui « le Grand Turc des chrétiens ». Il signale comme indigne la négligence de la cour pontificale pour « les pauvres catholiques d'Angleterre et d'Écosse (5) ». Il résiste au pape Paul V poussant Marie de Médicis régente à la guerre contre les huguenots (6), et il se donne

---

(1) Sauval, *Antiquités de Paris*, I, 324 ; Comment. de P. Paris à Tallemant, I, 307.
(2) Voy. Sainte-Beuve, *Lundis*, VIII, 72 ; *Nouveaux Lundis*, XIII, 411.
(3) Voy. notre ouvrage *l'Église et l'État*, etc. I, 307.
(4) Dépêche du 21 août 1608. *Ibid.*, I, 300.
(5) Dép. du 30 sept. 1609. *Ibid.*, I, 324.
(6) Dép. du 31 oct. 1611. *Ibid.*, II, 21.

néanmoins pour gentilhomme catholique désireux de ne point voir sa religion renversée dans sa patrie (1). Mais, en mourant, cet orthodoxe invoque Allah, et « sans Gedouin le Turc, qui croyoit en Notre-Seigneur comme lui, il ne se fût jamais confessé ; mais Gedouin lui dit qu'il le falloit faire par politique (2) ». Ce dernier mot dut rendre le libertin marquis de Brèves fort accommodant.

Il était resté en faveur à la cour de Louis XIII, ainsi que bien d'autres qui croyaient moins encore, si c'est possible. Certes, parmi ces incrédules, nous ne rangerons point le jeune monarque : le refus de prier Dieu qui lui avait valu naguère une si bonne fessée n'était qu'un caprice d'enfant. Mais quels que fussent ses sentiments religieux d'adolescent ou d'homme fait, il n'y regardait pas de près pour ceux qui approchaient de sa personne. Son médecin ordinaire Guy de La Brosse (mort en 1641), à qui l'on doit le Jardin des Plantes, était indépendant d'esprit comme la plupart de ses confrères, si indépendant même qu'il le paraît trop à tel d'entre eux qui passe pour l'être beaucoup : Guy Patin l'appelle athée, fourbe, imposteur, homicide, bourreau public. « Même en mourant, ajoute ce virulent ennemi, il n'a eu non plus sentiment de Dieu qu'un pourceau, duquel il imitoit la vie et s'en donnoit le nom. Comme, un jour, il montroit sa maison à des dames, quand il vint à la chapelle du logis, il leur dit : — Voilà le saloir où l'on mettra le pourceau quand il sera mort, en se montrant, et se nommoit assez souvent pourceau d'Épicure, combien qu'Épicure valût bien mieux que lui (3). » Belle oraison funèbre, et dont les gros mots sont un regain du XVIe siècle ! La Brosse avait, aux yeux de l'insulteur, un tort irrémissible : il traitait la saignée de « remède des pédans sanguinaires », et sa conviction allait jusqu'à n'en point vouloir pour lui-même, quand il se sentait en danger.

Un modeste maître de paume bénéficiait aussi de cette

---

(1) Dép. du 16 mars 1612, *L'Église et l'État*, II, 101.
(2) Tallemant, III, 410. Note de Tallemant lui-même.
(3) L. 50, 4 sept. 1641, I, 82.

tolérance royale, le « petit La Lande » (mort en 1642), comme l'appelle Tallemant. Mal famé de sa personne et dans celle de ses filles, « aussi franc athée qu'on en ait jamais vu », il ne voulait point se mettre en règle pour passer dans l'autre monde. Chavigny l'y exhortant : — C'est pour l'amour de vous, dit-il, et à condition que le grand *protothrosne* (il nommait ainsi le cardinal de Richelieu) croira que je meurs son serviteur. — L'explication de cette clause utilitaire est dans un mot que sa femme venait de lui souffler à l'oreille : — Si vous ne vous confessez pas, nous voilà ruinés, on ne nous payera plus notre pension. — Scarron constate, en effet, que La Lande

> Finissant son destin,
> N'avoit plus de quoi faire festin (1).

En s'exécutant, le moribond dit à sa compagne, si soigneuse, en un pareil moment, de ses intérêts propres, cette parole significative autant qu'aimable : — Voyez, ma mie, ce que je fais pour vous (2)!

VIII

Qu'on eût mis auprès du jeune roi un maître de paume athée, passe encore : on ne voit pas un maître de paume à tout instant du jour et il n'enseigne pas la morale; mais un précepteur ! C'est pourtant le cas de Nicolas Vauquelin des Yveteaux (1568-1649). Ses sentiments libertins n'étaient pas moins notoires que ceux de La Lande. Il croyait, disait-on, médiocrement en Dieu. Si Tallemant ne l'entendit jamais proférer des propos impies, c'est peut-être qu'il ne l'avait connu que dans les deux dernières années de sa longue existence, celles où les pires diables se font ermites (3).

Il était fils de ce Jean Vauquelin de la Fresnaye (1536-1606)

---

(1) P. Paris, Comment. à Tallemant, V, 321.
(2) Tallemant, V, 317 et note 3.
(3) *Ibid.*, I, 341.

qui avait exercé de hauts emplois en Normandie et publié un *Art poétique* dont Boileau a profité. Destiné à l'Église, abbé du Val et même de la Trappe, sans avoir rien de l'austérité du trappiste, successeur de son père en qualité de gouverneur général dans sa province, mais bientôt privé par le parlement provincial de cet important emploi, il avait trop de l'humeur de Henri IV pour ne pas lui plaire. Il devint précepteur du jeune duc de Vendôme, fils de Gabrielle d'Estrées, et, par les grâces de son esprit cultivé, il réussit assez bien auprès de son élève pour lui être promptement retiré en faveur de l'héritier présomptif (1).

Ce petit homme « sec et aux yeux de cochon », bon humaniste, poète moins brillant mais plus correct que son père, était lié avec Malherbe et Racan. Jamais il ne restait court dans la conversation, et il y disait de jolies choses. Il avait de la générosité, de la bonté, un vif sentiment du beau. « Si c'est un vice d'aimer la musique, écrivait-il à son frère, la poésie, la peinture et l'architecture, qui éteignent les passions de l'avarice et de l'envie, j'avoue que je suis et veux être le plus blâmable du monde. » Non sans doute, ce n'est pas un vice d'aimer la musique; mais l'aimer jusqu'à épouser une fille qui jouait de la harpe dans les carrefours, jusqu'à vouloir qu'elle exécutât devant son lit de mort une sarabande pour passer plus doucement, voilà qui caractérise l'homme « faisant tout à sa mode (2) », l'original, dans le sens ancien de ce mot, l'épicurien bizarre, avons-nous le droit de dire après Chaulieu, qui l'appelait « l'Épicure de son temps ».

Ce n'était point pour déplaire à Henri IV. Est-ce là ce qui déplut à Marie de Médicis? Le fait est que son opposition au précepteur donné à son fils se manifesta dès le premier jour. « En ce mois de février (1609), lisons-nous dans l'Estoile, le Roi donna à M. le Dauphin pour précepteur un nommé Des Yveteaux qui n'étoit pas l'homme de Platon, c'est-à-dire le plus homme de bien de la République et de

---

(1) Tallemant, I, 352; Comment., II, 12.
(2) *Ibid.*, I, 358, Comment.; Jérôme Pichon, *Bulletin du bibliophile français*, avril 1846.

la Cité, au contraire un des plus vicieux et corrompus... Sa Majesté voulut qu'il le fût nonobstant toutes les prières et humbles remontrances qu'on lui put faire, et même la Reine qui s'en montra si mal contente qu'on dit qu'elle en avoit pleuré (1) ». Mais on sait que la femme légitime voyait de très mauvais œil quiconque avait approché les bâtards, et que son entourage, Sillery, Villeroy, Jeannin, ses Italiens, excitaient et exploitaient sa mauvaise humeur au gré de leurs intérêts ou de leurs passions soit religieuses, soit domestiques. Concini était personnellement en fort mauvais termes avec Des Yveteaux. Le nonce Ubaldini, qui n'avait besoin d'être poussé par personne, disait l'être par des Français, et une phrase de Brèves confirme son dire : « Le Roi a de mauvais sujets qui mettent mille opinions dans la tête du nonce (2) ».

Henri IV vivant, la meute n'osait que gronder sourdement; Henri IV mort, elle aboie à plein gosier. Ubaldini porte plainte à Rome sur un choix si révoltant. Déjà Brèves, sans savoir encore de quel côté va souffler le vent, rapporte la réponse qu'il a dû faire aux doléances venues de Paris et dont le pape lui a rendu l'écho : « Le feu Roi avoit porté au choix du précepteur de son fils tout le soin désirable, et il étoit difficile de faire une meilleure élection (3) ». Ne voyons, si l'on veut, dans ces paroles, que le langage obligé du diplomate; il n'en reste pas moins, puisque Brèves pouvait le tenir, que ni le libertinage, ni l'épicurisme du précepteur n'étaient assez choquants pour provoquer cette levée de boucliers. Ce qui la motive, c'est que, dans la grande querelle de l'ultramontanisme contre l'Église gallicane, Des Yveteaux avait ouvertement pris parti pour celle-ci contre la nouvelle cour. Mais les gallicans sont encore redoutables; il est donc habile de porter les attaques sur l'immoralité, pour peu que l'adversaire qu'on se propose d'abattre prête le flanc. Veut-on la preuve qu'elle est uniquement un prétexte ?

(1) L'Estoile, t. IX, p. 226, éd. des Bibliophiles, 1881.
(2) Dép. du 4 mars 1611 (L'Église et l'État, etc. I, 508).
(3) Dép. du 22 juillet 1610 (Ibid., I, 347).

Pour diriger l'éducation du duc d'Anjou, son troisième fils, la régente, après avoir rappelé de Rome Brèves qu'elle sait épicurien et nullement dévot (1), le remplaçait bientôt par le comte du Lude sous qui ce jeune prince « apprit plus de mal en sept ou huit mois qu'on ne sauroit s'imaginer. Il n'y eut sorte d'ordure dont il ne reçût les instructions (2). » Contre ce gouverneur là aucune protestation ne se fit entendre : il se déclarait croyant et ultramontain. Contre le gallican Des Yveteaux ce fut un *tolle* implacable.

Parmi les imputations dont il est l'objet, on distingue malaisément le faux du vrai ; mais il y en a de bien invraisemblables, de bien ridicules ; il y en a même qui tournent dans une certaine mesure à son honneur. Il récitait à son royal élève la vie de la courtisane Flora et de Pomone, et mille autres discours efféminés. Il disait que les pensées généreuses conviennent mieux à un roi que les exercices de la piété ; que Sa Majesté ne devait pas se mettre en peine des avertissements des prêtres ; que Théodore de Bèze avait été un grand personnage et un des plus insignes évêques de Genève ; qu'il viendrait un temps où le roi pourrait par pratique entendre le sens du vers de Virgile :

Formosam pastor Corydon ardebat Alexim.

On se gardait de remarquer que la correction imposée au texte dénotait du moins un disciple de la nature et rendait suspecte par conséquent la calomnie contraire dont on prétendait le flétrir (3), tout en lui prêtant la double tendance, pour le mieux accabler. On racontait qu'à cette demande du roi s'il y avait au paradis une sainte Louise, il *auroit* répondu que Sa Majesté ferait saintes toutes les femmes qu'Elle honorerait de son commerce (4). Surveillé comme

---

(1) *L'Église et l'État*, II, 108.
(2) *Mémoires d'un favori de S. A. le duc d'Orléans* (précédemment Anjou) par M. De Bois d'Annemetz, Leyde, 1670, p. 3.
(3) Tallemant, si crédule aux bruits de ce genre, fait des réserves : on n'en peut rien savoir, dit-il ; pourquoi donc affirmer ?
(4) Ubaldini, dép. du 2 août 1611 (dans *L'Église et l'État*, I, : 87); *Discours présenté à la Reyne mère du Roy en l'année 1610* (dans *Mémoires d'Estat* re-

Il savait l'être, surtout depuis un an, Des Yveteaux n'eût pas risqué une flatterie si propre à fournir des armes contre lui. Le nonce lui-même, au reste, ne la transmet à la curie que comme un « on-dit ». Fût-elle véritable, combien de libertés ne citerait-on pas, dans ce siècle de foi et soi-disant de décence, tout aussi répréhensibles! Un peu plus tard, l'honnête Guy Patin, dirigeant les études du fils d'un ami, lui donnait à lire dans Pétrone l'histoire de la matrone d'Éphèse, sous la seule réserve de ne la point réciter en compagnie de femmes (1).

L'accusation d'athéisme ne soutient même pas l'examen. On voit, dans le *Journal* du médecin Héronard, que le 6 mars 1609, en prenant possession de sa charge auprès du dauphin, le précepteur lui débitait un petit discours pour lui recommander, avec le respect du roi et de la reine, la crainte de Dieu, et que le premier livre qu'il lui mit entre les mains, ce fut l'historien juif Josèphe. Déjà dans son *Institution du prince* (2), destinée au duc de Vendôme, et qui est son plus important ouvrage, nous lisons ces vers plats, mais essentiellement religieux :

> Tu peux en tous endroits et lorsque tu le veux,
> Invoquer l'Éternel et lui faire des vœux.
> Pour ceux qui vivent bien le monde n'est qu'un temple...
> Dieu ne s'achète point par de grands sacrifices
> Ni par lui consacrer de pompeux édifices.
> Il aime beaucoup mieux les esprits innocents
> Que les autels couverts de chandelles, d'encens.....
> Donne ton cœur à Dieu, recherche son secours,
> Et sur lui seulement fonde l'heur de tes jours....
> Et ne t'éloigne point de la foi de tes pères,
> En la foi seulement je hais la nouveauté.

Il est vrai que certains autres vers devaient sonner mal aux oreilles d'Ubaldini et de sa faction, celui-ci par exemple :

> Sans faire le dévot que ton cœur soit entier.

Il est vrai aussi que l'ultramontanisme de mode parmi les

cueillis de divers manuscrits en suitte de ceux de M. de Villeroy, t. III, p. 250). Cf. Tallemant, I, 353, Comment.
(1) L. 473, 25 avril 1659. III, 120.
(2) Rouen, 1604, et dans les *Délices de la poésie française*. Paris, 1615.

courtisans d'une femme superstitieuse, devait s'irriter des plus discrètes attaques à la religion extérieure. Enhardis par le couteau de Ravaillac, ils dénoncent incontinent cet écrit, lequel, disent-ils, « témoigne assez le peu de piété et la corruption des mœurs ». Les griefs réels, noyés parmi ceux qu'on met en avant, sont que l'auteur parle et agit « au mépris de la dignité et de l'autorité des papes (1) »; qu'il *auroit* « babillé de M. d'Ancre et dit que si le Roi pouvoit une fois être majeur, il leur donneroit gens en tête qui auroient plume et poil (2) ».

De cet amas d'imputations qui amenèrent « par intrigues (3) » la chute de l'exécré précepteur (juillet 1611), il reste donc qu'il était épicurien, et dans sa vie beaucoup plus que dans ses idées. Épicurien nullement philosophe, mais pratique, égoïste, terre à terre, tel il est, et il ne s'en cache point. Il faut, dit-il,

> Avoir peu de parens, moins de train que de re..e,
> Des jardins, des tableaux, la musique, des vers,
> Une table fort libre et de peu de couverts,
> Avoir bien plus d'amour pour soi que pour sa dame,
> Être estimé du prince et le voir rarement,
> Beaucoup d'honneurs sans peine et peu d'enfans sans femme.

Sa sobriété dans tous les genres de plaisirs, sa longue retraite de vingt-cinq ans dans son jardin de la rue des Marais et de la rue Jacob expliquent qu'il soit devenu octogénaire. Sans doute il fut ridicule, orné, en berger de *l'Astrée*, d'une houlette et des vieux rubans qu'il tenait de Ninon, recevant chez lui, écrit-il à son frère, plus de reines, de princesses, de duchesses que vous n'avez eu de dames aux noces de votre fils (4). Il n'a garde de mentionner aussi les aventurières devant qui s'ouvrait sa porte, et qui le mirent en procès avec sa famille (5). Du moins ne fournissaient-elles plus alors matière à des accusations contre ses mœurs. En fait de

---

(1) *Discours présenté à la Reyne Mère*, etc.
(2) L'Estoile, juillet 1611, t. XI, p. 133; Tallemant, I, 354. Comment.
(3) Tallemant, I, 341.
(4) Lettre à son frère, dans Tallemant, I, 357; Comment.
(5) Voy. *l'Église et l'État*, etc., I, 384.

galanterie, sur ses vieux jours, il se bornait sagement aux bagatelles de la porte, et il ne prétend point s'en faire accroire. « Mes occupations et mes plaisirs sont toujours honnêtes ou agréablement profitables aux autres et à moi-même... Et s'il y a quelque splendeur en ma dépense, elle est sans somptuosité, ma libéralité sans magnificence et ma liberté sans dissolution. Il y a vingt-cinq ans que je ne sais que c'est du Cours, des Tuileries ni de la cour... Vous prenez la politesse et la délicatesse curieuses pour une volupté vicieuse et défendue ; vous croyez que les goûts qui sont hors du commun doivent passer pour le goût des bonnes choses (1). »

Chez le vieux Céladon qui tenait cet honnête langage, s'est éteinte visiblement, s'il l'a jamais connue, l'élévation de la pensée. C'était sans doute l'effet de son tempérament et de son humeur, mais celui, en même temps, du régime sous lequel s'étaient écoulés sa jeunesse et son âge mûr. Cette âme née pour les lieux bas en avait pris un pli qui ne s'effaça plus, même quand eurent commencé à luire pour les libres esprits des jours moins mauvais. Éclairé par la flamme des bûchers, Des Yveteaux se réfugie dans l'indifférence religieuse, dans l'épicurisme pratique, qu'il a le tort d'inoculer à dessein ou par légèreté à son royal élève. Chassé d'auprès de lui, il persévère, jusqu'à l'heure où, sentant sa fin venir, il compose le sonnet chrétien dont parle Huet, faisant « ce qu'on avoit accoutumé de faire », dit Tallemant avec une négligence dédaigneuse (2).

Des Yveteaux est bien, à sa date, le représentant du libertinage vaincu, effrayé, découragé, condamné par là au recul, obligé d'abandonner la rue, sinon le plein air, et de s'enfermer, pour se sentir libre, entre les quatre murs d'une maison et d'un jardin. Quand les choses ont pris une face nouvelle sous l'énergique main de Richelieu, le vieil épicurien est encore debout : mais, trop âgé désormais pour retrouver en soi quelque reste d'élasticité et revenir à la liberté de ses jeunes années, il demeure un témoin attardé d'un temps qui n'est plus.

(1) **Lettre à son frère**, *loc. cit.*
(2) Tallemant, I, 319. Cf. J. Pichon, *Bulletin du Bibl. français*, mai 1846.

CHAPITRE II

Sous Richelieu.

Tolérance religieuse de Richelieu. — Groupement des libertins. — Sentiments de Gaston d'Orléans sur la religion. — Le baron de Blot. — Les adversaires de Richelieu. — Le vicomte de Fontrailles et ses amis. — Les familiers de Richelieu. — L'évêque de Chartres. — Guillaume de Bautru. — Boisrobert. — Des Barreaux et son groupe. — Marion de l'Orme. — François Luillier. — Les libertins sérieux. — Les réunions de Gentilly. — Gabriel Naudé. — Guy Patin. — La Mothe le Vayer. — Gassendi. — Sa philosophie. — Ses amis. — Les Jésuites. — Habert de Montmor. — Coexistence et collaboration passagère des libertins et des cartésiens.

I

Tout le temps que les sujets de Louis XIII vécurent sous la main de fer du terrible cardinal, ceux qui ne contrariaient pas ses vues purent respirer. En matière de religion ses vues n'avaient pas moins de largeur qu'en matière politique. Pour lui, politique et religion ne faisaient qu'un, tout y était calcul. Il trouve bon, indifférent tout au moins, que les classes élevées n'aient qu'une foi tiède ou même point de foi, pourvu qu'elles l'aident à maintenir dans les classes inférieures, — tâche facile, — la croyance et la superstition, car le clergé, un de ses instruments, s'alarmant avec une prévoyance à laquelle il faut rendre hommage, réclame du renfort. Au besoin, Richelieu eût fait appel au bourreau; mais il ne le croyait pas nécessaire. Il pensait faire assez pour la prédominance du clergé en prenant dans ses rangs le principal collaborateur de la politique qu'il inaugurait, le Père Joseph, et le continuateur de cette politique, Mazarin. Le temps lui manqua, non la volonté, pour faire plus encore, pour obtenir du Saint-Siège le titre de légat perpétuel en France, et même, selon toute apparence, celui de patriarche des Gaules. Cette double ambition, la première tout au moins, datait de l'année 1629, d'un temps où il n'avait pas même encore mis dans ses armes la couronne ducale (1). Pour réussir, il avait besoin d'une caution auprès des catholiques militants dont les chefs étaient le nonce Corsini et le cardinal François de La Rochefoucauld. Le Père Joseph lui en servait, car il était avec ces deux personnages à la tête du parti. Au temps de Luynes, Richelieu avait été désiré comme ministre dirigeant par l'opposition catholique ; mais une fois en place on l'avait trouvé tiède. Le célèbre capucin servait aux ardents pour le réchauffer et à lui-même pour leur faire agréer ou supporter les vues profondes d'une politique qu'ils étaient hors d'état de comprendre (2).

Dans une ample et magistrale étude dont les deux premiers volumes font attendre impatiemment les deux autres, M. Hanotaux dit incidemment, mais en propres termes : Le cardinal était « un vrai prêtre, croyant comme tout le monde l'était en ce temps-là (3) ». Et ailleurs : il fut « croyant de bonne foi (4) ». Alors, ajoute l'historien, les croyances étaient le tout de l'homme ; il n'y avait que quelques esprits indépendants comme Montaigne et Le Vayer pour se dispenser d'avoir une foi. On acceptait l'idée de foi comme nous acceptons l'idée de patrie ; on mettait dans la lutte ses intérêts, ses passions, sa vie tout entière (5). Ce sont là deux postulats qui s'imposent à l'esprit de l'écrivain et qu'il

---

(1) Pour la seconde de ces ambitions, M. Fagniez, historien très catholique, conserve quelques doutes ; il n'en a aucun pour la première. Dès 1629, lors de l'entrée du cardinal à Montauban, sur les arcs de triomphe on vit les croix de légat, et l'agent qui les avait fait mettre avoua qu'elles annonçaient la dignité à laquelle Richelieu espérait être élevé. Voy. *Mém. de Montchal*, arch. de Toulouse (I, 17), témoin oculaire, qui fixe la conviction de M. Fagniez, *Le Père Joseph et Richelieu* (1577-1638). 1894, t. II, p. 45.
(2) Voy. Fagniez, I, 94-98.
(3) *Hist. du card. de Richelieu*, 1893, t. I, préf., p. 7.
(4) *Ibid.*, t. I, p. 69.
(5) *Ibid.*, p. 97.

n'éprouve pas le besoin de rappeler. Habile à écrire l'histoire autant qu'à la faire, M. Hanotaux est une autorité considérable. Pourtant, si le présent livre a une raison d'être, c'est de distinguer entre les actes par lesquels on procure à sa conscience des satisfactions intimes et ceux qui ont en vue de ne pas rompre en visière au monde, ou, comme dit si souvent Tallemant des Réaux, de « sauver les apparences ». Si les incrédules étaient au XVII° siècle une minorité, nous espérons montrer que cette minorité fut importante, composée comme elle l'était de trois groupes : 1° ceux qui, à l'exemple de Descartes et de Gassendi, font deux parts de la vie, l'une où se meut librement leur pensée, l'autre asservie aux idées reçues, aux pratiques consacrées dont l'observance les protège contre la persécution ; 2° ceux qui, ayant vécu en diables se font ermites pour mourir et s'assurer contre les risques du grand inconnu ; 3° ceux, de beaucoup les moins nombreux, qui, ayant de bonne heure jeté leur bonnet par-dessus les moulins, ne l'ont jamais remis sur leur tête et ont fini dans l'impénitence, ayant la bravoure d'une bravade *in articulo mortis*.

Quant à l'autre partie de l'assertion contestée, ce qui concerne la foi de Richelieu, son historien nous semble fournir lui-même des armes pour la combattre. Il se peut que, dans sa jeunesse, Richelieu ait passé pour pieux ; mais si l'on n'en fournit pas de preuve plus solide que cette phrase de Sully, gouverneur du Poitou au temps de sa disgrâce, lui écrivant : « Votre piété et affection au service du Roi me fait espérer (1) »..., il sera permis d'en souhaiter d'autres. Ce n'est pas même ici une politesse banale ; c'est une manière de remémorer que servir Dieu et le roi est un devoir, afin de réchauffer le zèle du correspondant. Mais écoutons M. Hanotaux : « Poussé, dit-il, par le hasard dans la carrière ecclésiastique, il trouvait dans la religion le repos de l'esprit tel que le désirait un honnête homme de son temps. Il recherchait dans le triomphe de l'Église l'accomplissement

---

(1) Hanotaux, I, 148.

d'un devoir professionnel, enfin il rencontrait dans l'organisation de la hiérarchie catholique et l'autorité qu'elle exerçait sur le monde un secours puissant pour sa carrière (1) ». Rien n'est plus vrai; mais est-ce « croire » que de professer une croyance en vue de son utilité?

Regardons-y d'un peu près. Le maître de Richelieu en théologie, c'est l'Anglais Richard Smith, fameux alors, de vie exemplaire et de grande doctrine, a dit son illustre disciple, qui, à la suite de ces leçons particulières, « embrassait avec une passion fougueuse les doctrines des *philosophes* ». Était-il donc d'un croyant de « brûler les étapes de sa carrière théologique, d'obtenir des dispenses d'âge, d'entrer à Rome diacre et d'en sortir évêque à moins de vingt-trois ans, de soutenir, déjà mitré, ses actes de théologie (2) ? Mais à qui n'appartenait pas à la haute noblesse, il était nécessaire d'être croyant, et il était bon d'être ecclésiastique (3). Certes, nous ne nous inscrirons pas en faux contre cette affirmation. Nous admettons même qu'à Luçon la vie de Richelieu fut ce qu'elle ne devait pas être à Paris, édifiante : dans un trou de Vendée la robe épiscopale eût mal caché le moindre désordre. Il y remplit assurément très bien ses fonctions officielles : il aimait à faire bien tout ce qu'il faisait; mais il était fort mécontent, nous le savons, de n'être encore qu'un « pauvre prélat crotté (4) ».

Ce qu'on rapporte de lui quand il fut le maître, indique bien qu'il vit dans la religion un masque et un instrument de règne. Il déclare que de bons choix sont nécessaires pour les offices où sont appelés les ecclésiastiques, mais il en tolère et même il en provoque d'indignes dans ce métier qui est, a-t-il dit pourtant, « le plus difficile du monde (5) ». C'est un des meilleurs prêtres du temps qui avoue que « ce qui se fait de plus mal est fait par les ecclésiastiques (6) ».

---

(1) G. Hanotaux, t. I, p. 96.
(2) *Ibid.*, p. 77, 61, 84.
(3) *Ibid.*, p. 98.
(4) G. d'Avenel, *Richelieu et la monarchie absolue*, 1887, t. III, p. 216.
(5) Voy. son *Testament politique*.
(6) Le vénérable Bourdoise. Voy. G. d'Avenel, III. 830.

Bien pis, ceux dont il s'entoure personnellement sont les pires de tous par leur parole et par leur vie (1). Le docteur Mulot a été un de ses maîtres ; il a assez d'affection et de confiance en lui pour en faire son confesseur ; mais est-ce bien « confiance » qu'il faut dire? il en fait tout ensemble son fou, et, dans cette étrange alliance, c'est le fou qui domine. Sur leurs entretiens couraient des anecdotes piquantes, celle-ci entre autres : — Combien faut-il de messes, demandait ce singulier pénitent, pour tirer une âme du purgatoire ? Vous ne le savez pas? Eh bien, il en faut autant que de pelotes de neige pour chauffer un four (2). — L'histoire n'est peut-être pas authentique : elle a été contestée ; mais la légende parfois donne bien la physionomie de l'homme. Rabelais nous est mieux connu par elle que par ses plus exacts biographes. Elle lui a beaucoup prêté. Dira-t-on qu'il mourut insolvable ?

Les actes de Richelieu prêtent aussi à la légende. C'est un fait que, voulant récompenser le violon Maugras, il lui donna un monastère, et ce fait n'est pas une exception : d'autres musiciens sont payés de la même monnaie (3). Ce chrétien douteux goûtait fort Montaigne et acceptait de Mlle de Gournay, fille adoptive du sceptique, la dédicace d'une édition de ces *Essais* qui détournaient tant d'âmes de la piété (4). On ne cherchera pas apparemment dans les actes politiques de Richelieu des preuves de sa foi. Quand il ouvrait des séminaires pour l'instruction des aspirants à la prêtrise, c'était comme des écoles régimentaires pour la milice sacrée, servante en même temps que maîtresse du pouvoir royal. Quand il consacrait le royaume à la Vierge Marie, c'est qu'il avait pris le vent et compris avec son flair supérieur que cette marque éclatante de dévotion le ferait bien venir, et le roi avec lui, de populations attachées surtout aux croyances parasites dont l'Église a de si bonne

---

(1) G. d'Avenel, III, 249, 330-334.
(2) G. Patin, L. 301 et 451, 13 avril et 2 juin 1657. II, 297, III, 78.
(3) G. d'Avenel, III, 324.
(4) Mém. mss. de Hugues de Salins, médecin, communiqués à P. Paris par Feuillet de Conches. Voy Comment. à Tallemant, II, 100.

heure enjolivé le christianisme. C'était un passeport pour tant d'autres mesures, moins propres à recevoir un favorable accueil. On a remarqué que de tous les abus qu'il eût fallu extirper, il était lui-même un des plus grands. Le Saint-Siège n'admettait pas qu'un cardinal administrât un ordre religieux, et il en administrait plusieurs. Il se passait de Rome avec une désinvolture surprenante. Il pratiquait sans mot dire ces libertés gallicanes qu'il répudiait en théorie. L'action silencieuse, c'est le despotisme ; mais encore faut-il préparer les voies et il n'y manquait point. Sa tendance s'accuse dans un livre publié sous son inspiration, *Le nonce du pape françois* (1).

Ces échappées d'indépendance ecclésiastique, pour nombreuses qu'elles fussent, étaient possibles alors parce que l'État et l'Église se sentaient sûrs l'un de l'autre. Il est certain que, de nos jours, il suffirait de beaucoup moins pour mettre le feu aux poudres. Mais il est hors de doute qu'en matière de religion et même de morale, ce despote qui « n'avait rien d'un apôtre (2) », fut du moins un apôtre de tolérance. Il le fut hors du royaume, et dans le royaume. Au dehors, rien de plus naturel et de plus traditionnel : l'hérésie ne l'y gênait point ; nos rois avaient toujours suivi d'un œil sans colère les hérétiques de tout pays et les infidèles ottomans. Au dedans il eut plus de mérite, puisqu'il dut soutenir contre le protestantisme français une lutte acharnée. Tyrannique en administration, il est parfois libéral en doctrine, forçant les contradictoires à vivre d'accord, coupant court par un ordre formel aux querelles des Jésuites avec le parlement, et les faisant attaquer par les gallicans, en même temps, assure-t-on, que les Jansénistes par les sceptiques (3). Il est chez nous un des fondateurs de la liberté de conscience, et c'est à son grand honneur, parce qu'il est un prince de l'Église et parce

---

(1) G. d'Avenel, III, 132, 360, 367.
(2) *Id.*, p. 359.
(3) Voy. Voltaire, éd. Beuchot, t. XVIII, p. 238 ; H. Martin, t. XI, p. 240 note ; Ch. Giraud, I, cxxxix-clix ; Hanotaux, I, 112.

qu'il dut résister à la poussée populaire dans le sens opposé. La multitude applaudissait aux persécutions, aux procès de sorcellerie ; pour le blasphème les mœurs étaient plus dures que les lois. Ce n'est point par la politique que la foule peut arriver à la tolérance, c'est par le scepticisme, et elle en était alors à cent lieues.

Il fallait donc que Richelieu fût un esprit bien libre pour marcher si fort en avant de ses contemporains. Sa vie, ses mœurs, ses actes, ses idées telles que nous les y voyons comme dans ses écrits, tout porte à penser que, malgré la réserve obligée de son langage, il fut un prêtre comme on en avait tant vu au xvi° siècle, comme on en vit tant encore au xvii°, qui n'avaient qu'un très léger bagage de croyances et pour qui ce qu'ils en affichaient était surtout un costume obligatoire et comme un passeport ou un passe-partout.

Une seule chose surprend : le profond cardinal n'a pas vu ce qu'il y avait sous le libertinage, ni entrevu le souterrain travail de taupe qui devait, quelque jour, soulever le sol contre la foi. Du déluge après lui aurait-il eu aussi peu de souci que plus tard Louis XV? Les épicuriens, qui nient presque tout, ne l'inquiètent point : ils observent le respect extérieur; hommes frivoles, ils ne font plus ni scandale public ni bruit, ils s'amusent en silence ou en plaisantant. A peine daignait-il remarquer que le spiritualisme était fort mal défendu et que, en particulier, Garasse, le grand champion, avait discrédité la cause. Comme leurs contemporains, ces libertins ingrats détestaient le despote; mais ils sentaient confusément que plus dur eût été pour eux le joug du fougueux jésuite, s'il eût détenu le pouvoir, ou même du minime, du « très minime » Mersenne (1). Ceux qui pensaient par eux-mêmes n'étaient pas pour Richelieu des ennemis, s'ils se bornaient à penser. Dans la philosophie de Descartes, il voyait sinon la servante, du moins l'auxiliaire encore de la théologie et de la religion, et il les prisait surtout à ce titre, comme un levier politique à nul

---

(1) Mot de Voltaire, *Dict. philos.*, art. ATHÉISME.

autre pareil. Il les servait pour s'en servir. Moins acceptables à ce point de vue, les libertins profitaient, eux aussi, de cette largeur d'esprit.

II

Ils se recrutaient à la fois dans le monde et parmi les hommes d'étude, de savoir. Les ignorants, qui sont le grand nombre, aiment les croyances toutes faites. Guy Patin semble bien regarder l'étude comme une préparation à l'incrédulité : « J'appris hier, écrit-il, la mort de M. Ravaud. Dieu veuille avoir son âme, s'il en avoit une ; *erat enim bibliopola*, et de ces gens-là tout est à craindre (1) ». Il est naturel, en effet, que le savoir, qui exerce et mûrit le jugement, dispose à l'indépendance, voire, si l'on se sent imposer les opinions consacrées, à la révolte. Or sous un ministre tout-puissant, qui ne supportait pas qu'on lui fût un obstacle, un embarras, une gêne, le **vent de la révolte** souffle un peu partout : contre les dogmes chrétiens, contre Descartes novateur, contre Aristote, chef de file des arriérés, contre Malherbe faisant de la raison la loi de la poésie, contre la morale même, qu'on impose comme obligatoire, quoiqu'elle n'oblige pas en d'autres parties du globe. Non pas que les libertins soient tous aussi vicieux qu'on l'a dit ; mais faire parade du vice est encore une forme de la révolte, en même temps qu'un travers bien français.

On veut qu'ils n'eussent point d'idées communes. Ce serait même chez eux le défaut de la cuirasse, par où ils parurent peu redoutables. Sur ce point comme sur tant d'autres on les juge mal : ils sont en parfait accord sur le scepticisme, l'empirisme, le culte de la nature, la soumission à ses lois, l'admiration des *Essais*, devenus le bréviaire des honnêtes gens. Ils ont des partis pris, ils se rallient momentanément autour d'une idée ou d'un nom. Par

---

(1) L. 726, 20 oct. 1666, III, 621.

exemple, ils s'engouent de Julien l'Apostat, ennemi du christianisme. Déjà Montaigne avait vanté ses mérites. A leur tour le célèbrent Naudé, La Mothe le Vayer. Ils le déclarent « fort légal, homme de bien moralement et grand politique ». Le leur reproche-t-on ? La réplique est prête : « les dévots disent toute sorte de bien de Marie Stuart, dont la conduite n'étoit pas dans les règles (1) ». Ce qui les rapproche surtout et les protège, c'est qu'il était du bel air d'afficher l'impiété et de faire l'esprit fort. Sans douter de tout, dit Malebranche, on ne pouvait passer pour habile et galant homme. Licence, incrédulité, tel est le ton de la littérature durant tout le règne de Louis XIII ; tel il sera encore durant toute la minorité de son successeur (2). Pourtant, malgré cette communauté d'idées, de mœurs et parfois de dangers, les libertins ne formaient pas une secte. C'eût été accepter une règle, et leur caractéristique fut toujours de n'en subir aucune. Point de centre chez eux, point de discipline, point d'école, des coteries plutôt. L'émiettement est fâcheux sans doute ; mais sous Richelieu il était une sauvegarde.

Période effacée, c'est évident ; non toutefois sans importance dans l'histoire du libertinage. Que trouve-t-on à la source des plus grands fleuves, sinon un mince filet d'eau ? Nous verrons grossir le filet, s'élargir le fleuve qui, au XVIII° siècle, débordera de son lit si prodigieusement élargi. Pour l'heure, l'inflexible fermeté du pouvoir royal, disons mieux, ministériel, contient tout le monde : les persécuteurs toujours prêts à partir en guerre ; les persécutés, dont les plus généreux et les plus braves, — des exceptions naturellement, — ne reculeraient pas devant le martyre. Les uns et les autres rongent leur frein, en maudissant le tyran cruel ; mais condamnés au recueillement, ils se recueillent, et, à côté des frivoles incorrigibles, on verra bientôt des hommes sérieux et doctes qui seront l'honneur de ce libertinage trop décrié.

(1) *Naudæana*, p. 93.
(2) Voy. Bouillier, I, 28.

III

Ce n'est pas sur le trône qu'il en faudrait chercher le plus haut représentant, mais c'est bien près du trône. Louis XIII élevé par une mère de cerveau étroit, dévote et superstitieuse, lui ressemblait à ses heures et selon son caprice. Ses mœurs, on le sait, restèrent généralement chastes, presque jusqu'au ridicule. Il en était autrement de son frère Gaston, duc d'Orléans, naguère encore duc d'Anjou. En sept ou huit mois, son gouverneur le comte du Lude avait exercé avec un plein succès sur lui sa pernicieuse action. Ayant toujours gardé l'esprit « un peu page », comme disait Tallemant, il se divertissait de farces grossières, d'escapades nocturnes ; il courait les tripots en compagnie du comte de Brion et du baron de Blot. On le rencontrait « avec sa main dans ses chausses, son chapeau en gloriot et sifflant à son ordinaire », moins semblable à un prince qu'à un polisson des rues. Régularisant ses désordonnées pratiques, il avait institué un « Conseil de vauriennerie », dont son jeune frère le comte de Moret était le grand prieur, et l'abbé de Rivière « le grand monacal (1) ». Ce sont là, quoi qu'on en dise, jeux de prince, et même de prince bon croyant ; les exemples abondent. Mais Gaston d'Orléans, « doué de mille qualités de l'esprit et de pas une de celles qui tiennent au cœur et au caractère (2) », avait-il la foi de la plupart des siens ? Jusqu'ici rien n'autorisait à en douter. Une lettre inédite de lui, conservée à la Bibliothèque de l'Institut, donne à croire que ce « vaurien » royal était en outre libertin par les idées. Cette lettre est trop précise, trop précieuse et trop inconnue pour qu'il soit possible de ne pas la transcrire ici.

« A nostre féal Blot.

» Nostre féal, j'ay creu, comme homme pieux que je suis

---

(1) Voy. Bernardin, p. 126, qui donne les sources, et V. Fournel, p. 156.
(2) Sainte-Beuve, *Nouv. Lundis*, III, 504.

devenu depuis peu, estre obligé de vous escrire ces lignes pour vous exhorter à la conversion par l'exemple de Praslin, lequel ayant tousjours mal vescu, s'est converty par un accident bien estrange. C'est qu'estant couché dans un meschant logis près de Guise, la nuit il luy apparut un homme qui luy tira son rideau, auquel Praslin demanda qui il estoit. Il luy respondit : Je suis Charles Gobelin. Et bien, Charles Gobelin soit, laisse moy dormir, dit Praslin. L'autre luy dit : Prie Dieu. Praslin luy dit : Veux-tu que je prie Dieu pour toy? L'autre luy répondit : Non, car je suis damné. Praslin luy dit : J'en suis bien aise. L'autre luy dit : Tu l'es aussy. Et Praslin luy demanda si l'on brusloit en enfer. L'autre luy dit que non et que l'on estoit privé seulement de la veuë de Dieu. Sur quoy Praslin luy dit que s'il n'y avoit que cela, il s'y accoutumeroit bien. Cependant l'esprit se mit sous sa couverture et commencea à souffler contre Praslin et Praslin contre luy, puis il luy tira sa couverture, sur quoy Praslin appella ses valets, lesquels venant au secours, un fust tiré par l'esprit par les jambes à la vache morte dans la cour. Ensuitte de quoy l'esprit battit les palfreniers et parut en figure si hydeuse que deux chevaux s'en desbatirent tant qu'ils en sont morts. Le lendemain, Praslin envoya querir le curé du village, qui luy dit que, depuis trois mois, il s'estoit pendu un nommé Charles Gobelin dans cette maison, et que, depuis, il y revenoit des rabateurs. Sur quoy Praslin allast à Nostre Dame de Liesse. Et s'est entièrement converty. Je vous convie à en faire de mesme. Faictes mes baisemains aux dames.

» GASTON (1). »

Qui écrit sur un tel sujet de ce ton ironique et gouailleur est fort suspect de mécréance, et le choix du familier auquel il adresse cette communication piquante transforme le soupçon en certitude. César de Chauvigny, baron de Blot

---

(1) Bibl. de l'Institut. Liasses détachées. Document communiqué par l'obligeant bibliothécaire, M. Ludovic Lalanne.

(mort en 1655), servait comme de trait d'union entre les seigneurs débauchés, courtisans de son maître, et les lettrés libertins dont s'entourait Richelieu. Hébergé, salarié par le frère du roi, il lui plaisait et au cardinal pareillement, car il était si bien doué qu'on l'avait surnommé « l'esprit ». Scarron l'appelait « l'antipode du sot (1) ». Mme de Sévigné disait de ses vers, chansons, facéties, contes, rébus, toujours très gaillards, quand ils ne sont pas obscènes : « Ils ont le diable au corps, et c'est dommage qu'il y ait tant d'esprit (2) ». De là ses relations avec les hommes les plus spirituels de son temps, Voiture, Marigny, Chapelle, Bachaumont, Saint-Pavin. Insolent non moins qu'indécent, il chansonnait son prince comme un simple mortel. Plus tard, avec Marigny, il promettait de répartir cent cinquante livres entre ceux qui couperaient le nez, une oreille à Mazarin, lui crèveraient un œil, le feraient eunuque (3). De Blot à ce ministre c'était une vengeance personnelle : Mazarin, donné par lui à Richelieu, avait eu le mauvais goût d'oublier un service auquel il devait sa fortune. Quand des vers mordants lui eurent rafraîchi la mémoire, il put bien accorder au mécontent une pension, il ne put pas lui imposer silence. La rancune inspirait heureusement ce poète dont les autres poésies nous paraissent fades. Son esprit, d'ailleurs, était sur ses lèvres plus qu'au bout de sa plume. Bon vivant, buveur solide, grand débauché, il ne croyait pas, selon Tallemant, à beaucoup de choses (4). Quand il mourut à Blois, chez ce mobile Gaston, qui ne l'était pas du moins en son amitié, on peut admettre ce que disent Chapelle et Bachaumont, que « ses derniers momens furent d'une âme sensée » ; mais il avait eu à revenir de loin : « ses impiétés étaient les plus insolentes du monde (5) ». Saint-Pavin, dans l'épitaphe qu'il lui a consacrée permet d'entrevoir ce qu'était Blot avec ses intimes :

(1) *Recueil des épistres en vers burlesques de M. Scarron.* 1656.
(2) Lettre du 1er mai 1671.
(3) Voltaire, *Siècle de Louis XIV*, ch. v.
(4) Tallemant, II, 301, Comment.
(5) *Id*, II, 302, Comment.

> Ci gît un docteur peu commun
> Qui peu savant, mais fort habile,
> Prêcha souvent, jamais à jeun,
> Et comprit tout, hors l'Évangile...
> Du présent il a dit merveille ;
> Du futur ce qu'il a pensé
> Ne s'est révélé qu'à l'oreille ;
> Mais chacun tient pour vérité
> Que jamais il n'en a douté (1).

Sur ce terrain des croyances, le maître et le serviteur ne durent guère se contrarier. Nous devions ici donner le pas sur tous les autres libertins au second fils de Henri IV, qui entraînait après soi son satellite. Revenons maintenant à Richelieu, vrai centre de cette période.

IV

Ses courtisans sont légion parce qu'il est puissant ; mais ses adversaires sont nombreux aussi, parce qu'il fait obstacle à bien des visées ambitieuses. Ceux-ci se cachent, en général, pour parler comme pour agir, quoiqu'ils appartiennent à la noblesse : la moindre résistance, sous ce despotique régime, exige des reins forts.

Un Gascon des environs de Tarbes se détache de ce groupe hostile et paraît y avoir tenu un des premiers rôles, peut-être le premier. Il eut maille à partir successivement avec les deux cardinaux ministres. Louis d'Astarac, marquis de Marestang, vicomte de Fontrailles (mort en 1667), ami de Cinq-Mars, était bossu par derrière et par devant, spirituel comme la plupart de ceux qu'afflige cette difformité, malin par représailles contre l'humanité moqueuse, et notamment contre Richelieu qui l'avait plaisanté sans délicatesse. Mêlé aux intrigues de cour contre un si redoutable ennemi, il a laissé de ces misères une relation de quelque intérêt. Lorsque Gaston et Cinq-Mars l'eurent envoyé en

---

(1) Voy. Voltaire, éd. Beuchot, XIX, 304.

Espagne, négociateur de leur trahison, il était trop avisé pour ne pas les en détourner aussitôt que les choses allèrent mal, et pour ne pas s'échapper prestement de Narbonne au moment où l'on y appréhendait au corps la proie de l'échafaud, M. le Grand et son ami de Thou (1).

Sous la Fronde, il devait reparaître dans la cabale des Importants, mais à un rang inférieur. Mazarin l'admonestant sur certaines « débauches » (1648), il répondit non sans fierté que si lui et ses compagnons avaient failli, le parlement ferait leur procès, et comme c'était alors un crime, à la cour, de nommer cette compagnie, il fut exilé. Ses amis obtinrent bientôt son rappel du politique Italien, qui ne nourrissait point de ressentiments inutiles. Fontrailles était à vendre, il trouva acheteur. Son caractère n'était pas à la taille de son esprit (2).

Il comptait parmi les esprits forts du Marais (3). Blot l'a signalé plus d'une fois dans ses vers comme libertin et mécréant accompli, comme gourmet aussi, ce que confirment Chapelle et Bachaumont, reconnaissants de la bonne chère qu'on faisait chez lui (4). Mme de Motteville, qui se pique de dévotion, en sa qualité de suivante d'Anne d'Autriche, le traite fort durement : « Il empoisonnoit d'athéisme tous ceux qui le pratiquoient familièrement, car dès lors la cour n'étoit que trop infectée de ces sortes d'esprits libertins qui sont toujours cause de beaucoup de maux (5). »

Ce qui fit de lui, durant quelques années, un chef de groupe, c'est que, au charme de son esprit, il joignait la générosité, avec toutes les qualités sociables de « l'honnête homme », ainsi qu'on disait dès lors. Nommons quelques-uns de ses amis : le marquis de Matha, Matas ou Matta; les contemporains négligeaient fort toute orthographe. Ce seigneur, gravement malade et contraint à écouter les exhor-

---

(1) Voy. G. Patin, L. 88, 22 août 1647, I, 141.
(2) *Mémoires* de Mme de Motteville, éd. Riaux, t. II, p. 195-198.
(3) Tallemant, II, 67, note.
(4) *Voyage de Chapelle et Bachaumont*, éd. Ch. Nodier, 1825, p. 36. (Collection des Petits Classiques français).
(5) *Mémoires*, II, 197

tations d'un prêtre, disait : — Je donnerais dix mille écus de bon cœur pour être aussi sot que cet animal-là (1). — Puis Bardouville, gentilhomme normand, habile et circonspect à ce titre. Son fils, plus franc d'allures, aurait, selon M. de Saint-Ibal, besoin d'entraves quand on le baptiserait, sans quoi il regimberait contre l'eau bénite (2). Enfin, M. le comte de Soissons. Retz nous apprend qu'il lui fallut sa retraite de Sedan pour prendre « quelque teinture de dévotion ». Son rang princier l'eût mis à la tête du groupe, si l'esprit, même en ce siècle aristocratique, n'eût pris, à l'occasion, le pas sur la naissance (3).

V

Terrorisés par la politique faucheuse de la robe rouge, ces adversaires, on le voit, avaient conservé dans l'ordre religieux la liberté de leurs propos. Plus hardis encore étaient les familiers de Richelieu. Autour d'un cardinal si tolérant à cet égard devaient graviter des prélats médiocrement respectueux des dogmes imposés. Tel était Eléonor d'Estampes de Valençay, évêque de Chartres (vers 1589-1651). Il avait fait pour plaire tout ce qu'il fallait, et même un peu plus. Le premier, il s'était rendu en camail et rochet auprès du cardinal devenu ministre dirigeant, pour le saluer et lui donner du « Monseigneur (4) ». Sur cette platitude courtisanesque, Louis XIII avait risqué une plaisanterie grossière, comme on les aimait alors, et qu'on peut lire dans Tallemant (5). C'est Tallemant aussi qui nous dit comment mourut cet oint du Seigneur dont l'historien de Reims a fait l'éloge, tout en avouant qu'il laissait de grosses dettes (6). Dans ses mains défaillantes il tenait un chapelet de marrons. Son

(1) Comment. à Tallemant, VI, 78. Cf. Lundis, V, 229.
(2) Retz, I, 147, note 3. Sur Henri d'Escars de Saint-Bonnet, seigneur de Saint-Ibal, voy. Tallemant, II, 11, note 1.
(3) Retz, I, 128.
(4) Mémoires de Montchal, archevêque de Toulouse, t. II, p. 229. On ne donnait pas du « Monseigneur » alors aux évêques.
(5) Tallemant, t. II, p. 465.
(6) Marlot, Histoire de la ville de Reims, 1846, t. IV, p. 596.

confesseur lui représentait qu'il allait rendre ses comptes à Dieu. Après l'avoir écouté patiemment, le prélat moribond lui dit tout bas à l'oreille : — Le diable emporte celui de nous deux qui croit rien de tout ce que vous venez de dire (1). — Pour laver sa mémoire de cette impiété finale, il n'y aurait vraiment qu'un moyen, mais par trop commode et trop souvent employé : ce serait de contester la véracité de Tallemant.

Pénétrons plus avant dans la domesticité de Richelieu. Nous y trouvons Guillaume de Bautru (1588-1665), bien apparenté, très riche, très spirituel. Il se dépensait en saillies orales, dont il ne gardait rien pour ses vers. Complaisant par-dessus tout et adulateur, menteur par conséquent, il était si connu pour tel que Marigny disait : — Il est né d'une fausse couche, il a été baptisé avec du faux sel, il ne logeait jamais que dans les faubourgs, il passait toujours par de fausses portes, il cherchait toujours des faux-fuyants, il ne chantait jamais qu'en faux-bourdon. — Mais Richelieu aimait trop la flatterie pour goûter la franchise et la dignité du caractère. Ce fut heureux pour Bautru, qui en manquait absolument. Le fou L'Angely le traitait comme un de ses pareils. Les coups de bâton qu'il reçut plus d'une fois n'empêchèrent point ce bouffon en faveur de devenir introducteur des ambassadeurs, conseiller au grand conseil, maître des requêtes, surintendant de Monsieur, ministre plénipotentiaire en Flandre, en Angleterre, en Savoie, et comte de Serrant (2).

Tous ces honneurs, toutes ces charges, il les obtenait quoique libertin avéré dans les deux sens du mot. C'est à lui qu'appartient la célèbre repartie si souvent attribuée à Piron. Un jour qu'on s'étonnait de le voir tirer son chapeau au Saint-Sacrement : — Nous nous saluons, dit-il, mais nous ne nous parlons pas. — Sa réputation d'incrédule devait être bien établie, car, comme il montrait le crucifix au juif

---

(1) Tallemant, II, 459.
(2) Voy. Saint-Simon, ann. 1711, éd. Hachette in-12, t. VI, p. 165; Hipp. Babou, notice sur Marigny, dans *Les Poètes français* d'Eug. Crepet, t. II, p. 612.

Lopez (1), en lui disant : — Voilà de vos œuvres! — Hé! répondit le fils d'Israël, c'est bon à ces messieurs de s'en plaindre ; mais vous, de quoi vous avisez-vous? — Ce qui n'empêchait pas Richelieu de préférer la conscience d'un Bautru à celle de deux cardinaux de Bérulle (2). Le propos est vif, sortant d'une telle bouche, et touchant un homme qui avait bien des orgies à se faire pardonner ; mais le gentilhomme savait les rendre discrètes. Il avait pour maxime qu'il faut coudoyer les plaisirs, non s'y abandonner. Seulement il coudoyait ferme, car il avait accoutumé de dire qu'honnête homme et bonnes mœurs ne s'accordent pas ensemble (3).

On a fait de Bautru « une espèce de Gorgibus, soignant avec une égale sollicitude sa cave et sa bibliothèque (4) ». Gorgibus, en tout cas, qui vint de bonne heure à résipiscence et passa les dernières années de sa vie, — de longues années, — dans sa belle maison en Anjou (5). Son grand protecteur, alors, était mort.

VI

Bien plus avant encore dans les bonnes grâces de Richelieu était Le Métel de Boisrobert (1592-1662). Il eut moins de mérite que de faveur, et ces mérites étaient de ceux qui s'évaporent. Lui-même il s'appelait « un grand dupeur d'oreilles ». La plupart des contes qu'il débitait « d'un ton de bête endormie (6) », ont passé au théâtre, et il contrefaisait les gens avec un art infini, vraiment comique. D'ailleurs serviable, surtout envers les gens de lettres, « ardent solliciteur des muses incommodées », disait Richelieu, il était devenu le distributeur aux lettrés des largesses de l'Éminence en qui il pouvait voir un confrère. Aussi habile

---

(1) De ce juif on peut voir l'historiette dans Tallemant, II, 187.
(2) Tallemant, II, 319, 320.
(3) C'est Saint-Évremond qui lui attribue cet apophtegme. Voy. Œuvres mêlées, II, 284.
(4) R. Grousset, p. 113.
(5) Saint-Simon, an. 1711, VI, 165.
(6) G. Patin, L. 271, 21 juin 1655. II, 179.

à écrire qu'à parler, il peut être tenu pour le premier, après Scarron, dans la satire galante, et il composait jusqu'à trente-huit pièces de théâtre. Il leur dut, quel qu'en fût le prix, l'honneur périlleux de collaborer, lui cinquième, à celles du maître, et de prendre rang parmi les fondateurs de l'Académie, qu'il reçut même quelque temps à son logis. Sa société réjouissante était si nécessaire au cardinal, que Citois, premier médecin de celui-ci, jugeait toutes les ordonnances et drogues inutiles à la santé de son illustre client, si l'on n'y mêlait « une ou deux drachmes de Boisrobert ». Dans la dernière maladie de Richelieu, ne sachant plus à quel saint le vouer, il lui délivrait l'ordonnance suivante : « *Recipe* Boisrobert ». Or *recipere* Boisrobert, c'était le rappeler de l'exil, où il se morfondait alors pour des causes mal connues.

La disgrâce de ce Triboulet, de ce L'Angely d'un prince de l'Église dont il avait beaucoup obtenu (1), ne devint définitive que sous Mazarin. Les jurements au nom de Dieu dont il assaisonnait ses pertes d'argent au jeu des fameuses nièces servirent de prétexte à l'oncle, à Monsieur et au roi qu'il amusait, pour céder à la pression de la reine mère et du Père Annat, confesseur de Louis XIV. Ce jésuite poursuivait de sa rancune personnelle le facétieux ecclésiastique qui faisait, en le contrefaisant, rire de lui toute la cour (2).

S'il faut en croire la princesse Palatine, ce qu'Anne d'Autriche reprochait à Boisrobert, c'est son impiété. Il est dévot, disait Conrart, comme ce bon prélat dont parle Tassoni, qui, au lieu de lire son bréviaire, jouait des bénéfices au trictrac. De lui-même nous tenons l'aveu de ses sentiments négatifs à l'endroit de la religion :

> Tu n'as pas menti par ta gorge,
> Mais par ta main en ce seul mot
> Où tu m'as traité de dévot,

---

(1) Urbain VIII avait donné l'exemple à Richelieu : Boisrobert, non encore engagé dans les ordres, avait reçu de ce pape le prieuré de Nozay en Bretagne (1630).

(2) G. Patin, L. 271, *loc. cit.*; *Correspondance de Madame* (la Palatine), 7 sept. 1718, éd. Brunet, I, 462.

Car tu ne m'as pas fait connoître
Qui je suis, mais qui je dois être (1).

En vain eût-il nié : sa réputation était faite. — M'appelant Métel, disait-il, je pourrais me faire descendre de Metellus. — Pas de Metellus Pius, au moins ! lui fut-il répondu (2). — Vous passez partout, lui disait une femme, pour un impie, pour un athée. — Lui arrivait-il parfois de dire la messe ? — Voilà, s'écriait Mme Cornuel, toute ma religion évanouie. — On prétendait sa chasuble faite d'une jupe de cette Ninon qu'il nommait « sa divine (3) ». — « Prêtre qui vivait en goinfre, fort déréglé et fort dissolu (4) », il n'eut jamais le sentiment des plus essentiels devoirs de son état. Dans ses dernières années, comme il allait dîner chez des amis, on l'arrête au passage pour administrer un mourant. Mais il craint de manger son potage froid. Il expédie donc lestement l'affaire. — Mon camarade, dit-il, pensez à Dieu et dites votre *benedicite*. — Puis, sans plus de façons, il détale et disparaît. Quand sonna pour lui l'heure dernière, la reine lui envoya des prêtres. Il ne refusa point de les écouter. — Oui, mon Dieu, murmura-t-il en joignant les mains, je vous demande pardon et j'avoue que je suis un grand pécheur ; mais vous savez, mon bon Dieu, que l'abbé de Villarceaux est encore plus méchant que moi (5) !

Méchant, comment l'entendait-il ? Faisait-il allusion au vice honteux qui le détournait des indications de la nature ? On peut en douter, car malgré les souvenirs bibliques des vengeances célestes, il paraît n'avoir vu là qu'un péché très véniel. Sur ce sujet scabreux où la calomnie se donne volontiers carrière, force est avec lui de croire à la médisance, car les témoignages abondent (6). Après Ménage, qui s'est

---

(1) Épître à M. Du Pin (dans la notice de M. Hippeau sur Boisrobert, *Mémoires de l'Académie de Caen*, 1852, p. 420).
(2) Tallemant, II, 411, note 3.
(3) *Ibid.*
(4) G. Patin, L. 271, 8 juin 1655, II, 179.
(5) *Corresp. de Madame*, 7 sept. 1718, I, 401.
(6) Pourtant on a trouvé moyen de calomnier même Boisrobert : on lui attribue, quoique signés de son frère, le sieur d'Ouville, les *Contes aux*

fait l'écho des médisants (1), Faret rapporte l'opinion très accréditée que Boisrobert « feroit des leçons aux Grecs de leur amour (2) ». Ninon lui écrivait : « Je pense qu'à votre imitation je commencerai à aimer mon sexe (3) ». On disait que les laquais de ce prêtre indigne n'étaient pas faits pour la potence, qu'ils n'avaient que le feu à craindre (4). Une histoire courait de certains coups de pied reçus par un d'entre eux, d'où une grande fureur de leur maître. — Il a raison, disaient les gens, cela est bien plus offensant pour lui que pour les autres (5). — Au lieu de se défendre contre les reproches qu'on lui adressait parfois directement, l'incorrigible plaisant renvoyait aussitôt la balle : — J'irai me renfermer chez les Jésuites pour rétablir ma réputation (6). — Auprès de Ninon, le cynisme remplaçait la malice. — Au moins, lui disait-elle, je ne voudrais pas de laquais. — Et lui de répondre : — Vous ne vous y entendez pas, c'est le ragoût (7). — De circonstances atténuantes on n'en voit qu'une, le nombre trop grand de ceux qui, dans la société de ce temps, doivent brûler comme lui au feu de Gomorrhe. Son dernier biographe, M. Hippeau, croit qu'il mourut dans l'impénitence finale. Il y a pourtant une version de mort chrétienne. C'est dans l'ordre.

VII

Avec Richelieu, quoi qu'on en puisse penser, il n'était pas nécessaire d'être ami ou ennemi : on pouvait rester neutre.

---

heures perdues, où est largement mis à contribution *Le moyen de parvenir*. M. Hippeau, qui les rend à leur véritable auteur, refuse de croire aux accusations infamantes.

(1) *Requête des Dictionnaires, Menagiana*, Tallemant, V, 243, Comment.
(2) Tallemant, II, 432, Comment.
(3) *Ibid.*, p. 418.
(4) *Ibid.*, p. 405, note 1.
(5) *Ibid.*, p. 413.
(6) P. Paris n'a pas compris la cinglante ironie de cette réponse ; il l'a prise au sérieux. Il devait pourtant connaître les bruits qui couraient sur les mœurs des Jésuites, et notamment du Père Bouhours, un des plus célèbres d'entre eux.
(7) Tallemant, VII, 11, note 2.

Tel paraît avoir été Jacques Vallée Des Barreaux (1600-1673), qui n'aimait pas à se compromettre. Plutôt que d'être un satellite, il préféra devenir le centre d'un système secondaire autour duquel gravitent des astres d'infinitésimale grandeur. Ses affinités d'esprit avec Boisrobert sont cause que le nom de l'un vient aux lèvres quand on prononce le nom de l'autre.

Fils d'un conseiller au grand conseil, conseiller lui-même au parlement de Paris, Des Barreaux était devenu incrédule, selon un malin, pour avoir fréquenté les moines d'Italie (1). Son vrai maître avait été César Cremonini (1550-1634), péripatéticien de Ferrare, professeur quarante ans à Padoue, « homme déniaisé et guéri du sot », sans aucune piété, n'en voulant pas seulement l'apparence, niant qu'on puisse par les lumières de la raison démontrer l'immortalité de l'âme, niant même, assurait-on, cette immortalité (2). Théophile non plus n'avait pas été sans action sur cet ami de jeunesse, ami trop cher, à en croire les mauvaises langues, qui aurait excité, étant fort beau, son inavouable jalousie (3). Mais ses goûts, à lui, étaient ailleurs : il passait pour avoir, au faubourg Saint-Victor, une petite maison bien aménagée qu'il appelait l'île de Chypre, et l'on dit qu'il fut le premier à détourner du droit chemin Marion de l'Orme. Là se doivent borner les accusations contre ses mœurs : Bayle déclare le tenir d'amis intimes de Des Barreaux, lequel, ajoute-t-il, fut toujours « selon le monde » honnête homme, homme d'honneur, officieux, charitable, de cœur excellent (4). Une anecdote bien connue vient à l'appui de ces assertions. Rapporteur d'une affaire délicate qui lui donnait de l'ennui, il mande les parties, brûle les pièces en leur présence, et comme elles se plaignent du dommage causé, il les indemnise de cent écus, puis vend sa charge, pour ne plus être exposé à de tels embarras. A cette détermination ne

---

(1) G. Patin, L. 712, 26 mai 1666, III, 595.
(2) G. Patin, III, 602; *Naudæana*, p. 55-57, et additions, p. 182.
(3) R. Grousset (p. 87) a prétendu que Des Barreaux avait abandonné Théophile à l'heure des disgrâces ; mais les disgrâces commencent au plus tard en 1616, et il n'avait alors que seize ans.
(4) Bayle, *Dictionn.*, art. DES BARREAUX.

fut pas étranger son goût pour les plaisirs de la table et de la littérature. Épicurien pratique, excellent juge des bons morceaux (1), il composait de jolies chansons, des vers latins même, et il brillait dans la conversation : ses piquants propos faisaient le tour de Paris (2).

De sa liberté reconquise il profitait aussitôt pour se jeter à corps perdu dans les démonstrations et bravades de l'impiété. Sans discuter jamais sérieusement les doctrines, il ne leur était pas moins redoutable : avec la fougue de son tempérament, il entraînait dans le libertinage nombre de « pauvres jeunes gens (3) ». Ses actes confirmaient ses paroles. Il insultait, sinon comme Polyeucte à des dieux qu'il n'adorait pas, du moins aux ministres de ces dieux. Un de ses premiers exploits en ce genre fut d'aller avec ses amis faire au Père Garasse descendant de chaire mille avanies, « sans néanmoins, écrit le patient plus sensible au fait qu'à l'intention, me porter aucun coup qui pût m'incommoder aucunement (4) ». Ailleurs, à Montauban, c'est le prêche huguenot que va troubler l'éclectisme antireligieux de Des Barreaux et de sa bande, par des chansons à boire. Il était huit heures du matin. Les fumées de l'ivresse emplissaient-elles encore les jeunes cerveaux, ou était-ce l'accomplissement de sang-froid d'un projet qu'elles avaient inspiré? D'autres fois, la polissonnerie est individuelle : notre homme jette dans la boue la calotte d'un prêtre qui portait le *Corpus Domini*, pour lui rappeler qu'il ne devait pas rester couvert devant son créateur.

La plus célèbre de ses frasques, c'est son mot dans un cabaret de Saint-Cloud. Y faire bombance le vendredi saint, c'était déjà une scandaleuse hardiesse. Sur la table venait d'être servie la fameuse omelette au lard qui sonnait, dans toute orgie ou agape libre, la minute des témérités de la parole. Tout à coup le ciel se couvre, le tonnerre gronde ;

---

(1) Voy. Chapelle, Tallemant, IV, 56, 57; P.-A. Brun, *Cyrano*, p. 55.
(2) Bayle, *loc. cit.*; Ch. Nisard, *Les Gladiateurs*, etc., II, 340, art. GARASSE.
(3) G. Patin, L. 712, 24 mai 1666, III, 598, 602; *Patiniana*, p. 50, 51.
(4) Voy. Ch. Nisard, *Les Gladiateurs*, etc., II, 340, art. GARASSE.

les convives ébranlés dans leur impiété, lancent par la fenêtre le plat incongru, et Des Barreaux, plus ferme, de s'écrier : — Voilà bien du bruit pour une omelette ! — A ces folies, à ces bravades on risquait fort, et c'est peut-être leur excuse, d'être assommé. Deux braves cordeliers de la Touraine sont mis en fuite par un flot de dits impies et blasphématoires, débités tout exprès pour les effaroucher ou les indigner. Mais les vignes gèlent inopinément, une population superstitieuse y voit le châtiment du méfait, et un départ précipité préserve seul les coupables d'aveugles vengeances. Leur coryphée n'était pas toujours aussi heureux : il connut les coups de bâton.

Son impiété de surface n'allait pas bien au fond. Il n'en voulait point à Dieu, il se contentait de l'oublier, ne réclamant de lui que la réciprocité. Mais, dans les limites où il se déclarait incrédule, il était sincère. Deshérité par un oncle avec ses sœurs, il leur disait : — Vous, du moins, vous aurez le plaisir de le croire damné ! — La fièvre seule le ramenait à un semblant de foi ; à vrai dire, il avait souvent la fièvre. Il croit en Dieu, disait Boursault, quand il est malade (1). Il composait alors des sonnets de sacristie, celui notamment dont on cite volontiers le premier vers :

Grand Dieu, tes jugemens sont remplis d'équité (2).

Dans sa retraite de Chalon-sur-Saône, où il s'amenda, sur la fin, jusqu'à payer ses dettes, il recevait la visite des « honnêtes gens », l'évêque en tête. Garasse dit même (3) qu'il pensait à se faire jésuite. Le public parisien ne connut que tard cette résipiscence définitive, et il en sut peu de gré à cet ouvrier de l'onzième heure : — Le vieux débauché, disait-on, se

---

(1) Ch. Lenient, *Étude sur Bayle*, 1855, p. 4.
(2) Ce sonnet, que Bayle déclare beau et Voltaire médiocre, Voltaire veut l'ôter à Des Barreaux pour le donner à l'abbé Lavau (*Siècle de Louis XIV*, éd. Beuchot, xix, 96). Mais son assertion ne tient pas devant le témoignage de Boursault écrivant à Des Barreaux redevenu valide, pour l'engager à se mieux conduire et lui rappelant ce fameux sonnet. Voy. Tallemant, IV, 60, Comment.
Mémoires, p. 288.

retranche uniquement ce qu'il ne saurait plus faire (1). — C'est sur le bruit d'abord faux, et bientôt véritable, de sa mort, que Guy Patin parle de sa pernicieuse influence sur la jeunesse (2).

Quels satellites découvrons-nous autour d'un astre de si petite grandeur? D'abord cet oncle qui le devait plus tard frustrer de son héritage, auteur plutôt que lui de ces deux vers accablants pour l'école d'où ils sont sortis :

> Et par la raison je me butte
> A devenir bête brutte.

Puis Saint-Ibal, le bel esprit, Bardouville au fils impie dès les fonts baptismaux, le comte d'Harcourt, qui faisait dans sa jeunesse, selon Tallemant, « une vie de filou », avec ses deux inséparables Saint-Amant et Faret, trois bons vivants qui vivaient mal et formaient une sorte d'académie à l'italienne, où l'on s'appelait le vieux, le gros, le rond. Ajoutons les convives du vendredi saint et de l'omelette au lard : Potel, conseiller au Châtelet, Raincy, Moreau, l'abbé Picot, enfin Mitton, qui doit à Pascal sa petite part d'immortalité.

Ce trésorier des gardes écossaises, grand joueur, non sans talent d'écrivain, ses amis l'avaient affublé, à cause d'un certain tic, du sobriquet de Mitton d'Utique (3). Le grand siècle, on le voit, ne dédaignait pas les mauvais calembours. Ne le lui reprochons pas ici : c'était payer de sa monnaie un des plus fertiles faiseurs de bons mots qu'il y eût alors ; on aurait voulu un *Mittoniana*, et l'on regrettait le silence gardé à son égard par qui publiait des recueils de ce genre (4). Mitton est le modèle du « moi haïssable » en qui les *Pensées* personnifient le libertin (5). « Il croyoit en Dieu par bénéfice

---

(1) Tallemant, IV, 56 et Comment. Adrien de Valois, *Valesiana*, Amsterdam, 1694.
(2) Voy. plus haut, p. 115.
(3) Lettres nos 5 et 7 de Mathieu Marais, 1727, dans son *Journal et Mémoires*, 1864, III, 470, 476. Marais nous apprend que Mitton vivait encore en 1685.
(4) Lettre n° 9 de Marais. *Ibid.*, p. 480.
(5) « Le moi est haïssable. Vous, Mitton, le couvrez, vous ne l'ôtez pas pour cela. » (*Pensées*, éd. Havet, art. VI, n° 20.)

d'inventaire et avoit fait un petit traité de *l'Immortalité de l'âme*, qu'il montroit à ses amis, leur disant qu'il étoit de la mortalité (1) ». Mais il « couvroit » son moi de formes si gracieuses qu'il avait, malgré sa très bourgeoise naissance, « mérité l'estime des princes et des grands (2) ».

Ne pouvait-on vraiment louer en lui que les formes ? Il ne comprenait le bonheur, sa légitime aspiration, qu'en procurant celui des autres, parce que, s'ils sont heureux avec nous, « tous les obstacles sont levés et tout le monde nous prête la main ». Et encore : « Pour être honnête homme, il faut prendre part à tout ce qui peut rendre la vie heureuse et agréable, agréable aux autres comme à soi (3) ». Égoïsme, si l'on veut, mais égoïsme bienfaisant, qui met autrui sur le même plan que nous dans les œuvres de la « charité bien ordonnée », et d'où pourrait sortir, s'il y avait beaucoup de tels égoïstes, le bonheur de l'humanité.

Quant à l'abbé Picot, Tallemant assure qu'il mourut comme il avait vécu, en mécréant. L'historiette est amusante. Pris de maladie dans un village, il réclame le curé. A peine l'at-il en face de lui que, le naturel reprenant le dessus, il lui signifie qu'il ne veut pas être tourmenté, ni qu'on lui crie aux oreilles, comme on fait aux agonisants. Le curé se montrant de bonne composition, il lui lègue par testament trois cents livres, un gros denier. Mais voyant son pénitent au plus bas, ce confesseur et légataire d'aventure croit pouvoir servir les intérêts du ciel sans compromettre les siens, et il recommence ses exhortations. L'autre, alors, le tirant par le bras, lui dit : — Sachez, galant homme, qu'il me reste encore assez de vie pour révoquer la donation. — Et c'est à la faveur de cette menace qu'il put rendre l'âme en repos (4).

Bois-Yvon était-il aussi, le vendredi saint, au cabaret de Saint-Cloud ? Il n'eût pas déparé la compagnie. Gentilhomme

---

(1) Voy. Sainte-Beuve, *Port-Royal*, éd. de 1878, liv. III, t. III, p. 303, n. 4.
(2) Marais, Lettre n° 7, *loc. cit.*, p. 476.
(3) Voy. Sainte-Beuve, *Portr. litt.*, III, 85 sqq.
(4) Tallemant, IV, 46-52.

qui « avoit ses inclinations dans le fretin », il ne manquait pas de bon sens dans son incrédulité, car un jour qu'il était malade, certain jeune moine l'entretenant beaucoup de Dieu, il l'interrompit avec bonhomie : — Frère Jean, ne me parle point tant de lui, tu m'en dégoûtes. — Sa note dominante était l'indifférence et l'abstention. — Dieu, disait-il, est si grand Seigneur et moi si petit compagnon, que nous n'avons jamais eu de communication ensemble. — Mais il allait plus loin que ce positivisme vague et avant la lettre, s'il est vrai qu'il tînt fermement notre âme pour mortelle. Dans sa dernière maladie, quand Des Barreaux, moins fixe en ses convictions, lui amena un confesseur : — Il n'est pas de ma croyance, dit-il. — Et en plaisantant, il ajouta que trente sous lui restaient pour les porteurs qui, dans leur chaise, le mèneraient à la voirie. Il mourut ainsi, et « l'on n'en put obtenir autre chose (1) ».

A cette galerie des amis de Des Barreaux manquerait son principal ornement, si Marion de l'Orme (vers 1611-1650) n'y figurait. Ne rendons pas au chef du groupe trop onéreuse la responsabilité dont on le charge de l'avoir, le premier, mise à mal : cette rare beauté, que Retz qualifie rudement d' « un peu moins qu'une prostituée », avait eu, dès sa plus tendre jeunesse, une vocation irrésistible. Ses parents, très considérés en Champagne, essayaient en vain de la confiner au couvent, puis, sur son refus formel, de la marier. Déjà elle professait la religion épicurienne, si fort en honneur aux aristocratiques salons du Marais. Des Barreaux la lui avait enseignée, avec d'autres choses qu'elle était trop désireuse d'apprendre.

La vie libre qu'elle avait adoptée eut deux torts graves : l'extrême mobilité de ses attachements et les sommes considérables qu'ils lui rapportaient ; mais ni l'un ni l'autre ne paraissaient graves alors : pourvu que les attachements ne fussent pas simultanés, ils rencontraient une tolérance extrême, et la vénalité des amours était trop commune pour

(1) Tallemant, II, 223 et note.

qu'on y vît un cas pendable. Charles Giraud la montre chez les gens du plus grand monde jusqu'à une date bien plus avancée du siècle, et il donne, pour l'excuser, d'étranges raisons : « Socrate, — on le voit dans Platon et Diogène de Laërte, — ne trouvait pas mauvais qu'Aspasie reçût les dons de Périclès, et l'argent n'avait pas, au temps de Louis XIV, la même importance qu'aujourd'hui ; on le répandait à pleines mains, on le recevait sans vergogne (1) ». Le premier de ces arguments étonnerait moins sous la plume d'un érudit forcené de la Renaissance ; quant au second, l'apologiste ne s'aperçoit donc pas que, pour blanchir Marion et Ninon, il noircit tout un siècle ?

Quoi qu'il en soit, Cinq-Mars était sous le charme de la courtisane au point de la vouloir épouser : déjà l'on appelait Marion « Madame la Grande ». Rendue à sa vocation indépendante et vénale par le supplice du célèbre intrigant, elle plaît à Richelieu plus qu'il n'eût fallu, elle est reçue dans les meilleures compagnies, et, pour n'en citer qu'une, chez les Condé : il ne leur suffisait pas d'aller avec toute la cour goûter chez elle le charme de son esprit et de sa gaieté folle. Peut-on dire, cependant, que pour Marion comme pour Ninon le scandale a été surtout posthume (2) ? C'est trop oublier le mot méprisant de Retz. La vérité est que le XVIIe siècle n'était pas plus scrupuleux dans ses fréquentations que dans ses mœurs.

Nous avons dû donner le pas à cette brillante Laïs sur un dernier ami de Des Barreaux qui n'a d'importance que parce qu'il servit comme de trait d'union entre ce libertin léger, bruyant, effronté, et les libertins plus lourds, plus discrets, plus savants, infiniment plus respectables qui sont, à ce moment du siècle, l'honneur du libertinage.

François Luillier, issu d'une bonne famille de robe, était trésorier de France à Paris, lorsqu'il donna une première marque de son humeur changeante et voyageuse en abandonnant cette charge pour celle de conseiller à Metz, où il

---

(1) Œuvres mêlées de Saint-Évremond, I, CCLVII, CCLIX, CCLXVI.
(2) Ibid., I, CCLVII-CCLIX.

courait risque d'être fait prisonnier dans les guerres de Lorraine. Bientôt, du reste, il vendait encore cet office sans autre dessein, cette fois, que d' « assister Des Barreaux (1) ». Homme au visage chafouin et riant comme Rabelais, avec qui il avait d'autres points de ressemblance, il n'était pas écrivain, mais il recherchait l'amitié de ceux qui tenaient une plume, et il ne regardait pas toujours assez à leurs autres qualités. Certaines de ces liaisons pèsent lourdement sur sa mémoire. Comment lui pardonner, entre autres, ainsi qu'à plusieurs de ses plus illustres contemporains, ce Bouchard dont les immondes *Confessions* nous apprennent qu'il avait toute liberté de se livrer à ses amours ancillaires dans une sorte de « petite-maison » que Luillier s'était fait construire au faubourg de la Chapelle ! Dans ce repaire venaient fréquemment des « dames » (2), pour le propriétaire comme pour ses amis. Ne suffisaient à ses appétits ni la jolie servante que ses sœurs, qui le connaissaient, lui envoyaient, chaque année, pour ses confitures, ni les autres femmes de sa maison, seules admises à le servir, sous prétexte qu'elles étaient plus propres que les hommes, ni les mauvais lieux où il allait ouvertement (3), où il menait son fils, ce bâtard né à la Chapelle et qui en portait le nom (4).

Mais ce n'était là qu'une face, très fâcheuse, à vrai dire, du personnage. Il avait d'excellentes qualités. Ce fils qu'il débauchait presque naïvement, il l'envoyait jusqu'en Provence prendre les leçons de Gassendi, tant il avait soin de son éducation intellectuelle. On sait le succès de ces soins qui firent de Chapelle le lettré, l'homme de goût sans pareil, l'ami écouté de nos plus grands écrivains. Économe à ce point que Tallemant l'appelle avare, Luillier se montrait libéral avec les gens de lettres et les assistait de sa bourse. Bien plus, ce même Tallemant qui habitait une des quatre maisons bâties par son Harpagon, nous apprend, sans souci

---

(1) Tallemant, IV, 193.
(2) Bouchard, *Confessions*.
(3) « Ne venez pas me voir demain, disait-il, c'est mon jour de lupanar. » Et le mot qu'il employait était plus cru.
(4) Tallemant, IV, 191-193.

de se contredire, qu'il ne pressurait point ses locataires.

C'était un homme sûr, le seul à qui Gassendi, — son maître Ἐπίκουρος, comme il l'appelait, — crût pouvoir se livrer. Ils avaient fait ensemble le voyage de Hollande (1), et le prêtre philosophe ne craignait pas de compromettre sa vertu incontestée en descendant, lorsqu'il venait à Paris, dans la petite maison de la Chapelle (2). On s'étonnait bien un peu d'une si intime liaison entre deux hommes si dissemblables ; mais l'étonnement se dissipait à voir parmi les familiers de l'ancien magistrat d'autres ecclésiastiques bien famés, tels que Marc de Champigny, chanoine de Notre-Dame, et le Père Mersenne ; des savants estimés, tels que Saumaise, Peiresc, les frères du Puy ; des lettrés en renom, tels que Balzac et La Mothe le Vayer. De si honorables amis font passer sinon sur Bouchard, du moins sur Théophile et même sur l'Angevin François Guiet (1575-1655) qui disait sans barguigner que, s'il eût été juif, il en eût appelé *a minima* de la sentence de Pilate (3). Guy Patin a eu raison de dire que « la diversité d'opinions ne doit pas dissoudre l'amitié (4) ».

VIII

Maintenant, nous n'avons plus, sous le règne de Richelieu, à parler que de libertins qui n'ont guère à redouter les mauvaises langues. Peu nombreux sans doute, ils prouvent du moins que le libertinage de l'esprit n'est pas inséparable du libertinage des mœurs. Ils sont, répétons-le, l'honneur de l'école épicurienne. On se les représente formant les simples et obscures réunions de Gentilly, les uns habitués du lieu, les autres qui y viennent priés et plus rarement.

Dans notre faubourg actuel de Gentilly, qui était alors la pleine campagne, Gabriel Naudé (1600-1653) possédait une

---

(1) Le P. Bougerel, *Vie de Pierre Gassendi*, p. 24, 37, 38.
(2) Bouchard, *Confessions*.
(3) Tallemant, IV, 103.
(4) L. 393, 25 févr. 1651, II, 581.

bicoque où il venait avec quelques familiers se reposer du bruit de Paris. Médecin, mais plus philosophe que médecin, protégé successivement des deux cardinaux ministres, et digne de l'être, il était, dit Guy Patin, sage, prudent, réglé, égal et légal, point joueur ni moqueur, point menteur, point ivrogne (1). Quand la mort enleva cet ami tant loué, la douleur du survivant fut un vrai désespoir (2). Le témoignage plus calme du Père Bougerel, biographe de Gassendi, confirme. Lui aussi, il nous représente Naudé comme sage et réglé dans ses mœurs, uniquement occupé de l'étude, parlant avec une « liberté qui s'étendait quelquefois sur les matières de religion (3) ».

D'habitude fort réservé en paroles, il ne se livrait guère que lorsqu'il faisait seul avec Guy Patin le voyage de Gentilly, peut-être aussi avec Gassendi, que les deux intimes admettaient souvent en tiers à souper avec eux aux champs, à y « faire la débauche ». Quelle débauche ! Naudé ne buvait que de l'eau, n'avait jamais bu de vin. Gassendi de même, par délicatesse de tempérament. S'écartait-il de ce régime ? il sentait son corps brûler (4). Quand La Mothe le Vayer se joignait à eux, on essayait de s'observer dans le langage ; mais lui, il échauffait les têtes par ses déclamations. Patin devenu frondeur et Naudé mazarin en venaient aux prises. Naudé, qui n'était médecin que de titre, daubait sur ses confrères, et Patin repoussait par ses mordantes répliques des plaisanteries plus ou moins piquantes. Le doux Gassendi jetait de l'eau sur ce feu de paille, et l'amphitryon riait (5).

Ces derniers ou avant-derniers Gaulois, ces attardés du XVIe siècle, autant latins que français, étaient tenus à bon droit par les beaux esprits de cour pour des érudits : à la différence de Descartes, ils n'avançaient rien par eux-mêmes, mettant leur soin à produire leur pensée sous un étalage de

---

(1) L. 351, sans date, II, 480.
(2) L. 248, 15 nov. 1653, II, 81.
(3) *Vie de P. Gassendi*, p. 373.
(4) G. Patin, L. 362, 27 août 1648, II, 508.
(5) Voy. Ch. Labitte, *Revue des Deux Mondes*, 1er mai 1836, III, 458.

textes anciens dont eussent été bien incapables ceux qui le leur reprochaient. Il faut voir en eux des « libertins à la manière de Montaigne et de Charron, sans autre but que de douter et que de rire entre eux de la crédulité humaine, dont ils étaient tout fiers d'être émancipés (1) ».

A la cour, on les déclarait indécrottables et impies. Naudé méritait-il cette seconde épithète, la seule qui importe ici? Il avait reçu, au collège de Navarre, les leçons d'un certain Belurget, régent de rhétorique, « qu'il prisoit *supra modum* (2) ». Or ce maître bourguignon se moquait ouvertement des Saintes Écritures, du purgatoire, de Moïse, des prophètes, des miracles, des visions, de la révélation, disant que les plus sots livres du monde étaient la Genèse et la *Vie des saints*, que le ciel empirée était une pure fiction, qu'il professait la religion des plus grands hommes de l'antiquité et notamment de Sénèque, dont il faisait grand état à cause du fameux chœur des *Troades* où est niée l'immortalité de l'âme. La semence était tombée sur un terrain propre à la recevoir. Le disciple de Belurget la portait en soi durant le long séjour de douze ans qu'il fit à Rome, dans un milieu plus riche en rusés politiques qu'en bons chrétiens, et où il fit la connaissance dangereuse de Cremonini (3). Ainsi reprit en partie sa force le venin qui, du maître au disciple, s'était atténué. A Paris, quand Naudé y fut de retour, on l'entendit proclamer que la loi de nature est la seule règle d'un honnête homme, que la théologie et les controverses religieuses méritent la moquerie, que Luther était un moine défroqué et Calvin l'opprobre du monde, qu'il n'y avait pas une religion qui ne fût une invention politique pour mener le peuple, et que, pour n'être pas trompé, il ne faut admettre ni mystères, ni miracles, ni visions, ni prédications (4).

Naudé niait donc beaucoup, mais il n'affirmait rien. Il n'avait pas même la foi de l'incrédulité. Il estimait que

---

(1) J. Denis, *loc. cit.*, p. 177, qui renvoie au *Mascurat* de Naudé, p. 490.
(2) G. Patin, L. 351, sans date. II, 478.
(3) *Id.*, L. 351, 816. III, 478, 758.
(4) *Id.*, L. 286, 3 mars 1656. II, 242. Cf. L. 353, 28 oct. 1663. II, 490.

changer de religion est la marque d'un esprit mal tourné, le tout n'en valant pas la peine (1). D'où cette conséquence qu'il est prudent de faire, comme les Italiens, bonne mine sans bruit, avec cette devise chère à tant de libres penseurs du temps : *Intus ut libet, foris ut mos est* (2). Se gardant de braver et d'insulter, il levait les épaules et se désintéressait, sauf contre les superstitions. Tout au plus avouait-il son goût marqué pour la *Sagesse* de Charron ; mais il trahissait sa secrète pensée par des allusions, des comparaisons, des anecdotes, et un défaut de respect égal à celui de Voltaire. Guy Patin n'a pu que dans une heure de dissentiment aigri, — peut-être au sujet de la Saint-Barthélemy dont Naudé n'avait pas craint de faire l'apologie (3), — dire de son ami qu'il était de la religion de son profit et de sa fortune : il ne paraît pas que le bibliothécaire de Mazarin ait connu la déshonorante palinodie. « Terrible puritain du péripatétisme (4) », il préférait, comme tous les sectateurs de la nature, Aristote, bon pour détruire les sottises, à Platon, qui sert pour les établir avec les rêveries. Mécréant sans fanatisme, il publiait une *Apologie des grands hommes accusés de magie*. Il disait finement que ceux qui ont écrit pour soutenir l'immortalité de l'âme devaient en douter, sans quoi ils n'auraient pas pris la plume pour la démontrer, « joint que leurs écrits sont si foibles que personne n'en peut devenir plus assuré ». N'y a-t-il pas même un grain d'athéisme ou tout au moins de scepticisme touchant l'existence de la Divinité sous ces paroles : « Pour trouver Dieu dans le désordre qui est aujourd'hui dans le monde, il faut avoir de la modestie et de l'humilité, il faut soumettre son esprit aux sacrés mystères de la religion (5) ». La fin chrétienne de Naudé nous est affirmée (6).

---

(1) Guy Patin, L. 810, 6 août 1670. III, 758.
(2) Id., L. 207, 16 févr. 1657. II, 277.
(3) Voy. Sainte-Beuve, *Portr. litt.*, II, 495. Cf. H. Martin (XII, 4) qui reproche à Naudé « son triste livre des coups d'État ».
(4) G. Patin, L. 513, 11 mai 1660. III, 211.
(5) *Naudæana*, p. 127, 46, 8.
(6) Le P. Bougerel, *Vie de Gassendi*, p. 371.

Quoi de plus vraisemblable, s'il n'avait jamais renié ouvertement la foi de ses pères? Mais en esprit il est un libertin et des plus en vue. Veut-on établir la chaîne de la libre pensée en France de Montaigne à Bayle? Il y manquerait un chaînon, si l'on omettait Naudé.

Pour Guy Patin (1601-1672) la chose est moins claire. Ce médecin goguenard et caustique, ce bourgeois mécontent, mais craintif au fond, a bien eu, chez plus d'un, renom d'athée; il le méritait peu. Lui-même, il jetait ce mot à d'autres comme la plus sanglante injure, louant Le Tellier de croire en Dieu de bonne sorte (1), disant de Guy de La Brosse qu'il n'avait « non plus de sentiment de Dieu qu'un pourceau (2) », mettant Dieu en avant à tout propos et même hors de propos : « Dieu aidant, écrit-il, je porterai demain votre lettre (3) ». Il est chrétien, et d'une piété solide (4). Il va à la messe, à la grand messe, en bon paroissien, tout en appréciant fort la simplicité du protestantisme moins chargé de superstitions et les rares mérites de Calvin en son *Institution chrétienne*, le plus beau de tous les livres après la Bible.

Mais il faut se souvenir de ce que disait Bayle : « Sa foi n'est pas chargée de beaucoup d'articles ». Il n'admettait que ce qui est contenu au Nouveau Testament, et il ajoutait : *Credo in Deum Christum crucifixum*, etc... *De minimis non curat prætor* (5). Le purgatoire, à ses yeux, est une imposture propre à soutirer l'argent des personnes crédules (6); il invite un de ses malades qu'il est en train d'expédier vers sa demeure dernière, à lui venir dire s'il y en a un (7). Il hasarde même l'épigramme en vers, débauche rare chez lui :

O la belle fiction,
O la rare invention

---

(1) L. 540, 29 oct. 1660. III, 183.
(2) L. 50, 4 sept. 1642. I, 82.
(3) L. 617, 27 juillet 1663. III, 142.
(4) *Patiniana*.
(5) L. 55, 18 juill. 1642. I, 90.
(6) J. Denis, *loc. cit.*, p. 211.
(7) *Lundis*, VIII, 118.

> Que ce feu du purgatoire !
> Le pape n'étoit pas sot
> Qui nous donna cette histoire
> Pour faire bouillir son pot (1) !

Luther et Calvin, qui ont supprimé ce pénitencier, auraient bien pu, du même coup, supprimer l'autre, le terrible enfer (2).

Essayerons-nous de pénétrer plus avant dans la pensée de Guy Patin? Ce n'est pas facile, ses lettres, trésor d'ailleurs inestimable, étant pleines de contradictions. Toutefois, une ligne dominante semble s'en dégager. Leur auteur distingue soigneusement les choses qu'on croit sans les voir, parce que la foi nous y oblige, de celles qu'on ne croit que parce qu'on les voit, celles de la médecine (3). La fréquentation de Naudé et de Gassendi l'a tiré des erreurs communes sur Épicure, « bon et très digne personnage, écrit-il, que j'honore particulièrement comme un grand partisan de la vertu morale et duquel je n'ai jamais eu si mauvaise opinion, depuis que j'ai vu Sénèque en parler si hardiment dans ses épîtres (4) ». S'il n'est un parfait épicurien, il confine certainement à l'épicurisme, dont il hante les plus respectables adeptes, sans en moins maltraiter le « pestilentiel » Des Barreaux. Il semble, sur la foi de Virgile, ne pas admettre l'efficacité des prières (5) : Dieu, dit-il, ne viendra point accorder les scribes et les pharisiens, il a le dos tourné aux affaires et aux conseils des hommes (6). S'il parle ailleurs d'autre sorte, ce n'est pas pour faire la part plus belle à la Providence, puisqu'il voit en elle la cause du mal comme du bien : *Non est malum in civitate quod non fecerit Deus* (7). Intelligence qui n'a pas trouvé son assiette en ces matières,

---
(1) L. 309, 14 juin 1657. II, 318.
(2) J. Denis, *loc. cit.*, p. 212.
(3) L. 6, I, 9. Et encore, même en médecine, n'a-t-il pas nié toute sa vie avec Riolan la circulation du sang? Voy. note de Réveillé-Parise à la lettre 372, II, 537.
(4) L. 309, 20 juill. 1649. II, 525. Cf. L. 370, 6 août 1649 II, 527.
(5) L. 105, 6 mai 1643. I, 286.
(6) L. 283, 30 nov. 1655, II, 224.
(7) L. 588, 12 juill. 1661. III 380.

il ne croit ni aux sorciers, ni aux magiciens, mais il croit aux diables qui nous poussent à faire le mal (1), et le motif qu'il donne pour ne pas accepter une chaire à Bologne, à Venise, c'est que l'Italie est *patria diabolorum*, pays d'athéisme et des plus grands fourbes de la chrétienté, plein de moinerie et d'hypocrisie (2).

Nous touchons ici à ce qu'il serait permis d'appeler sa marotte. Il est implacable pour ce qu'il appelle « les fanfreluches romaines et papalines, *quibus muliercularum detinentur et irretiuntur ingenia* (3) ». Il repousse les indulgences. « Pour les monitoires et censures ecclésiastiques, *est brutum fulmen*, qui fait plus de bruit que de mal. Le monde n'est plus grue et ne se mouche plus de la manche ; cela étoit bon du temps que Berthe filoit et que l'on avoit peur du loup garou (4). » Il hait le personnel tonsuré, la « séquelle papimanesque », le pape en tête, *leur* Saint-Père, dit-il en parlant des cardinaux (5), de ces cardinaux animal rouge, rusé, *rapax, capax et vorax omnium beneficiorum* (6). Il n'oublie pas les moines, les Jésuites surtout, le *pecus, agmen nigrum, loyoliticum*, vermine espagnole (7). De ces propos virulents souriait en ami le premier président Lamoignon, qui savait ce qu'en valait l'aune (8). Toutes ces sangsues, Patin les envoyait cultiver le purgatoire aux îles de l'Amérique ou à la Mozambique (9). Richelieu meurt ? « Il est passé, s'écrie-t-il avec joie, il est en plomb, l'éminent personnage (10)! » Mazarin lui succède ? « Notre malheur est qu'il faut que nous soyons toujours gouvernés par quelque prêtre ou moine étranger (11). » Sans la robe ecclésiastique, le lion ou le renard déplairait moins.

(1) *Patiniana*, p. 4.
(2) L. 452, sans date. III, 80.
(3) L. 234, sans date. II, 41.
(4) L. 271, 21 juin 1655. II, 186.
(5) L. 323, 8 janv. 1658. II, 371.
(6) L. 147, 7 mai 1660. I, 249.
(7) L. 33 et 38, 5 et 14 mai 1639. I, 54, 62.
(8) L. 470, 19 févr. 1659. III, 121.
(9) L. 280, 26 sept. 1655. II, 215.
(10) L. 61, 6 mars 1643. I, 98.
(11) L. 67, 12 août 1643. I, 106.

Voilà les objets constants de ses attaques. Il est de toutes les oppositions en matière religieuse : gallican contre l'ultramontanisme, janséniste contre les jésuites, aux trois quarts protestant contre les catholiques, et par-dessus tout franc Gaulois, ennemi de tout ce qui sent l'hypocrisie et l'imposture, n'aimant ni les pratiques par où le clergé fonde son pouvoir, ni le célibat des prêtres, machine de hiérarchie et de domination inventée par Grégoire VII, ni la « benoîte confession auriculaire » qui permet de s'ingérer dans les affaires d'autrui et du gouvernement, ni les saints parce qu'il y en a trop, ni les miracles : il aurait dit volontiers comme le cardinal Bessarion : — Ne me parlez pas des miracles nouveaux, vous me feriez douter des anciens. — Mais on chercherait en vain dans les quatre volumes de ses lettres un mot contre le principe des religions en général et du christianisme en particulier.

Guy Patin confine donc au libertinage plus qu'il n'est un libertin. Voyons en lui un éclaireur, un tirailleur (1), qui fait trembler les vitres, sans les casser jamais (2), ou plutôt qui ne casse que les petites, prudemment, après s'être assuré que cela ne tire à conséquence ni pour lui ni pour l'Église établie.

La Mothe le Vayer (1588-1672) n'était pas au même degré un habitué de Gentilly. Il n'y venait que par aventure, mais sa présence y était un raffinement de la « débauche »; ses hautes accointances lui valaient des égards cérémonieux. Il n'était pas, dit Tallemant, un homme comme un autre. Incapable des platitudes courtisanesques, dédaigneux des protections qu'assurent les dédicaces (3), « autant stoïque qu'homme du monde (4) », ayant comme son hôte et les amis de cet hôte le goût de l'érudition, de l'art et du scepticisme, il leur plaisait en outre par l'agrément d'une conversation abondante et variée, il les divertissait par ses

---

(1) J. Denis, *loc. cit.*, p. 200, 207, 215.
(2) *Lundis*, VIII, 118, 123.
(3) Voy. ses *Dialogues d'Orasius Tubero*, p. 50. J. Denis (p. 218) reproduit le passage.
(4) G. Patin, L. 368, II, 523.

bizarreries de petit homme laid, vêtu étrangement, bourru, capricieux, porté à la contradiction, avide de la louange pour lui et ne la pouvant souffrir pour les autres, impatient de toute musique, sauf de celle du vent qui le faisait tomber en extase, et ne trouvant pas de meilleur moyen, pour se consoler de la mort d'un fils, que de convoler en secondes noces à l'âge propice de soixante-dix-huit ans (1).

Dans quelle mesure est-il sceptique? Pas plus que personne en son temps il n'échappe aux inconséquences; mais il se rattache au groupe des libertins. Mlle de Gournay, guidant ses premiers pas, avait fait de lui un disciple médiat de Montaigne. Avec moins d'esprit, mais plus de savoir que son illustre modèle, il se plaisait à opposer entre elles les coutumes, les mœurs, les opinions, les croyances, pour conclure qu'il n'y a rien d'assuré, pas même dans la science ou la morale. Cette diversité, si déconcertante pour la foi, déjà signalée à sa jeunesse par les *Essais*, il la constatait plus tard lui-même en Italie où il accompagnait l'ambassadeur Bellièvre, et en Espagne, à la suite de Bautru, envoyé par Richelieu au duc d'Olivarès (2).

Ce scepticisme bien ancré dans son esprit, il l'étale dans ses cyniques *Dialogues d'Orasius Tubero* et dans les pages souvent graveleuses de son *Hexameron rustique*. Ses idées sont loin d'être originales comme sa personne. Il se flatte, bien à tort, de n'être point « bête de compagnie pour suivre le troupeau ». Ses plus grands écarts ne sont que réminiscences des sceptiques anciens (3). Mais le grand érudit qu'il était admirait trop ces réprouvés du christianisme pour être bon chrétien. Le christianisme lui paraît fondé sur la « théanthropie », c'est-à-dire sur l'anthropomorphisme (4). Il va jusqu'à dire que l'athéisme ne trouble jamais les États, mais qu'il rend l'homme plus attentif sur lui-même, puisqu'il n'a pas à porter plus loin ses regards. « Et je crois,

---

(1) L. Étienne, *loc. cit.*, p. 1-17, 117.
(2) *Ibid.*
(3) J. Denis, p. 217.
(4) *Dial. d'Or. Tubero*, p. 332; J. Denis, p. 221.

ajoute-t-il, que les temps inclinés à l'athéisme, comme le temps d'Auguste, de César et le nôtre en quelques contrées, ont été temps civils et le sont encore, là où la superstition a été la confusion de plusieurs États (1) ». Mais les foudres de l'Église sont à craindre. Vite donc, il dresse le paratonnerre. « La sceptique se peut nommer une parfaite introduction au christianisme, une préparation évangélique. Elle n'a plus de doutes où il est question de la religion. Toutes ses défiances meurent au pied des autels (2). » C'est la doctrine que reprendront Pascal, Huet, La Mennais.

Grâce à de si avisées précautions, qu'il noyait dans une phraséologie lâche et diffuse sans action sur le public, ce docteur de cabinet parut assez peu redoutable pour que Richelieu le chargeât, en 1641, de combattre les « cyranistes » ou futurs jansénistes, au point de vue philosophique, tandis que le jésuite Sirmond, neveu du confesseur royal, les combattait au point de vue théologique (3). On le vit encore précepteur de Monsieur, duc d'Anjou, frère de Louis XIV (1647), et enfin, un moment, de Louis XIV lui-même (1652). Tolérance digne de remarque, car on accusait Le Vayer d'athéisme (4), car on lui reprochait de refuser à la théologie le nom de science (5) et de voir dans la foi seule un moyen d'établir l'immortalité de l'âme (6).

Il y avait donc, avec la cour, comme avec le ciel, des accommodements, et même sans trop grands sacrifices : on pouvait tenir les anciens pour des modèles de raison, capables de vertu, malgré la chute originelle, ce qui était, en somme, séparer la morale de la religion (7). Mais l'entourage d'Anne d'Autriche ne se piquait pas assez de logique pour y regarder de près. Il ne voyait dans Le Vayer que l'érudit de la Renaissance. Il lui savait gré de son esprit,

---

(1) *Dial. d'Or. Tub.*, p. 331; J. Denis, p. 226.
(2) *Dial. d'Or. Tub.*, p. 295, 336, 345, J. Denis, p. 221; *Vertu des payens*, art. Pyrrhon, dans L. Etienne, p. 20.
(3) L. Etienne, p. 1-17, 25.
(4) G. Patin, L. 207, 308, an. 1649, II, 400, 523.
(5) *Dial. d'Or. Tub.*, I, 333, dans L. Etienne, p. 22.
(6) Voy. son *Discours chrétien* (1636), dans L. Etienne, p. 53.
(7) J. Denis, p. 228.

qui était trop souvent celui d'autrui (1), en ce sens que ses pages regorgeaient de citations en latin, et, circonstance aggravante, en français (2). Oui, Le Vayer est du xvi° siècle bien plus que du xvii° ou du xviii°. Son scepticisme érudit devra passer par Bayle pour devenir critique; mais enfin c'est celui d'un précurseur.

Il a été, dit-on, sans influence sur son temps. On ne saurait nier que Boileau le traite assez mal (3); mais Naudé, Patin, Bayle l'estiment, Voltaire lui fait une place dans son catalogue des auteurs du grand siècle. Il fut une sorte de chef d'école, parce qu'il parut être le plus attitré continuateur de Charron et de Montaigne, le plus propre à pousser en avant cette tâche dangereuse d'immoler la raison. Naudé était-il son ami ou son disciple? De douze ans plus jeune, il peut avoir étudié ses œuvres, écouté sa parole avec déférence. Sorbière, en 1657, le proclame son maître depuis trente ans. L'un et l'autre l'appelaient le Plutarque, le Sénèque de la cour. Mais ce qu'il a enseigné, c'est uniquement le scepticisme, qui n'est, pour les libertins, que la première moitié de leur doctrine. La seconde, c'est l'épicurisme théorique, dont le principal représentant est alors Gassendi (4).

IX

Pierre Gassend (1592-1655), — il signait ainsi ses lettres, — était plus que Le Vayer dans l'intimité de Gentilly; mais on l'y voyait sans doute moins souvent, parce qu'il ne faisait à Paris que de passagers séjours. Plus éloigné du libertinage moral qu'aucun de ses amis, vivant d'une vie pure parmi des hommes qui ne sont pas tous des modèles de pureté, c'est lui qui a donné un corps à la doctrine des libertins et qui l'a le plus vaillamment défendue contre les redoutables assauts de Descartes.

---

(1) Balzac à Chapelain, lettre du 4 janv. 1639.
(2) L. Etienne, p. 47.
(3) Voy. *Lutrin*, ch. V, v. 151, 159.
(4) J. Denis, p. 216, 218; L. Etienne, p. 22.

Comme Descartes et la plupart des libres intelligences de son temps, ce Provençal engagé dans les ordres avait fait deux parts de sa vie, l'une conforme à celle de tout le monde, l'autre où il ratiocine en toute indépendance. Son originalité, c'est que jamais les deux moitiés d'une existence de ce genre n'ont été séparées par une cloison plus étanche. Prêtre irréprochable, il disait sa messe le dimanche et les jours de fête. Buveur d'eau et bien près d'être végétarien, si désintéressé qu'il n'accepte ni l'hospitalité, ni la pension que tel seigneur lui offre (1), il est de mœurs douces, il apporte dans les discussions la courtoisie qui faisait défaut à son immortel adversaire, la légèreté d'ironie qui donnait du piquant à son argumentation toujours naturelle et claire, parfois éloquente (2). Il ne rêvait que de paix et d'union. Après avoir vécu en chrétien, il mourut d'une trop stricte observance du carême, flanqué de deux prêtres, récitant les psaumes, muni par trois fois du viatique et de l'extrême-onction, *more majorum*, dit Guy Patin (3). Ses contemporains à l'envi ont célébré ses louanges (4), et Tennemann les confirme en appelant Gassendi le plus savant parmi les philosophes, le plus habile philosophe parmi les savants (5). Tennemann aurait dû dire : parmi les savants de la Renaissance. Gassendi est, en effet, un des derniers d'entre eux ; le puits, l'abîme de son érudition, voilà, par-dessus tout, ce qu'on admire en lui. Guy Patin plus perspicace ajoute à toutes ces perfections « qu'on ne finiroit pas d'énumérer », celle-ci qui, à ses yeux, les résume : ce philosophe est « en un mot, un vrai épicurien modéré (6) ».

Épicurien et chrétien tout ensemble ! Quelle force devait avoir cette cloison étanche qui protégeait sa conscience, sa

---

(1) Le P. Bougerel, p. 147, 426, 45, 124, 129.
(2) L'historien du cartésianisme, M. Bouillier, reconnaît à Gassendi cette supériorité sur Descartes. Voy. ch. xi, t. i, p. 216 sqq.
(3) Bougerel, p. 41 ; G. Patin, L. 276 et 380, 21 sept. et 26 oct. 1655. II, 200, 215.
(4) Voy. dans Bougerel (p. 265) l'auteur de la critique de la *Vie de Descartes* par Baillet, et G. Patin, L. 50, 94, 200, 360. I, 63, 150, 423, II, 516.
(5) Voy. J. Denis, p. 179.
(6) L. 446, 7 nov. 1656. III, 67.

liberté, sa vie! Dès son premier ouvrage, il écrit en latin :
« Soit que je traite quelque sujet dogmatiquement ou à la manière des sceptiques, soit que je dise quelque chose de vrai ou seulement de probable, je le soumets au jugement de l'Église catholique, apostolique et romaine dont je fais gloire d'être l'enfant, pour la foi de laquelle je suis prêt à verser jusqu'à la dernière goutte de mon sang. Je prends Dieu et ses saints Évangiles à témoin que j'ai un grand zèle pour découvrir la vérité (1). » Il promettait de soutenir toujours les dogmes de sa religion (2). Enfin, il écrivait à Campanella : « Pour ce qui regarde mes sentiments sur Épicure, vous semblez craindre que je n'avance quelque dogme contraire à la religion. A Dieu ne plaise que cela arrive. Ce philosophe nie la Providence, et moi je la soutiens. On ne me verra jamais suivre ses erreurs, mais bien les combattre très vivement (3). »

De telles protestations, pour formelles qu'elles fussent, ne préservaient point alors du soupçon d'incrédulité, d'athéisme. Un certain docteur Morin, astrologue, a écrit que Gassendi feignait la piété par crainte du feu, *metu atomorum ignis*. On prétendit, quarante ans plus tard, qu'il était mort en disant à un ami : — Je ne sais qui m'a mis au monde, j'ignore quelle est ma destinée et pourquoi l'on m'en tire (4). — Sans fondement sérieux étaient ces accusations. Que reprochait-on au prêtre philosophe? ses relations parmi les libertins? Comme s'il n'en avait pas eu d'autres, et, pour n'en citer qu'une, le Père Mersenne, qui se partageait entre les deux athlètes ! Ses « débauches » de Gentilly? Nous savons maintenant ce qu'il en faut penser. Son approbation amicale à l'ouvrage de Hobbes? Il se défendait d'en professer les maximes, et il pouvait se couvrir de Mersenne, non moins favorable. Ce qui est plus ridicule que le reste, on lui faisait un crime d'employer fréquemment, en vrai

---

(1) *Exercitationes* contre les sectateurs d'Aristote, dans Bougerel, p. 18.
(2) *La Vie d'Épicure*, dans Bougerel, p. 301.
(3) Cité par Bougerel, p. 111.
() *Réflexions sur les grands hommes morts en plaisantant*, dans Bougerel, p. 341, 374, 412.

cicéronien, le verbe *videtur* : on y voulait voir une marque de scepticisme !

Rappelons donc en quelques mots ce qu'était cette doctrine philosophique qui ameuta contre Gassendi les fervents de toute robe, et en même temps Descartes avec ses sectateurs. Elle est pour nous d'un grand intérêt, étant devenue, sans que l'auteur y tendît, la formule épicurienne de l'école libertine.

Sa *Vie d'Épicure*, publiée en 1647, fournit les éléments de l'inculpation. Comme Épicure, Gassendi voit dans l'univers une réalité concrète, composée d'atomes solides et résistants, dans l'infini un mot qu'on n'entend point, pour désigner ce qu'on n'entend pas davantage. L'être organisé et vivant, doué d'imagination et de sensibilité, est, lui aussi, un composé d'atomes ; l'âme sensitive et végétative n'a rien qui ne soit matière. L'entendement de cet être ne contient rien qui n'ait été d'abord dans les sens, selon la formule d'Aristote. Privé de l'expérience, l'esprit ne saurait rien connaître. Ces assertions, à vrai dire, avaient leurs correctifs, que négligeait la malveillance : à la vie, à l'évolution de cet univers préside une idée directrice, une cause supérieure qui y a mis l'ordre et l'harmonie ; l'âme sensitive et végétative donne naissance au sentiment et à la pensée ; elle ne s'est pas créée elle-même, elle n'est pas le produit du hasard, elle aussi suppose un ordonnateur premier dont l'action intelligente et bienfaisante a, dès l'origine, tout créé avec sagesse et mesure, en vue d'une fin déterminée ; l'esprit, aidé des sens et de l'expérience, peut acquérir d'autres connaissances qui dépassent les premières et qui impliquent une âme supérieure à l'âme sensitive, une âme incorporelle et immortelle, en quelque façon semblable à Dieu (1).

Guy Patin n'a donc pas eu tort de tenir Gassendi pour un épicurien modéré, car il professe que nous devons vouloir ce que veut la nature et il sait, sur certains points, s'affranchir

---

(1) Voy. Félix Thomas, *La philosophie de Gassendi*, 1889, p. 313. Cf. Bernier, préface de son édition des *Syntagma* de Gassendi ; Brucker, *Hist. de la philosophie*, t. IV ; J. Denis, p. 180.

du maître qu'il avoue. Mais dans cette modération il y avait encore assez de hardiesse pour soulever bien des colères. Si l'Église fut assez sage pour ne jamais condamner un philosophe qui était l'honneur de sa robe, ces royalistes ne s'en firent faute qui le sont partout plus que le roi. D'ailleurs ils n'avaient pas tout à fait tort. De nos deux âmes l'immatérielle seule est impérissable. Or à la matérielle appartiennent toutes nos fonctions, sauf celle de l'entendement. Et l'entendement lui-même, qu'est-il? que fait-il? Il est « la partie la plus subtile, la plus pure et comme la fleur de l'âme », qui n'est elle-même que la « fleur du sang ». Il ne fait que combiner les matériaux fournis par les sens et conservés par l'imagination; il n'est donc pas nécessaire d'admettre qu'il en diffère par nature. Dès lors l'homme est un animal comme les autres, et les autres, s'ils avaient la parole, ne seraient pas sans arguments pour soutenir leur supériorité (1). L'animal n'ayant de but que la conquête de ce qu'il désire, voilà la morale de l'intérêt, et elle devient celle de l'homme, selon la doctrine d'Épicure, de Hobbes, de Locke.

Et ce n'étaient point là les seules affirmations ou négations qui missent en ébullition de fureur tout cerveau façonné sur l'ancien moule : les phénomènes astronomiques ne présagent rien de divin ; c'est une opinion dangereuse à l'égal de l'athéisme que de voir dans les anges des portions de Dieu; les atomes se meuvent dans le vide, selon l'hypothèse de Leucippe, de Démocrite, d'Épicure (2).

Il y a de tout dans cette doctrine : s'y mêlent à doses inégales le sensualisme, le matérialisme, le spiritualisme, l'épicurisme, le scepticisme, le darwinisme même, car ce vaste système de forces produit par la volonté transcendante d'une force suprême, intelligente et bonne, évolue librement, dès qu'elle a reçu l'impulsion, ou plutôt mécaniquement, chaque forme préparant celles qui lui doivent succéder en

---

(1) J. Denis, p. 183; Bougerel, p. 60, 70, 437-440, d'après *La philosophie de Gassendi*, ouvrage posthume.
(2) Bougerel, *loc. cit.*

vertu de leur supériorité (1). Gassendi est un éclectique sans le savoir; aussi est-il, pour certains disciples de Victor Cousin, le précurseur de leur maître. Mais sa caractéristique, c'est l'union ouverte et déclarée, qui déjà s'entrevoyait dans Montaigne, du scepticisme avec l'épicurisme. Lui-même il s'avoue « presque pyrrhonien » ; il confie à Saint-Évremond que s'il n'ignore pas ce qu'on peut penser de beaucoup de choses, quant à bien connaître les moindres il n'ose s'en assurer (2). Il met le scepticisme à la portée de tout le monde, il en découvre des sources auparavant inconnues. Ce qu'il admire chez Hobbes, c'est l'indécision flottante de Charron et de Montaigne, qu'il appelait « liberté philosophique », et cela suffisait pour le poser en libertin (3). L'indifférence en matière de religion est-elle au fond de toutes ces idées ? On l'a dit, mais on l'a dit aussi de Descartes (4). Pour se prononcer, il faudrait mieux connaître la force de résistance de la cloison étanche.

Le point essentiel du débat célèbre qui a pris sa place dans l'histoire de la pensée humaine, c'est que, pour Descartes, l'esprit est plus facile à connaître que le corps, tandis que, selon Gassendi, la nature de notre être nous est surtout révélée par l'anatomie et la chimie. De là cette double invective si connue : *O spiritus ! o caro !* Certes Gassendi n'est pas matérialiste ; mais il semble bien, dans notre dualité mystérieuse, accorder la prépondérance à la matière.

Sur plusieurs articles les deux antagonistes sont d'accord : pour combattre les péripatéticiens et les scolastiques; pour défendre la cause de l'indépendance intellectuelle ; pour manier l'arme du doute; pour déclarer l'âme immortelle. Sur ce dernier point, Descartes est même à peine aussi affirmatif que Gassendi, puisque, « laissant à part ce que la foi nous enseigne », il « confesse que par la seule raison naturelle nous pouvons bien faire beaucoup de conjectures

---

(1) Félix Thomas, *loc. cit.*
(2) Saint-Évremond, *Jugement sur les sciences* (1662). (*Œuvres mêlées*, I, 59.)
(3) Voy. Ch. Giraud, I, CXLVI ; P.-A. Brun, *Cyrano*, p. 41.
(4) Brunetière, *Essais critiques*, 4ᵉ sér., p. 126.

à notre avantage et avoir de belles espérances, mais non point aucune assurance (1) ». Sur tout le reste ils sont en désaccord. Gassendi prétend montrer chez les anciens ces idées que Descartes présente comme nouvelles; il n'admet pas qu'on arrive sans l'aide des sens à celles qui concernent Dieu et l'intelligence (2); il admet obstinément la preuve de l'existence de Dieu par les causes finales; il sépare l'intelligence de l'imagination; il soutient que nos idées nous représentent seulement les choses matérielles; il révolte Descartes par sa doctrine sur l'âme des bêtes (3).

La cour, l'Église, les fervents sont moins révoltés, quoiqu'ils reconnaissent en Gassendi le support des libertins. C'est grâce aux Jésuites que Rome, qui réduit le solitaire laïque à se réfugier en Hollande, épargne le prêtre croyant dont les livres gagnaient la jeunesse napolitaine aux doctrines d'Épicure (4). Sans l'invincible opposition d'Anne d'Autriche, la Compagnie de Jésus l'eût fait préférer à Péréfixe pour l'éducation de Louis XIV (5). Elle lui savait gré de ses pratiques religieuses et de ne proposer ses opinions qu'à titre de simples conjectures (6). « Homme, disait le Père Daniel, qui avoit autant d'esprit que M. Descartes, une bien plus grande étendue de science et beaucoup moins d'entêtement; il paroît être un pyrrhonien en métaphysique, ce qui, à mon avis, ne sied pas mal à un philosophe (7). » Avoir appris combien ce que l'on sait le mieux est mêlé d'obscurité et d'incertitude, voilà, selon le Père Rapin, le plus grand fruit qu'on puisse retirer de la philosophie (8).

Combien n'est-il pas remarquable que la faveur compromettante dont Gassendi jouissait de ce côté n'entraînât pas de

(1) Descartes à la princesse palatine Élisabeth. Édit. Garnier, n° 7, t. III, p. 207.
(2) Gassendi, *Dubitationes et instantiæ*, dans *Opuscula philosophica*, t. III, p. 276, 2ᵉ col. Lyon, 1658; Bougerel, p. 349; Bouillier, ch. XI, t. I, p. 216 sqq.
(3) Voy. Bouillier, I, 217, 220; Paul Janet, *La philosophie de Molière* (*Revue des Deux Mondes*), 15 mars 1881, p. 352.
(4) Bougerel, p. 114.
(5) P. Mesnard, introduction à Molière, édit. des Grands Écrivains, p. 38.
(6) Camburat, *Abrégé de la vie et du système de Gassendi*; R. Grousset, p. 92.
(7) *Voyage du monde de Descartes*, dans Bouillier, I, 559.
(8) *Œuvres diverses*, 1725, dans Bouillier, *ibid.*

l'autre la défaveur ! Loin de là, plus considéré que Descartes parmi les érudits, il comptait presque autant de disciples ou de partisans que lui parmi les « honnêtes gens » des hautes classes où se recrutaient les libertins. Le Père Bougerel va jusqu'à s'étonner que, dix ans après la mort de son héros, on ait pu professer une autre doctrine que la sienne. « Il est étrange, s'écriait Sorbière, que, depuis qu'on a trouvé l'usage du pain, il y ait des hommes qui aient mangé du gland (1). »

X

Habert de Montmor (mort en 1679), autre admirateur, autre ami, fit plus et mieux que de louer le maître par boutades : il se voulut consacrer à sa gloire. Après lui avoir offert l'hospitalité, après avoir recueilli pieusement son dernier soupir, il fit élever un monument à sa mémoire et imprimer ses œuvres. Conseiller au parlement de Paris, lettré et riche, lié avec ses plus distingués contemporains, il devint un centre d'épicurisme. Chaque semaine, il réunissait les libertins en une sorte d'académie semblable à celles qui pullulaient encore dans ce temps-là (2). Ce fut pour eux, alors, une bonne fortune d'avoir rencontré ce vulgarisateur de la doctrine, sage autant que zélé et par surcroît savant théoricien. Que ne se montrèrent-ils plus dignes de cette heureuse chance ! Ceux-là mêmes d'entre eux qui avaient le cœur fier n'étaient pas des esprits de haute volée. Au lieu de raisonner en philosophes comme Gassendi et même comme Habert, ils se bornaient à énoncer leurs doutes, à poser les questions d'un ton léger, à demi-mot, par sous-entendus. Ils allaient à la liberté par le libertinage moral.

Mais si leurs idées manquaient de profondeur, elles se répandaient sur de vastes surfaces, et il y avait peut-être dans leurs concessions plus de tactique qu'on ne croit. Par

---

(1) Bougerel, p. 456.
(2) Voy. Ch. Giraud (I, cxxxii) qui s'étonne qu'un homme considérable comme Habert n'ait pas une ligne dans les recueils biographiques.

exemple, quand ils reléguaient avec tant de respect apparent dans le domaine religieux la foi à l'immortalité de l'âme, n'était-ce pas avec la secrète ou instinctive espérance d'en avoir plus aisément raison si elle ne reposait plus sur des arguments philosophiques? On se plaisait à raconter, le sourire aux lèvres, l'histoire d'un professeur de philosophie à l'Université de Pise, Hieronimo Borro, fort goûté du grand-duc de Toscane, quoiqu'il fût « un athée parfait ». Il avait dit, un jour, que, au delà de la huitième sphère, il n'y a rien. L'inquisiteur l'obligeant à se rétracter : — On veut, dit-il en chaire le lendemain, que je démente ce que je vous ai affirmé et prouvé. S'il y a quelque chose au-dessus de la huitième sphère, ce ne peut être qu'un plat de macaroni pour M. l'inquisiteur. — Puis il pourvut prudemment à son salut par la fuite (1).

Même hors des rangs libertins, il n'était point rare de rencontrer des idées libertines. Corneille mettait dans la bouche de Sévère la déclaration suivante de scepticisme religieux qui a disparu depuis de son chef-d'œuvre :

> Peut-être qu'après tout ces croyances publiques
> Ne sont qu'inventions de sages politiques
> Pour contenir un peuple ou bien pour l'émouvoir
> Et dessus sa faiblesse affermir son pouvoir (2).

C'est, il est vrai, un païen qui parle de la sorte; mais ce païen est le sage de la tragédie. Polyeucte est un fanatique et Pauline une exaltée. Et notons qu'il n'y a rien, chez le poète, de ces libertins révoltés contre la religion, la scolastique ancienne, la littérature nouvelle de Malherbe, si ce n'est peut-être le goût du beau et le retour à la nature, cet inestimable bienfait de la Renaissance. Le sage par excellence de la pièce n'en est pas moins le sage selon la raison.

Les libertins pensaient comme Sévère. Par ignorance ou frivolité, ils se faisaient indifférents plutôt que croyants à rebours, mauvaise condition pour la propagande : l'indiffé-

---

(1) *Naudæana*, p. 7.
(2) *Polyeucte* (1640). Voy. Ch. Giraud, I, cxxxviii.

rence n'est ni communicative ni contagieuse. « Ils ne sont guères persuadés de ce qu'ils disent, écrit Bayle qui est si loin de leur être hostile. Ils n'ont guères examiné ; ils ont quelques objections ; ils en étourdissent le monde ; ils parlent par un principe de fanfaronnerie, et ils se démentent dans le péril... Cette inconsistance est aussi celle de bien des chrétiens qui oublient après le péril les vœux qu'ils ont faits. *Passato il pericolo, gabbato il santo* (1). » Le critique oublie l'excuse de cet état d'esprit : l'ère des persécutions restait ouverte, et même, on le verra, celle des supplices, circonstance très atténuante pour les défaillances du cœur.

L'effet n'en fut pas moins fâcheux du culte de la nature devenu trop pratique : la faveur publique se détourna bientôt vers d'autres adeptes du scepticisme, vers les cartésiens. Dans le camp de ceux-ci passèrent en nombre les neutres : la similitude de l'arme leur donnait le change sur la différence du but. Tandis que les libertins poursuivaient la destruction de tout obstacle à la satisfaction des désirs naturels, les cartésiens s'attachaient à perfectionner la raison, que beaucoup d'entre eux rêvaient de transformer en auxiliaire de la foi. Les libertins abondaient trop dans le sens de leur principe ; les cartésiens faisaient un métier de dupe, car les théologiens auxquels ils venaient en aide, loin de leur rendre la pareille, s'acharnaient à ruiner la raison, méprisable instrument qui ne donne que la probabilité (2).

Tous ces éléments restèrent longtemps dans le creuset, sans se confondre ni s'absorber. Le triomphe des cartésiens se fit attendre une trentaine d'années encore. C'est cette période qui arrache à La Mothe le Vayer, en 1640, l'exclamation suivante, singulière dans sa bouche de sceptique épicurien : « Jamais le nombre des athées n'a été si grand qu'aujourd'hui (3) ». Pour produire ce déplacement de la force, il fallut que Port-Royal et les Jansénistes, par la plume d'Arnauld, proclamassent Descartes chargé par la

(1) *Dictionnaire*, art. Des Barreaux.
(2) Voy. Ch. Giraud, I, cxl.
(3) Cité par Ch. Aubertin, *L'esprit public au* xviiie *siècle*, 1873, p. 5.

Providence de convertir les esprits à l'âme et à Dieu (1). Descartes a posé la planche de salut où passeront les gens qui ne peuvent commencer par croire (2). Des intelligences ordinaires ne s'apercevront pas du jour au lendemain que le doute spéculatif, après avoir donné raison sur un point, essentiel il est vrai, au libertinage, permet de lui donner tort sur tout le reste.

D'ici là, jusqu'à ce que l'incompatibilité d'humeur amène une rupture et la victoire momentanée de l'un de ces deux alliés, libertins et cartésiens vivront côte à côte. Les cartésiens ne paraîtront même être que des auxiliaires. C'est en ce sens qu'on a pu dire que Descartes et le cartésianisme ont contribué au progrès de l'indifférence et du libertinage (3). Ils ont tenu le rôle de ces gens qui soutiennent et servent d'abord ceux qu'ils sont appelés à supplanter.

Si Gassendi avait eu du génie, la lutte aurait pu être moins inégale ; mais il n'avait que du savoir, de l'éloquence, de l'esprit, de la courtoisie, dons insuffisants pour terrasser un adversaire mieux armé par ses défauts comme par ses qualités. Ce n'est pas en Gassendi, c'est en Descartes que Hegel voit le « héros » qui a rendu à la philosophie son vrai sol, la pensée pour principe, après un écrasement de mille années. « Votre nation, disait à Victor Cousin ce Tudesque obscur mais puissant, a fait assez pour la philosophie en lui donnant Descartes. » Pourtant l'œuvre de Gassendi n'a point été vaine. Il a réuni en un corps de doctrine les idées des libertins. Grâce à lui ils ont leur code. Ils le feuilletteront, pour l'invoquer, pendant la période de faiblesse qui s'appelle dans l'histoire la Régence et la Fronde. Sous réserve d'une prudence désormais acquise, les libertins vont jouir, durant quelques lustres, d'une plus grande liberté de parole, de plume et de mouvements.

(1) Ch. Giraud, I, CLIX.
(2) R. Grousset, p. 90.
(3) Brunetière, *Essais critiques*, 4ᵉ sér., p. 232.

CHAPITRE III

Sous Louis XIV. — La jeunesse.

I

GENS DE COUR ET GENS DU MONDE.

Jugements portés sur la seconde moitié du siècle. — Causes des partis pris. — Relâchement général sous la Régence et la Fronde — Licence des mœurs dans tout le siècle. — Rôle des libertins dans la société de ce temps. — Les salons. — État des esprits. — Les grands seigneurs libertins. — Au pied du trône : Mademoiselle. — Monsieur et ses favoris. — Le grand Condé et ses familiers. — Isaac de La Peyrère. — Anne de Gonzague. — Les seigneurs de la Fronde. — Lavardin, évêque du Mans. — Le chevalier de Roquelaure. — Bussy-Rabutin et son groupe. — L'aventure de Roissy. — Les scandales de la cour. — La province et les petites gens. — Les gens de finance et les parlementaires. — Les salons interlopes : Ninon de l'Enclos. — Ses amis. — Ses idées. — Les femmes chez elle. — Irréligion persistante. — Sa mort. — Les gens de cour écrivains. Racan. — Bussy-Rabutin. — Retz. — La Rochefoucauld. — Saint-Évremond.

I

Il est peu de personnes pour qui le xviiᵉ siècle presque entier ne soit dans le règne de Louis XIV et même dans cette partie du règne où Louis XIV tout-puissant est dans la gloire de sa maturité. C'est pourtant sous son père qu'ont paru Descartes et Corneille ; c'est sous l'orageuse régence de sa mère que nous voyons Retz, La Rochefoucauld, Saint-Évremond, Pascal. Mais tout ce qui est beau, tout ce qui est grand se ramène à cette partie du siècle privilégiée de l'opinion, et l'on en élimine sans parti pris, comme d'instinct, tout ce qui est laid, petit et bas. Nous avons entendu ces mots sortir d'une bouche dans laquelle ils nous ont semblé bien étranges : « Le xviiᵉ siècle, le plus vertueux de tous les siècles ».

Tel n'était pas, à coup sûr, le sentiment des contemporains. Sans doute les contemporains sont des juges suspects : ils voient de trop près les hideurs. Mais leur témoignage a du poids quand ils allèguent des faits à l'appui de leurs déclamations et de leurs invectives; il prouve du moins qu'être vu de loin n'est inutile ni aux *eldorados* ni aux paradis. On ne saurait donc le négliger, surtout ici où nous avons à défendre une partie des sujets du grand roi contre la partialité choquante qui met, depuis deux cents ans, tout le mal à leur compte, tout le bien au compte de ceux qui furent leurs adversaires. Le siècle a déjà parcouru la moitié de sa course, il en est arrivé aux beaux jours qu'on célèbre, quand l'honnête Mme des Houlières écrit ces deux vers :

> Oui, puisque vous louez l'horreur que je fais voir
> Des vices où le siècle abonde (1);

quand Guy Patin l'appelle « bien ridicule et bien ignorant (2), pervers, extravagant, fantasque, où l'on ne voit plus de règle nulle part (3). » — « Le siècle de Juvénal et de Domitien valoit mieux que le nôtre (4). Nous sommes arrivés à la lie des siècles (5) ». Devant les *deliria morientis seculi* (6), cet hypocondriaque prévoit prochaine la fin du monde (7). Propos vagues, dira-t-on, dignes d'un sermonnaire plus que d'un médecin? Le médecin sait bien des choses. Si le secret professionnel lui ferme souvent la bouche, il ne s'en épanche que plus volontiers sur ce qu'il tient d'autre source, il écrit à ses correspondants que dans ce Paris, « vraie retraite de larrons, d'imposteurs, de coupeurs de bourse, de prêcheurs et faux prophètes (8), de fripons, de voleurs, de faux monnoyeurs (9), les vicaires généraux sont allés se plaindre au

---

(1) A M. Turgot de Saint-Clair. Œuvres de Mme et Mlle des Houlières, 1754, t. I. p. 167.
(2) L. 337, 24 sept. 1656. II, 435.
(3) L. 492, 25 nov. 1659. III, 162.
(4) L. 714, 18 juin 1666. III, 602.
(5) L. 643, 26 sept. 1664. III, 484.
(6) L. 356, 17 mars 1664. II, 497.
(7) L. 518, 16 juin 1660. III, 220.
(8) L. 412, 21 oct. 1653. III, 15.
(9) L. 520, 2 juillet 1660. III, 228.

premier président Lamoignon que, depuis un an, plus de six cents femmes se sont confessées d'avoir tué et étouffé leur fruit (1) ». Voilà, pour le coup, un fait, non un propos de pessimiste aigri. Et notez qu'alors les gazettes ne parlaient point. En tout cas, il n'y a pas lieu de rappeler le vieil adage : *testis unus, testis nullus*. Mme des Houlières et Guy Patin, cela fait déjà deux. Nous renvoyons en outre aux comédies de Dancourt, aux lettres de la princesse Palatine, aux sermons de Massillon, aux rapports du lieutenant de police d'Argenson, si pleins d'anecdotes, et, d'une manière générale, aux correspondances, aux *Mémoires*, aux pamphlets (2).

Nier à outrance n'est plus possible dans notre temps de publicité aveuglante. Il faut en venir aux concessions, et l'on y vient. Pour sauver la seconde moitié du xvii° siècle, Charles Giraud incrimine vertement la première, dont la licence, dit-il, ne le cède guère à celle du xviii° (3). Hippolyte Rigault, lui, ne distingue point entre les deux moitiés; pour discret qu'il soit, il lui échappe de dire : « Le grand siècle n'est pas toujours beau à voir de près (4) ». Une étude poussée à fond conduit l'éditeur consciencieux de Bussy-Rabutin à exhaler son indignation dans une note qui doit trouver sa place ici : « A y regarder de près, tous ces héros de la cour de Louis XIV méritent quelque peu les galères. Cependant l'on prétend que nous sommes dans une époque de décadence morale (5) ! » Le mot qui revient sans cesse aux lèvres, c'est qu'il faut y regarder de près, et c'est justement ce qu'on ne veut pas faire.

Ce parti pris, cette partialité optimiste viennent du point de vue pédagogique où l'éducation de la jeunesse nous conduit à nous placer. Voulant former les cœurs et les

---

(1) L. 519, 22 juin 1660. III, 220.
(2) Voy. Brunetière, *La formation de l'idée de progrès* (*Revue des Deux Mondes*, 15 oct. 1892, p. 893) qui renvoie à ces autorités et cite (p. 897 plusieurs exemples de dissolution morale parmi les femmes en renom.
(3) *Œuvres mêlées de Saint-Évremond*, t. I, p. cxxvi.
(4) *Œuvres complètes*, 1859, t. III, p. 11.
(5) Aug. Poitevin, note à la page 152 du t. I de l'*Hist. amoureuse des Gaules*.

esprits, tâche sacrée, nous enfermons nos enfants dans l'étude des plus beaux modèles que fournissent notre langue et notre littérature, nous ne leur montrons du xvııᵉ siècle que tout ce qu'il a de pur, de beau, d'admirable, moisson si riche que nous pouvons négliger le reste, sans qu'on tienne jamais pour pauvre et stérile la matière de nos études. Ainsi procédaient les amis de Pascal après sa mort, lorsqu'ils élaguaient et même corrigeaient les *Pensées*, pour qu'il n'y subsistât rien qui ne fût propre à l'édification des âmes. Ainsi encore Voltaire, ne disant du règne de Louis XIV que le bien, pour faire rougir Louis XV et les serviles instruments de ses moindres velléités.

Mais aujourd'hui que les documents abondent, que le respect de la vérité historique fait loi, que la publicité n'a plus ni pudeurs militantes ni calculs sans scrupules, comment admettre encore que tout fût pour le mieux, alors, dans le meilleur des siècles possibles? On ne nie donc plus; on se borne à glisser sur les énormités. Est-on contraint d'en parler, on en parle avec une légèreté de talon rouge : simples péchés véniels. A voiler les nudités paternelles nous sommes aidés par l'éloignement dans le temps et l'espace : les vices de Socrate ou de Condé ne nous choquent pas comme ceux de nos contemporains. Soit. Restons muets le plus souvent, surtout dans les écoles. Mais souvenons-nous que le plus splendide tableau a ses laideurs. Les rapports académiques sur les prix de vertu ne sont pas un guide plus sûr, pour connaître une société, que la *Gazette des Tribunaux*.

Toute médaille a deux faces. Trouverait-on un numismate pour n'en étudier qu'une? Les mauvaises mœurs et le libertinage sont au revers de celle que nous proposons à l'admiration publique. Nous n'y insistons pas, dans l'enseignement par respect pour le jeune âge, hors de l'enseignement parce que nos plus grands auteurs nous ont donné l'exemple. Le peu de place que les libertins tiennent dans l'œuvre de Bossuet, de Bourdaloue et des autres, où le protestantisme en occupe une si grande, s'explique par le peu de danger qu'ils semblaient faire courir à la religion établie : ils indignent, ils n'inquiètent point. Une pareille quiétude surprend chez l' « aigle de Meaux »; mais l'aigle même ne voit pas tout. Il n'a pas eu l'œil plus perçant quand il jugeait les Églises protestantes vouées par leurs variations à périr. La marée insensiblement montante lui échappe ou peu s'en faut; il ne sent pas que si, dans l'accalmie, les idées malsonnantes ne se font plus entendre qu'en sourdine, c'est que les mécréants, comme jadis Marot, « craignoient d'être brûlés en leur présence ». Il ne s'est pas remémoré le mot célèbre de Cicéron : *Quum tacent, clamant.* Saint-Évremond, pour frivole et mondain qu'il soit, a mieux senti le péril que courait l'Église aveuglée : « On brûle, écrit-il un homme assez malheureux pour ne pas croire en Dieu, et cependant on demande publiquement dans les écoles s'il y en a un (1). »

II

Rarement, sous la minorité d'un roi, ceux qui gouvernent en son nom peuvent compter sur le calme, s'assurer la force et l'autorité. Il est bien curieux que le mot outrageant de « vache » ait été dit des deux régentes de ce temps, Marie de Médicis et Anne d'Autriche (2). Sous des mains débiles devait reparaître à la surface l'esprit d'émancipation politique contraint par Richelieu à se terrer, et prendre plus d'essor l'esprit de licence morale qu'il tolérait. On sortait d'étouffer, on respirait à pleins poumons. La reine était si bonne ! Les ministres étaient si faibles ! Les clercs, maîtres uniques de la jeune génération, ne lui avaient point enseigné le respect. Les jésuites du collège de Clermont ont donné à la société parisienne Des Barreaux, Saint-Ibal, Saint-Évremond, ceux du collège de La Flèche Théophile et Descartes. C'est un genre de succès qui ne leur fera jamais défaut : à la veille

---

(1) *Jugement sur les sciences où peut s'appliquer un honnête homme* (Œuvres mêlées, t. I, p. 57).

(2) « Une vache qui fit un veau », avait-on dit de la première ; « la régence d'une vache », dit-on de la seconde. Ces deux insolents propos ont été attribués à Mlle du Tillet.

de notre grande Révolution ils réchaufferont dans leur sein pieux les pires serpents : Voltaire, Camille Desmoulins, Robespierre.

Les hommes de la Régence, nous dit La Fare qui les a connus dans sa jeunesse, « étoient la plupart d'une ambition qui se montroit à leur première vue, ardens à entrer dans les intrigues, artificieux dans leurs discours, et tout cela avec de l'esprit et du courage (1) ». — Il n'est rien ni personne qui soit à l'abri de leurs attaques. Le cardinal italien est un objet de mépris, comme le cardinal français a été un objet de haine. Envers l'Église, on s'affranchit des convenances imposées par la piété officielle. En littérature, le culte du beau disparaît devant le goût du burlesque ; l'*Énéide* a-t-on dit, n'inspirait désormais pas plus de dévotion que l'Évangile (2). Sous la Régence

> Une politique indulgente
> De notre nature innocente
> Favorisoit tous les désirs.
> Tout goût paroissoit légitime.
> La douce erreur ne s'appeloit point crime,
> Les vices délicats se nommoient des plaisirs (3).

De la licence des mœurs on a injustement rendu Anne d'Autriche responsable. Assurément elle ne donnait pas de bons exemples. Son bigotisme espagnol n'empêche de l'accuser ni La Rochefoucauld, ni Brienne, ni La Fare, ni Mlle de Montpensier, ni même Mme de Motteville qui parle d'elle avec tant de respectueuse affection (4). Voiture, en ses vers, osait lui rappeler sinon Mazarin, du moins Buckingham, sans qu'elle en parût seulement offensée. Le silence gardé sur son cardinal n'est point à la décharge de la reine. Nous savons aujourd'hui, grâce aux travaux de Chéruel, que leur liaison ne peut être niée. Mais l'humanité ne varie guère.

---

(1) *Mémoires*, ch. II. Coll. Petitot, 2e série, t. LXV, p. 144.
(2) R. Grousset, p. 100.
(3) Saint-Évremond à Mlle de l'Enclos sur les années de la régence d'Anne d'Autriche, 1674 (*Œuvres mêlées*, II, 539).
(4) Voy. La Fare, *loc. cit.*, p. 143. Cf. Rœderer, *Mémoire pour servir à l'histoire de la société polie en France* (*Œuvres*, t. II, p. 413, 1853).

Chroniqueurs, moralistes, sermonnaires, pamphlétaires montrent à l'envi que dans « le plus vertueux des siècles », les sujets de Louis XIV sont bien les fils de ceux de Louis XIII et les pères de ceux de Louis XV. C'est en 1660 que Boileau publiait sa *Satire contre les femmes*, et, dès l'année précédente, La Rochefoucauld écrivait : « Il y a peu d'honnêtes femmes qui ne soient lasses de leur métier... On ne compte guère leur première galanterie que lorsqu'elles en ont une seconde (1). » Humeur chagrine, direz-vous? La Bruyère ne parlera pas autrement vingt ans plus tard.

Quel parti pris forcené ne faut-il pas pour passer l'éponge, comme on le fait, sur tant de scandales! A cet égard, les croyants ne le cèdent en rien aux incrédules. Le roi, Mazarin, ses nièces, leurs maris sont des modèles qu'on imite. Si la cour apprend l'italien, c'est pour lire Boccace et Poggio, non encore traduits. Quand La Fontaine aura rendu cette étude inutile, elle perdra tout son prix et le Boccace français fera fureur jusqu'auprès des hommes d'Église et des plus honnêtes femmes. Mme de Sévigné, qui n'a pas besoin de ce poétique truchement, rit à gorge déployée aux plus scabreux passages des originaux et de l'imitateur. C'est son fils qui lui donne lecture des énormités de Rabelais.

Il y a pis. Les plus répugnantes mœurs ne répugnent point. On n'en parle que pour en rire. Celles de Monsieur n'étaient pour personne un mystère. Louis XIV n'avait guère moins de ménagements et de considération pour les indignes favoris de son frère que son frère lui-même. Cette perversité ne présente rien d'exceptionnel : tout le siècle en est infecté. Le prince Eugène avait, de ce chef, une réputation détestable. Un prince de Conti (1664-1709), celui qui fut élu roi de Pologne, mourra de ses débauches contre nature, dont il trouvait l'excuse dans sa piété fervente (2).

---

(1) *Maximes*, 367 et 410. Éd. des Grands Écrivains, t. I, p. 173, 209.
(2) Voy. Saint-Simon, IV, 312, ann. 1709; *Correspondance de Madame* 11 août 1717, 30 oct. 1720. Éd. Brunet, I, 282; II, 308.

C'est sous le règne de Mme de Maintenon que Bussy parle des amours à l'italienne : « La facilité des femmes, dit-il, les avoit rendues si méprisables à la jeunesse, qu'on ne savoit presque plus, à la cour, ce que c'étoit que de les regarder (1). » Bourdaloue, du haut de la chaire, conseillait fort au roi d'exterminer de sa cour ce vice que l'Église défend de nommer (2). Louis XIV inclinait à la répression ; Louvois l'en détourna pour sauver ses amis : « Cela vaut mieux, disait-il, pour le service de Sa Majesté que s'ils aimoient les femmes (3) ». Et Rœderer, qui rapporte ce propos, ajoute : « Si l'on avait voulu punir ce vice, il aurait fallu commencer par le collège des Jésuites (4) ».

Nous abrégeons par respect pour le lecteur. Mais on a tant vociféré contre les mœurs des libertins, qu'il convenait de rappeler que celles des croyants ne valaient pas mieux et même valaient moins, puisque méconnaître les indications de la nature n'était pas chez ceux ceux-ci, comme chez ceux-là, une exception. Nous pourrons maintenant parler des désordres reprochés aux mécréants, sans avoir besoin de répéter à tout instant qu'ils ne les constituent point dans un état d'infériorité. Durant les cinq années de la Régence et les six des deux Frondes, les mœurs ne sont ni meilleures ni pires que durant la période tant glorifiée du grand règne. La caractéristique de ces temps agités, c'est l'**indépendance de l'esprit.**

III

Mazarin s'est trompé en croyant qu'il n'y avait là qu'un feu de paille. Un feu intermittent, couvert par moments sous la cendre, à la bonne heure, car, les circonstances aidant, il se rallumera. Ridicule à certains égards, odieuse à d'autres, la Fronde, si elle n'a pas fait avancer le drapeau

---

(1) *La France italianisée*, éd. Poitevin.
(2) *Journal de Dangeau*, éd. de 1854, t. I, p. 88.
(3) Mémoires de la Palatine publiés sous son nom par un homme très versé dans les détails de la cour. Citation de Rœderer, *loc. cit.*, p. 355.
(4) *Ibid.*, p. 356.

de la libre pensée, l'a maintenu déployé, sans creuser plus large ou plus profond l'abîme de l'immoralité, peut-être même en le diminuant. S'il est banal, en effet, de dire que l'oisiveté est la mère de tous les vices, il est vrai de tout temps que, sous un maître absolu, les passions basses, dans le silence humiliant et l'inaction obligée des autres, ont leurs coudées franches. Contrairement au sentiment de Pline le Jeune, mieux vaut encore faire des riens que de ne rien faire.

Partout, sous la Régence et la Fronde, l'esprit, délivré du bâillon et des entraves, reprend son élasticité, nulle part plus à l'aise que dans les salons et les cabarets. Richelieu régnant, Marion de l'Orme, nous l'avons vu, s'était fait le centre d'une société brillante. En 1635, la marquise de Rambouillet avait déjà réuni dans sa chambre bleue, ouverte du vivant de Henri IV, les éléments polis d'une cour grossière, et le ministre avisé de Louis XIII entreprenait d'absorber cette puissance nouvelle. Sous la minorité de Louis XIV, les salons deviennent comme une des institutions de la France. Après la Fronde, quand commence à pâlir l'étoile de Rambouillet, se lèvent celles, au Luxembourg, de Mademoiselle, à la place Royale, de Mme de Sablé, puis de sa fille, la marquise de Laval-Boisdauphin. Là se maintient la politesse introduite par la belle Arthénice, par Mlle de Scudéry, par Honoré d'Urfé.

Chacun de ces salons a ses habitués, mais ouvre sa porte aux visiteurs d'occasion. Jusqu'au mariage du roi, les princes eux-mêmes allaient chez les particuliers riches qui avaient renom d'esprit. Ils y coudoyaient, avec des ducs et pairs, de moindres nobles, des ecclésiastiques, des parlementaires, des gens de lettres, minces bourgeois, tous, d'ailleurs, gardant leur rang, observant les distances. Tel est pour les écrivains qui n'étaient pas nés, et peut-être aussi pour les autres, le point de départ de leur marche lente vers le succès. Rappelons-nous que la publicité était restreinte comme chez les anciens; qu'on attendait parfois dix ans, avec patience du reste, l'apparition d'un ouvrage annoncé;

qu'il ne paraissait souvent, ce fut le cas de Boileau, — que par pièces détachées, un éditeur et des lecteurs étant introuvables pour une œuvre de quelque étendue. La publicité des salons, insuffisante pour l'intérêt pécuniaire des auteurs, flattait du moins leur amour-propre, et peu à peu les besoins littéraires de ce public mêlé, mais choisi, devenaient plus exigeants. « N'est-il pas honteux, s'écrie Nicolas Faret, de laisser traîner la connoissance des bonnes lettres dans les écoles de l'Université, entre les procès et les rumeurs du Palais et parmi les contestations où les médecins s'exercent sur la vie des hommes (1) ? »

Faret n'a pas tort. Le progrès accompli par les salons ne fut pas tout ce qu'il aurait pu être. Les plaisirs de la table y dominent, et ceux d'une conversation frivole. Les gens de bonne compagnie, qui avaient horreur de la vulgarité, se permettaient entre eux ce qu'ils condamnaient chez le commun des hommes. Le mot vif, le mot cru, qui détournait des pensées sérieuses, n'effarouchait personne : les femmes l'entendaient sans rougir, le risquaient sans broncher. Point de circonlocutions pour parler de leur gorge, de leur jambe, de leur cuisse. — On ne peut avoir la jambe ni la cuisse mieux faite que je l'ai, — dit le plus simplement du monde Mme de Châtillon. Et il y en avait, même beaucoup, de plus indiscrètes (2), sans qu'elles en parussent, quand elles n'avaient pas rang parmi les esprits forts, moins cartésiennes ou moins chrétiennes.

Dans les salons, leur domaine, seul théâtre avec les cabarets ouvert aux discussions libres, comme on se montrait chatouilleux sur l'article de la religion, qui voulait y être accueilli ou n'en pas être exclu devait mettre une sourdine à sa voix : le bruit de témérités mal vues pouvait être dangereux même à entendre. L'ère des supplices, nous l'avons dit, n'était pas close. Sous Mazarin, pour des chansons

---

(1) *L'honnête homme ou l'art de plaire à la Court*, éd. de 1634, p. 48. Citation de P.-A. Brun, dans la *Revue de l'enseignement secondaire*, etc., 13 déc. 1894, n° 24.

(2) Voy. Ch. Giraud (I, cxxxv), qui a sur les salons de la Fronde d'excellentes pages.

impies, on voyait pendre et brûler Claude Petit (1). Boileau parle du fait sans en paraître indigné, ni même étonné (2). Un sieur d'Ambreville fut également brûlé, et, par surcroît de rigueur, brûlé vif, pour propos peu orthodoxes; sa sœur fut enfermée à l'Hôpital général (3). Le public, comme Boileau, restait indifférent. Ce n'est pas tous les jours qu'on rencontre des Montmorency pour protéger les Théophile. Les mille intrigues de la politique détournaient l'attention; les explosions du fanatisme religieux, bien vues à la cour, démontraient inutile tout effort de générosité.

Mais il suffit quelquefois, comme l'a dit La Boétie en généralisant trop, de ne pas soutenir l'oppresseur pour qu'il tombe, ou du moins pour qu'il ne puisse s'entêter dans son système. « Il fallut se borner à l'autorité de l'esprit pour avoir raison des licences de l'esprit (4). » Les coudées franches dont les libertins jouissaient sous Richelieu pour le dévergondage de leur vie, ils les acquirent, sous Mazarin, dans une certaine mesure, pour l'expression de leur pensée. Le pouvoir affaibli a sur les bras d'autres affaires. Un des écrivains qui ont le mieux parlé de ce temps nous montre les collégiales peuplées de disciples d'Épicure, très bien payés pour réciter très mal leur bréviaire, les couvents pleins de muses déguisées en nonnes, la sœur de Mme de Motteville prenant, aux carmélites de Chaillot, le nom de Sœur Socratine, et il rappelle le mot si connu d'Arnauld, ne voyant dans Mme de Sévigné qu'une « jolie païenne (5) ».

Ces indépendants devenus légion vont-ils profiter des conjonctures nouvelles pour aborder les grands sujets? Et s'ils les abordent, se croiront-ils dispensés de la réserve prudente dont usait Gassendi? Non, choquer trop ouvertement les croyances populaires, c'eût été provoquer le cour-

---

(1) *Mémoires de Jean Rou* (ami de Ch. Petit), 1857; Viollet-le-Duc, *Bibliothèque poétique*; P.-A. Brun, *Cyrano*, p. 55.
(2) *Art poétique*, II, 187.
(3) Dangeau, dans Ch. Giraud, I, cxxviii.
(4) Ch. Giraud, *ibid.*
(5) *Ibid.*, I, ccxxix. Cf. Hipp. Babou, *Les amoureux de Mme de Sévigné*, p. 322 sq.

roux d'une multitude que soulèverait aisément le clergé toujours en éveil. La seule question dogmatique qui continuera d'être agitée, c'est de savoir non pas si l'âme survit au corps, mais si la vieille philosophie fournit quelque preuve à cet égard. Pour l'en avoir déclarée incapable, Pomponace était devenu le point de mire des scolastiques, et l'argument de Descartes leur permettait seul de prendre moins d'intérêt à cette question capitale (1). Encore tout le monde ne voyait-il pas dans le cartésianisme naissant une sorte d'évangile. Les récalcitrants, gassendistes, épicuriens, tièdes mêmes, ne trouvant plus l'immortalité de l'âme établie que par la foi, se détachaient de ce dogme, fondement de toute religion. S'ils ne poussèrent pas plus vivement et plus loin leur pointe incrédule, c'est qu'ils n'avaient pas impunément vécu sous la cloche pneumatique de Richelieu; c'est aussi que, dans la liberté troublée de l'anarchie, des intérêts de toute sorte les tiraillaient en sens divers; c'est enfin que l'agitation de la rue les détournait du recueillement où se plaît la pensée.

En conséquence, pas plus que précédemment, les libertins n'auront des principes fixes et des règles de conduite fermes. Pour mieux dire, ce qu'il y a de solide et de vital en eux y sommeillera tout au fond, ne se manifestant que par de passagers réveils et de fugitives échappées, jusqu'au jour impossible à prévoir où la graine semée au vent, et qui n'a pu être détruite, tombera sur un sol assez remué pour qu'elle y puisse germer.

IV

Toutes les classes auxquelles la culture de l'esprit n'était pas étrangère contribuaient au recrutement de l'armée libertine : gens de cour, grands seigneurs n'ayant rien à craindre de la police ni du clergé, quand ils s'affranchissaient des croyances vulgaires et glorifiaient Machiavel, leur idole;

---

(1) Voy. L. Étienne, p. 51, 54.

gens du monde qui tenaient à honneur de marcher sur les traces de si hauts modèles, alors même qu'ils ne leur étaient pas attachés à titre d'officiers, de gentilshommes, de « domestiques »; parlementaires plus politiques, plus réservés, moins enclins à la licence; philosophes spéculatifs ennemis du bruit; gens de lettres bruyants, fanfarons, terre à terre, pour qui les plaisirs plus ou moins grossiers étaient la seule ou la principale raison de l'épicurisme.

Que les seigneurs de la cour donnassent le ton, c'est de toute évidence, puisque sur la cour se réglait la partie de la population qui comptait pour quelque chose. Qu'ils fussent sceptiques, incrédules, au moins indifférents en matière de religion, c'est ce qu'on pourrait établir à grand renfort de faits et de textes. Tallemant a parlé de cette Mme de Coligny, devenue Mme de La Suze, qui se faisait catholique, son mari étant huguenot, afin, disait la reine Christine de Suède, de ne le point rencontrer en l'autre monde plus qu'en celui-ci. Dans les débauches des esprits forts de haute lignée, dit Retz qui les fréquentait et les connaissait bien, « les chansons de table n'épargnoient pas toujours le bon Dieu. Je ne puis vous exprimer toute la peine que ces folies me donnèrent. Le premier président (Molé) les savoit très-bien relever. Le peuple ne les trouvoit nullement bonnes. Les ecclésiastiques s'en scandalisoient au dernier point. Je ne les pouvois couvrir, je ne les osois excuser, et elles retomboient nécessairement sur les frondeurs... Nous avions intérêt de ne pas étouffer les libelles ni les vaudevilles qui se faisoient contre le cardinal; mais nous n'en avions pas un moindre à supprimer ceux qui se faisoient contre la Reine, et quelquefois même contre la religion et contre l'État. »

Sur ces points importants les parlementaires non libertins prêtaient main-forte aux grands seigneurs qui par politique s'effarouchaient du libertinage. Dans un pamphlet du temps, publié sous ce titre: *Contrat de mariage du Parlement avec la ville de Paris*, se trouve cet article: « Que les athées, les impies, libertins et sacrilèges soient punis exemplairement et exterminés incessamment (1) ».

Mais que faire, si ceux qui donnaient le ton étaient du sang royal, s'ils s'abritaient à l'ombre du trône ? Nous avons vu, par sa lettre à Blot, quels sentiments professait Gaston d'Orléans sous la minorité de son neveu. Sa fille, la grande Mademoiselle (1627-1693), est d'autant mieux connue qu'elle n'a laissé à personne le soin de la faire connaître. Dans ses *Mémoires* éclatent, à travers de petits ridicules, l'amour de la liberté, l'esprit de tolérance pratique, honneur de cette âme généreuse. Elle savait tout entendre. Elle fit, sous son toit, jouer *Tartufe*. Elle craignait peu de se singulariser ; elle le craignit pourtant devant la mort. On n'est pas brave tous les jours ; on ne l'est pas surtout au dernier jour.

Sur Monsieur, frère de Louis XIV (1640-1701), à défaut de plus amples renseignements, écoutons Mme de Motteville : « Il mêloit dans sa vie quelques apparences de dévotion. Il parle de Dieu à la Reine-mère (malade) comme un homme qui auroit été consommé dans une vie d'oraison et de pénitence, et nous admirâmes qu'à son âge il pût si bien parler d'une chose si excellente et qu'il ne connoissoit point encore par une pratique véritable et solide (2). » Sous ces paroles réservées d'une femme qui ne s'exprime guère que par litotes, sachons voir ce qu'il y avait d'indifférence religieuse chez ce jeune prince. Sans doute il marmottait des prières, il s'entourait de confesseurs attitrés, il craignait le diable (3) ; mais il ne craignait guère l'enfer, ce Bourbon dont « le goût n'étoit pas celui des femmes et qui ne s'en cachoit même pas... Ses dons et les fortunes qu'il fit à ceux qu'il avoit pris en fantaisie avoient rendu public avec le plus grand scandale ce goût abominable qui n'avoit point de bornes ni pour le nombre, ni pour le temps (4). » On sait encore par Saint-Simon ce que pensaient de lui ses confesseurs : « Un premier n'avoit pas voulu mourir dans cet emploi ; un second se

---

(1) Ces textes ont été reproduits par Sainte-Beuve, *Lundis*, V, 239, 243.
(2) *Mémoires*, IV, 384.
(3) Saint Simon, II, 211, ann. 1701.
(4) *Id.*, I, 12, ann. 1692, II, 218, ann. 1701.

bornoit à dire qu'il le verroit sans nul déplaisir en prendre un autre (1) ». Libertin, Monsieur l'était donc au pire sens du mot. Dans le sens avouable, philosophique et religieux, si les fervents le veulent enlever au libertinage, on n'aurait garde de le leur disputer.

De ses nombreux favoris nous n'en citerons que deux, les plus célèbres : le comte de Guiche (1637-1673) et le chevalier de Lorraine (1642-1702). Fils unique du maréchal de Grammont et neveu de cet autre Grammont dont Hamilton a écrit les *Mémoires*, Guiche avait accepté l'indigne faveur de son prince, tout en pensant déjà, peut-être, à Madame : en ce genre, pas plus que dans tout autre, le cumul n'était interdit. Ce jeune seigneur avait de qui tenir : son père était aussi mal famé que lui, du moins s'il en faut croire Piron (2). Quant à lui-même, le doute n'est pas possible. Saint-Évremond l'appelle

> Un jeune, un aimable garçon
> À qui Vénus fut rarement propice (3).

Bussy dénonce ses goûts peu naturels (4). Nous voyons dans les *Mémoires de Mademoiselle* qu'il osa donner à son maître, en plein bal, des coups de pied dans le derrière (le mot du texte est plus cru), que « cette familiarité parut assez grande », sauf à Monsieur, « qui trouvoit tout bon de lui », et que Manicamp, un autre drôle de la même tribu, — nous le reverrons, — en fit mille plaisanteries. « Je les eusse, dit Bussy, trouvées fort mauvaises, si j'avois été Monsieur (5). »

Contre Philippe de Lorraine, chevalier de Malte et fils du comte d'Harcourt, pas n'est besoin d'autre accusateur que de Saint-Simon. Lui dont on conteste si souvent la véracité, il est resté, de ce chef, l'autorité incontestée. Il déclare que ce triste sire, suspect à ses yeux d'avoir envoyé d'Italie le

---

(1) Saint-Simon, II, 211, ann. 1701.
(2) *Œuvres badines*, 18.2, p. 171. *La comtesse d'Olonne*, comédie.
(3) *A Ninon*, 1664, n° 104. *Œuvres mêlées*, III, 385.
(4) Poitevin, note à l'*Hist. am. des Gaules*, p. 127.
(5) *Mémoires de Mademoiselle de Montpensier*, éd. Chéruel, 1858, t. III, p. 335.
Cf. Amédée Renée, *les Nièces de Mazarin*, p. 204.

poison dont mourut Madame (1), fut publiquement le maître
du mari toute sa vie, « le mena le bâton haut, sut se mettre
entre le Roi et Monsieur et se faire ménager, pour ne pas
dire craindre de l'un et de l'autre, presque autant distingué
et considéré en crédit du Roi qu'auprès de son frère (2) ».

Rien ne prouve que ces honteux débauchés ne fissent pas,
comme leur prince, étalage de dévotion. Si c'est une excuse,
nous ne la leur refuserons point ; mais nous leur en trouvons une plus valable dans l'intensité d'un mal qui sévissait
partout. Chez nous, on ne le verra que trop dans les pages
qui vont suivre ; chez nos voisins, la princesse Palatine
nous apprend que Guillaume III d'Angleterre avait aussi ses
favoris (3). La rude Allemande flétrit d'une imputation analogue et M⁽ᵐᵉ⁾ de Monaco et cette duchesse d'Orléans, si tou-
chante dans la mort grâce au génie de Bossuet. L'ayant
remplacée au lit de Monsieur, elle ne devait pas pécher à
son égard par excès de bienveillance ; mais on ne la prend
point d'ordinaire en flagrant délit de calomnie (4). Oui sans
doute l'intensité du mal est une excuse pour les personnes
qui en ont eu sous les yeux le spectacle ; du moins elle n'en
est pas une, on en conviendra, pour le siècle complaisamment
idéalisé que le mal a souillé.

V

Pourquoi faut-il que nous ne puissions ici passer sous
silence le grand Condé (1621-1686), « Monsieur le Prince,
le héros », comme ses contemporains aimaient à l'appeler !
Mais si l'on a pu jeter un voile sur ses vices, les nier est
impossible. Qu'il fût du même bord que Monsieur, Guiche
et Lorraine, « c'est un goût et une habitude, dit la Palatine,

---

(1) Saint-Simon, t. II, p. 225, ann. 1701.
(2) Id., I, 12, an. 1692, II, 219, ann. 1701.
(3) 12 oct., 4 nov. 1701, éd. Brunet, I, 55, 58.
(4) 14 oct. 1718, éd. Brunet, II, 15. Mademoiselle, quoique d'une manière
plus vague, porte aussi témoignage contre M⁽ᵐᵉ⁾ de Monaco, qui n'était pas
« une honnête personne ». (Ann. 1670, ch. xv, t. IV, p. 129).

qu'il avoit pris à l'armée (1) ». De bien bonne heure alors et bien vite, car, l'année même de Rocroi, sa première bataille (1643), il souffrait qu'on le plaisantât sur sa turpitude. Comme il descendait le Rhône avec le marquis de La Moussaye, un orage survenant, il improvise en latin macaronique ce couplet :

> Carus amicus Mussæus,
> Ah ! Deus bone, quod tempus !
> Imbre sumus perituri
>   Landeriri.

À quoi La Moussaye répond effrontément :

> Securæ sunt nostræ vitæ,
> Sumus enim Sodomitæ,
> Igne tantum perituri
>   Landeriri (2).

Ne serait-ce là qu'un badinage, qu'une bravade ? Il y avait donc à braver, et tel était sur les deux compagnons le bruit de la cour. Or ce bruit, confirmé, nous l'avons vu, par la princesse Palatine, l'est encore par un témoignage grave, quoique non exempt de passion, celui du comte de Coligny-Saligny (1617-1686). Homme d'honneur, frère d'armes et ami de Condé jusque dans la rébellion, fidèle au point, s'il faut en croire Le Tellier, de refuser la main d'Hortense Mancini (3), il était tombé en disgrâce auprès de son prince, pour avoir, la paix conclue, demandé au roi pardon de la guerre. Traité par Condé avec la violence et la dureté qui s'unissaient dans son caractère à la malice et à l'ingratitude, il a écrit dans ses *Mémoires* les lignes suivantes : « Le bougre qu'il est, et je le maintiens bougre sur les Saints Évangiles que je tiens en ma main, le bougre donc, avéré, fieffé, n'a que deux bonnes qualités, à savoir de l'esprit et

---

(1) Éd. Brunet, I, 241.
(2) *Ibid.*, note.
(3) L'abbé de Choisy déclare tenir le fait de Le Tellier lui-même. Voy. *Mémoires de l'abbé de Choisy*, coll. Petitot, XIII, 205.

du cœur (1) », ce dernier mot, bien entendu, n'ayant d'autre sens que celui de courage.

Qu'on ne crie donc pas à la calomnie. Condé, de même que son siècle, a deux faces. L'une a été mise en pleine lumière, avec quel éclat nous le savons ; l'autre est restée dans la pénombre des Mémoires et des Correspondances. Il en avait pourtant percé quelque chose et même beaucoup trop : on savait le héros moqueur et insolent, entier et vindicatif à l'excès, orgueilleux, avare, mauvais mari par surcroît, qui faisait expier à sa femme la mésalliance que son père avait conclue par cupidité (2). Si Mademoiselle affirme l'avoir « toujours connu tendre pour ce qu'il aime », ce n'est pas sans ajouter, au même endroit, qu'on l'accusait de « n'aimer rien (3) ». L'esprit même, chez lui, n'était pas à l'abri de toute critique : Retz l'accuse de manquer de suite et Bussy de justesse (4).

Qui veut plaider les circonstances atténuantes pourra alléguer le milieu et le temps, couverture commode pour toutes les perversités. On pourra dire, ce qui a plus de portée, que, dans la famille de Condé, « les femmes étoient par trop légères et effrontées, pires que dans les maisons publiques et qu'on devroit enfermer (5) ». Jusque dans le salon de famille on s'affranchissait de toute retenue, et le vainqueur de Rocroi y conservait, de sa personne, des manières fort libres (6). A bien d'autres salons du Marais on pourrait adresser semblable reproche ; mais que la société de Condé ait pu être comparée à celle de Scarron (7), voilà ce qui, pour un proche parent du grand roi et pour le héros du règne, ne saurait être un éloge.

Était-il libertin par croyance ? Un mot de Miossens, capitaine des gardes, chargé en 1650 de l'arrêter, est signifi-

(1) *Mémoires du comte de Coligny-Saligny*, publiés par Monmerqué, 1841, p. 48-50.
(2) Ch. Giraud (I, cxcvi) reconnaît ces défauts.
(3) *Mém.*, loc. cit., II, 100.
(4) *Hist. am. des Gaules*, I, 151.
(5) *Correspondance de Madame*, 3 févr. 1718, éd. Jaeglé, t. II, p. 261.
(6) Voy. Tallemant, IV, 304.
(7) C'est ce qu'a fait Ch. Giraud (I, cdxx).

catif à cet égard : « Il eût été presque en tout estimable, s'il eût eu autant de vertus chrétiennes que de morales (1). » Telle est l'idée qu'on se faisait en général de ses convictions religieuses. Guy Patin, parlant de lui lorsqu'il était malade à Gand, répète le mot qu'il applique à tant de libres esprits : « S'il en meurt, il faudra dire : Belle âme devant Dieu, s'il y croyoit (2) ». En 1649, Mᵐᵉ de Longueville, sa sœur, pour le réconcilier avec le peuple, faisait courir le bruit qu'un chartreux l'avait converti. Il s'en défendit auprès de la reine mère, affirmant, le sourire aux lèvres, qu'il n'était ni frondeur ni dévot (3). Sans lui donner un démenti, Mᵐᵉ de Motteville met à nu, dans un langage charmant, les fluctuations de cette conscience princière : « J'ai lieu de croire qu'il avoit dans l'âme un fondement de vertu qui produisoit en lui, dans les grandes occasions, des retours vers Dieu dont il adoroit la puissance, sans se soumettre comme il devoit à ses commandemens, car j'ai ouï dire à quelqu'un de ses serviteurs, que sur ce chapitre il avoit quelquefois donné des marques particulières d'être susceptible de piété, quoique d'ailleurs on ne le crût pas dévot (4). » Quand donc Bossuet met ces paroles dans sa bouche : « Je n'ai jamais douté des mystères de la religion, quoi qu'on ait dit », et qu'il ajoute : « Chrétiens, vous devez l'en croire, et dans l'état où il est il ne doit plus rien au monde que la vérité (5) », nous ne saurions oublier que l'orateur sacré est dans le domaine peu historique de l'oraison funèbre. En outre, les temps ne sont plus les mêmes : entre 1649 et 1686, Condé a eu plus d'une occasion d'être malade, et, par conséquent, de « faire retour à Dieu ».

Il ne faudrait pourtant pas le tenir, quand il était valide, pour un parangon d'incrédulité. Aux derniers jours de la Fronde, on le voyait baisant la châsse de sainte Geneviève pendant la procession. Le peuple y est pris, il applaudit et

(1) *Mém.* de Mᵐᵉ de Motteville, III, 139.
(2) L. 137, I, 223.
(3) Mᵐᵉ de Motteville, III, 4.
(4) *Ibid.*, IV, 103.
(5) Oraison funèbre de Condé, éd. Gazier, p. 313. L'éditeur avoue en note qu'il ne peut, en dépit de Bossuet, prendre cette assertion au sérieux.

crie : — Ah ! le bon prince ! qu'il est dévot ! — Feinte dévotion ! ajoute Mme de Motteville (1). Assurément ; la politique seule avait dicté cette démonstration. Mais sachons voir au fond du cœur la foi persistante dans l'acte justement qu'on cite d'ordinaire comme la plus grande marque de son incrédulité.

On connaît l'aventure. Condé, l'abbé Bourdelot son médecin, et la princesse Palatine Anne de Gonzague, se trouvant ensemble, étaient convenus de jeter dans le feu un morceau « fort considérable » de la Vraie Croix que M. le Prince avait en sa possession, pour voir s'il brûlerait. Comme il ne brûla point, quoique le feu fût « très embrasé », Bourdelot « en colère leur dit que la vieillesse de ce bois avoit acquis de la dureté, et fut leur chercher en son beau et curieux laboratoire tout ce qu'il crut de plus propre à le bien faire brûler ». Il y échoua. « Cela les frappa tous trois et les étourdit extrêmement (2). » Saint-Simon, parfait croyant, devait voir un « crime » dans cette expérience. Pour la tenter il fallait n'avoir qu'une foi de pacotille, mais enfin n'en pas être totalement dépourvu ; il fallait admettre que ce morceau de bois « considérable », qui se trouvait à Paris, aux mains d'un particulier, dix-sept siècles après la passion du Christ, pouvait vraiment provenir de sa croix, et que, s'il en provenait, il ne pouvait être consumé par le feu. De vrais incrédules, des libres penseurs, n'eussent pas plus tenté l'épreuve qu'examiné si un lambeau de bure ou une goutte de lait mis sous leurs yeux avaient fait partie d'une robe de la sainte Vierge ou découlé du sein virginal qui avait allaité l'enfant Jésus. Voyant un morceau de bois ne pas brûler, ils en auraient cherché une cause physique et naturelle, à supposer qu'ils ne sussent pas, comme une autre princesse Palatine, la mère du futur Régent, qu'il y a un bois de Mésopotamie, dont elle avait, et qui ne brûle point. N'étant pas impie, elle jetait, un jour au feu, devant le jésuite Linières, un morceau de ce bois, lequel devint rouge comme du fer, mais demeura

---

(1) *Mém.*, IV, 13.
(2) Saint-Simon, *Écrits inédits*, t. V. *Notes sur tous les duchés pairies, comtés pairies et duchés vérifiés depuis 1500 jusqu'en 1730.* — 1883, p. 198.

intact. — Si je n'avois pas eu ce bois, dit-elle au bon Père, vous me soutiendriez que c'est un miracle. — Il l'avoua en riant (1). S'assurer qu'un fragment de la Vraie Croix est à l'abri des flammes paraît à Sainte-Beuve tout aussi peu d'un esprit fort que croire à la guérison par la Sainte-Épine (2).

On s'explique donc que la famille et les amis de Condé n'aient jamais désespéré de le ramener dans les voies du salut. Il semble même que, dans l'oraison funèbre d'Anne de Gonzague, Bossuet n'ait pas eu de plus sérieux motifs pour réunir tous les arguments de la foi contre les objections des incrédules que de répondre aux désirs des proches du héros, ardents à l'affermir dans sa voie nouvelle, où il était entré vers 1683. Le libertinage de ses jeunes années était un souvenir qu'on aurait voulu effacer et sur lequel on glissait. L'orateur sacré n'a qu'un mot à ce sujet : « L'heure de Dieu est venue, heure attendue, heure désirée (3) ». Sur un si glorieux triomphe on aurait souhaité plus de développement.

Or si l'on remarque qu'il n'y a chez Condé tendance à se convertir que vers 1683 et qu'il mourut en 1686, dans cet état voisin de l'imbécillité sur lequel encore le grand panégyriste garde un silence de respect, on sera forcé de convenir que les objurgations de son entourage avaient eu peu de prise sur lui. N'ayant point d'ailleurs, en fait de croyances, à revenir d'aussi loin qu'on s'est plu à le supposer, il ne rentra pleinement dans le giron de l'Église qu'à la dernière extrémité. De qui donc, parmi ceux qui l'approchaient, aurait-il pu prendre la foi au sérieux ? De son frère le bossu Conti (1628-1666)? Il le savait violent, méchant, capable, sinon coupable, comme on l'en accusait, d'avoir tué d'un coup de pincette Sarasin, son secrétaire, conseiller et négociateur de son mariage avec une des nièces de Mazarin (4). Il le savait

---
(1) *Corresp. de Madame*, éd. Jaeglé, II, 87.
(2) *Port-Royal*, t. III, liv. III, p. 303.
(3) *Or. fun. de Condé*, éd. Gazier, p. 303. Cf. Saint-Simon : « Les dernières années de M. le Prince le héros furent extrêmement chrétiennes ». (*Écrits inédits*, t. V, p. 194. Nottes, etc.)
(4) Daniel de Cosnac, aumônier de Conti, nie le meurtre, mais donne à son prince tous les torts dans mainte scène violente. Voy. *Mémoires de Cosnac*,

atteint et convaincu, — ce n'était un mystère pour personne, — d'une « passion éperdue » dont sa sœur, Mme de Longueville, était l'objet (1), et de se l'être « mise si avant dans le cœur qu'il ne songeoit qu'à faire des choses extrêmes pour lui en donner les marques (2) ». De cette même sœur (1619-1679)? Ses déportements sont trop connus, n'en déplaise à Victor Cousin, pour qu'il soit nécessaire d'y insister; mais, ce qui l'est moins, c'est qu'il fallut dix longues années pour la décider à se convertir (3). Quant aux amis de Condé, bien accueillis par sa mère, ils l'étaient mal par son père, porté à croire que c'est eux qui le détournaient du droit chemin. Citons dans le nombre ce La Moussaye, hardi de tête et de cœur, dont on a vu plus haut les compromettants aveux (4); puis les deux fils huguenots du maréchal de Châtillon; Toulongeon, frère du maréchal de Guiche et toujours prêt à la débauche, comme à jeter les dés; Léon-Pompée d'Angennes-Pisani, fils unique de la divine Arthénice et « qui n'avoit pas hérité de la dignité des siens ». — Ils feront de mon fils un joueur et un libertin, — disait, aux heures de la folle jeunesse, ce père désolé (5).

Tolérait-il de meilleure grâce un autre de ces familiers dont le grand Condé faisait son bibliothécaire? Le doute est permis, mais le personnage est assez original pour mériter une mention. C'était un gentilhomme bordelais « de la religion », Isaac de La Peyrère (1594-1676), assez dévoué pour suivre son jeune maître dans l'exil. Il était réputé hérétique, moins à cause de sa naissance que pour avoir prétendu trouver au chapitre v de l'Épître aux Romains cette idée qu'il y aurait eu des hommes avant Adam et publié un livre sur les Préadamites (1655). L'idée pourtant souriait à plus d'un. Guy Patin la déclarait « belle », inclinait

---

t. I, et la notice de M. Hippeau sur Sarasin dans les *Mém. de l'Acad. de Caen*, 1855. Cf. Am. Renée, *les Nièces de Mazarin*, p. 110.
(1) Mém. de l'abbé de Choisy, p. 369; Am. Renée, p. 122.
(2) Mém. de Lenet, coll. Petitot, 2e sér., t. LIII; Am. Renée, p. 122.
(3) *Oraisons funèbres de Bossuet*, éd. Jacquinet, p. 262.
(4) Même chap., p. 159.
(5) M. le Prince à Chavigny. Narbonne, 24 juin 1641, dans l'*Hist. des Princes de Condé* par M. le duc d'Aumale, t. III, p. 455-457.

à la croire vraie, et, tout au moins, trouvait « de la gentillesse dans les preuves (1) ». Condé partageait si peu les scrupules orthodoxes des autorités espagnoles dans les Pays-Bas, qu'il faisait mettre en liberté son bibliothécaire, emprisonné au château d'Anvers. Sans doute La Peyrère dut passer par les fourches caudines, désavouer un livre imprimé trois fois et réfuté sept fois en divers pays (2), changer même de religion ; mais Guy Patin dit nettement qu'il n'y a nul inconvénient à désavouer un écrit qui ne se vend plus. Il prétendait en outre que l'auteur n'était passé au catholicisme que parce qu'il mourait de faim, « pour faire fortune et meilleure chère aux dépens de qui il appartiendra ». Ainsi Condé restait inguérissable de cette avarice que ses contemporains lui reprochent. Peut-être avait-il fait pis que de lésiner dans l'abandon de son fidèle serviteur, car ce dernier, poussant jusqu'au bout le « badinage », la « comédie », s'en allait à Rome tendre la main. « Grand faiseur de miracles, débiteur de pardons, à son retour il rapportait une petite abbaye, sans être meilleur chrétien (3). » A l'âge de quatre-vingt-deux ans, il hésitait encore entre tant de religions, si bien que, nous apprend son épitaphe,

Le bonhomme partit et n'en choisit pas une (4).

Assurément, tous les familiers et domestiques de Condé ne ressemblaient pas à ce Gascon ; mais on voit, parmi ceux que son illustre historien ne nomme pas, qu'il en est encore qui ne dépareraient point la collection peu édifiante.

Comme son complice dans l'impie et infructueuse tentative pour brûler un morceau de la Vraie Croix, Anne de Gonzague (1616-1686) n'avait pour se défendre devant la postérité ni Mantinée ni Leuctres. Sans l'éloquence de Bossuet, qui a mis en valeur une conversion tardive, elle ne serait connue que par les scandales de sa vie. Certes, le cas n'était point rare parmi les femmes. Elles pouvaient

(1) L. 270 et 292, 11 mai 1655, 18 nov. 1656. II, 175, 264.
(2) G. Patin, l. 288, 292, 13 sept. et 18 nov. 1656, II, 252, 265.
(3) G. Patin, l. 454, 9 avril 1658, III, 81, 85.
(4) Réveillé-Parise, note à la lettre 292 de G. Patin, II, 263.

s'autoriser des plus aristocratiques exemples, et même d'un exemple royal. Christine de Suède « paroissoit libertine en toutes ses paroles tant sur la religion que sur les choses à quoi la bienséance de son sexe l'obligeoit d'être retenue. Elle juroit le nom de Dieu, et son libertinage s'étoit répandu de son esprit dans ses actions (1). » Avec moins de discrétion que Mme de Motteville, la mère du futur Régent déclare que la Suédoise se livrait à toute sorte de débauches, sans distinguer entre les hommes et les femmes, et, — propos d'Allemande, — qu'elle devait ses vices aux Français de sa cour, notamment au vieux médecin de Condé, Bourdelot, un des trois profanateurs de la Vraie Croix (2). On riait, on blâmait, et, du plus au moins, on imitait.

Les déportements d'Anne de Gonzague firent presque autant de bruit, sans lui enlever l'estime publique. Fille du duc de Nevers et de Mantoue, sœur de la reine de Pologne, elle était d'une beauté rare et, selon l'ambassadeur vénitien Morosini, d'une haute capacité dans les affaires (3); on pourrait ajouter : d'une loyauté parfaite, d'une solidité inébranlable dans ses amitiés. Elle ne déparait ces mérites virils que par trop de goût pour les faveurs, l'argent et l'intrigue. Mêlée aux troubles de son temps, elle passe pour avoir procuré la rupture entre les deux Frondes. Le roi l'aimait peu ; mais la reine lui était bienveillante, et les partis en lutte l'honoraient également (4).

Ses succès mondains l'exposaient à bien des dangers. Elle les affrontait avec une superbe dédaigneuse. Son audacieux roman est connu avec le duc de Guise, archevêque de Reims. Ce prélat s'était épris d'elle après avoir été du dernier bien avec la sœur d'Anne de Gonzague, abbesse d'Avenet, au diocèse même où il faisait la loi. Relevé de ses vœux, il trompe par un faux mariage cette nouvelle

---

(1) *Mém.* de Mme de Motteville, IV, 73.
(2) *Corresp.* de Madame, 10 nov. 1716, éd. Brunet.
(3) Voy. le texte italien dans Chéruel, *Hist. de France pendant la minorité de Louis XIV*, 1879, t. IV, p. 335.
(4) Chéruel, *Ibid.*, p. 336 ; Gazier, *Or. fun.*, p. 185 ; Jacquinet, *Or. fun.*, p. 261.

victime, puis, selon la coutume, il l'abandonne. On la voit alors revêtir des habits d'homme, poursuivre en Franche-Comté, en Flandre, le volage qu'elle s'obstine à nommer son mari, vouloir qu'on la nomme elle-même « Madame de Guise ». Quand sa prétention est devenue insoutenable, elle épouse un petit-fils de Jacques Ier d'Angleterre, comte palatin sur le Rhin, gueux et jaloux (1645). Restée veuve avec trois filles (1663), ramenée dans le monde par la nécessité de les établir, puis à la cour après le mariage de la seconde avec le fils du grand Condé, elle leur devait le bon exemple et elle leur donne le mauvais, oubliant trop que sa dignité de mère aurait dû restreindre sa liberté de veuve (1). Bussy a sur son compte un mot spirituellement cruel : « C'est une place qui change souvent de gouverneur, d'autant qu'il faut être jour et nuit sur les remparts (2). » Anne de Gonzague, c'est le xviiie siècle avant la lettre.

Son libertinage, elle l'avait avoué de bonne heure, lorsqu'elle refusait aux instances de sa famille d'entrer en religion. Plus tard, elle afficha son mépris pour les dogmes du christianisme. « Elle confessa qu'elle avoit tellement perdu les lumières de la foi, que lorsqu'on parloit sérieusement des mystères de la religion, elle avoit peine à retenir ce ris dédaigneux qu'excitent les personnes simples, lorsqu'on leur voit croire les choses impossibles. Et, poursuivoit-elle, c'eût été pour moi le plus grand de tous les miracles que de me faire croire fermement le christianisme (3) ». Voilà ce qui rendit le public regardant pour ces galanteries qu'il passait à Mmes de Longueville, de Chevreuse, de La Suze, d'Olonne, et tant d'autres femmes de haute lignée qui sortaient du lit adultère pour s'agenouiller au pied des autels.

Comme de juste, on accusait d'athéisme la libertine princesse, mais sans aucun fondement. Bossuet en porte

---

(1) Voy. Poitevin, note à la p. 274 du t. I de Bussy, et les notes aux éditions des Oraisons funèbres de Bossuet.
(2) *Carte géographique de la cour*, éd. Poitevin, I, 274.
(3) Bossuet, Or. fun. d'Anne de Gonzague, éd. Gazier, p. 191.

témoignage : « Que lui servoit, s'écrie-t-il, d'avoir conservé la connoissance de la Divinité (1) »? Elle ne la niait donc point, et nous l'en pouvons croire elle-même : « J'étois néanmoins toujours persuadée qu'il y avoit un premier être. Dieu m'avoit fait la grâce de n'en point douter (2). » Mais professer le spiritualisme ne suffisait point alors pour prendre rang parmi les personnes bien famées dont on ne révoquait pas en doute les sentiments religieux.

Des deux conversions de cette pécheresse, la première provint, dit-on, d'un mouvement de vif dépit : elle avait vu lui échapper le poste de surintendante auprès de la nouvelle reine, Marie-Thérèse. Dieu seul pouvait être son refuge après un tel déboire. Pour prendre ce remède héroïque, elle n'eut qu'à suivre le conseil et l'exemple de Mme de Longueville, son amie de tous les temps (vers 1661). Mais il dut lui sembler dur de n'avoir point paru assez dévote à ce Mazarin dont Mme de Motteville signale la réputation déshonorée qu'il avait eue dans sa jeunesse, en Italie, pour le vice italien, et celle qu'on lui faisait en France « de n'avoir pas beaucoup de religion, de ne pas témoigner assez de vénération pour les mystères les plus sacrés, de ne paroître point régler sa sagesse d'après les maximes évangéliques. Il seroit à souhaiter, ajoute l'écrivain, que les dernières années de sa vie, où il avoit fait des actions de vertu, eussent été entièrement réglées sur le désir de son salut (3). »

Malheureusement on se lasse de la retraite, même, à en juger par Anne de Gonzague, au sein de Dieu. Elle retourna à son vomissement. Sa seconde conversion, due à un songe, ne fut plus durable que parce que l'âge en était venu. Encore eut-elle bien de la peine à la rendre complète : pour la confession au prêtre elle attendit une syncope, menace de mort prochaine. Bossuet n'en triomphe pas moins, et peut-être plus

---

(1) Bossuet, Or. fun. d'Anne de Gonzague, éd. Gazier, p. 194.
(2) Écrit d'Anne de Gonzague sur sa conversion. Voy. Or. fun., éd. Jacquinet, p. 312.
(3) *Mémoires*, IV, 239-242.

que de raison. C'est, répétons-le, qu'une telle brebis ramenée
au bercail pouvait servir d'amorce pour y attirer une tête
plus chère, celle de Condé. Rien, d'ailleurs, n'autorise à
croire que cette femme si longtemps égarée n'ait pas été
sincère dans ce dernier retour, puisqu'elle vécut encore
douze ans sans se départir de sa mortification (1).

VI

Derrière les princes aux libres échappées, si compromettantes pour la couronne, un grand nombre de seigneurs, clercs et laïques, prenaient modèle sur eux. Dans le tumulte désordonné de la Fronde, tout entiers aux intrigues politiques et galantes, ils reléguaient au dernier plan les pensées religieuses. L'épicurisme pratique faisait oublier l'épicurisme théorique. Ceux-là seuls auraient droit d'être mentionnés ici qui mêlaient à leurs désordres un grain de libre pensée ; mais l'énumération menacerait d'en être homérique. Plusieurs, du reste, appartiennent à l'âge précédent, non moins qu'au temps de la Fronde. Qu'il suffise de citer un petit nombre de noms, parmi ceux que signalent nos écrivains les plus autorisés.

Quelques-uns d'entre eux se signalent eux-mêmes, notamment Retz et La Rochefoucauld. Nous les retrouverons ailleurs. Peut-être leur plairait-il aujourd'hui de se voir, comme ils vont l'être ici, distraits de leurs pairs par le rang, et rangés sinon parmi leurs pairs de la plume, puisqu'ils n'en ont point, du moins parmi ceux qui, à leur suite, la tiennent de leur mieux. C'est par leurs écrits que sont immortels ces deux grands Frondeurs. Ne leur dérobons rien de leur gloire. Mais au nombre des hommes qui ont vécu comme eux de la vie politique, il en est, en haut et en bas de l'échelle, qu'il faut tenir pour libertins. Tel ce Lionne (1611-1671), lieutenant, puis successeur de Mazarin ; seul capable de le remplacer, au dire du cardinal, et le plus grand mi-

1) Voy. *Or. fun.*, éd. Jacquinet, p. 263 ; éd. Gazier, notice, p. 170.

nistre du règne, au dire de Saint-Simon, qui l'approuvait fort sans doute de substituer à la cautèle la fermeté (1). Passionné pour les plaisirs, quoique pas au même degré que sa femme et sa fille, si dévergondées, il faisait sa société favorite des hommes d'esprit et de talent qui ne croyaient pas plus que lui.

Bien au-dessous de Lionne, le « bonhomme Rose », secrétaire du cabinet, qui avait été à Mazarin et ne mourut qu'en 1701, plus qu'octogénaire. On disait de lui qu'il était « homme de beaucoup d'esprit, fin, adroit, hardi, dangereux au dernier point, plaisant, gai, salé et croyant peu de chose (2) ». Retz parle du marquis de Matha, dont on retrouve le nom partout où il est question des libertins, de MM. de Fontrailles, de Brissac, de Vitry. « Ils étoient, dit-il, demeurés en union avec nous, cruellement débauchés, — c'est le débauché coadjuteur qui le leur reproche ! — et la licence publique leur donnoit encore plus de liberté. Ils s'emportoient tous les jours dans des excès qui alloient jusqu'au scandale. C'est eux qui, voyant venir un enterrement, le chargeoient l'épée à la main, en criant au crucifix : Voilà l'ennemi (3) ! L'éditeur responsable de cette bravade paraît être le Brissac dont parlent Retz et après lui Saint-Simon (4) ; mais rien n'est moins sûr : c'est un de ces mots et de ces actes qui ont fait leur tour de France, prêtés à divers qu'on en réputait capables. A ces acteurs de la scène brutale, le *Journal de Paris*, resté inédit, ajoute Termes, Bachaumont, Vialart, et Mme de Motteville « quelques autres membres du parlement », que la reine éprouvait un vif regret de ne pouvoir châtier (5). Mais elle échouait à faire respecter Dieu, et c'est tout naturel quand « on marquoit fort peu de respect pour les livrées du roi (6) ».

---

(1) Saint-Simon, *Mém.*, III, 53, ann. 1701.
(2) Voy. les articles inédits, extraits des Mémoires de Dangeau, publiés par Lemontey, *Essai sur l'établissement monarchique de Louis XIV*, 1818, p. 133.
(3) *Mém. de Retz*, II, 490.
(4) *Mém. de Saint-Simon*, I, 48 (ann.?) et 414, ann. 1699.
(5) *Mém. de Mme de Motteville*, II, 450.
(6) *Mém. de Retz*, II, 491.

De nombreuses chansons nous ont été conservées : les auteurs y parodient psaumes et cantiques, s'y moquent ouvertement de l'Église (1). On tenait pour « esprits forts du Marais » le comte de Fiesque, fils de la gouvernante de Mademoiselle (2), et le comte de Brancas, chevalier d'honneur d'Anne d'Autriche, « libertin et désordonné » dans sa jeunesse, bientôt « converti et dévot » pour ne pas perdre la faveur de la reine. « Je crois du moins, poursuit Mᵐᵉ de Motteville, qu'il le vouloit être, mais qu'il ne l'étoit pas toujours » ; seulement il avait des repentirs vrais ou simulés, et « les sévères châtimens qu'il se donnoit à lui-même, égaloient par leurs excès celui de ses foiblesses (3) ». On rapportait des propos légers et des plaisanteries lourdes. A ceux qui demandaient ce que les honnêtes gens doivent penser de l'autre monde : — Les bruits qui en courent, répondait le chevalier de Rivière, ne laissent pas d'embarrasser (4). — Le maréchal de Fervaques, accusé par Le Laboureur d'irréligion, comme d'ambition et d'avarice (5), justifiait ce reproche en faisant administrer à une nonne, possédée du malin, certain clystère d'eau bénite (6), lequel, après tout, lui fit peut-être grand bien.

Si ordinaire qu'il fût aux libertins de faire une fin chrétienne, on citait pourtant des exceptions : la maréchale de Guébriant (1659) ; beaucoup plus tard le comte de Grammont (1695) et son spirituel ami l'inévitable Matha, ce petit-neveu de Brantôme dont Hamilton nous a conservé les bons mots et qui voulut mourir sans confession (7). Entre ces deux dates (1671) il faut placer la mort involontairement impénitente d'un prélat, évêque du Mans. Les dévots ne la lui ont point pardonnée, et il faut avouer que sa vie explique dans une certaine mesure leur sévérité. Cette vie

(1) *Mém. de Retz*, II, 491, note 4.
(2) Tallemant, II, 07 ; Retz, I, 212, note 3.
(3) *Mém. de Mᵐᵉ de Motteville*, II, 353.
(4) Comment. à Tallemant, VI, 78.
(5) *Additions aux Mémoires de Michel de Castelnau*, 1659, II, 712.
(6) Tallemant, I, 402, note.
(7) Ch. Giraud, I, cxlix, clii ; P. Morillot, *Scarron*, 1888, p. 89.

est assez caractéristique chez un homme tout ensemble d'Église et du grand monde pour nous arrêter un instant.

Philbert-Emmanuel de Beaumanoir, marquis de Lavardin (1617-1671), était le neveu d'un évêque du Mans qui lui réservait sa succession, quoiqu'il fût d'habitudes peu graves et que le très mal famé Costar, son familier, chanoine d'Angers, eût fait un païen de ce candidat à la mitre (1). L'oncle, fort indifférent, lui aussi, aux questions religieuses, n'en était point refroidi dans ses ambitions collatérales : une haute naissance, le cordon bleu, de l'esprit, pouvaient bien tenir lieu de piété (2). Toutefois, pour lever les objections il fallait, par quelques mois de retraite, faire peau neuve. Il fallait aussi, par conséquent, changer d'entourage. Or tel ami du jeune Lavardin provoquait par ses imprudences une insurrection de manants et pensait être lapidé (3). Par excès de zèle, Balzac, autre familier, mettait aussi des bâtons dans les roues de ce char déjà entravé : avec son emphase habituelle, il vantait l'éloquence « vigoureuse et abondante » de celui qu'il voulait pousser (4).

Appelé à la cour comme prédicateur, Lavardin y voyait échouer complètement cette éloquence (5). Lui évêque! Mazarin n'en voulait point : à l'oncle mort il donna un autre successeur. Mais ledit successeur n'a pas la vie longue, et la campagne recommence (1648). La province du Maine réclame un second Lavardin, « homme des meilleures maisons du pays ». M. Vincent — saint Vincent de Paul, — directeur du Conseil de conscience, joint son opposition à celle du ministre. — La vie de cet ecclésiastique, disait-il, n'est pas dans l'ordre. — Allez! lui disait-il à lui-même, vous avez fait un cours d'athéisme avec votre Costar (6). —

---

(1) Il sera question de Costar à sa place au chap. VI.
(2) C. Renouard, *Essai historique et littéraire sur la ci-devant province du Maine*, 1811, t. II, p. 326.
(3) *Vie de M. Pauquet*, à la suite de la *Vie de M. Costar*, dans Tallemant, et dans Hauréau, *Histoire littéraire du Maine*, nouv. édit., 1871, p. 21.
(4) *Les Œuvres de M. de Balzac, Epistolæ selectæ*, dans Hauréau, p. 31.
(5) Hauréau, p. 32.
(6) Tallemant, V, 157, 162, et Comment., p. 165, 172. Cf. Loret, *La Muse historique*, 22 mai 1660.

Et il lui reprochait encore de l'avoir sous son toit.
— Monsieur, répondait humblement Lavardin, je vous prie d'envoyer chez moi saisir tous mes livres et tous mes papiers ; vous verrez si j'ai noté à la marge aucun passage qui représente l'athéisme, ou s'il y a rien de tel dans ce que je puis avoir écrit. — Il y eut des juges nommés, dont Retz, qui, ayant avec ce prélat en herbe plus d'un point de ressemblance, prit fort ses intérêts. Il rallia ses collègues à son avis, et, moyennant que Costar disparût, le disciple de Costar put enfin être nommé et sacré.

Mais aussitôt reparaît le précepteur d'athéisme. Il est même fait archidiacre de Sablé, ne s'y montre guère, ne quitte plus d'une semelle son jeune chef, et il achève de le gâter par ses adulations. Une autre bonne pièce, ce Pauquet qui avait causé la révolte des manants, reçoit une cure de six cents livres (1). L'évêque, lui, ne démarre de Paris, « pour les affaires du diocèse » : tel est le prétexte qu'on trouve dans les mandements des évêques qui se dispensaient de la résidence (2). De quelles affaires s'occupait-il donc à Paris? Il faisait de l'esprit avec les beaux esprits, étant fort amateur des pointes de Voiture et des galanteries de Saint-Évremond. Il dînait chez le tiers et le quart, il donnait à dîner: tous les vendredis, — notez le choix du jour, — il recevait à sa table Mme de Sévigné avec Mme de Brissac, M. de La Rochefoucauld et Benserade, « qui faisoit la joie de la compagnie (3) ». Imposait-il le maigre à ses convives? On ne saurait le croire, puisque le dîner du vendredi était une habitude. D'ailleurs, de tous les plaisirs il n'en goûtait aucun plus que ceux de la table, tendance de famille, paraît-il :

Lavardines et Lavardins
Aiment remplir leurs boudins
Et mangent par grand gloutonnerie (4).

De mœurs faciles, M. du Mans hantait fort les libertins, parce qu'il pensait comme eux et qu'ils étaient alors mieux

(1) Hauréau, p. 34, 39-42.
(2) Renouard, II, 326.
(3) Lettres de Mme de Sévigné, 11 mars 1671. Cf. 20 février précédent.
(4) Scarron, Œuvres, t. VII, p. 207, dans Hauréau, p. 45.

en cour que les fervents n'eussent voulu. Au milieu d'eux il faisait assez médiocre figure : il avait beaucoup lu, beaucoup appris, mais il employait son érudition aussi mal que son patrimoine ; il se posait en docteur auprès des femmes légères, tenait des propos galants auprès des hommes graves ; il passait parmi les austères pour avoir des mœurs suspectes, et parmi les gens de plaisir pour abuser de la pruderie (1).

Nous ne savons pas si l'accusation d'athéisme était fondée. Du moins cet évêque croyait-il peu à sa religion (2). Il osait dire qu'en conférant le sacrement de l'ordre, jamais il n'avait eu l'intention de faire des prêtres. Plusieurs qui l'étaient de sa main, Mascaron entre autres, alors professeur de rhétorique au collège du Mans, croyaient devoir demander à des mains plus sûres une ordination nouvelle, et Rome devait apaiser ces consciences inquiètes en déclarant l'acte valable, quelle qu'eût été l'intention (3).

Cependant, les affaires du diocèse allaient à la diable. Un rapport au roi (1664), de Charles Colbert, maître des requêtes, montre Lavardin non seulement ne résidant pas, mais encore faisant de très rares visites à ses ouailles, et bien plus pour la forme que pour remédier aux abus et désordres de son clergé. De là une désaffection croissante, sauf chez les gros bonnets à l'affût des bénéfices. Du pasteur aux brebis il y avait encore d'autres sujets d'irritation : soutiens de la cause royale durant la Fronde, les Lavardins gardaient rancune aux parlementaires, aux partisans des princes, de leurs mauvais traitements ; la répression des faubourgs soulevés, conduite par le frère du prélat, avait été fort rude ; de nombreuses exactions provoquaient des plaintes et le dénonciateur offrait de faire la preuve (4). Beau succès pour une famille longtemps maîtresse du pays !

Il faut dire maintenant en quoi consiste cette fin scandaleuse de M du Mans, dont parlent divers auteurs. Comme

---

(1) Tel le voit et le montre M. Hauréau, qui l'a si bien étudié. Voy. p. 47, 48.
(2) Renouard, loc. cit.
(3) Ibid. ; Lehanneur, Mascaron, 1878, p. 12, 15.
(4) Cinq cents Colbert, n° 277, f° 20, dans Tallemant, V, 107, Comment.

il mourut subitement, trois heures après être sorti de table, le bruit courut qu'il aurait été empoisonné par la Brinvilliers (1). Mme de Sévigné ne mentionne même pas cette rumeur. Elle parle d'une fièvre tierce, qui aurait prédisposé le bon vivant à périr victime de sa gourmandise. Le scandale fut que, en ces trois heures d'agonie, le moribond « n'eut pas le temps de penser au ciel (2) », ou plutôt que personne dans l'entourage ne paraît y avoir pensé plus que lui. Réciter des prières sur un corps sans connaissance et qui tient déjà du cadavre, est un soin que ne néglige pas l'Église. Ne se trouvait-il donc, pour le prendre, aucun ecclésiastique parmi les convives ou sous la main? De cette négligence la mémoire de Lavardin a porté la peine. Ses ennemis étaient nombreux. Il en avait jusque dans sa famille, ou du moins y supprima-t-on tout deuil, pour ne pas heurter de front le sentiment public. Sa belle-sœur n'interrompit point ses réceptions à Paris; son neveu, à Vitré, tenait table ouverte, où l'on riait, où l'on chantait. Mme de Sévigné, qui nous en informe, s'en étonne, mais avec cette légèreté d'esprit et de plume qui glisse toujours et n'appuie jamais (3).

VII

Qu'il y eût pis que ce curieux prélat parmi les gens de cour laïques, rien de plus naturel: tous les ecclésiastiques n'ont pas le cynisme d'un Retz. Le plus cynique, le plus bruyant de ces gentilshommes libertins, est alors le chevalier de Roquelaure (mort en 1660). Le maréchal son père, qui avait vu, étant assis à côté de Henri IV, le couteau de Ravaillac se plonger dans ce cœur vaillant, manquait déjà singulièrement de ferveur dans ses croyances: ne reprochait-il pas à un ministre huguenot de détourner leur maître commun du « saut périlleux », et de mettre en balance la

---

(1) Renouard, *loc. cit.*; Hauréau, p. 55.
(2) Mme de Sévigné, 2 août 1671.
(3) Lettre du 9 août 1671.

couronne avec les psaumes de Marot? Le chevalier était, au rapport de Tallemant, « une espèce de fou », et, par surcroît, « le plus grand blasphémateur du royaume ». Ses blasphèmes lui firent connaître à Toulouse la prison, à Malte le fond d'un puits, et il faillit, en mer, être jeté à l'eau, un boulet au pied, par le comte d'Harcourt, chef d'escadre, libertin pourtant comme lui. Un jour qu'il jouait, perdait, jurait et sacrait, un orage éclate, tout le monde tremble d'effroi; lui de s'écrier : — Tonne, mordieu! Tu penses me faire peur? — On le vit dire la messe dans un jeu de paume, baptiser et marier des chiens, faire mille autres impiétés. Son frère aîné ne lui put sauver la vie qu'en évoquant à Paris tel procès qui lui était intenté et dont il attendait l'issue en buvant au cabaret. Mais lui épargner la Bastille était chose impossible : Anne d'Autriche s'était laissé persuader que sa régence ne prospérerait pas si ce sacrilège restait impuni. De la punition la cour murmure : « Les femmes disent tout haut qu'on n'a jamais vu arrêter un homme de condition pour des bagatelles comme cela. Mme de Longueville était de ce nombre. » Nonobstant, un nouveau procès semblait à craindre, et l'on essayait d'alarmer le détenu en lui disant qu'il aurait Dieu pour partie. — Dieu, répondit-il, n'a pas tant d'amis que moi dans le parlement. — S'il ne mourut qu'après une confession en règle, son dernier mot reste de sens équivoque : il exprimait la crainte de ne pas avoir assez de temps pour se bien repentir (1).

Mais qu'importe une fin approuvée, au regard d'une vie qui l'a été si peu! Rappelons le mot déjà cité de Guy Patin : tandis que M. de Liancourt fournirait dix mille jansénistes à une armée d'Italie, et M. de Turenne vingt mille huguenots, M. de Roquelaure amènerait dix mille athées (2). S'il avait fallu, pour entrer dans ce dernier quart du régiment, exhiber ses titres, on eût peut-être été bien empêché de le recruter; mais ceux du capitaine recru-

(1) Tallemant, V, 377-380; G. Patin, L. 104, 22 mars 1648, I, 384; Loret 4 déc. 1660.
(2) L. 603, 17 nov. 1663, III, 410.

teur étaient indiscutables, et aussi ceux d'un de ses lieutenants, ce Romainville que Tallemant appelle « un illustre impie ». Comme Romainville allait passer de vie à trépas, un cordelier vient recevoir sa confession. C'était compter sans Roquelaure, qui faisait bonne garde. Il se saisit d'une arquebuse et couche le moine en joue : — Retirez-vous, mon Père, s'écrie-t-il, ou je vous tue ! Il a vécu en chien, il faut qu'il meure en chien ! — ce qui fit tellement rire le mourant qu'il en guérit (1).

A peine moins bruyant que Roquelaure, Roger de Rabutin, comte de Bussy (1618-1693), est plus célèbre, tout ensemble grâce à Mme de Sévigné, sa sémillante cousine, et à son talent d'écrivain. Ce talent très réel nous incite à le couper en deux, pour ne parler, à cette place, que de l'homme voué aux aventures, réservant l'homme de plume pour le moment où il sera question de ses pareils, les gens de la cour et du monde qui ne craignaient pas que l'encre leur salit les doigts. Jeune, il avait des maîtresses qu'il proclamait tout juste aussi fidèles que la matrone d'Éphèse, que les femmes d'Astolphe et de Joconde, ce qui ne l'empêchait ni de leur rester attaché, ni d'enlever dans le bois de Boulogne, à main armée et avec la complicité de Condé, Mme de Miramion, « la plus fameuse dévote du temps (2) ». Durant des années, il fréquenta tout ce qu'il y avait de fous, de joueurs, de libertins, passant avec eux d'une table de jeu à une partie de débauche (3). Belle société vraiment où l'on voyait des seigneurs déjà nommés et qui vont l'être encore, Guiche, Manicamp, Nevers, auxquels s'adjoignait le duc de Vivonne-Mortemart (1636-1688), frère de Mme de Montespan et premier gentilhomme de la chambre du roi.

Chez d'autres bons compagnons la robe ecclésiastique faisait oublier la roture : l'abbé de Choisy (1644?-1724) dont les aventures étranges défrayaient les conversations ; l'abbé Le Camus, aumônier du roi, homme d'esprit et de belle

---

(1) Tallemant, V, 380.
(2) *Mém. de l'abbé de Choisy*, XLIII, 310.
(3) Voy. Poitevin, *Introd.*, I, 4, 18-21, 47, 43.

tournure, gai, savant, impie autant que libidineux, mais si repentant plus tard qu'Innocent XI, brouillé, il est vrai, avec Louis XIV, consolait du chapeau de cardinal la disgrâce de ce mauvais prêtre (1686) (1). Enfin, l'abbé Foucquet, frère aîné du surintendant et créature de Mazarin, intrigant au premier chef, ambitieux pour les siens, chaud en amitié, fier avec les petits, plat avec les grands, entretenant à sa solde une soixantaine d'espions, gens de sac et de corde qui lui eussent servi à enlever, tuer, saler le coadjuteur, si l'Italien son patron l'eût écouté, ecclésiastique qui « avoit la conduite du monde la plus éloignée de sa profession et s'embarquoit à aimer par gloire plus que par amour (2) ».

A tous Bussy donnait le ton. Sa langue, acérée non moins que sa plume, déversait à profusion le fiel de sa méchanceté spirituelle. Insolent, sauf quand il s'aplatissait à solliciter sa rentrée en grâce, il donnait le signal et le modèle des vilains pamphlets, si bien, comme on l'a remarqué, qu'à la suite des siens on publie les autres (3). Continuant jusque dans la retraite son honnête commerce de médisances et de calomnies, il ne ménageait pas même ses parents et ses amis. On connaît ses insinuations indignes sur la marquise de Sévigné. Il allait jusqu'à laisser entendre que Mme Bossuet entretenait des rapports trop intimes avec son beau-frère M. de Condom (4).

Tel est l'homme, tel est le groupe où nous trouvons les acteurs d'une aventure qui fit, en 1659, beaucoup de bruit. Rendant au pamphlétaire la monnaie de ses pièces trop nombreuses, les mauvaises langues exagérèrent l'éclat par leurs broderies, si bien qu'il dut se donner force mal pour en détourner de lui l'odieux. On était à la fin du carême, dans la semaine où les chrétiens font pénitence en expiation de la mort du Christ. Le duc de Vivonne, pour-

---

(1) Saint-Simon, II, 197, ann. 1701; IV, 59, ann. 1707.
(2) Bussy, *Hist. am.*, p. 138; Saint-Simon, II, 351, ann. 1702; Gourville, *Mémoires*, p. 54; *Lundis*, XIII, 177.
(3) P. Albert, II, 125.
(4) Poitevin, *Introd.*, p. 41.

tant, voulait se divertir. Beau-frère du roi par la main gauche, il pouvait oser beaucoup. Il invite donc Bussy et d'autres camarades à « quitter pour quelque temps les tracas du monde pour venir vaquer avec moins de distraction aux pensées de l'éternité (1) ».

Docile à l'ironique appel, Bussy se rend au château de Roissy, qui appartenait à Mme de Mesmes, belle-mère de l'amphitryon, sur la route de Senlis. Il est accompagné de Guiche, de Manicamp, de l'abbé Le Camus, de Mancini duc de Nevers. — Sauvons-nous ensemble, mes amis, dit-il en continuant l'audacieuse plaisanterie de l'invitation, et comme, pour être agréable à Dieu, il n'est pas nécessaire de pleurer, ni de mourir de faim, rions et faisons bonne chère. — Bonne chère, un vendredi saint ! Ce rapprochement de mots et d'idées met en fuite Nevers et Le Camus. Tous deux, ce jour même, sont rentrés à Paris. On soupe donc sans eux, mais on soupe trois heures durant, avec accompagnement des petits violons du roi et « avec cette gaîté qui accompagne toujours la bonne conscience ». Sans perdre une bouchée, on médit du tiers et du quart, on entonne un cantique fort long, si long que, « pour ne rien oublier, il faudroit pour lui seul faire un volume ». La personne sacrée du monarque n'y était point épargnée. Le premier couplet est bien connu : Louis XIV y est mis en scène avec Mlle de La Vallière :

> Que Prodatus est heureux
> De baiser ce bec amoureux
> Qui d'une oreille à l'autre va,
> Alleluia !

Ce cantique impertinent, Bussy l'appelle « le progrès que chacun commence à faire dans sa dévotion ».

L'histoire de ce vendredi saint parvint vite à Paris et s'y embellit de mille ornements saugrenus : les convives avaient baptisé des grenouilles et un cochon de lait, tué un homme, mangé sa cuisse. Bussy menacé dut supplier la reine d'ordonner une information. « Le métier que j'avois

---

(1) *Mémoires de Bussy*, p. 186.

fait depuis vingt-cinq ans, dit-il, ne m'avoit pas rendu fort délicat sur la dévotion, mais personne n'étoit moins impie que moi. » Il dut, dans une note évidemment atténuée, détailler le récit de l'orgie. On n'avait point fait la débauche. Aux deux repas du vendredi saint on n'avait pas mangé de viande, et, dans l'intervalle de l'un à l'autre, pour tout divertissement on s'était borné à courre un lièvre. Le lendemain samedi, on avait pieusement attendu minuit pour faire *medianoche*. Ce repas n'avait point été, à vrai dire, aussi sobre que les précédents; mais quoique l'on y eût beaucoup bu, on s'était trouvé en état d'ouïr la messe avant de retourner à Paris.

Bussy n'a garde d'ajouter, — et il avait le droit de s'en taire, puisque les mœurs des inculpés n'étaient pas en cause, — qu'étant allé avec Vivonne dans la chambre de Guiche, il le trouvait au lit en compagnie de Manicamp, qui, sans sourciller ni rougir, leur tint ce langage : — Vous voyez, mes amis, que je tâche de profiter des choses que vous dites touchant le mépris du monde. — La réponse de Bussy est quelque peu, quoique bien peu, à sa décharge : — Pour moi, je ne condamne point vos manières; chacun se sauve à sa guise; mais je n'irai point à la béatitude par le chemin que vous tenez (1). — Il se croit blanc comme neige, sans réfléchir qu'en pareille matière la tolérance est déjà une souillure.

Ici, comment ne pas rappeler une fois de plus que de si scabreux détails n'ont point, en ce temps-là, un caractère exceptionnel ni secret? Un pamphlet contemporain représente les jeunes gens de la cour s'obligeant par serment et par écrit signé, — on nous donne la teneur de l'engagement, — à renoncer aux femmes. Sont affiliés à cette confrérie, avec Manicamp, bien entendu, le chevalier de Tilladet, cousin de Louvois, le marquis de Biran duc de Roquelaure, « qui avoit plus d'esprit qu'il n'étoit gros », le duc de Tallart, qui comptait d'honorables services à la guerre, enfin le duc de

---

(1) *Mém. de Bussy*, en note à l'*Hist. am.*, I, 186 ; Mme de Motteville, IV, 146 ; Desnoiresterres, *les Cours galantes*, 1863, II, 6, sqq.

Grammont (1604-1678) qui passait pour le plus grand sodomite du royaume. Notons bien qu'il n'en était pas moins traité partout avec amitié, honneur, déférence, choyé successivement par Richelieu, Gaston d'Orléans, Mazarin, Anne d'Autriche, Louis XIV, sans parler de Condé, chez qui moins d'indulgence aurait eu lieu de surprendre (1). Singularité rare ! ce personnage titré et estimé mourut, en plein règne du grand roi et du grand évêque, dans l'impénitence finale ; témoin cette épigramme :

> Mais puisque mon destin ne se peut reculer,
> Des sacremens, Monsieur, cessez de me parler.
> Qui n'a plus un moment à vivre
> N'a plus rien à dissimuler (2).

Les seigneurs qui s'engageaient aux neuf articles de cette répugnante association sont les mêmes qui, dans les fumées du vin, poussaient les jeunes têtes, sur le pont en bois de l'île Saint-Louis, à jeter par terre le crucifix qui s'élevait au milieu (3).

Ne faut-il voir qu'une cynique fanfaronnade, comme celle de Théophile, dans cet engagement collectif signé, non tenu sous le boisseau ? Il y a quelquefois assez loin de la coupe aux lèvres ; mais il est trop certain, en l'espèce, que les lèvres buvaient à la coupe. L'auteur du pamphlet dit bien, en bon royaliste, que le roi « haïssoit à la mort ces sortes de débauches » ; mais la répression manquait assurément de vigueur. Sa Majesté « réprimanda » ceux qui avaient souscrit le pacte infâme ; Elle « relégua quelques-uns, dont un prince, à Chantilly, fit fouetter un autre prince, mais ne parla de rien à Grammont (4) ». Ce gouvernement, qui sera bientôt dur aux jansénistes et aux protestants, a encore la main faible, même en matière de religion. L'affaire de Roissy, où le respect du culte est méconnu, ne donnait lieu qu'à des

---
(1) Saint-Simon, III, 65, ann. 1704.
(2) Comment. à Tallemant, III, 187. Cf. la France devenue italienne avec les derniers déréglements de la cour, à la suite de Bussy, II, 304.
(3) La France devenue italienne, p. 261.
(4) Ibid., II, 260.

châtiments dérisoires. Vivonne fut exilé au château de sa belle-mère, théâtre de son exploit, et Bussy en Bourgogne ; Le Camus et Mancini, moins coupables à coup sûr, l'un à Meaux, l'autre à Brisach. Brisach, c'était loin ; mais le cardinal ministre tint contre son sang à un surcroît de sévérité, et la cour l'en loua fort. Le reste en fut quitte pour des remontrances (1). L'austérité se faisait admirer dans la chaire chrétienne ; la licence se tolérait partout ailleurs.

Le jeune monarque en donnait l'exemple. Pas n'est besoin de rappeler ces maîtresses qui se succédaient auprès de lui comme en une lanterne magique, ni ces bals de Paris qu'il courait en masque, escorté de princes, de seigneurs, de belles dames déguisés en capucins et en capucines (1658). Les prédicateurs purent, le lendemain, tonner par allusion tout à leur aise : ils obtinrent moins de succès encore que Bossuet et Bourdaloue détournant le maître de l'altière Montespan : ce n'est pas une représentation unique qu'on put voir d'un divertissement si peu digne du trône.

VIII

Et chacun d'emboîter le pas. On allait même d'un pas plus rapide. Le roi se bornait au libertinage des mœurs. Les sujets y joignaient, à tous les degrés de l'échelle, le libertinage de l'esprit. On voyait, en pleine Bretagne, à Rennes, tomber la tête d'une dame de Vignory et de sa fille. La mère était accusée sans preuves d'avoir voulu tuer son gendre, avocat entendu aux affaires. Elle « mouroit en philosophe et sans penser à l'autre vie (2) ». La foule anonyme semble avoir partagé plus qu'on ne le croit ces sentiments. Mᵐᵉ de Motteville nous apprend que les blessés, les mourants du faubourg Saint-Antoine « quasi tous demandoient à manger avec une avidité non pareille ; pas un ne pensoit à son salut (3) ».

(1) Mᵐᵉ de Motteville, IV, 148 ; Poitevin, Introd. à l'*Hist. am.*, p. 34, 35.
(2) Tallemant, VII, 9
(3) *Mém.*, IV, 24.

Les valets croyaient s'élever en copiant ceux qu'ils servaient. Non moins immoraux qu'eux, ils n'avaient pas plus de religion. Le 24 mai 1649, lundi de la Pentecôte, dans l'église de Sannois, près d'Argenteuil, un laquais des familiers de Retz prend des mains du prêtre, au moment de l'élévation, l'hostie consacrée, afin, disait-il, de forcer par là Jésus-Christ à se montrer. Le 11 juin de la même année, dans l'église des Pères de l'Oratoire, un frère convers, valet de robe longue, mais parent proche d'un conseiller au Parlement, se jette, au moment de la consécration, sur l'officiant et le renverse à terre, « pour que l'hostie soit cheue (1) ». Que de tels faits nous soient parvenus en petit nombre, ce n'est pas pour nous étonner : la publicité était alors si restreinte ! Des humbles, d'ailleurs, l'historien ne s'occupait guère plus que jadis, à Rome, des petites choses le préteur.

La bourgeoisie avait plus de tenue, surtout la bourgeoisie parlementaire : les Luillier y étaient relativement rares. Voici en quels termes Mme de Motteville expédie l'oraison funèbre de l'impopulaire surintendant Particelli d'Émeri (mort en 1650) : « Comme il n'avoit pas désiré le ciel, il quitta la terre avec regret et, selon les apparences, avec peu de préparation pour l'établissement de son bonheur éternel (2) ». Des parlementaires déjà nommés comme insulteurs du crucifix rapprochons cet obscur Bourleroy qui, recevant d'une femme le confesseur de sa dernière heure, ne l'acceptait point sans dire que, si elle lui eût envoyé le turban, il l'auroit pris tout aussi bien (3). Il ne semble pas que Patru fût non plus déplacé dans cette galerie. Richelet affirmant qu'il mourut bon chrétien, indique assez que la vie, chez l'illustre avocat, n'avait pas eu précisément ce caractère. Le soupçon à cet égard est confirmé par l'épitaphe suivante, qui est de Maucroix :

> Ci-gît le célèbre Patru
> De qui le mérite a paru

---

(1) *Journal de Paris*, dans Retz, éd. des Grands Écrivains, IX, 511, note 1.
(2) *Mém.*, III, 194.
(3) Tallemant, VII, 492.

> Toujours au-dessus de l'envie,
> Il a sagement discouru,
> Mais peu de la seconde vie,
> Heureux s'il n'a trouvé que ce qu'il en a cru (1).

C'est insuffisant peut-être pour accuser Patru de libertinage. Rien ne prouve qu'il ne s'en soit pas tenu à l'indifférence.

IX

La cour, l'Église, le parlement, le monde, la ville, la rue sont fortement atteints, beaucoup plus qu'on ne l'a dit et même qu'on ne l'a cru, par le libertinage. Dans les cabarets la noblesse s'encanaille ; dans les salons elle se mêle, elle tolère, elle pratique la liberté de la pensée et dans une certaine mesure celle de la parole ; elle ne voit pas dans les libertins des suppôts de Satan ; elle se borne, par goût naissant pour l'élégance et la délicatesse, à retenir sur des lèvres trop souvent avinées les expressions vulgaires et les propos grossiers. Les salons interlopes ne la rebutent point. Pour elle la société des courtisanes avait son charme. La Dalesso, qui vivait encore en 1660, recevait très bonne compagnie. Veuve, « fort bien réglée et fort propre », elle portait le nom d'un de ses entreteneurs, jusqu'au jour où le conseiller de la cour des aides Le Roux condescendait à couvrir du sien le galant trafic. Cette dévergondée avait de l'esprit et disait parfois plaisamment les choses. Au sortir d'une grave maladie où elle avait été à l'extrémité, comme on lui demandait des nouvelles de sa convalescence : — Eh ! dit-elle, le crucifix s'éloigne un peu (2).

Le vrai lieu de ralliement pour les libertins, c'était le salon de Ninon de l'Enclos (1630-1705). La célèbre courtisane avait été nourrie dans les doctrines de l'épicurisme par un père gentilhomme du duc d'Elbeuf et qui comptait parmi les esprits forts du Marais. Des Yveteaux, Saint-Évremond

---

(1) Vie de Maucroix, par Louis Paris, en tête des Œuvres, p. cxci.
(2) Tallemant, VII, 294.

surtout, étaient venus à la rescousse, et jamais ils n'avaient, comme précepteurs bénévoles, manqué de suppléants. Ninon profitait largement de ces leçons données comme au vol. Elle n'était encore âgée que de treize ou quatorze ans, lorsque, écoutant prêcher une Passion et voyant tout le monde en pleurs, elle s'écriait : — De quoi s'avise-t-on? Qu'importe la mort à qui ressuscite? — Sa mère le sut et lui fit laver la tête par un jésuite. Rien n'y fit. Vers ces temps-là elle disait encore à Tallemant voir fort bien que les religions étaient de pures imaginations et qu'il n'y avait rien de vrai à tout cela (1).

Durant sa période de fougue, elle faisait profession de croire tout juste autant que Des Barreaux, ce qui était assez peu dire; elle ne lisait que Montaigne, qui lui apprenait à décider de tout selon sa fantaisie; elle se vantait, au cours d'une maladie où elle avait vu la mort de près, de n'avoir reçu les sacrements que par bienséance (2). Les bienséances? elle était loin de les observer toujours. A l'âge de vingt et un ans elle avait fait esclandre. On connaît l'aventure de ce malencontreux os de poulet jeté par la fenêtre, un jour de carême, et assez maladroit pour s'abattre sur le chef tonsuré d'un prêtre de Saint-Sulpice (1650). Deux ans plus tard, ayant perdu sa mère, elle se retirait bien au couvent; mais Saint-Évremond l'en faisait sortir, persuadé que sa douleur s'épuiserait et que, avec sa douleur, disparaîtrait sa vocation (3). Il n'avait pas tort; quatre ans plus tard Ninon, suspecte, était dénoncée. Si elle ne fut pas enfermée aux Madelonnettes, comme on l'a dit, le bruit courut qu'elle l'était (1657) (4). C'est à ce moment que sa vie s'observe, et, si elle ne se transforme pas, du moins se modifie. C'est à cette date qu'elle vient habiter son logis de la rue des Tournelles où s'écoulera la plus grande et la plus importante partie de sa longue existence.

(1) Tallemant, VI, 1, note 1.
(2) *Id.*, VI, 7.
(3) Diderot, *Encycl.*, art. Épicuréisme; Ch. Giraud, I, ccxxxi, cexcii.
(4) Ch. Giraud (I, ccxxxiii) conteste par d'assez bonnes raisons cet emprisonnement.

Pour ce motif et pour d'autres il faut renoncer à marquer autrement que d'un trait rapide la différence entre les deux salons que la courtisane effervescente ou assagie a successivement tenus. Dans le premier on la nomme Ninon, dans le second mademoiselle de l'Enclos. De la familiarité l'on passe à la considération respectueuse. Tout d'abord, les jeunes seigneurs avaient établi chez elle la « débauche ». Ils y buvaient ferme, tandis qu'elle s'en tenait personnellement à l'eau, ce qui ne l'empêchait pas d'être ivre dès la soupe. Le libertinage, l'épicurisme, l'impiété atteignaient au plus haut degré d'insolence que l'on puisse imaginer (1). Les enseignements de la jeunesse avaient germé au fond de cette âme, et la maturité ne les avait pas ramenés encore à une réserve prudente. Mais la prudence fut précoce, comme l'avait été la libre pensée. Avertie à temps par La Rochefoucauld qu'un certain âge est l'enfer des femmes, Ninon sut se garder de cette géhenne. Elle n'avait que trente et un ans, — l'heure où tant de femmes commencent à se déranger; — elle était encore jeune d'aspect et le devait rester longtemps; mais elle pressentait les voies qu'il faudrait bientôt suivre sous un roi maître absolu et décidé à faire respecter en soi le lieutenant de Dieu (2).

C'est parce qu'elle suit rigoureusement ces voies et qu'elle exige de ses visiteurs qu'ils ne s'en écartent pas non plus, que son salon de la rue des Tournelles s'ouvre, nous dit Saint-Simon, à « tout ce qu'il y avoit de plus élevé à la cour, tellement il étoit à la mode d'être reçu chez elle ». Le chroniqueur nous montre cette brillante et hardie jeunesse mise au pas par la maîtresse du logis : « Jamais ni jeu ni ris élevés, ni disputes, ni propos de religion ou de gouvernement; beaucoup d'esprit et fort orné; des nouvelles anciennes et modernes, des nouvelles de galanterie, et toutefois sans ouvrir la porte à la médisance (3). »

(1) *Remarques journalières et véritables de ce qui s'est passé dans Paris et ailleurs ès années 1648-1657*, ms. de la Bibl. nat., dans le Commentaire à Tallemant, VI, 20.
(2) Tallemant, V, 8.
(3) *Mém.*, III, 207, an. 1705.

Saint-Simon a l'oreille dure ou ceux qui l'ont renseigné l'étaient eux-mêmes assez mal : ils ne devaient pas être admis aux conversations en petit comité, au coin du feu. Si la liberté était moindre que précédemment dans l'échange des idées, ce fut aux réunions ouvertes, peut-on dire, et où l'affluence des admis avait pour conséquence inévitable une moindre intimité. Il est à croire que, même à portes closes et entre amis, on s'abstenait en général de critiquer le gouvernement du roi ; mais on ménageait moins la religion, tant que le bras séculier ne se mettait pas à son service. C'est alors que Mᵐᵉ de Sévigné s'écrie : « Qu'elle est dangereuse, cette Ninon ! Si vous saviez comme elle dogmatise sur la religion, cela vous feroit horreur (1) ». C'est alors qu'elle montre son fils « dans le bel air par-dessus les yeux, point de pâques, point de jubilé, avalant le péché comme de l'eau », parmi des gens qui allaient plus loin encore avec leurs vraies insultes préméditées, leurs étalages insolents d'impudicités et d'impiétés, et leurs semaines saintes consacrées à tous les plaisirs (2). C'est à Ninon que pense Bourdaloue, quand il parle de ces femmes « dont la société fait plus de libertins que les plus contagieuses écoles de ceux qui autrefois ont tenu école de libertinage (3) ». C'est dans le salon de la rue des Tournelles que Diderot, plus tard, croira reconnaître la plus ancienne école d'épicurisme moral (4).

Il est difficile d'admettre que d'un salon à l'autre la société de Ninon ait changé. Tout porte à croire que ceux de ses amis qui vivaient encore après 1657 la suivirent dans son exode, et que cet exode ne fut pas pour elle un prétexte ou une occasion de renouveler son personnel. Nous essayerons d'autant moins une classification impossible, que pour certains on n'est pas fixé sur la date de leur mort ; que d'autres n'eurent accès chez la courtisane apaisée qu'au logis

---

(1) 1ᵉʳ avril 1671.
(2) 17 et 22 avril 1671.
(3) *Œuvres complètes*, 1823, t. V, p. 214. Dominicales, t. I.
(4) *Encycl.*, art. Épicurisme.

plus vaste où elle élargissait son cercle sans faire peau neuve pour ses idées autrement qu'en apparence, et qu'enfin une troisième catégorie de fidèles le sont restés dans les deux parties si inégales en durée de sa longue carrière. Mais nous ne pouvons éviter une énumération qui court le risque d'être fastidieuse. Nous n'aurons pas trop de souci des dates, rien ne nous apprenant à quel moment précis ceux là-mêmes dont nous connaissons la naissance et la mort ont pénétré chez Ninon. Nous tiendrons compte seulement du dessein reconnu qu'elle ne cachait pas d'avoir dans sa maison plus de tenue ou de retenue que par le passé, pour supposer que les jeunes fous et les jeunes folles furent plus nombreux dans le logis qui vit ses folies personnelles que dans celui où elle les supprima résolument.

Au premier rang jusqu'en 1661, heure de son exil, Saint-Évremond, maître préféré des années de jeunesse, Chateaubriand sans rhumatismes d'une Récamier sans préjugés. Autour de ce dieu et de la déesse papillonnaient en si grand nombre les jouvenceaux de la cour, que « la moderne Leontium », comme elle se laissait appeler, passa bientôt pour corrompre leur esprit non moins que leur cœur, et pour être « la reine des esprits forts (1) » : Scarron qui se faisait porter chez elle pour dîner et la proclamait la fille la plus étonnante du siècle, la seule que les hommes pussent aimer sans repentir; le capitaine des gardes Miossens, le spirituel d'Elbène, le poète Charleval, le comte de Guiche, le comte de Choiseul, d'Albret, Gaspard de Châtillon, Dangeau, Gourville, le commandeur de Souvré, le marquis de Vardes avant et après sa disgrâce, les deux Grammont, Lionne neveu du négociateur, Bernier le disciple préféré de Gassendi, Sarasin poète, philosophe, auteur d'une Exposition anonyme de la doctrine d'Épicure, le Lauzun de Mademoiselle, le comte de Vassé que Rouville appelait « Son Impertinence », le marquis de Matha encore et toujours! l'astronome Huygens, Fontenelle, Corbinelli, Coulanges, Regnier des

---

1) Tallemant, VI, 11, note 2.

Marais, Saint-Pavin et son ami Saint-Germain, zélé à pervertir les jeunes gens, impie et débauché (1); La Mesnardière, l'abbé Fraguier, Rémond « le Grec », La Fare, Chaulieu, Courtin, Chapelle que Ninon mit à la porte quand il se fut adonné au vin et qui s'en vengea par des épigrammes, Bachaumont qui trouva grâce devant elle parce qu'il était de meilleure compagnie, Molière qui prisait tant ses avis, le savant abbé Gedoyn son parent, l'abbé de Châteauneuf qui, selon J.-B. Rousseau, inculquait à Voltaire son filleul ses irrévérencieuses doctrines sur la Bible et sur Moïse, l'abbé Dubois, l'abbé Têtu, le grand prieur de Vendôme, Perrot d'Ablancourt le traducteur dont elle a immortalisé en les baptisant les « belles infidèles », La Fontaine, Boileau, Varicarville, gentilhomme du Vexin qui venait à Paris pour la voir, « ne croyoit pas grand chose non plus qu'elle », et avec qui elle s'enfermait « pour tâcher de réduire en articles notre créance (2) ». Un peu tard sans doute parut dans cette société mêlée le marquis de Lassay (1652-1738), qui admettait un être suprême, créateur, maître de tout, mais qui voyait dans les religions œuvre purement humaine et qui ne comprenait pas qu'on refusât aux animaux l'immortalité, puisqu'on l'accordait à notre espèce (3).

Honnête homme autant que pas un de ses amis, dans les deux sens et dans toute la force du terme, Ninon n'avait eu que le tort de borner aux devoirs de son sexe d'emprunt ceux de son sexe réel, et de vouloir vénales les jouissances de l'amour réduit à une inclination passagère des sens. De ce trafic elle avait eu sous les yeux nombre d'illustres exemples qui l'excusaient peut-être, mais ne lui permettaient guère de faire la renchérie. Sa porte s'ouvrait donc à Mmes de Rohan et d'Olonne, aux duchesses de Chevreuse et de Châtillon, pour ne pas nommer les autres, qui s'autorisaient d'Aspasie et de Socrate pour imiter Marion de l'Orme (4).

(1) Mme de Sévigné, 1er avril 1671. On lit dans Saint-Pavin une lettre en stances adressée à ce Saint-Germain.
(2) Tallemant, VI, 9, note 1.
(3) Voy. son ouvrage, *Recueil de différentes choses*, 4 vol., 1756, t. IV, p. 199.
(4) Voy. Diogène de Laërte et Platon (*Ménexène*).

L'immoralité était partout alors chez les femmes, dans le camp des croyantes comme dans celui des incrédules, chez les cartésiennes Longueville, La Fayette, Choisy, comme chez les épicuriennes La Suze, Villedieu, d'Olonne, de Surmont, Anne de Gonzague, toutes, pour employer le joli euphémisme d'un apologiste, « éprouvées par les tempêtes (1) ».

On ne saurait passer sous silence la maréchale de La Ferté. Sans doute elle s'est convertie « entre les mains de bons ouvriers » ; elle ne trouve même « rien de trop chaud ». Mme de Sévigné crie au miracle, mais croit à la sincérité; Ninon se montre étonnée, mais ébranlée (2). Mme de Monaco inspirait moins de confiance à la marquise, ainsi qu'à bien d'autres (3). La cruelle maladie qui la fit « partir de ce monde » avait pu cependant rendre vraisemblable sa contrition; mais point : la contrition reste « équivoque » ; — « la pitié qu'elle a faite n'a jamais pu obliger personne de faire son éloge (4) ». Et Bussy, répondant à ce dernier mot, qui lui est adressé, donne le coup de grâce : « On m'écrit que la maladie dont Mme de Monaco est morte lui a fait faire pénitence et qu'elle est de ces gens de l'Évangile qui sont payés pour la dernière heure comme ceux qui sont venus le matin. Cependant vous me mandez que personne n'a fait son éloge; je ne l'en plains pas davantage. Le bien ou le mal qu'on dit de nous après notre mort nous est bien indifférent (5). » Mme de Sévigné n'est pas en défiance au même degré. S'il faut l'en croire, Mme de Monaco « a eu beaucoup de fermeté. Le Père Bourdaloue dit qu'il y avoit beaucoup de christianisme. Je m'en rapporte (6). » Le doute sur cette contrition semble bien pourtant indéracinable chez la correspondante de Bussy.

Devant ces victimes volontaires ou involontaires de

---

(1) Ch. Giraud, I, cccii.
(2) 15 févr. 1690.
(3) Voy. plus haut p. 158 et note 4.
(4) Mme de Sévigné, 20 juin 1678.
(5) Bussy à Mme de Sévigné, 23 juin 1678.
(6) 27 juin 1678.

l'ouragan, la courtisane garde l'avantage parce qu'elle eut assez d'empire sur elle-même pour suivre le conseil de La Rochefoucauld et se remiser à temps. Aussi les plus honnêtes femmes, à l'égal de celles qui se bornaient à garder le décorum, briguaient-elles l'honneur de pénétrer chez mademoiselle de l'Enclos, comme on l'appelle respectueusement désormais. On y voit Mme de Sévigné, qui avait de si bonnes raisons pour la détester, et avec elle Mme de Coulanges. Elles y coudoient leur amie commune Mme de La Fayette qui plaisait à leur hôte par l'observation stricte des convenances ; Mme Scarron qui la charmait par le même mérite et dont elle faisait, à l'occasion, sa compagne de lit: Mme de Lambert qui prit peut-être exemple sur le salon des Tournelles pour tenir plus tard le sien si renommé. Qu'on ne s'y trompe pas cependant, à côté de ces femmes distinguées et discrètes, s'en voyaient comme par le passé d'autres qui ne brillaient pas précisément par les mêmes qualités, Mme de Choisy par exemple. Nommons encore, sans prétendre leur assigner un rang selon le plus ou moins d'irrégularités à signaler dans leur vie, les maréchales de Castelnau et d'Albret, Mmes de Chompré, de Fiesque, Du Tort, la duchesse de Sully, l'aimable Mme de La Sablière, la jolie et coquette Mme de Courcelle-Marguenat (1651-1685) (1), à qui sa mère, femme du riche Parisien Passant, avait fait entendre tant de messes, dit Tallemant, qu'elle n'en fut guère friande quand elle fut mariée (2). La plupart de ces belles dames, quasi toutes de haute lignée, respiraient avec bonheur, dans ce merveilleux salon des Tournelles, une atmosphère plus respirable que partout ailleurs. Des frivolités spirituelles de la conversation elles passaient aux sujets les plus élevés, nourries qu'elles étaient de Platon, d'Aristote, d'Épicure, de Descartes. Elles les traitaient tantôt avec le sérieux du philosophe, tantôt en badinant à la manière des gens du monde, toujours sans offusquer l'Église. Mme de Sévigné ne

(1) Ne pas la confondre avec une autre Mme de Courcelle, Sidonie de Lenoncourt, de vie si aventureuse que Ninon ne l'eût pas admise chez elle.
(2) Tallemant, V, 390.

pardonne pas aux Jésuites d'avoir fait « défendre aux Pères de l'Oratoire d'enseigner la philosophie de Descartes et par conséquent au sang de circuler (1) ». Déjà trois ans auparavant elle écrivait : « Les femmes courent après M{^{lle}} de l'Enclos comme d'autres gens y couroient autrefois. Le moyen de ne pas haïr la vieillesse après un tel exemple (2) ! » Elle-même y allait moins sans doute depuis que son fils y avait été trop.

Non loin de ce groupe féminin, mais surtout entourée d'hommes, dans un coin, l'on aime à se représenter une bohémienne, une danseuse, rivale des plus belles par les charmes, gênante pour les non honnêtes par son honnêteté incontestée, si elles n'avaient su se faire un front à l'abri de la rougeur. Tallemant nous présente cette belle et séduisante Liance aux grands traits réguliers, aux yeux brillants, aux dents admirables, au teint brun clair, mais volontairement « barbouillé ». Elle amusait la compagnie en dansant, en disant la bonne aventure. On n'avait jamais vu personne qui mangeât si proprement, éloge de ses commensaux d'occasion, dont la connaissance de ce temps fait sentir tout le prix. Aussi avait-elle ses entrées dans les plus illustres maisons, notamment chez M{^{me}} la Princesse, mère de Condé le héros. Anne d'Autriche s'intéressait assez à elle pour la vouloir faire entrer en religion. Mais dès qu'on lui parlait d'oraison, elle esquissait un pas de danse. Libertine au sens le plus honorable, elle imposait le respect de sa personne aux peintres qui se disputaient l'honneur de sa « portraiture », aux poètes qui la poursuivaient de leurs madrigaux, aux petits-maîtres qui fourmillaient autour du vainqueur de Rocroi. Un jour, à l'hôtel de Condé, Benserade avait cru la pouvoir traiter en bohémienne et lui toucher le genou. Elle répondait aussitôt par un grand coup de poing dans l'estomac et en tirant de sa ceinture une « semi-épée » qu'elle y portait toujours. On se l'était tenu pour dit.

Cette Esmeralda avant la lettre, mariée pour son dam au

(1) 12 oct. 1678.
(2) 12 févr. 1695.

capitaine de sa troupe, un voleur, ne put par ses sollicitations d'épouse dévouée le préserver de finir sur la roue. Du moins porta-t-elle toujours son deuil, et, à partir de son veuvage, elle ne dansa plus (1).

On peut dire hardiment que le commerce de Ninon fut pour la jeunesse, pendant plus d'un demi-siècle, « une école de politesse et d'honneur (2) ». L'affluence des femmes, en ces derniers temps, avait plus que jamais fait affluer les hommes. Corbinelli mande à son amie « des merveilles de la bonne compagnie d'hommes qu'il trouve chez Mlle de l'Enclos (3). » — « Mon fils, écrit la princesse Palatine, est de ses amis. Je voudrois qu'il l'allât voir plus souvent et qu'il fréquentât de préférence à ses bons amis. Elle lui donneroit de meilleurs sentiments et plus nobles que ceux-ci ne font. Elle s'y entend, paroît-il, car ceux qui sont de ses amis la vantent et ont coutume de dire : Il n'y a point de plus honnête homme que Mlle de l'Enclos (4). » Or, c'est la libre pensée qui a été le principal de ce long enseignement. Même dans sa vieillesse elle y restait fidèle, ne livrant pas plus son âme aux jansénistes qu'aux molinistes qui se la disputaient. Déjà bien près d'être septuagénaire, elle écrivait à Saint-Évremond : « Les espérances prochaines valent bien autant que celles qu'on étend plus loin, et elles sont plus sûres. Portez-vous bien, voilà à quoi tout doit aboutir (5). » De ces paroles rapprochez les consolations qu'elle adresse, l'année suivante, à son vieil ami, sur la mort de Mme Mazarin : « Si l'on pouvoit penser comme Mme de Chevreuse qui croyoit en mourant qu'elle alloit causer avec tous ses amis en l'autre monde, il seroit doux de le penser (6). » Elle disait, en outre, qu'on est bien à plaindre quand on a besoin de la religion pour se conduire, car c'est une preuve qu'on a l'esprit bien borné ou le cœur bien corrompu (7).

(1) *Chevræana*, 1697 ; Tallemant, VI, 452, et Comment., p. 454.
(2) *Nouv. Lundis*, XIII, 436 note.
(3) Mme de Sévigné, 22 févr. 1695.
(4) 18 mai 1698, éd. Jaeglé, I, 172.
(5) Lettre n° 110, ann. 1698 (*Œuvres mêlées de Saint-Évremond*, III, 397).
(6) N° 114, 1699. *Ibid.*, III, 406.
(7) Voy. Ch. Giraud, I, ccxcviii.

Mourut-elle néanmoins dans toute la liberté de sa pensée ? Plusieurs ont affirmé que « sur la fin de ses jours, elle seroit allée à sa paroisse (1) ». D'après Saint-Simon, ce serait ses dernières années qu'elle donnait à Dieu (2). On lit au contraire dans un annotateur contemporain et anonyme : « Elle est plus philosophe qu'Épicure ; les approches de la mort ne l'ont point faite changer de sentiment. Je la connois assez pour croire qu'elle fera ce fâcheux pas sans aucune foiblesse (3). » Mais c'est là escompter au profit de ses propres idées un avenir qu'on tient pour prochain. Entre les derniers « jours » et les dernières « années » on peut hésiter ; pour ce qui est de nier la conversion vraie ou feinte dans les unes ou dans les autres, il n'y a pas d'apparence. Observatrice du décorum au cours de sa vie, Mlle de l'Enclos devait l'être aux approches de la mort. Comme le vieux Romain, elle ramena sa robe pour tomber avec décence. Les éloges universels qu'elle a reçus, notamment de Saint-Simon et de Somaize (4), ne permettent pas de supposer une fin dont les croyants se fussent offensés.

Son salon libertin avait, au temps de la Fronde, remplacé le salon précieux de Rambouillet. Il est dans tout son brillant et fécond éclat dès 1653, plus de quatre ans avant la migration vers la rue des Tournelles, et il dure sans conteste, presque sans partage, dix années comparables à peu d'autres, celles où parurent les *Provinciales*, celles où le roi enfin hors de pages n'a pu faire acte encore de gouvernement tout à fait personnel. Plus tard, l'affluence sera plus grande autour de Ninon en cheveux gris ; l'influence sera moindre, quoique très grande toujours. C'est que les esprits seront partagés entre leur inclination naturelle, qu'ils ont jusqu'alors presque exclusivement suivie, et leur intérêt qui les tourne vers ce soleil levé, déjà même si près de trouver son zénith à Versailles. Dans des conditions à ce point changées, c'est un

---

(1) Notamment un abbé Delaporte, *Hist. des femmes célèbres*, I, 381, cité par Ch. Giraud, I, cccxxvii.
(2) *Mém.*, III, 208, ann. 1705.
(3) Cité dans *Nouv. Lundis*, XII, 435 note.
(4) *Dictionnaire des précieuses*, 1660. Ninon y est nommée Idalie.

tour de force sans pareil d'avoir, durant une si longue vie et jusqu'à la mort, maintenu ses positions en face de l'ennemi.

X

Nous passerons sous silence les gentilshommes écrivains qui n'ont eu que « ce grain de libertinage et d'esprit fort » dont parle Sainte-Beuve (1). Racan lui-même (1580-1670) ne nous arrêtera guère. Son âge aurait dû l'éloigner des plaisirs de la jeunesse étourdie. Il s'y laissa pourtant amener, lui qui écrivait à Bussy :

> Sans penser plus loin jouissons de la vie
> Tandis que nous l'avons.
> Qu'amour soit désormais la fin de nos désirs,
> Car pour eux seulement les dieux ont fait la gloire,
> Et pour nous les plaisirs.

Cette sorte d'épicurisme fait partie intégrante du classicisme poétique. Mais ce poète sensuel et délicat vit plutôt qu'il ne pense en libertin. Demi-philosophe, demi-chrétien, la superstition brochant sur le tout, il touche aux libertins plutôt qu'il n'est un d'eux.

De Bussy-Rabutin l'on n'en saurait dire autant, quoiqu'il ait essayé de tromper le roi et ceux qui pouvaient nuire au lendemain de Roissy. On le vit alors repousser bien loin le reproche d'impiété, refaire en un sens pieux trois des vers de Racan lus plus haut :

> Que Dieu soit désormais l'objet de nos désirs.
> Il forma les mortels pour jouir de sa gloire
> Et non pour les plaisirs (2).

Mais la palinodie était trop grossière pour tromper personne. Elle n'empêcha point Bussy de moisir confiné sur ses terres de Bourgogne. Joueur, débauché, duelliste, calomniateur avéré, plat courtisan, il méritait sa disgrâce. En lui toute-

---

(1) *Lundis*, III, 383.
(2) *Ibid.*, p. 361.

fois l'homme a fait trop de tort à l'écrivain. Retirons-le pour un instant du chœur dont il a voulu être le coryphée. Si mauvais usage qu'il ait fait de sa plume, elle était, par sa bonne trempe, digne d'un meilleur emploi. L'Académie, souvent moins courageuse, ne refusa point à celui que le roi tenait en si durable pénitence un siège dans son sein (1665). Elle prisait le tour fin de son style plus qu'elle n'était choquée de ses incorrections, de ses négligences cavalières, de son impuissance à tout aligner au cordeau, comme on faisait déjà autour de lui. Beaucoup en jugeaient comme elle, dans le monde de la cour, et même dans le monde des lettres : Sarasin, Benserade, tant d'autres beaux esprits qu'il appelait « les virtuoses ». C'était entre eux échange de coups d'encensoir, auxquels il savait ajouter les coups d'épaule. Il appréciait les talents et poussait les nouveaux venus, notamment La Bruyère, et jusqu'à Despréaux, « garçon d'esprit, disait-il, et que j'aime fort (1) ». Reconnaissant, l'auteur des *Caractères* le plaçait à côté du Père Bouhours (2), grand honneur dans les idées du temps. De nos jours, Sainte-Beuve salue en lui « un des ouvriers de notre langue (3) ». Il avait sa place ici, fût-il, en fait de libertinage, réduit à la portion congrue où prétend le réduire notre incomparable critique qui l'a, d'ailleurs, si bien étudié et jugé.

Plus grand seigneur que Bussy, et plus considérable de beaucoup en tant qu'écrivain, le cardinal de Retz (1614-1679), après comme avant la pourpre, condescendait comme lui à des amitiés roturières et débraillées parmi les gens de lettres (4). Il goûte leurs talents en homme du métier. Du métier, il en est comme il faut en être, sans y prétendre, trop jeune pour avoir pu se plier sous Richelieu, trop âgé pour se transformer sous Louis XIV, né par conséquent pour se mouvoir à l'aise dans les agitations superficielles de la Régence et de la Fronde, en attendant qu'il consolât

---

(1) *Lundis*, III, 283.
(2) *Des ouvrages de l'esprit*, p. 19.
(3) *Lundis*, III, 383.
(4) M. Joseph Michon (Éloge de Retz, 1863) en énumère quelques-uns. Cf. Tallemant, V, 207, 223, 224, 229 ; Retz, *Mémoires*, I, 178, note 1.

sa retraite par la rédaction si large et si libre de ses précieux souvenirs (1).

Dans quelle mesure il était libertin, on ne peut le dire avec certitude. Pour lui comme pour tant d'autres, et plus encore, il faut soigneusement séparer la vie de la mort et des années dernières qui précèdent l'anéantissement ou la résurrection.

Qu'il ait été, dans presque tout le cours de son existence, immoral et sceptique entre tous les hommes, rien n'est moins contesté. Incrédule par disposition d'esprit, débauché par tempérament jusqu'au cynisme, qui révolte chez un prêtre, il y joignit bientôt, dans une alliance hybride, l'hypocrisie. Nous en avons l'aveu de sa bouche. Il venait d'entrer dans les ordres. « Je pris, dit-il, une ferme résolution de remplir exactement tous les devoirs de ma profession et d'être aussi homme de bien pour le salut des autres que je pourrois être méchant pour moi-même (2). » Il en avait pris une autre, après six jours de réflexion, celle « de faire le mal par dessein, ce qui est sans comparaison le plus criminel (3) ». Il estime beaucoup les dévots, « ce qui, dit-il encore, à leur égard est un des plus grands points de la piété. » Pour se rendre populaire, il accompagnait Mme de Maignelais, sa tante, dans ses visites charitables. « Je faisois même un peu le dévot et j'allois aux conférences de Saint-Lazare (4). » Mais sa dévotion factice avait des haut et des bas. « En 1642, je ne faisois pas le dévot, parce que je ne me pouvois assurer que je pusse durer à le contrefaire (5). » Il est pourtant bien dans son rôle et le joue à merveille. Il est si ferré sur la théologie ! Vincent de Paul et les zélés disaient « que je n'avois pas de piété, mais que je n'étois pas trop éloigné du royaume de Dieu (6) ». Il obtenait des succès de chaire qu'attestent Loret et Balzac. Il insinuait à ses diocésains que

---

(1) Voy. *Lundis*, V, 41.
(2) *Mém.*, IIe part., I, 217.
(3) *Ibid.*
(4) *Ibid.*, p. 167.
(5) *Ibid.*, p. 179.
(6) *Ibid.*, p. 180.

pour la continence il méritait d'être mis à côté de Scipion et de Bayard (1). Sans doute il ne persuadait pas tout le monde, car le bruit courut qu'il débitait un sermon sur la chasteté, portant sur son propre corps la preuve honteuse qu'il était de ces prédicateurs qui disent : « Faites ce que je vous dis et non ce que je fais ». Mais de lui rien n'étonne. Son sermon sur l'hypocrisie nous a été conservé et il y trace tout au long le portrait de l'hypocrite (2). Il n'avait eu qu'à se regarder lui-même et à se peindre de profil.

De ce qu'il croyait au fond du cœur nous ne jugerons point par ses accointances. Le proverbe « Dis-moi qui tu hantes et je te dirai qui tu es » n'a pas plus droit qu'aucun autre à prendre rang parmi les vérités d'ordre universel. Pour avoir fréquenté les amis de Théophile, Retz n'est pas convaincu d'athéisme : il a eu tant d'amis dans le camp opposé ! Beaucoup l'ont tenu pour janséniste (3), uniquement peut-être parce que le politique qu'il était avait menacé les Jésuites, s'il prenait jamais part au gouvernement du diocèse de Paris, « de les réduire dans un rang plus bas que les cordeliers (4) ». Preuve insuffisante. On pourrait, en effet, rappeler qu'entendant louer les *Provinciales*, il disait « n'avoir point vu d'*hérésie* mieux écrite (5) ». Ce mot-là pouvait, dans une certaine mesure, rassurer la Compagnie de Jésus. En tout cas, il est plus significatif que la lettre au pape où Retz se défend de tenir à Port-Royal : son but alors était d'obtenir de Rome que son autorité lui fût rendue.

On l'accuse d'être janséniste, dit un pamphlétaire ; il faudrait auparavant qu'il fût chrétien. Le pamphlétaire n'a pas tort. Ce coadjuteur a une façon de remplir ses fonctions sacrées qui met à nu son profond scepticisme. Il est bien de la race des prélats italiens des xve et xvie siècles. Il va plus

---

(1) R. Chantelauze, *Le card. de Retz et l'affaire du chapeau*, 1877, 2 vol., t. I, p. 17, 18, 55.
(2) Voy. éd. des Grands Écrivains, IX, 163.
(3) Voy. Chantelauze, I, 11.
(4) Hermant, *Mém. inédits pour servir à l'hist. ecclés. du xviie siècle*, vii, xxviii, dans Gazier, *Les dernières années du card. de Retz*, 1875, p. 99.
(5) Gazier, *Ibid.*, p. 94.

loin encore, car s'ils croyaient, eux, aux miracles de la magie et de la cabale plus qu'à ceux de l'Évangile, lui, plus logique, il ne croit ni aux uns ni aux autres. Nous avons vu, en parlant de l'évêque du Mans Lavardin, qu'aux yeux de Retz point n'était nécessaire, pour coiffer la mitre, d'avoir une croyance (1). Or, dans tout le royaume, il n'y a, pour penser comme lui, que les esprits forts et les libertins. Administrateur du diocèse de Paris, il a comme Richelieu la manche large, il accorde à ses ouailles l'autorisation de « manger de la viande tout un carême sans offenser Dieu », concession excessive pour le temps et qui semble telle au tiède Guy Patin : « Peut-être, dit-il gouailleur, que par ci-après il nous exemptera d'aller à la messe (2) ». L'esculape parisien diagnostiquait à merveille les secrets motifs de ces complaisances calculées. Mais pour les consentir il fallait un esprit bien exempt de préjugés. Par deux fois, à notre connaissance, Mazarin accuse son mortel ennemi d'avoir révélé le secret de la confession pour amuser les dames (3). Il l'accuse aussi de dire la messe sans se confesser, « ce qu'on ne sait pas qu'il ait jamais fait ». — « Ce ne seroit jamais fait si on vouloit conter en détail les impiétés, les débauches, les méchancetés qu'il a faites, sues de tout le monde depuis trois ans (4). »

Mais ce prélat, insoucieux de sa religion au point de vue religieux, ne l'est nullement au point de vue politique. Il ne laisse perdre aucune occasion de s'élever contre les protestants ; il réclame contre les blasphémateurs et les impies le rétablissement des terribles ordonnances de saint Louis (5). En lui visiblement domine le sceptique, subordonnant tout aux exigences de l'action. M. Gazier (6) révoque en doute l'assertion de Guy Joli accusant le maître dont il est mécon-

---

(1) Voy. même chap., p. 171.
(2) L. 413, 6 oct. 1656, III, 62.
(3) Lettre à la reine, Brühl, 10 avril 1651. Mém. des crimes sur lesquels le procès doit être fait au card. de Retz, juillet 1655, adressé au pape.
(4) Même lettre, dans Chantelauze, I, 13, 14.
(5) Chantelauze, I, 15, 16.
(6) Les dern. ann., etc., p. 47.

tent d'être également prêt, selon son humeur et l'heure, à prendre le froc ou à se faire huguenot. En réalité, Retz faillit prendre le froc à l'abbaye de Saint-Mihiel, et, bien auparavant, il avait insinué au pape qu'il se ferait huguenot si la pourpre lui était refusée, ultramontain autant que Du Perron s'il l'obtenait (1).

Cet intrigant sans pareil est un des étonnements de l'histoire. Petit, noir, laid, myope, mal fait, les jambes tortues, maladroit de ses mains au point de ne savoir se boutonner, il aimait à se produire en cavalier avec un chapeau dont les plumes blanches flottassent au vent. En général, il se piquait de tout ce qui ne pouvait lui convenir, notamment de galanterie, et il trouvait, paraît-il, peu de cruelles. Tel le voient Tallemant et la duchesse de Nemours, tel, dans une certaine mesure, il se dépeint lui-même. Italien par le caractère, il est Français par l'esprit et par le cœur. Il est désintéressé, grand, généreux, incapable d'une action basse et honteuse, plein jusque dans le vice de respect pour la vertu. Jamais Mme de Sévigné n'a vu personne entendre si parfaitement la raillerie (2). Elle et son entourage rivalisent d'éloges exorbitants, qui frisent parfois le ridicule. Qu'elle le mette avec le seul Turenne au-dessus de tous les autres hommes (3), passe encore : Tallemant a bien dit qu'il était « non moins vaillant que M. le Prince »; mais Corbinelli, l'intime, lance ce pavé : « L'âme des anciens Romains avoit quelque chose de celle du cardinal » (4). La brillante et légère marquise avait ses raisons de manquer de légèreté quand elle louait ce parent dont elle espérait, en partie au moins, l'héritage pour sa fille Mme de Grignan, ou pour sa petite-fille, dont il était le parrain. Rien de curieux comme ses efforts pour dissiper l'antipathie qu'inspire à la belle Madelonne celui qui peut l'enrichir, et pour cacher ce sentiment à l'ami fidèle qui en est l'objet (5).

(1) Chantelauze, I, 329, 330.
(2) Lettre du 11 sept. 1676.
(3) 7 août 1675.
(4) Voy. la lettre de Mme de Sévigné du 7 juillet 1677.
(5) Voy. lettres des 26 juin 1675, 7 juillet 1677, 27 juin 1679, et celles sans date qui suivent la lettre du 31 décembre 1678.

On comprend de même que les Jansénistes, Arnauld, Nicole, Rancé, aient porté Retz aux nues : il avait fini par se rapprocher d'eux. Le témoignage de Bossuet a plus de poids. Prononçant l'oraison funèbre de Le Tellier, longtemps après la mort du cardinal, il n'ose le nommer, car il sait la mémoire de ce repenti toujours odieuse à la cour; mais il ose le louer. Il n'a pas connu les immortels *Mémoires*, et il n'en appelle pas moins l'auteur « un ferme génie si fidèle aux particuliers, si redoutable à l'État, d'un caractère si haut qu'on ne pouvoit ni l'estimer ni le haïr à demi (1) ». Nous ne serons donc pas surpris qu'un personnage si complexe ait eu tant d'amis. Il avait d'abord tous les ennemis de Mazarin, et l'on sait s'ils étaient nombreux ; puis les gens qui voyaient ses qualités plus que ses vices. Comment les souverains étrangers n'eussent-ils pas marqué à ce prélat en révolte, si embarrassant pour le gouvernement de la reine, une rare bienveillance? Le pape surtout, heureux de pouvoir s'appuyer dans le royaume sur le chef de l'épiscopat et du clergé.

Parmi ses contemporains, un grand nombre ont refusé d'admettre la sincérité de sa tardive conversion. Mᵐᵉ de Sévigné elle-même le constate: « On voudroit, à quelque prix que ce soit, dit-elle, ternir la beauté de son action, mais j'en défie la plus fine jalousie (2). » L'affection trouble le jugement, soit, mais Saint-Évremond n'a pas coutume d'être dupe, et voici la phrase presque chaude qu'il écrit à ce sujet: « Quand il s'est fait cardinal par des intrigues, des factions, des tumultes, on a crié contre un ambitieux qui sacrifioit, disait-on, le public, la conscience, la religion à sa fortune. Quand il quitte les soins de la terre pour ceux du ciel, quand la persuasion d'une autre vie lui fait envisager les grandeurs de celle-ci comme des chimères, on dit que la tête lui a tourné et on lui fait une foiblesse honteuse de ce qui nous est proposé dans le christianisme pour la plus grande vertu (3). »

(1) Part. II, éd. Gazier, p. 241.
(2) 21 août 1675.
(3) Réflexions sur la religion (*Œuvres mêlées*, I, 159

Le chanoine Hermant est aussi de ceux qui témoignent en faveur de Retz (1), et Arnauld écrit à celui-là même que l'opinion met sur la sellette, une lettre où se lit cette phrase : « Sachant aussi certainement que je le sais combien ce dessein a été sincère (2) ». Mais deux jansénistes sont presque aussi suspects de partialité envers leur précieux catéchumène que Mme de Sévigné, et l'épicurien de Londres plaide en avocat une cause amie par des arguments auxquels il tient trop peu pour qu'on admette qu'il y croie beaucoup.

On aura beau dire, il y avait quelque chose de suspect à force d'être théâtral dans cette retraite à Saint-Mihiel et surtout dans cette renonciation au chapeau dont Retz « tracassoit » le Saint-Siège, c'est le mot qui échappe à la marquise (3). L'abbé du lieu, dom Hennezon, confident de ce double dessein, approuvait le premier et déconseillait le second (4). Mais « ce héros du bréviaire », — reconnaissez encore le style de son amie, — sentait bien qu'une déclaration de lui avait besoin de garanties : il ne voulait donc pas, disait-il, « faire la chose à demi, ni devenir l'ermite de la foire ». « Il a si peur d'être l'ermite de la foire, écrit formellement Mme de Sévigné, qu'il est allé passer l'avent à Saint-Mihiel (5). » La voilà, l'explication de cette fameuse retraite, plus sérieuse, aurait-on pu croire, que la « tracasserie » du chapeau ; elle n'était que temporaire, que provisoire. Retz l'eût-il voulue durable, ses fidèles l'en détournaient, le suppliaient de revenir à la cour ou, tout au moins, de retourner dans son opulente seigneurie de Commercy (6), qui n'était qu'à trois lieues de son couvent. Ils criaient bien haut que le Saint-Siège ne permettait pas aux *porporati* de faire aucune résidence dans d'autres abbayes que les leurs (7).

(1) *Mém.*, VII, xxviii. Texte dans Gazier, *Les dern. ann.*, etc., p. 169.
(2) Lettre du 9 août 1675. *Œuvres d'Arnauld*, 1775, t. I, p. 152, dans Gazier, p. 170.
(3) 9 oct. 1675.
(4) Mme de Scudéry à Bussy, 25 mai 1675, dans *Port-Royal*, 4e éd., V, 584.
(5) 21 août et 4 déc. 1675.
(6) Mme de Sév., 24, 31 juillet 1675.
(7) *Id.*, 27 juin 1678.

Faut-il même qu'il reste à Commercy? Non. « Commercy est le lieu du monde le plus passant. » Que Saint-Denis soit sa thébaïde. Il y sera bien plus solitaire qu'en Lorraine (1). Peut-être ; mais Paris n'est pas loin.

En fait, Retz « recardinalisé », continue « d'user ses vieilles calottes (2) ». Il lui suffira, deux ans plus tard, d'un compliment au roi qui « réussit bien », pour qu'il puisse « demeurer ici tant qu'il lui plaira (3) ». Il garde même tous ses bénéfices. A vrai dire, c'était « pour les affecter au payement de ses dettes (4) », et sur ce point, du moins, où se reconnaît son caractère grand et généreux, on peut donner raison à ses admirateurs. Un an avant sa mort, nous apprend Mme de Sévigné, il avait déjà compté à ses créanciers onze cent mille écus. « Il n'avoit, ajoute-t-elle, reçu cet exemple de personne, et personne ne le suivra (5). » Nous savons bien que les retraites religieuses, loin d'être rares alors, étaient presque monnaie courante ; Turenne annonçait lui-même la résolution de ne pas « mourir sur le coffre », et de mettre, comme le cardinal « quelque temps entre la vie et la mort (6) ». Mais outre qu'entre Turenne et Retz il y a quelque différence, le temps ici fait beaucoup à l'affaire et les accessoires modifient singulièrement le principal. Involontairement on en vient à penser que l'assertion terrible de La Rochefoucauld a des bases plus sérieuses que dans son hypocondrie : « La retraite qu'il vient de faire est la plus éclatante et la plus fausse action de sa vie. C'est un sacrifice qu'il fait à son orgueil sous prétexte de dévotion : il quitte la cour où il ne peut s'attacher et il s'éloigne du monde qui s'éloigne de lui (7). » C'est un homme de ce grand monde, c'est un ancien frondeur, c'est un ami de Mme de Sévigné qui porte un si accablant témoignage ; et il

(1) Mme de Sévigné, 23 oct. 1675.
(2) Id., 12 juillet, 22, 23 oct. 1675.
(3) Id., 23 juin 1677.
(4) Mme de Scudéry à Bussy, loc. cit.
(5) 27 juin 1678.
(6) Mme de Sévigné, 2 août 1675.
(7) Portrait de Retz, à la suite de la lettre de Mme de Sévigné du 19 juin 1675

ne prévoyait certes pas que la cour fût pour ce proscrit repentant si près de Saint-Mihiel ou même de Commercy.

On put donc sans malignité croire qu'il poursuivait la suppression de toute la distance. C'est durant cette période qu'il se fait cartésien, qu'il écrit des dissertations cartésiennes (1). Bussy qui, dans son cercle, riait de cette comédie, avertissait discrètement son illustre cousine que le public était et resterait en défiance : « J'ai trouvé le dessein de sa retraite fort beau. J'ai cru qu'il ne se repentiroit jamais de l'avoir pris, et que s'il en avoit quelque tentation, il étoit trop honnête homme pour y succomber. J'ai trouvé plaisant ce que vous dites au monde là-dessus, qu'il attende que le cardinal de Retz sorte de sa retraite pour parler, et qu'en attendant, il se taise. Mais vous avez beau dire, le monde ne se taira pas, il n'aime pas à louer, et surtout les choses admirables. Quand il ne peut mordre comme vous voyez sur le présent, il se retranche sur l'avenir (2). »

La postérité a dépassé dans cette voie les contemporains. Elle a été jusqu'à contester que Retz ait fait une fin chrétienne. Musset-Pathay parle de suicide et M. Chantelauze d'empoisonnement : la duchesse de Lesdiguières, née de Gondi, héritière naturelle du cardinal, aurait gagné au crime les ineptes médecins de Molière. Il s'agissait pour elle d'empêcher Mme de Grignan de lui être substituée, fût-ce seulement en partie (3). Le suicide est une pure hypothèse ; celle de l'empoisonnement ne repose guère que sur les recommandations de Mme de Sévigné à sa fille pour ménager « un tel ami, un cœur dont le penchant naturel est la tendresse et la libéralité, qui tient pour une faveur de souffrir qu'il l'exerce pour vous, qui n'est occupé que du plaisir de vous en faire. Quelle affaire auprès du roi, quelle succession, quel avis pourroit jamais vous être si utile (4)? » On avouera que c'est peu.

---

(1) Elles se trouvent dans l'éd. des Grands Écrivains, IX, 209. Voy. en outre V. Cousin, *Fragments de philosophie cartésienne*, 1845, et Gazier, p. 181.
(2) Bussy à Mme de Sévigné, 19 oct. 1675.
(3) Voy. Mme de Sévigné, 27 juin 1679, et lettre sans date n° 713 de l'éd. des Grands Écrivains, à la suite de celle du 31 décembre 1678.
(4) Lettre sans date n° 713.

Aussi les contemporains furent-ils rétifs devant le crime supposé, comme devant la piété simulée. Leurs témoignages concordent, sauf, par une curieuse exception, que Mme de Sévigné garde sur ce point le silence. La tradition de la fin chrétienne est constante à Saint-Mihiel, et elle y date du confesseur même qui avait assisté le cardinal mourant. L'abbé de Sainte-Marthe rapporte cet « on-dit », « qu'il étoit fort touché et qu'il a reçu le saint sacrement avec bien de la piété (1) ». Enfin, huit jours à peine après le décès, et en l'apprenant, Arnauld écrivait à la Mère du Fargis : « Il est mort entre les bras d'un très bon religieux, comme on me le mande, dans des sentiments très-humbles et très-pénitens (2) ». La question est entendue. Le plus cynique et tout ensemble le plus hypocrite prêtre du siècle a fini ses jours en chrétien. A ceux qui voudraient douter encore, il reste permis de supposer que le diable n'y a rien perdu.

Le duc de La Rochefoucauld, l'auteur des *Maximes* (1613-1680), exactement contemporain de Retz, — ils naissent et meurent à une année l'un de l'autre, — ne lui ressemble guère. Retz, jusqu'à son dernier jour, demeure l'homme de la Régence et de la Fronde; La Rochefoucauld se laissera gagner à l'esprit de cette seconde moitié du siècle « où la fougue du génie se tempère, où l'éclat de l'imagination est remplacé par la délicatesse des nuances, où le rire généreux tourne en fin sourire (3) ». Que ses déceptions amoureuses et politiques, que ses souffrances de goutteux précoce aient arrêté la montée de tout regain de sève, on ne le niera point; que ses écrits patiemment élaborés sur son fauteuil de douleur le montrent pessimiste, amer, atrabilaire, c'est trop évident; mais ceux qui l'ont approché dans le train ordinaire de la vie, l'y virent toujours modéré dans ses jugements, aussi spirituel que peu savant, disait Mme de Maintenon, poli, aimable, charmant, insinuant sans se louer jamais lui-même, d'une tendresse pour les siens qu'admirait

(1) Voy. Gazier, p. 202.
(2) La lettre est dans Gazier, p. 202.
(3) Ernest Bertin, *Études sur la société française*, 1888, p 48.

Mme de Sévigné ; en un mot réfutation vivante de ce qu'il y avait d'excessif dans son livre. Cette politesse qu'on vante provenait chez lui d'une timidité extrême qui, chez tant d'autres, tourne en brusquerie. Lui qui causait à ravir devant quatre ou cinq personnes, se fût senti faillir le cœur s'il avait dû parler devant un nombreux auditoire. C'est l'effroi de la harangue qui le retint de briguer l'Académie. Né par erreur dans la première moitié du siècle, il s'en ressent dans ses croyances comme dans son admirable langage.

On a prétendu qu'il « avait l'esprit trop élevé, l'intelligence trop haute, le sens moral trop profond pour ne pas être un catholique véritable (1) ». On pourrait arguer pareillement en faveur de cette thèse, de ce que, à sa dernière heure, il « se tourna à la mort » et reçut les sacrements des mains de M. de Condom (2). Rien de plus naturel, pourtant, de la part d'un homme si respectueux des convenances, et, par surcroît, si désabusé. Ainsi en juge le judicieux Vinet, qui ne le tient ni pour catholique, ni même pour chrétien. Un récent critique défie qu'on trouve non pas seulement dans ses *Maximes*, mais dans ses *Mémoires*, le moindre mot qui nous le présente sous d'autres traits que ceux d'un libertin (3). A qui soutiendrait que sa préface semble une sorte de préparation à l'apologie du christianisme, on répond nettement qu'elle n'est pas de lui (4).

Si l'esprit pénétrant de Prévost-Paradol a pris le change (5), c'est qu'un pessimiste devait, comme la religion chrétienne, admettre l'originelle perversité du genre humain. Pure rencontre de hasard. En supposant le libertinage inconscient chez La Rochefoucauld, a dit Sainte-Beuve, il y est. Le chevalier de Méré qualifiant Épicure d'admirable génie : — Épicure est un saint ! ajoute notre moraliste, nous

---

(1) Éd. de Barthélemy, Vie de La Rochefoucauld, en tête d'un volume d'*Œuvres inédites*, 1863.
(2) Mme de Sévigné, 17 mars 1680.
(3) Félix Hémon, *Revue pédagogique*, janvier 1894, p. 42.
(4) *Ibid.*
(5) Voy. *les Moralistes français*, éd. de 1873.

devons quelque chose aux coutumes des lieux où nous vivons, pour ne pas choquer la révérence publique, quoique ces coutumes soient mauvaises, mais nous ne leur devons que l'apparence; il faut les en payer et se bien garder de les approuver dans son cœur (1). — De fait, il n'a pu être que libertin, le grand seigneur qui ramène tout à l'amour-propre, c'est-à-dire à l'intérêt, et qui voit dans « le bonheur le but où tendent toutes les actions de la vie (2) ». Sa philosophie confine à celle de Montaigne et de La Fontaine, à celle même des Jansénistes, si de leur morale on retranche la rédemption. Saint François de Sales et Fénelon ne voient pas l'homme déchu sous le même angle ou le même jour que Saint-Cyran et Pascal. C'est de ces sombres esprits que se rapproche La Rochefoucauld. Sainte-Beuve a dit le mot par lequel il faut finir : « Si les *Maximes* ne contredisent pas le christianisme, elles s'en passent (3) ».

Moins grand personnage, et de beaucoup, plus proche des écrivains de profession et des viveurs, est Saint-Évremond (1610-1703). C'est notre principale raison pour le placer après Ninon, son élève, dans cette galerie, où l'ordre chronologique ne saurait exercer sa tyrannie ordinairement si légitime. Comme dans le salon de la rue des Tournelles, on le vit, l'heure venue de l'exil, de la dyspepsie, des rhumatismes, trôner, à Londres, dans le salon de Mme de Mazarin. La duchesse remplaçant la courtisane pour le culte de l'idole épicurienne, n'a rien qui nous surprenne. Elle était aussi de la paroisse, et Saint-Évremond, dans cette longue période, représentait par excellence le libertinage élégant. D'inoffensives plaisanteries l'ayant, après trois mois de Bastille, envoyé en exil (1661), il eut la dignité d'y rester quand les portes de la France lui furent rouvertes, ce qui lui permit de maintenir les croyances de sa vie jusque dans les affres de la mort. Ainsi, quand tout se taisait ou se transformait sous la

---

(1) Conversation avec Méré, dans Sainte-Beuve, *Portraits littéraires*, III, 119.
(2) *Ibid.*, p. 120.
(3) *Portraits de femmes*, p. 303.

rigide loi de Louis XIV, cet attardé de la « bonne Régence » restait un des rares modèles du libre esprit.

Longtemps trop négligé, il a obtenu depuis trente ans un excessif retour de faveur. Ce qui le doit reléguer au second rang, c'est qu'il n'a jamais écrit un vrai livre ; c'est qu'on n'ose publier de lui que des œuvres choisies ; c'est enfin, ajoute-t-on, que l'Académie a mis son éloge au concours (1). Mais l'homme a bien sa valeur, et aussi l'écrivain. Sage, aimable et vaillant, bon soldat sous les ordres de Condé, de Créqui, d'Hocquincourt, remarqué pour sa bravoure à Rocroi, il s'était fait casser la jambe à Nordlingen, blessure qui lui avait valu le grade de maréchal de camp. Disciple de Montaigne avec moins d'aisance, de grâce et de vie, il a une clarté froide et nullement jeune, une simplicité délicate, ironique avec atticisme, négligée avec art, le goût fin et parfois supérieur du critique, dans un siècle trop plein de lui-même pour se porter volontiers à l'étude d'autrui, trop grossier encore pour ne pas se complaire à l'orgie, aux friponneries du jeu, aux violences à main armée. Chez personne autre avant Voltaire on ne rencontre tant de liberté dans l'esprit, d'originalité dans le jugement, de spirituelle limpidité dans le langage. On a dit de la conversation fameuse du Père Canaye avec le maréchal d'Hocquincourt, qu'elle est « la dix-neuvième Provinciale, écrite par un homme du monde qui en raillerie sur le fond des choses va plus loin que Pascal (2) ».

A cet écrivain disert il a manqué, pour être éloquent, l'élévation de la pensée et peut-être du cœur. On regrette qu'il ait écrit cette phrase : « Huit jours de vie valent mieux que huit siècles de gloire après la mort ». Vicieux, il ne l'est pas, quoiqu'il parle avec indulgence du vice qui sait se rendre agréable. Il n'est pas vertueux non plus : il est sensé, prudent, circonspect ; en lui la passion et la raison tombent toujours d'accord. Seulement les truffes tiennent trop de place dans sa vie, et aussi ces petits-maîtres de l'hôtel des

---

(1) P. Albert, *Hist. de la litt. fr.*, II, 118.
(2) *Nouv. Lundis*, XIII, 482.

Condé, ces épicuriens du salon à moitié anglais de la duchesse de Mazarin.

Par ses idées philosophiques comme par les pratiques de sa vie, il appartient autant qu'homme du monde à cette société épicurienne qui sait, au besoin, le rejoindre sur l'autre rive de la Manche. « Je confesse, écrit-il, que, de toutes les opinions des philosophes touchant le souverain bien, il n'y en a point qui me paroisse si raisonnable que celle d'Épicure (1). » Vivre selon la nature est la loi. Détourne-t-il Mme de Mazarin de son projet, peu sérieux sans doute, de se retirer dans un couvent, le motif principal qu'il lui donne, c'est qu'elle y trouverait « une défense rigoureuse de tout ce que demande raisonnablement la nature (2) ».

Tout, il est vrai, dans ses nombreux écrits, n'est pas de ce ton. L'on y trouverait sans peine de quoi l'enrôler dans la grande armée des croyants. Ses contradictions ne lui échappent point, et il s'y résigne comme à l'inévitable. « Le plus dévot, dit-il ne peut venir à bout de croire toujours, ni le plus impie de ne croire jamais (3). » — « Le doute a ses heures dans le couvent, la persuasion les siennes. Il y a des temps où l'on pleure les plaisirs perdus, des temps où l'on pleure les péchés commis (4). » Allant plus loin, il appelait le catholicisme « notre religion ». Il le déclarait supérieur aux cultes antiques et aux autres communions chrétiennes. Il en tenait la morale pour « la plus pure et la plus parfaite qui fut jamais (5) ». Personne, sauf Bossuet, n'a dit aux protestants des vérités plus sévères. Lisez ces lignes significatives : « La vraie catholicité me tient autant par mon élection que par mon habitude et par les impressions que j'en ai reçues (6). » S'il lui arrive d'attaquer la religion, il ne s'en prend, d'ordinaire, qu'aux

---

(1) *Sur la morale d'Épicure à la moderne Leontium*, 1685. *Œuvres mêlées*, I, 171.
(2) Lettre à Mme de Mazarin, 1683. *Œuvres mêlées*, III, 206.
(3) *L'homme qui veut connoître toutes choses ne se connoît pas lui-même*, 1647. *Ibid.*, I, 14.
(4) *Pensées sur la dévotion*, 1681. *Ibid.*, I, 155.
(5) Lettre à Créqui, 1671. *Ibid.*, I, 127.
(6) *L'homme qui veut connoître*, etc. *Ibid.*, I, 14.

questions extérieures, à la discipline, à la vie de communauté, à l'ascétisme, au renoncement exagéré. Ses adversaires sont les docteurs plus que les doctrines. Encore, quand il semble rompre en visière, comme dans la conversation du Père Canaye, à toute autorité, pourrait-on soutenir qu'il remplit le rôle de rapporteur. N'a-t-il pas écrit une dissertation sur ce sujet « que la religion est le dernier des amours »? On lit enfin dans ses suprêmes dispositions : « Premièrement, j'implore la miséricorde divine et remets mon âme entre ses mains. Je laisse à mon exécuteur testamentaire le soin d'enterrer mon corps comme il voudra (1). »

Malgré ces textes et d'autres qu'il ne dissimule point (2), Charles Giraud n'en dit pas moins très nettement, lui qui a étudié Saint-Évremond de plus près que personne : « Quand il parle en chrétien, comme Montaigne et Charron il ne nous donne pas le fond de son âme (3) ». On oublie trop que le respect extérieur était la pratique constante de la bonne compagnie; même à Londres, les libertins étrangers ne se sentaient pas entièrement libres. En fait d'impiété, les Anglais hérétiques étaient moins accommodants que les orthodoxes. Aussi notre philosophe exilé ne reproche-t-il aux impies que d'être mal élevés et fort imprudents. Sur le fond des choses, sans dire s'il partage ou non leurs idées, il proclame leur droit à les professer. « Il ne dépend pas de nous, écrit-il, de croire ce qu'on veut, ni même ce que nous voulons. L'entendement ne sauroit se rendre qu'aux lumières qu'on lui donne, mais la volonté doit se soumettre aux ordres qu'elle reçoit (4). » Nous avons dit qu'il louait la morale chrétienne. Regardez-y de près : ce qu'il loue, ce n'est point la morale du Christ, trop pure et trop désintéressée pour être comprise; c'est celle de saint Paul et de la grâce, pour anéantir autant que possible toute con-

---

(1) Garsonnet, *Essais de critique et de littérature*, 1877, p. 305.
(2) Voyez-les dans *Œuvres mêlées*, I, CXLIII sq.
(3) *Ibid.*, I, CXXXVI.
(4) *Discours sur la religion*, dans une lettre à Mme de Mazarin, 1677. *Œuvres mêlées*, III, 177.

fiance en la vertu. A ses yeux, le grand avantage de la religion est de transformer en plaisir l'abstinence et la souffrance. « Le véritable dévot rompt avec la nature. L'assujettissement du corps à l'esprit rend délicieux l'usage des mortifications et des peines. La religion chrétienne nous fait jouir de nos maux, et l'on peut dire sérieusement sur elle ce que l'on a dit galamment sur l'amour : Tous les autres plaisirs ne valent pas ses peines (1). » Le voluptueux avéré qui tient ce langage ne peut aimer une religion de renoncement et de sacrifice. Il en parle au point de vue spéculatif.

Mais on comprend que la tolérance doit être au nombre de ses plus chères idées. Il l'a apprise d'Épicure, « son maître », dit-il (2), de Pyrrhon, de Montaigne, de Charron, de Gassendi : « La feinte, l'hypocrisie dans la religion sont les seules choses qui doivent être odieuses, car qui croit de bonne foi, quand il croiroit mal, se rend digne d'être plaint, au lieu de mériter qu'on le persécute (3)... On brûle un homme pour ne pas croire en Dieu, et cependant on demande publiquement dans les écoles s'il y en a un (4)... Il n'y a pas plus de crime dans ceux qui se trompent que dans ceux qui ne se trompent pas (5). » Telle est, selon Garasse, la première erreur des libertins, et, poussée à ce point, la tolérance n'est pas loin, en effet, d'être une erreur : le fanatique doit être réprimé si des paroles il passe aux actes, si même par ses paroles il pousse aux atrocités. Quant à être libertin, il l'est plus que personne l'homme qui a écrit que « pour vivre heureux il faut faire peu de réflexions sur la vie (6) », et ceci encore : « La dévotion diffère selon le tempérament de chacun. La diversité des tempéraments a beaucoup de part

---

(1) *Réflexions sur la religion*, 1681. Œuvres mêlées, I, 157.
(2) *Jugement sur les sciences où peut s'appliquer un honnête homme*, 1662. Ibid., I, 56-63.
(3) *Lettre à Créqui. Ibid.*, I, 128.
(4) *Jugement sur les sciences*, etc. Ibid., I, 57.
(5) Voy. sa belle pièce de vers *Sur la vanité des disputes de religion et le faux zèle des persécuteurs*. R. Grousset (p. 147) en cite trois strophes, avec un beau passage de la lettre à Créqui.
(6) *Lettre au comte d'Olonne Sur les plaisirs*, 1656. Ibid., I, 29.

aux divers sentimens qu'ont les hommes sur les choses surnaturelles (1)... Je ne trouve rien de plus injuste que de persécuter un homme sur sa créance, mais je ne vois rien de plus fou que de s'attirer la persécution (2)... Ce que nous appelons aujourd'hui les religions, n'est, à le bien prendre, que différence dans la religion et non pas religion différente (3). »

Ce sceptique a trop souvent prononcé le nom de la Divinité pour être accusé de la nier ; mais il lui arrive de l'invoquer pour battre en brèche les dogmes essentiels : « Vouloir se persuader l'immortalité de l'âme par la raison, c'est entrer en défiance de la parole que Dieu nous en a donnée et renoncer à la seule chose par qui nous pouvons en être assurés... A moins que la foi n'assujettisse notre raison, nous passons la vie à croire et à ne croire point, à nous vouloir persuader et à ne pouvoir nous convaincre (4)... » C'est un des malheurs de notre vie de ne pouvoir naturellement nous assurer s'il y en a une autre ou s'il n'y en a point. Socrate n'est pas plus sûr de l'immortalité qu'Épicure de l'anéantissement (5). Foin des preuves que Descartes prétend fournir en ses *Méditations* (6)! Ce sujet tient tant au cœur de notre homme qu'il y revient pour être plus catégorique encore : « Nous nous sommes trop chers pour consentir à notre perte tout entière. L'amour-propre résiste en secret à l'opinion de notre anéantissement. La volonté nous fournit sans cesse le désir d'être toujours. La preuve la plus sensible que j'aie trouvée de l'éternité de mon esprit, c'est le désir que j'ai de toujours être (7) ». — « Jamais homme n'a été bien persuadé par sa raison ou que l'âme fût certainement immortelle, ou qu'elle s'anéantît effectivement avec le corps (8). » Mais il regrette de ne

---

(1) *Discours sur la religion*, etc. *Œuvres mêlées*, III, 176.
(2) Lettre au protestant Justel, 1681. *Ibid.*, III, 427.
(3) Lettre à Créqui. *Ibid.*, I, 127.
(4) *L'homme qui veut connoître*, etc., I, 17.
(5) *Ibid.*, I, 15.
(6) Lettre à Créqui. *Ibid.*, I, 127.
(7) *Ibid.*, I, 125.
(8) *L'homme qui veut connoître*, etc., I, 13.

pouvoir se persuader cette survivance, et il porte envie aux chrétiens :

> Les vrais chrétiens, plus heureux mille fois
> Dans la pureté de leurs lois,
> Goûteront les douceurs d'une innocente vie
> Qui d'une plus heureuse encor sera suivie (1).

Saint-Évremond est donc un sceptique, et il l'est jusqu'en histoire; mais il lui importe peu qu'à certaines heures on le prenne pour un croyant : il n'a pas le respect et le culte de son incrédulité. Meilleur ou plus proche disciple de Montaigne que ne l'est Charron, sa sincérité peut d'autant moins être contestée qu'il est toujours de sang-froid, et que, à Londres, en ce temps où la liberté n'est nulle part entière, il est plus libre qu'il n'eût été en France, plus même que ne l'était auprès de lui aucun Anglais. L'étranger a ses privilèges.

Le charme de cette société polie où il vivait le rendait oublieux de la mort, dont les circonstances, disait-il, ne regardent que ceux qui restent (2). Quand elle parut n'être plus lointaine, on lui parla de se réconcilier. Il répondit le vouloir bien, pourvu que ce fût avec son estomac. Jusqu'au bout donc il resta fidèle à l'épicurisme sous ses deux faces. Sa caractéristique avait été de le réduire à l'élégance discrète dont, chez tant d'autres adeptes, il semblait s'écarter. Du salon de sa chère duchesse, que restait-il après lui ? Hortense Mancini l'a précédé — elle n'aurait pas dit rejoint — dans le néant. Ses plus marquants familiers, le comte de Grammont, le poète Waller, comme ceux de Ninon, ne sont plus, aux yeux du maréchal d'Hocquincourt, qu'une race déjà éteinte. « A qui parlez-vous des esprits forts, dit-il au Père Canaye, et qui les a connus mieux que moi? Bardouville (ami de Des Barreaux) et Saint-Ibal (parent de Retz) ont été les meilleurs de mes amis. Si j'ai connu les esprits forts! Je ferois un livre de tout ce qu'ils ont dit. Bardouville mort et Saint-Ibal retiré en Hollande, je fis amitié avec

---

(1) *Lettre sur les plaisirs*, I, 37.
(2) *Pensées sur la dévotion*, I, 154.

La Frette et Sauvebœuf. Ce n'étoient pas des esprits, mais des braves gens (1). » Le bon maréchal avait-il le sentiment de faire lui-même défaut? Ses convictions ne reposaient pas sur le roc : il se faisait janséniste en haine d'un jésuite, puis se rapprochait des jésuites parce qu'un petit janséniste, « un certain abbé de Rancé », parlait à Mme de Montbazon de la grâce devant le monde et de tout autre chose en particulier (2). Il déclare d'ailleurs ne pas savoir pourquoi il a quitté les esprits forts ; mais il se ferait crucifier pour la religion (3). C'est avec des hommes de cette trempe que les causes se perdent.

Saint-Évremond en avait connu de mieux affermis, voluptueux raffinés, qui n'ont laissé qu'un nom ; Mitton, Cramail, Tréville, Créqui, d'Olonne, Clérambaut, Lionne, d'Albret. Le marquis de Ruvigny, lui, a laissé un peu plus qu'un nom. Ce petit rousseau avait combattu Richelieu à La Rochelle. Il était, avec Bautru, Miossens et Cinq-Mars, des esprits forts du Marais, et il vécut assez pour sentir son cœur de protestant octogénaire déchiré par la Révocation (4).

Leur aimable modèle la vit aussi, en gémit sans doute dans la mesure où il était susceptible d'émotion, et vécut bien au delà. C'est ainsi qu'il put établir fortement l'anneau qui rattache l'une à l'autre les deux moitiés de la chaîne libertine, Montaigne et Charron, Montesquieu et Voltaire. Par ses écrits et par ses causeries de salon il accomplit, à Londres, la même tâche que Ninon à Paris. S'il a laissé s'affaiblir la doctrine, il a relevé les mœurs, car son goût des voluptés, quoique un peu terre à terre, n'est pas crapuleux. Il fit sagement de ne pas repasser la Manche. A la cour de Louis XIV il eût de nouveau encouru la Bastille, ou il aurait dû glisser dans l'hypocrisie. Comme il en avait

---

(1) *Conversation du maréchal d'Hocquincourt avec le Père Canaye* (1654 ou 1656). *Œuvres mêlées*, I, 38. Sur ces personnages, voy. les notes aux *Mém. de Retz* (éd. des Grands Écrivains), Tallemant, IV, 285, 289; Saint-Simon, ann. 1708.
(2) *Conversation*, etc., I, 43.
(3) *Ibid.*, p. 45.
(4) Voy. Ch. Giraud, I, CCXLVIII, CCLIV.

l'horreur, vint un moment où, inutile en France, il ne pouvait plus être utile que sur une terre plus libre, que dans ce brillant salon de la duchesse de Mazarin, hanté par tant de Français nobles, élégants, lettrés. Il est bien, répétons-le en terminant, le représentant par excellence du libertinage distingué durant une période où le libertinage s'édulcore, par nécessité, par prudence d'abord, mais aussi par un effet de cette loi inéluctable qui contraint quiconque s'élargit par la base à se rabaisser par le sommet.

CHAPITRE IV

Sous Louis XIV. — La jeunesse.

II

GENS DE LETTRES GOINFRES ET BURLESQUES.

Différentes sortes de gens de lettres. — Légèreté d'esprit chez un grand nombre d'entre eux. — Les goinfres. — Leurs chefs. — Saint-Amant et son groupe. — Le Carpentier de Marigny. — Nicolas Faret. — Chapelle et Bachaumont. — Le chevalier de Linières. — Les burlesques. — D'Assoucy. — Scarron. — Les succédanés des burlesques. — Savinien de Cyrano-Bergerac.

I

Au-dessous des esprits cultivés et de mœurs polies qui ont accès à la cour ou vivent dans le monde, la hiérarchie sociale nous mène aux gens de lettres qui n'y pénètrent pas, ou, par goût, s'en tiennent éloignés. Quelques hommes de plume s'y sont, à vrai dire, faufilés par la petite porte, Voiture, Ménage, Scudéry notamment; mais d'eux nous n'avons point à nous occuper : pour passer, ils ont dû montrer patte blanche, afficher des croyances qui relevassent leur roture. Des croyances, disons-nous, et non des mœurs : sur celles-ci l'on ferme résolument les yeux. A les ouvrir on eût risqué de restreindre terriblement le nombre des élus. Crier haro sur le baudet n'est pas toujours habile : jusqu'en haut lieu pullulait, nous l'avons vu, le gibier sinon de potence, du moins de bûcher.

Parmi les gens de lettres qui n'aspirent pas à papillonner plus ou moins près du Soleil au risque d'y brûler leurs ailes, il faudrait encore distinguer les pauvres hères le plus souvent sans sou ni maille, dont la gaieté orgiaque et ordurière resterait volontiers confinée dans leurs chers cabarets, si plus d'un seigneur rassasié des servitudes dorées n'y venait secouer son ennui ; si des hommes modestes, au besoin des hommes de génie, qui aiment le plaisir, mais préfèrent l'étude et les réunions intimes, ne recherchaient par aventure auprès d'eux la promiscuité du cabaret.

Ainsi, point de barrière infranchissable entre ces libertins de tout rang et de tout degré. Entre eux il y a même moins d'écart qu'on ne pense. Ils se ressemblent par l'incorrection ou le débraillé des mœurs, par « l'amour à jet continu (1) », par le vague, le flottant et le décousu de leurs doctrines, par le goût des *concetti*, du précieux, du trait spirituel, du coq-à-l'âne, legs déplorable du règne de Louis XIII, que Saint-Cyran condamnait bien avant Boileau (2). En un mot, à la plupart manque la gravité, et même le sérieux. Ils ont déserté la lutte des systèmes ; ils ne raisonnent plus, ils raillent, ils plaisantent, et Bossuet le leur reproche (3). Par suite, au lieu de les malmener avec rudesse, comme il fait les protestants, il les négligera, sauf en de rares occasions. Chez les raffinés se rencontre la grossièreté, et chez les grossiers des raffinements qui surprennent, mais donnent son caractère composite à cette étrange mêlée. Étrange ? C'est un phénomène de tous les temps que l'homme, divers en soi, se repose de lui-même par le changement et se plaît, à ses heures, dans l'obscénité.

Mais ces libertins, lettrés de bas étage auxquels nous arrivons maintenant, et qui sont « plus ocupés d'un bon dîner que du problème de la destinée humaine (4) », ne sont pas, à tout prendre, les premiers venus. S'ils tiennent d'un temps

---
(1) *Lundis*, XIII, 176.
(2) Lettre à d'Andilly, 20 août 1625 (dans le *Port-Royal* de Sainte-Beuve, 1ʳᵉ éd., I, 293). Cf. *Portr. litt.*, II, 6.
(3) Voy. Premier sermon pour le deuxième dimanche de l'Avent, 1665, II, 50.
(4) Ch. Labitte, *Revue des Deux Mondes*, 1ᵉʳ mai 1836, III, 448 sq.

troublé la liberté aventureuse de leurs allures, la gaillardise de leurs propos, le penchant à la sensualité, à la satire, à la violence, et le culte du hasard ; s'ils ne demandent l'inspiration qu'à leur fantaisie du jour, sans souci de l'art ni de l'avenir ; s'ils ne sont en poésie que la monnaie de Théophile ; s'ils ont, comme érudits, trop de hardiesse et de mobilité ; s'ils manquent d'un vrai chef qui sût, à travers les orages, leur montrer le port, du moins ils s'efforcent de se discipliner derrière des semblants de chefs dont leur confiance est le principal titre : Chapelain et Coras, Sarasin et Benserade, Sorel et Furetière, Saint-Amant et d'Assoucy ; ils ont du savoir, le jugement sain, l'esprit vif, assez prompt à saisir le côté vrai des choses ; ils ont plus de lettres que leurs grands devanciers du xvi° siècle, et plus d'audace à se compromettre sur les questions religieuses quand ils ont le verre en main. Tâtonnements inutiles, peines perdues ! A qui s'est laissé glisser dans l'anarchie, il ne suffit pas, pour en sortir, de le vouloir. Des chefs, on n'en devait trouver que le jour où Louis XIV, avec l'autorité qu'il tenait de son caractère autant que de sa couronne, aurait fait prévaloir le respect de tout ce qui est établi et consacré, le goût excessif pour le noble qui fut la condamnation du burlesque comme des magots de Téniers.

II

Les cabarets, que ce monarque solennel n'aimait pas plus en figure qu'en peinture et où affluaient les gens de lettres, ne sont pas tous les mêmes qui ont obtenu la vogue dans la période précédente. Ils ont, comme chaque chose, leur « grandeur et décadence ». On abandonne l'un pour l'autre, spontanément ou sur spéciale invitation. Vers 1635, commençait la fortune du *Petit Diable* (1). Mais vers la seconde moitié du siècle, le *Petit Diable* s'éclipsait avec le

---

(1) *Vision des pèlerins du Parnasse*, dans Charles Nisard : *Les Gladiateurs*, etc., II, 300.

Cormier, avec la *Fosse aux lions* de la Coiffier, rue du Pas-de-la-Mule, avec la *Croix blanche*, avec la *Croix de fer* dans la rue Saint-Denis, avec l'*Écu d'argent* dans l'Université. D'autres étoiles se lèvent alors : le *Mouton blanc* de la veuve Bervin, au cimetière Saint-Jean-du-Marais ; les *Torches*, sa concurrence, chez Martin ; l'*Écharpe*, près de la place Royale ; les *Trois Cuillers*, chez Lamy, rue aux Ouës ; la *Galère*, rue Saint-Thomas-du-Louvre ; le *Chêne vert*, à la sortie du préau du Temple (1). Boileau a rendu fameux « l'empoisonneur Mignot », le marchand de vin Boucingo et sa taverne (2).

Mais le cabaret qui a décidément remplacé dans la faveur publique la célèbre *Pomme de pin*, c'est la *Croix de Lorraine*. Chapelle nomme quelques-uns des compagnons qu'il y retrouvait : Des Barreaux vieilli, le comte de Lignon, l'abbé de Broussin, Du Toc, Petit-Val, La Planche, le frère de La Mothe le Vayer (3). Ajoutez Bardin « de l'Académie », Marigny, Mallenoë, philosophe cynique, un « original », comme on a dit longtemps, Mairet le tragique, Saint-Pavin, Charles Beys comédien poète, chantre bachique, Puymorin, Saint-Évremond, Scarron, d'Assoucy, Saint-Amant, Benserade, poète de cour, La Serre et Lambert, le chanteur si goûté (4). Bon nombre étaient de moralité douteuse, et les moins honnêtes n'étaient pas ceux qui, pour payer leurs dettes de cabaret, épousaient la fille du cabaretier, comme faisaient La Serre au *Bel Air*, Lambert aux *Trois Ponts d'or*. Une telle extrémité valait mieux, après tout, que de convoler successivement avec ses trois servantes ou de mendier son pain de cuisine en cuisine, beaux exploits de Colletet père et fils (5). C'est encore à la *Croix de Lorraine* que Chapelle tenait ses amicales assises avec ses illustres amis d'Auteuil et de la rue du Vieux-Colombier, quand, à leurs agapes cloîtrées, il leur plaisait de substituer un peu de « débauche ».

(1) Fr. Michel, II, 302, 305, 326.
(2) Sat. III, 22, 68.
(3) Lettre au marquis de Jonzac.
(4) Voy. Boileau, sat. III, 26.
(5) Voy. Fr. Michel, II, 270, 276 ; V. Fournel, p. 159.

Nous avons de Boileau deux mauvaises chansons à boire sorties de ces soupers. Molière, sobre par faible tempérament, y buvait assez « pour, le soir, être en goguette », s'il faut en croire Chapelle, « qui aimait à faire la confession de ses amis (1) ».

Dans ces réunions des libertins de tout bord et de tant d'autres gais compagnons qui n'étaient pas de leur confrérie, la *Pucelle* de Chapelain était sur la table. Qui enfreignait les statuts se voyait condamné à lire quelques vers de l'ennuyeux poème : ces bons juges l'exécutaient ainsi, avant que leur camarade le satirique eût libellé le jugement. C'est en partie à la *Croix de Lorraine*, en partie au *Mouton blanc* que Racine écrivit les *Plaideurs*. C'est aussi au *Mouton blanc* que fut composé *le Chapelain décoiffé*, à moins que Boileau n'ait raison, qui en reporte l'honneur à la chambre de Furetière (2).

Si la dive bouteille a plus d'une fois inspiré nos plus grands poètes, de combien d'autres ne pourrait-elle se targuer d'avoir alimenté la passagère inspiration ! C'est l'honneur qu'elle s'arroge dans les vers suivants, où Colletet fils nomme :

> Racan, Maynard, Gombaud, Saint-Amant, Théophile,
> Corneille, Scudéry, Tristan, Métel, Rotrou,

et elle nomme encore Faret, Beys, Benserade, Desmarets, Maréchal, Du Ryer, L'Estoile, Maître Adam, Robinet, Pelletier, Scarron, sans oublier, bien entendu, le famélique poète qui lui a passé la parole, et son père, l'impénitent épouseur de maritornes (3). Entre ces hommes si différents les uns des autres, la discussion, au bruit des verres, s'engageait parfois sur les matières qui séparaient les libertins des croyants ; mais qui l'eût suivie l'aurait reconnue très inférieure en élévation à celles de Théophile et de ses amis, ce qui n'est peut-être pas beaucoup dire. La décadence du libertinage s'accusait là pleinement. Le mot

---

(1) V. Fournel, p. 159.
(2) *Ibid.*, p. 130-161.
(3) Poème coquet de la bouteille, dans *la Muse Coquette*, 1659, p. 157, cité par Bernardin, p. 105.

qui sans cesse résonnait aux oreilles, c'était, comme dans Rabelais : « A boire ! à boire ! » Les plaisirs de la table, de l'ivresse, de l'orgie constamment renouvelés étaient la passion dominante chez ces rimailleurs. Eux-mêmes, ils se paraient du nom de « goinfres », et n'en prétendaient pas moins, dès qu'ils mettaient la main à la plume, être pris au sérieux. S'ils faisaient rire, c'était le plus souvent sans le vouloir. Ne sachant voler de leurs propres ailes, ni emprunter celles d'autrui, ils se traînaient dans les ornières, ils imitaient ce qui est imitable, c'est-à-dire le mauvais : témérités licencieuses, rodomontades espagnoles, mignardises italiennes, que modifient à peine des saillies et des boutades dont la bizarrerie fait tout le prix. Ils sentent le besoin d'un chef, et ils ont tellement peur d'en manquer qu'ils s'en donnent deux, peut-être trois : Saint-Amant d'abord, puis le comte d'Harcourt qu'un caprice de Richelieu avait fait commandant d'escadre, enfin un certain Flotte, ou La Flotte, plantureux ami du président Maynard.

Flotte a disparu entre ses deux rivaux. Harcourt (1601-1666) du moins méritait-il sa capitainerie bachique ? Le verre en main, avait-il plus grand air que l'épée à la main ? Il était, en tout cas, plus fier de commander aux goinfres que de produire devant ses marins son bâton de maréchal. Ignorant comme la plupart dans son monde aristocratique et titré, il était sur les cabarets et vignobles presque érudit (1).

III

Mais voyez de quel poids décisif pèse, dans la balance de la postérité, le talent littéraire, même d'ordre inférieur ! Pour la postérité, le grand chef des goinfres, c'est sans conteste Marc-Antoine de Gérard, surnommé Saint-Amant, parce qu'il était né dans un village de ce nom en Normandie (1594-1661). Aventureux, sinon aventurier, ce huguenot

(1) Fr. Michel, II, 311.

peu convaincu avait suivi sur mer d'Harcourt, son compagnon de table, puis sur terre, jusqu'en Pologne, Marie de Gonzague, qui, avant d'y aller ceindre sa couronne inattendue, savait fort bien rejoindre à la taverne ce Falstaff bon vivant, spirituel, ardent et fin, très au courant des hommes et des choses, très habile à en parler avec beaucoup de piquant. Il ne savait pas plus rester à Varsovie que sur les vaisseaux de Sa Majesté Très-Chrétienne. Revenu à Paris, il essayait de produire sa bedaine à la cour, ne l'y acclimatait pas davantage, et retournait « grenouiller » dans son cabaret en mâchant du tabac (1), en multipliant les vanteries outrecuidantes, plus tolérables chez lui que chez Scudéry, parce que, revenant de loin, on ne pouvait le surprendre en flagrant délit de mensonge. Finalement, mourait dans un grenier de la rue de Seine ce poète débraillé qui ne se levait guère de son siège à table ou de son grabat que pour s'asseoir dans son fauteuil à l'Académie.

Ce suprême honneur d'une vie partagée entre la bombance et les lettres, à tout prendre il l'avait mérité, n'en déplaise au sévère Boileau : il a en effet dans ses vers du relief, du feu, un entrain endiablé, une imagination expressive, une verve copieuse, grotesque ou comique à l'occasion ; il est donc très varié, et il rime à merveille. Un mot de Tallemant le définit bien : « Il a du génie, mais point de jugement ». Ce défaut, véniel à l'origine, mortel bientôt au tribunal du critique qui allait faire loi, était compliqué d'autres qui l'aggravaient : Saint-Amant improvisait, se laissait mener par caprice, ne voyait pas les ensembles ; il imitait, à écœurer, ce que Regnier a de repoussant en ses sujets de goinfrerie et de débauche (2). Ceux qu'il traite lui-même indiquent assez le tour habituel de son esprit : *Les cabarets, La chambre du débauché, Le fromage, La crevaille, Les goinfres, Orgye* (3).

Pourrait-on supposer qu'il n'a pas été libertin comme ses

---

(1) V. Fournel, p. 135.
(2) Sur la valeur littéraire de Saint-Amant, voy. *Lundis*, XIII, 192.
(3) Voy. *Œuvres complètes de Saint-Amant*, éd. Livet, 1855, I, 287 sq.

amis? Son dernier éditeur dit que, au plus fort de ses débauches, il avait conservé pour la religion un respect qui ne le quitta jamais (1). Nous craignons qu'on n'ait pas suffisamment distingué l'une de l'autre les deux moitiés de cette existence, la première où règne avec la passion du vin, l'indifférence pour les choses religieuses, et la seconde où, blasé sur les aventures, fatigué peut-être de ses grossiers plaisirs, il se prend d'ambition, aspire à troquer son grenier contre une abbaye, et, pour l'obtenir, comme pour justifier le surnom de « Gros Virgile » qu'il se donnait, écrit son épopée du *Moïse sauvé* (1653). A travers des descriptions agréables, le sublime s'y efforce en vain de sortir du cabaret. De tels vers étaient un moindre titre à la faveur qu'il n'obtint point que le chemin de Damas qu'il feignit d'avoir trouvé et qu'il trouva peut-être à force de le feindre. C'est un « retour de cœur » plus ou moins sincère qui se voit dans ses stances « au noble et cher Corneille », et dans sa traduction en vers de *l'Imitation*, dont Sainte-Beuve, qui paraît l'avoir lue, nous dit que le sujet ne l'inspira pas (2).

Le vrai Saint-Amant, c'est celui que les goinfres proclament leur chef, se vantant d'avoir avec lui fait l'orgie ou simplement trinqué (3). A ces rapports quasi quotidiens les rouges-trognes, piliers de cabaret, devaient leur passagère notoriété. Ils se sentaient relevés à leurs propres yeux en coudoyant les turbulents de la Fronde, les familiers du coadjuteur, tous ces gens de plus haute lignée dont Mme de Sévigné ne parle qu'avec indulgence. Saint-Amant, dans son poème de *la Vigne* (1627), passe en revue les compagnons morts et vivants de ses débauches : Théophile, Bilot, Molière d'Essartine, le baron de Saint-Brice, Chassaingrimont, Belot, Marigny, Faret, Brun, Bardin « de l'Académie » toujours! Grandchamp, Butte, Lamotte, Châteaupers (4).

(1) Ch. Livet, *Œuvres complètes de Saint-Amant*, I, 14.
(2) *Lundis*, XII, 189.
(3) « Le poète se tuoit de leur dire qu'il avoit vu Corneille, qu'il avoit fait la débauche avec Saint-Amant. » (Scarron, *Roman comique*. Ire part., ch. VIII).
(4) Voy. Bernardin, p. 104.

Mais à cette liste des amis les plus près du cœur ou du coude, combien d'autres noms à ajouter! Ils ont déjà, pour la plupart, défilé sous nos yeux (1). A les reproduire nous aurions l'air d'en vouloir grossir le nombre, comme on fait des figurants dans une pompe de théâtre. Ce sont tous ou poètes sans tenue, imaginations sans règle, écrivains sans style, sans art, sans sérieux, mais non sans force, ou gens du monde qui aspirent trop souvent à descendre. Parmi ces derniers, nommons Harcourt, Marie de Gonzague et Christine de Suède, Retz le Bonhomme, Gesvres, Tilly, Du Maurier, Nervèze, Puy-Laurens, le maréchal de Belle-Isle. On voit bien ceux qui, aux heures critiques, durent servir de couverture aux goinfres libertins contre les colères de la cour et de l'Église.

Des premiers, des poètes qui ne doivent qu'à leurs vers et à l'orgie l'honneur d'être mentionnés quelquefois, nous n'en citerons que deux. Jacques Le Carpentier de Marigny, natif du Nivernais, est peut-être, a-t-on dit, le seul poète de la Fronde, avec Blot son émule, qui méritât d'échapper à l'oubli. En vérité, le mérite-t-il ? On l'appelait « le cuistre de Saint-Amant ». Médiocre reflet de son modèle, improvisateur comme lui, il plaisait plus par sa gaieté de gros réjoui et pour les bons mots qui l'exposaient au bâton, que pour ses vers grands ou petits. Épicurien tranquille, sceptique indifférent, il ne recule point à invoquer les livres saints et Moïse, quand il veut, en bon partisan de Condé, soutenir que tuer un tyran, c'est-à-dire Mazarin, n'est pas un crime. Son poème du *Pain bénit*, s'il est une impiété, l'est tout juste autant que *le Lutrin*. Chez Marigny, comme chez ses camarades, l'épicurien pratique domine : il n'est rien qui ne le ramène au cabaret. « Pour moi, Monseigneur, écrit-il au duc d'Enghien, tandis que vous vidiez toutes les difficultés de la plus subtile philosophie, je vidois tous les plus grands verres d'un buffet (2). » Il ne rougit pas de ses goûts, mais il en conçoit de plus relevés et il sait marquer les distances.

---

(1) Voy. notamment, p. 220.
(2) H. Babou, *Notice sur Marigny* (*Les Poètes français*, II, 609-614).

Au contraire, Nicolas Faret (1600-1647), chansonnier et poète crotté, proteste contre sa réputation d'ivrogne. « Jamais, écrit-il, je n'ai exposé ma raison au hasard d'être surprise d'aucun excès... Cependant je ne sais comment il s'est rencontré que mon nom par malheur rime si heureusement à *cabaret* que les bons et les mauvais, mes amis et les inconnus, confusément et avec même liberté, se sont servis de cette rime qu'ils trouvoient si commode et l'ont rendue si publique que la plupart de ceux qui ne me connoissent pas bien, s'imaginent que je suis quelque bouchon de taverne ou quelque goinfre qui ne désenivre jamais (1). » Boileau était donc excusable, lui qui rimait avec tant de peine, de céder à la tentation dont parle Faret (2), puisque Saint-Amant, un ami pour qui la rime n'était qu'un jeu, y succombe pareillement, et confesse Faret en se confessant lui-même :

> O bon ami, ô cher Faret,
> Qu'avec raison tu la méprises (la ville d'Évreux) !
> On y voit plus de cent églises
> Et pas un pauvre cabaret (3).

Il y a des écrivains qui attestent la sobriété de ce goinfre, malgré lui, et il est juste que le doute lui profite (4).

Il aurait pu tout aussi bien figurer parmi les épicuriens du règne précédent. Boisrobert l'avait mis à la source de la fortune en le présentant à Richelieu. Ce « moucheron de taverne, » ainsi le nommait Garasse, un très gros moucheron, en tout cas, de fort bonne mine et haut en couleur comme Saint-Amant et Marigny (5), avait débuté dans les lettres à l'âge de vingt et un ans, par une traduction d'Eutrope dédiée à l'évêque de Marseille (6), ce qui n'était pas d'un libertin militant. Mais il n'était pas d'un croyant non plus de reprocher à Évreux sa pléthore d'églises et sa pénurie de

---

(1) *L'honnête homme*, éd. de 1634, p. 143, dans Bernardin, p. 104, note 1.
(2) *Art poétique*, I, 21.
(3) Voy. dans Boileau, *Art poét.*, ibid., note 1, éd. Géruzez.
(4) D'Alibray en tête de ses *Œuvres poétiques*, et Boissière dans sa *Satire de la pauvreté des poètes*. Voy. Bernardin, p. 104, note 1.
(5) Voy. Pellisson, *Histoire de l'Académie*.
(6) Voy. abbé Urbain, *Nicolas Coeffeteau*, 1896.

cabarets. Notre homme est donc à ranger avec tant d'autres parmi les joyeux indifférents.

Appartenant au cercle de Conrart, il entrait à l'Académie lors de sa fondation. Il passait même pour en avoir dressé le projet. C'est encore sous Richelieu qu'il suivit, avec Saint-Amant, le comte d'Harcourt en sa campagne maritime. Déjà il avait mis au jour le principal de ses écrits, *l'Honnête Homme*, simple manuel de civilité puérile et honnête, d'où il appert que l'instruction, dans ces temps-là, ne se trouvait que chez les maîtres de l'Université, les juges, les avocats, les médecins, et l'on n'ignore pas de quelle faible valeur était ce savoir. Mais cet ouvrage n'avait pas suffi pour tirer l'auteur de la pénombre. Si l'on parle quelquefois de lui, ce ne peut-être qu'à propos de Saint-Amant, dont il est le satellite. Chez lui, l'écrivain et le libertin se valent : ils sont bien effacés tous les deux.

IV

Celui des goinfres qui est l'honneur du groupe, si tant est qu'à propos d'eux on puisse parler d'honneur, c'est Chapelle, ami illustre, quoiqu'il n'ait presque rien écrit, de nos plus grands écrivains (1626-1686). Ce bâtard légitime du libertin Luillier, dont il perpétuait l'humeur et l'esprit (1), avait sa réputation bien établie. « Chapelle qui se gorge », dit un couplet (2). A cet égard, il ne se distingue des compagnons de sa jeunesse que parce qu'il n'a pas, comme eux, vécu dans la misère. Ce ne fut point sa faute, il y courait à grandes guides. Son père en était réduit à lui payer sa pension par quartier, et ses tantes à le faire enfermer pour inconduite (3). Mais c'est un dissipateur relatif et modéré, si l'on ose dire, ou plutôt qui ne tarda pas à mettre de l'eau dans son vin. A-t-il, six ans plus tard, réalisé l'héritage paternel, il est assez

---

(1) Tallemant, IV, 198.
(2) Voy. ce couplet dans le Comment. à Tallemant, IV, 197.
(3) Voy. P. Mesnard, p. 40.

sage pour se contenter de six mille livres de rentes, et assez épicurien pour ne demander à la vie que ses agréments. A vrai dire, c'est au cabaret qu'il les va chercher (1), tant que le cabaret reste ouvert. Se ferme-t-il, vers 1665, on nous assure que Chapelle ne sortit plus des tavernes. L'exagération est évidente, puisqu'on le voit deux ou trois fois par semaine en compagnie de Racine, de Boileau, de La Fontaine, de Molière, dans d'étroites réunions, fermées aux profanes (2). S'il fait encore avec eux la « débauche », cette débauche à l'eau de rose et presque sacrée a sa place dans notre histoire littéraire. Reconnaissons, d'ailleurs, qu'avec d'autres le fils de Luillier se débraille davantage, se retrempe mieux aux impures sources où a bu sa jeunesse, au château d'Anet par exemple, et à l'hôtel du Temple, chez les Vendôme. Passer, d'un instant à l'autre, des plaisirs délicats aux plaisirs grossiers ne lui déplaisait point. Il y a des gens qui se divertissent de tout et trouvent du temps pour tout.

Chapelle, cela soit dit à sa louange, en trouvait beaucoup pour les lettres. Il n'est resté de lui que quelques vers griffonnés ici et là sur un coin de table, pour payer son écot, et le court récit, bâclé en collaboration, d'un voyage qui ne serait aujourd'hui qu'une promenade et qui était alors une affaire. Si ce peu a suffi pour que Chapelle devînt le maître de Chaulieu, comme Chaulieu le fut à son tour de Voltaire (3), il n'en reste pas moins pour nous ce que nous appelons un « amateur », un *dilettante*; mais il l'est avec une supériorité qui avait séduit ses contemporains. Pour le Père Bougerel, il est « un des plus beaux esprits du siècle (4) ». Bernier, dans l'épitaphe qu'il consacre à « l'aimable philosophe », l'apprécie comme suit : « Jamais la nature ne fit une imagination plus vive, un esprit plus pénétrant, plus fin, plus délicat, plus enjoué, plus agréable (5) ». Ce sont, il faut le reconnaître, deux gassendistes qui portent aux nues le disciple chéri de

---

(1) Voy. sa lettre au marquis de Jonzac.
(2) Louis Racine, *Mémoires sur la vie et les ouvrages de Jean Racine*.
(3) Voltaire à Chaulieu, 15 juillet 1716.
(4) *Vie de Gassendi*, p. 89.
(5) Voy. cette épitaphe au *Journal des Savans*, 1 juin 1688.

Gassendi, et il est trop certain que ce mobile esprit, qu'il avait fallu retirer des Jésuites pour le tourner vers la médecine, d'où il se détournait bientôt vers le *far niente* littéraire, ne tira pas de plus grand profit des leçons du maître que la connaissance et l'amour des lettres, que ce goût infaillible qui « à l'ombre reconnoissoit le fat et le tournoit en ridicule (1) ».

On a prétendu que, s'il écrivait peu, c'était pour ne pas profaner son idéal de perfection (2) : simple et gratuite hypothèse de raffiné. Chapelle n'était nullement tourmenté de l'idéal. Paresseux, ami des plaisirs terre à terre, il débitait son talent en menue monnaie de bons mots presque innombrables (3), dont la justesse lui faisait pardonner le mordant. Si Molière a pu quelquefois s'en trop ressentir, aurait-il pu oublier que Chapelle, non content de saluer en lui, comme Boileau, « le meilleur écrivain du règne », l'avait sacré « grand homme » ? Pouvait-il ne pas priser très haut le juge sûr qui dans « le sac ridicule de Scapin » reconnaissait encore « l'auteur du *Misanthrope* », et ne lui reprochait pas d'avoir

Sans honte à Térence allié Tabarin?

Cet amateur léger, cette fine abeille se posait aussi sur les fleurs sévères de la philosophie, mais à sa manière, *inter* ou *post pocula*. Il discutait avec ses amis et ses commensaux, leur exposait le système de Gassendi, continuant, quand ils lui avaient quitté la place, avec le maître d'hôtel (4), ou prenant pour arbitre, sur un bateau, contre Molière qui soutenait Descartes, un simple frère lai (5). Arbitre lui-même ou combattant, il tenait également bien les deux rôles. Il fut aussi comme un trait d'union en poésie entre Marot et Chaulieu, en philosophie entre Gassendi et

---

(1) *Journal des Savans*, 7 juin 1688.
(2) H. Rigault, III, 11.
(3) On peut les voir dans les *Mémoires pour la vie de Chapelle*, insérés dans l'édition de 1755.
(4) Voltaire, note de sa lettre à Chaulieu, 15 juillet 1716.
(5) Grimarest, *La vie de M. de Molière*, 1705 ; P. Mesnard, p. 42.

Voltaire. Quant à exercer sur son temps une forte action, il ne le pouvait, étant l'homme des petits cénacles et ne s'adressant guère au grand public.

Son libertinage est bien moins intense que celui de son père. Il n'est point rare dans les familles que la jeunesse, fatiguée de ce qu'on ressasse à ses oreilles, en prenne le contre-pied. Certains vers de Chapelle, notamment ceux qu'il a écrits dans sa prison, trahissent l'esprit fort ; mais ce qu'il a de plus précis à cet égard, c'est un mot du Père Bougerel : « Ce poète, dit-il, ne connoissoit d'autres divinités que celles de la fable (1) ». Or, regardons-y de plus près. Si le fils de Luillier maudit les moines, c'est parce que, au lieu de chair, ils mangent du pain d'orge et des œufs. Il parle, sans y penser, le langage chrétien de son maître. Il dit volontiers : « par la grâce de Dieu ». A-t-il peur? il fait le signe de la croix. Quand un pays ne lui plaît pas, il fait des vœux à la Divinité pour ne le revoir jamais (2), ce qui pouvait bien ne dépendre que de sa volonté. Simples habitudes de langage, dira-t-on. Elles prouvent du moins que dans ce ferme gassendiste il n'y avait pas l'étoffe d'un fanatique à rebours.

Nous le retrouverons plus loin, en parlant de l'école. Pour le moment, avant de le quitter, il faut joindre à son nom celui de Bachaumont (1624-1702). Ce collaborateur d'une heure s'est si bien fondu avec lui qu'on ne saurait distinguer la part de chacun dans l'œuvre commune. De ses œuvres personnelles, nous ne soufflerons mot. N'a-t-on pas dit qu'elles tiendraient dans une coquille de noix (3)?

Ce fils du président à mortier Le Coigneux aurait voulu que la gloire de Chapelle n'étouffât pas la sienne. « C'est pourtant moi, disait-il tout bas à Voltaire, qui ai fait les plus jolies choses du *Voyage* (4). » — Le plus clair de sa renommée propre sera toujours d'avoir donné à l'histoire les

---

(1) *Vie de Gassendi*, p. 311.
(2) *Voyage de Chapelle et Bachaumont*, p. 57, 22, 39.
(3) V. Fournel, p. 139.
(4) Voltaire à Chaulieu, 15 juillet 1716.

deux mots de « Fronde » et de « Frondeurs ». Conseiller au parlement de Paris, il avait eu pour s'y conduire les mauvaises leçons, les mauvais exemples de son père. Tallemant signale les orages de sa jeunesse et même une escroquerie effrontément aggravée par un mot cynique. Paresseux comme son compère, il se démet de sa charge pour vivre dans le plaisir avec lui, avec les épicuriens du Marais, surtout avec les frères Broussin. A l'un de ces derniers est adressé le *Voyage*, et c'était un libertin caractérisé, s'il faut en croire ces vers :

> Broussin, dès l'âge le plus tendre,
> Possède la sauce Robert,
> Sans que son précepteur lui pût jamais apprendre
> Ni son *Credo* ni son *Pater* (1).

Moins compromis que ce Broussin dans le libertinage, Bachaumont ne l'est même pas autant que Chapelle. De loin il avait prévu et préparé sa conversion plénière, dont il n'était d'ailleurs pas si pressé qu'il ne l'ajournât à sa dernière heure. Un honnête homme, disait-il, doit vivre à la porte de l'église et mourir dans la sacristie (2).

Boileau et ses immortels amis n'avaient pas pour Bachaumont la même faiblesse que pour Chapelle, ce qui tranche entre eux la question de préséance et de rivalité. Ils ont trop peu fait l'un et l'autre pour que les goinfres aient pu voir dans l'un ou dans l'autre le barde de leur groupe. Celui à qui ils en donnaient le nom, c'était François Payot, chevalier de Linières (1628-1704). Étant du monde en sa qualité de fils d'un conseiller au Grand Conseil, sa jolie figure, son esprit prompt, ses manières séduisantes, ses chansons agréables, ses épigrammes piquantes et souvent justes lui avaient assuré un vif succès, surtout parmi les femmes. S'il était exclu des réunions d'Auteuil, c'est qu'il avait moins de tenue encore dans sa vie que Chapelle, et qu'il allait plus loin dans ses opinions. N'ayant pas su se

---

(1) Vers de Reminiac, cités par Voltaire, *Dict. phil.*, art. SUPPLICES.
(2) Voy. *Lundis*, XI, 37; Le Bas, *Dict. encycl. de la France*, 1840; Lenient, *Bayle*, p. 4.

ménager des ressources, il vivait d'emprunts; il dépensait
à table l'argent emprunté; entre deux verres de vin il rimait
des couplets contre le bénévole prêteur, qui n'était autre,
à l'occasion, que le rude mais excellent Boileau. Boileau
se vengeait en l'appelant le « poète idiot de Senlis (1) », et
peut-être, ce qui était plus dangereux, « l'athée de Senlis (2) ».
Veut-on que ce dernier mot ne soit pas du satirique ? On
ne saurait lui retirer les vers suivants, où il désigne ceux de
son débiteur et son débiteur lui-même pour le bûcher :

> Linière apporte de Senlis
> Tous les mois trois couplets impies.
> A quiconque en veut dans Paris
> Il en présente des copies.
> Mais ses couplets tout pleins d'ennui
> Seront brûlés même avant lui (3).

La langue, la plume, ont, chez les meilleurs, de ces intempé-
rances étourdies.

L'apologie du chevalier par Mme des Houlières est encore contre lui un acte d'accusation, car que vaut d'être
défendu par un complice? Cette aimable femme n'était
pas non plus, nous le verrons, en odeur de sainteté.

> On le croit indévot; mais quoi que l'on en die,
> Je crois que, dans le fond, Tircis n'est pas impie.
> Quoiqu'il raille souvent des articles de foi,
> Je crois qu'il est autant catholique que moi.
> Pour suivre aveuglément les conseils d'Épicure,
> Pour croire quelquefois un peu trop la nature,
> Pour vouloir se mêler de porter jugement
> Sur tout ce que contient le Nouveau Testament,
> On s'égare aisément du chemin de la grâce.
> Tircis y reviendra, ce n'est que par grimace
> Qu'il dit qu'on ne peut pas aller contre le sort.
> Il changera d'humeur à l'heure de la mort (4).

Cet oracle rendu en si mauvais vers était du moins plus
vraisemblable que celui de Boileau. Nous ne saurions dire

---

(1) Ép. VII, v. 89.
(2) Voy. Viollet-le-Duc, éd. de Boileau, 1823, à l'index.
(3) *Poésies diverses*, n° 18, éd. Viollet-le-Duc, p. 255.
(4) *Portrait de M. de Lignières*, 1658. Œuvres de Mme des Houlières, 1754,
t. I, p. 7.

si l'événement le confirma ; mais c'est un bon billet d'orthodoxie que Mme des Houlières nous baille là ! Si l'on ne supporte pas les Gracques se plaignant de la sédition, les supporterait-on mieux plaidant en sa faveur les circonstances atténuantes ?

V

Pour rencontrer, parmi les gens de lettres, des libertins plus consistants que les goinfres, il faut tout d'abord aller aux burlesques. Chez eux on trouve une doctrine ou quelque chose d'approchant.

Le goût du burlesque a été, en France, dans la première moitié du XVII° siècle, comme une épidémie ; mais il est aussi ancien que le monde et on le trouve dans tous les temps. Il s'explique par l'éternelle loi d'action et de réaction, par le besoin de passer « du grave au doux, du plaisant au sévère », et pour tout malade, autant vaut dire pour tout homme, de se retourner sur son lit de douleur ou d'habitude. C'est ainsi que les anciens ont eu la *Batrachomyomachie*, le *Margitès*, l'*Apocolokyntose* ; le moyen âge les farces de notre théâtre primitif, les facéties irrévérencieuses qui se glissaient jusque dans nos Mystères, vieux fonds gaulois qui se retrouve, aux approches de la Renaissance dans Rabelais, à la fin du XVI° siècle dans la *Satire Ménippée* et certaines œuvres d'Agrippa d'Aubigné ; au XVII° dans Tabarin et le trio fameux de Gautier Garguille, Turlupin, Gros-Guillaume.

Quant au « genre » burlesque, né en Italie, il vint en France à la suite des deux reines dont les Médicis nous firent le triste présent. Il y fut ravivé par les Espagnols d'Anne d'Autriche, imitateurs bien avant nous de Berni et de son école (1). Marin Quevedo et autres donnaient alors le modèle de compositions burlesques où la singularité du

(1) Lazarille de Tormes était traduit en français dès 1560, par Jean Sanguin. Voy. Morillot, p. 143.

fond le dispute au caprice de l'expression (1). Comme il nous est arrivé si souvent, nous crûmes à une importation exotique, quand nous rentrions dans notre bien. Nous le crûmes encore le jour où notre naïf La Fontaine se flattait de nous apporter du nouveau en imitant Boccace, imitateur lui-même de nos fabliaux oubliés. Importé chez nous, le burlesque y prospéra parce qu'il était la mode, parce qu'on aime l'inconnu, parce qu'on était las « de Ronsard trop antique, de Malherbe trop pédant, du genre précieux trop envahissant (2) » et trop despotique. Ce fut le réactif, l'antidote, le retour au naturel, c'est-à-dire à la nature, et, par là, le burlesque paraît bien être l'allié du libertinage.

Malheureusement, il fut d'abord une exagération, puis il devint une idée fausse. L'exagération était inévitable : on ne combat guère avec vaillance qu'en allant trop loin dans la lutte. L'idée fausse, c'est qu'on crut que tout pouvait prêter à rire. Or la dignité de la comédie tient à ce qu'elle ne fait rire que de ce qui est vraiment risible ; elle respecte ce qui est respectable, tandis que pour le burlesque cette limite n'existe pas : il recherche un contraste brutal entre le sujet et les personnages, entre leurs sentiments, leurs paroles et leurs actes. De notre temps, la frivole opérette nous a remis sous les yeux ce travers littéraire : si elle nous a parfois égayés, nous nous sommes reproché notre gaieté. Abaisser ce qui est élevé, rendre vulgaire ce qui est noble est une besogne dégradante et malsaine. Comme on finit toujours par s'en apercevoir, le succès du burlesque ne pouvait qu'être passager. Mais tant qu'il dura, l'opposition y vit un moyen de protester contre tout ce qui fatiguait et opprimait, une arme de guerre appropriée à la finesse narquoise, pleine de bon sens, mais parfois terre à terre, de cet esprit français qui si vivement saisit le ridicule des choses, et le tue en se jouant. Fait à l'image de la Fronde, qu'il avait précédée, poussé jusqu'à la caricature par cette génération qui riait de tout, le burlesque régna vingt ans, de 1640 à 1660.

(1) Th. Gautier, *les Grotesques*, art. SCARRON, p. 335 sq.
(2) *Lundis*, V, 256.

Que les écrivains qui en firent chez nous un genre littéraire fussent libertins de mœurs et d'idées, on n'en saurait douter. Ils s'inspiraient des Italiens, « gens qui, disait Naudé, pénètrent le plus avant qu'il leur est possible dans la nature et ne croient rien plus (1) ». Ils aimaient à rire, et nulle part on ne riait plus largement qu'au cabaret. Nulle part on ne s'écartait davantage de cet esprit religieux dont le mérite est de prendre au sérieux les hommes, les choses, les problèmes. Parmi les buveurs s'insinuaient doucement les idées libertines ; ils excellaient à les présenter sous une forme plaisante, où l'Inquisition aurait eu peine à constater et à poursuivre l'esprit de propagande.

Saint-Amant s'attribue la gloire, si gloire il y a, d'avoir délivré au genre, dans le royaume de France, ses lettres de naturalisation. Reçu de l'Académie, il avait tenu à être exempté du discours et même de l'assiduité aux séances, offrant de payer son écot en se chargeant, pour le Dictionnaire, des termes « grotesques (2) ». « J'ai voulu, écrivait-il, en prendre la place (celle du chef de l'école) le premier, afin que, si quelqu'un y réussit mieux après moi, j'aie à tout le moins la gloire d'avoir commencé (3). » Lui-même il se limite donc au rôle de précurseur, et, en effet, il n'est point un burlesque pur comme Berni ; l'héroïque a une part dans ses vers, comme dans ceux de Tassoni chez les Italiens.

Le vrai chef, est-ce d'Assoucy ou Scarron ? Les dates, à cet égard, ne nous apprennent rien : ils sont à peu près du même âge. D'antériorité chez l'un d'eux on n'en voit pas. Mais il n'y a qu'eux : point de troisième larron. « Hors de deux personnes dont la France veut que je sois l'un, écrit d'Assoucy, chacun sait que tout ce qui s'est mêlé de ce burlesque n'a fait que barbouiller du papier (4). » Naturellement entre les deux qui s'élèvent au-dessus du barbouil-

---

(1) *Naudæana*, p. 6, 8.
(2) *Grotesque* (de *grutta*, grotte découverte par les fouilles et ornée de peintures inconnues) était le mot employé avant *burlesque* (de *burla*, plaisanterie). Voy. Th. Gautier, *les Grotesques*, et V. Fournel, p. 277.
(3) Préface du *Passage de Gibraltar* (*Œuvres complètes*, I, 86).
(4) Cité par Morillot, p. 155, note 3.

lage, nulle hésitation chez ce grand vantard : il s'intitule pompeusement « l'empereur du burlesque, premier du nom ». Il est fâcheux pour lui que son avis intéressé ne puisse prévaloir contre celui des bons juges qui, à sa barbe, l'appelaient « le singe de Scarron (1) » ou s'étonnaient qu'il trouvât des lecteurs (2). Débarrassons-nous donc du faux empereur avant d'arriver au vrai, sensiblement plus digne de nous arrêter.

Charles Coypeau (vers 1604-1679) — car d'Assoucy n'est qu'un pseudonyme, — portait sur toutes choses son outrecuidante vanterie. Il se targuait d'avoir été le maître de ce spirituel Chapelle qui ne voyait en lui qu'un singe, et l'ami de ce grand Molière qui n'aurait pas dédaigné, à l'entendre, de collaborer à une de ses chansons. Fils d'un avocat au parlement, attaché au service de Mademoiselle, fille de Henri IV et femme du duc de Savoie, chargé de divertir Louis XIII, puis Louis XIV enfant, ce qu'il faisait en leur débitant des vers burlesques, sans doute de son cru, il était goûté de la cour comme poète et aussi comme musicien, à la fois compositeur et exécutant sur le luth. Corneille lui demandait la musique de son *Andromède*, admirait des airs « qu'Apollon, disait-il, ne peut ouïr sans envie (3) », et, moins bon juge que Chapelle ou Boileau, lui faisait un mérite d'avoir, dans son *Ovide en belle humeur*, paré d'attraits nouveaux le poète des *Métamorphoses* (4). Complaisance excessive de collaborateur, c'est clair ; mais encore prouve-t-elle que Corneille n'était pas mécontent de la collaboration, et que tout n'était pas mauvais chez d'Assoucy. En dehors des doubles croches, il avait une verve divertissante, il contait joliment, il semait ses récits de traits parfois piquants, souvent salés.

Il fréquentait fort les libertins, sans toutefois s'associer à leurs témérités de langage. Il aimait mieux affiler prudem-

---

(1) *Voyage de Chapelle*, etc.
(2) Boileau, *Art poét.*, I, 89.
(3) *Œuvres complètes* de Corneille, éd. des Grands Écrivains, t. X, p. 132.
(4) Sonnet à d'Assoucy. *Ibid.*, X, 124.

ment « sa lame, — c'est lui qui parle, — contre une longe de veau, une pièce de bœuf... et faire la dissection d'une éclanche de mouton,... heureux, cette dissection faite, de voir au fond d'un plat nager les pièces encore demi-sanglantes dans une chopine de jus (1) ». De son aveu, il n'était donc qu'un goinfre, un libertin bassement pratique, et il semble l'avoir été plus qu'il ne consent à le dire. On prétend que, grand voyageur, il ne se mettait en route qu'escorté de deux pages. Loret dit qu'à Montpellier il aurait été condamné au feu pour sodomie. Trouverait-on traces de cette sentence aux archives montpelliéraines? Sinon, il faut se tenir sur la réserve. De telles imputations sont toujours faciles, et d'Assoucy le prouvait bien en les retournant contre Chapelle qui avait abusé, pour le dénigrer, de ce bruit peut-être sans fondement.

Le Saint-Siège, en tout cas, semble l'avoir ignoré, car si le poète connut à Rome les prisons du Saint-Office, c'est uniquement pour quelques phrases mordantes contre des prélats en crédit, et il en sortait triomphalement, par ordre du pape qui le comblait d'indulgences, de bénédictions, de médailles, juste récompense de la piété dont il faisait étalage sous les verrous : il y avait composé des *Pensées sur la Divinité*. De retour à Paris, reparaissait le vieil homme : c'est pour ses mœurs plus que pour ses vers qu'il fut jeté à la Bastille. De puissants protecteurs le préservèrent d'y rester plus de six mois. Il ne devait, au surplus, jouir que quatre ans de sa liberté recouvrée. Il mourut, dit-on, dans la misère, des suites de ses débauches (2). Pour médaillé pontifical qu'il fût, l'Église ne paraît pas avoir été jalouse d'enrégimenter ce grand pécheur dans la phalange innombrable des ouvriers de la dernière heure. C'est peut-être ce qu'il y a de plus accablant dans les témoignages portés contre lui.

---

(1) *Aventures burlesques*, t. I, ch. v, 1677, p. 136-146.
(2) Voy. Goujet, *Bibl. fr.*, XVIII, 15-52; Le Bas, I, 149; Flögel, *Geschichte der Burlesken*.

VI

Le véritable empereur du burlesque, le saint, le patron du burlesque, comme l'appelle Loret, c'est le cul-de-jatte Scarron (1610-1660). De son *Typhon* (1644) et de deux autres recueils de ses vers, également antérieurs à la Fronde, date l'acclimatation du genre dans le royaume (1). Quand s'élèvent les barricades, il mène le chœur des poètes qui mettent dans la circulation quatre ou cinq mille mazarinades, des gazettes, des courriers sans nombre, Loret, Saint-Julien, Subligny, Colletet et les imitateurs qui travestissent, en patois à l'occasion, le *Virgile travesti*. « Tout le monde se mêle d'écrire en ce genre, dit Pellisson, jusqu'aux femmes de chambre et aux valets. » On ne voit plus que vers de huit syllabes. La chaire même verse dans l'ornière : le petit Père André y patauge vingt ans sans rival (2).

Scarron est bien l'Homère qu'il fallait à cette guerre bouffonne de la Fronde. Il est le chef des auteurs déclassés, des adeptes de la dive bouteille, des indépendants qui se refusent à toute règle commune, de cette armée confuse, turbulente, indisciplinée, faite pour l'attaque d'une position plus que pour la défense d'un principe, et qui s'attaque uniquement aux personnes. Mais ceux qui le suivent le compromettent, car seul parmi eux il a de l'esprit. « Jamais genre ne fut plus pauvre en hommes et plus riche en pauvretés (3). »

Et pourtant Boileau n'a pas même fait mention de ce flambeau par comparaison si éblouissant, de cet improvisateur si gai, de cet observateur sagace des réalités extérieures, de ce continuateur ou restaurateur des Villon et des Marot, de ce narrateur dont *le Roman comique* n'a point d'égal dans

---

(1) Voy. Morillot, p. 78, 151. Sur Scarron nous ne saurions mieux faire que de suivre cet excellent ouvrage.
(2) Boileau a montré l'abus. Voy. *Art poét.*, II, 121, 138.
(3) Morillot, p. 155.

son temps. La raison de ce silence n'est pas que le cul-de-jatte ait trop cultivé le badinage, ni même qu'il y ait trop mêlé la grossièreté ; il faut la voir dans la crainte de déplaire à sa veuve devenue toute-puissante et fort chatouilleuse sur tout ce qui touchait à son passé. Scarron est, en somme, un des rares poètes français dont on puisse dire, comme de Ronsard, de Malherbe, d'Hugo, qu'il a été chef d'école.

Le libertinage, dans son œuvre, n'est pas beaucoup plus sérieux que toutes les fariboles qu'il y débite. S'il y en a quelques traces avant son mariage, elles disparaissent après, et elles ne furent jamais ni bien nombreuses ni bien profondes. Elles ne le sont pas beaucoup plus dans sa vie. C'est pourtant là qu'il faut les chercher, puisqu'il a été plus ou moins un libertin pratique, et qu'on admet que derrière la pratique marche la théorie, fût-ce *pede claudo*.

Infirme et difforme, avant sa trentième année, d'un remède mal appliqué, ce petit chanoine du Mans, gras et replet auparavant comme il convenait à son état, avait produit son rabat chez Marion de l'Orme, avec une élégance gracieuse qui ne fut bientôt plus sensible que dans ses écrits. Il avait fait partie d'une bande joyeuse de libertins goinfres et rouges-trognes, dont il était le boute-en-train. Auprès de son père il avait sucé les principes de la philosophie cynique, et « il y mêlait un stoïcisme railleur qui relève son caractère personnel sans ennoblir son langage et sa pensée (1) ». Célibataire encore, et l'on aurait bien cru pour toujours, il tenait déjà un salon, très différent des autres, car on ne s'y réunissait point pour avoir plus de tenue qu'au cabaret. Ses amis de jeunesse ont été, pour la plupart, nommés dans les pages qui précèdent. Ce sont, avec Cinq-Mars et peut-être Retz, seuls célèbres, Alphonse d'Elbène, seigneur de La Mothe ; Rosteau, Potel le Romain, — de son vrai nom Le Parquet (2), — le bon Deslandes-Payen, Charles Beys, Flotte, des conseillers au parlement soi-disant

(1) Ch. Giraud, *l.* cccviii.
(2) Voy. son historiette dans Tallemant.

graves, tels que d'Artigues, « dont les chansons ont tant d'esprit (1) ».

D'eux tous Scarron était peut-être le moins libertin, au sens intellectuel du mot. Certes, il ne fut jamais un parfait chrétien. Il s'est toujours défendu d'être « un petit saint en gerbe », et vraiment il n'avait pas besoin de s'en défendre. Sa religion est plus proche du sensualisme de Gassendi son maître, dont il avait entrepris de traduire la *Morale*, que du spiritualisme de Pascal. La souffrance même et les infirmités ne le rappelaient point à la pensée de son salut : il jurait volontiers, il raillait les choses sacrées, il parlait légèrement de la mort et de la vie future (2); il écoutait impatiemment les prêtres et les religieux qui le félicitaient d'être « visité par la Providence ». Mais le chrétien imparfait aurait pu, à ses heures, ne point paraître éloigné de la perfection. Il croyait en Dieu et il allait à la messe. Quand il en fut empêché, il se la fit dire chez lui, rue d'Enfer, devant un petit autel qu'il avait fait dresser. Il parlait mal des protestants. Il sollicitait de la reine une édition de la Bible et des Conciles. Il s'indignait contre ceux qui apportaient à l'église des sentiments profanes, et il appelait les prédicateurs, trop profanes à son gré, des « filous de dévotion ». A l'en croire, il aurait mis fin à ses maux par le suicide, s'il avait cru que ce fût permis. Et quand il fit un sort à Françoise d'Aubigné en l'associant au sien, il ne lui suffit pas qu'elle eût des sentiments pieux, voire dévots, il exigea d'elle une seconde abjuration.

Une fois cette incomparable ménagère installée en son triste logis, le salon y change d'aspect et de personnel. Sans exclure les anciens habitués, dont les plus compromettants finiront par s'exclure d'eux-mêmes, elle en attire de nouveaux, dont un grand nombre appartiennent à la haute société. Ils savent qu'on ne joue point sous ces yeux vigilants et ils s'y résignent sachant qu'on y rit, qu'on s'y amuse, qu'on s'y détend de la tenue un peu gourmée qu'imposent la marquise de Rambouillet

(1) Morillot, p. 85, 86.
(2) Voy. Morillot, p. 85, 99, 100.

et ses imitatrices. Il fallut du temps à Mme Scarron pour guinder au ton de ces salons d'élite celui du poétereau qui s'ouvrait à tant de personnages titrés, amis de Condé, clients du coadjuteur, grandes dames, sans préjudice des petites, pourvu qu'elles eussent de la tenue et de l'esprit. Ne craignaient pas de s'encanailler avec Sarasin, Marigny, Chapelle, sans parler de Ménage et de Segrais, admis en bon lieu, Mme de Martel, parente aimable et spirituelle de Saint-Évremond, Mlle de Scudéry, Mme de La Suze, la fringante comtesse de Fiesque, la duchesse de Lesdiguières, Mme Foucquet, Mme de Sévigné. Parmi les hommes notons le comte du Lude, le poète président Maynard, Tambonneau, et surtout le chevalier de Méré.

Ce dernier, pétri d'esprit, mais « Voiture prolongé » à qui ses livres, selon Dangeau, « ne faisoient pas beaucoup d'honneur (1) », était un familier de la maison. Grand admirateur, grand ami de la femme rare qui le transformait, peut-être (le bruit en courait) l'avait-il demandée en mariage, et il était resté son conseiller habituel, son mentor, et ce mentor d'une dévote était un épicurien de maximes suspectes. Nous avons vu qu'il appelait Épicure « un admirable génie ». Il disait que « la coutume fait toute l'équité », et que « si nous devons quelque chose aux coutumes des lieux où nous vivons, quoique ces coutumes soient mauvaises, nous ne leur devons que l'apparence », ce qui ne l'empêchait pas, bien entendu, de se conformer en mourant à leur impérieuse loi (2).

Plus d'une fois dans son logis rehaussé par ses visiteurs de marque, Scarron dut regretter ses goinfres. Il lui arriva de célébrer

>Le plaisir qu'on a quand on mâche,
>Le seul que mes maux m'ont laissé,

et il s'écrie sans vergogne :

>Cher ami Potel, je suis pour la mangeaille,
>Il n'est rien tel qu'être glouton.

---

(1) *Journal de Dangeau*, 23 janvier 1685, t. I, p. 111.
(2) Voy. Sainte-Beuve, *Portr. litt.*, III, 120.

Or on mangeait désormais assez mal à sa table, « de pièces rapportées »; on y faisait cette « chère succincte » dont parle Marmontel, à propos des soupers plus intellectuels que gastronomiques de Mme Geoffrin. Le plus souvent c'était des pique-nique. Chacun apportant son plat, l'amphitryon, a-t-on dit, se réservait de fournir le sel (1). Encore de cette fourniture n'avait-il pas dû s'arroger le monopole. En tout cas, il n'y a plus rien chez lui de la crapule des piliers de cabaret, des débauchés de Saint-Amant.

Ce mélange curieux d'invités de tout acabit, de toute provenance, de tout rang, n'était pas aussi confus qu'il le paraît sur le papier : M. et Mme Scarron avaient des catégories. Tantôt ils s'écartaient des frondeurs, pour qui ils ressentaient peu de goût, tantôt ils s'en rapprochaient, lorsque le payement de la pension se faisait trop attendre. Ce reste d'homme avait le cerveau toujours bien vivant, savait ce qu'il voulait, gardait, d'ailleurs, dans sa misère, son enjouement connu, sa bonté trop ignorée au dire de sa femme, son fond excellent, sa probité à toute épreuve, son désintéressement sans exemple et non sans danger pour leur existence commune. « Voilà, écrit Françoise d'Aubigné, l'état du bien de ce pauvre homme qui avoit toujours quelque chimère dans la tête et qui mangeoit tout ce qu'il avoit de liquide, sur l'espérance de la pierre philosophale ou de quelque autre chose aussi bien fondée (2). »

Elle l'avait préservé, dans ce monde, du naufrage où il courait à pleines voiles; elle lui ouvrit les portes de l'autre, aidée en ce soin pieux par sa belle-sœur, la propre sœur du poète. N'eussions-nous pas le témoignage formel de celle-ci (3), tout ce que nous savons de la vie permettrait de dire ce que fut la mort. Devant ces deux messagères du ciel, de plus incrédules que lui eussent mis bas les armes. Il n'en est pas moins vrai que chez cet impénitent rieur, qui

---

(1) Morillot, p. 97, 99.
(2) A M. de Villette, 23 oct. 1660, dans Geffroy, Mme de Maintenon, 1887, I, 13.
(3) « Si quelque chose peut me consoler, c'est la fin qu'il a faite, qui est la plus belle du monde. » (Lettre autographe à M. de Nublé, avocat au parlement, oct. 1660. Bibl. imp. de Vienne, dans Morillot, p. 130.)

mariait la messe à la gaudriole et à la ripaille, la société qu'il avait su attirer et retenir, beaucoup moins étroite que celle des Scudéry, beaucoup plus largement mêlée que celle de Ninon, a été un des foyers de l'esprit satirique et libertin dans le sens philosophique atténué, de plus en plus atténué à mesure que Mme Scarron prenait plus d'empire.

Avec lui disparaît le burlesque, dont la caractéristique est le manque de respect. Louis XIV craint la tache d'huile. Qui ne respecte ni le Dieu du ciel ni ceux de l'Olympe, se prosternerait-il avec une dévotion suffisante devant le monarque représentant de la Divinité sur la terre? Aussi bien, le goût du plaisant à outrance ne pouvait être de durée. Le cul-de-jatte l'emporte avec lui dans la tombe, comme Corneille et Racine la tragédie, non toutefois sans cette différence essentielle que le genre très secondaire de Scarron ne reste pas consacré pour l'immortalité. Mais la gaieté disparaît aussi du siècle devenu majestueux et grave. Le froid Térence lui en donne toute la dose qu'il peut supporter. Molière lui plairait davantage s'il en avait moins. Quelques esprits des plus fins regretteront seuls cette bonne humeur; ils essayeront même de la retrouver. Le poète dont ils s'inspirent alors, c'est le maître du genre : Racine lit en cachette *le Roman comique* et le *Virgile travesti*; La Fontaine écrit avec Champmeslé sa comédie de *Ragotin*, et cela, notons-le bien, Mme de Maintenon régnant (1).

En somme, grâce à cet empereur burlesque et à ses sujets, la gaieté, la vie ont circulé plusieurs années en France. Si l'esprit est resté le privilège de l'un, les autres ont eu comme lui de la fantaisie, du naturel, de l'élan, du feu. Ce monarque littéraire n'est certes pas un grand prince, mais il est quelqu'un. Ce qui nous touche particulièrement ici, à peine libertin lui-même, il a, son règne durant, mené le chœur des plus impénitents libertins.

(1) Voy. Morillot, p. 182.

VII

Le burlesque, cependant, ne pouvait tout d'un coup disparaître. On en retrouve des traces chez ceux qui essayent de s'en défendre et qui croient s'en être bien défendus. Tel est Savinien de Cyrano-Bergerac (1619-1655) (1). A ce titre, il ne nous appartiendrait qu'à moitié ; mais comme il n'est pas à moitié mécréant, il nous appartient tout à fait. Il s'est frotté aux goinfres, sans prendre longtemps plaisir à leurs orgies ; dès l'âge de dix-neuf ans il se montre discret pour le manger, il ne boit presque plus de vin, il est plein de retenue envers le beau sexe, c'est son ami Lebret, avocat au Conseil, qui le déclare, sans admettre que ce soit pour le motif qu'on prête à Boileau. Écrivain, il n'échappe au burlesque que par l'extravagance qui justement y confine, et son humeur folâtre semble l'y ramener. Il a plus de verve et d'énergie que Saint-Amant ou Colletet, peut-être même que Théophile. Sa qualité maîtresse, — on dirait volontiers son défaut maître, — c'est une originalité trop prononcée pour ne pas être exclusive du goût. « Il avoit, dit Balzac qui n'a garde d'appuyer, des sentimens particuliers en toutes choses (2). »

Sa personne et ses écrits sont également extraordinaires. Son nez énorme appelle la plaisanterie ; mais qui se la permet la paye : plus de dix rieurs sont restés sur le carreau. Un regard trop prolongé est interdit (3). En rien, nulle part chez lui trace de règle ni de contrepoids. Insensé dans ses actes et sa vie d'aventures, tour à tour emphatique et plat dans son style, il n'est pas un fou de génie, comme l'a appelé Charles Nodier ; il est un détraqué riche de hardiesse et de cœur. On le vit, au moment critique, défendre Mazarin. Passionné pour la philosophie, il en parle sans

---

(1) Ainsi le nomme son éditeur de 1709 ; mais l'auteur de la préface, Lebret, son camarade d'études, l'appelle « M. de Bergerac », et lui-même signe « de Bergerac » sa lettre 24°. Voy. les Œuvres de M. de Cyrano-Bergerac, 1709. Préface et t. I, p. 105.
(2) Voy. P.-A. Brun, Cyrano, p. 38 et 75, note 3.
(3) Menagiana, III, 240.

cesse, et comme, assurément, aucun philosophe n'en a parlé (1). Ne le jugeons pas d'après d'Assoucy poursuivant en lui, de ses calomnies, le matamore dont les colères terribles l'ont poussé à mettre entre eux l'épaisseur des Alpes. Fol, mendiant, impuissant, parasite, épicurien, athéiste, telles sont les aménités de cet ancien ami (2). Elles ne tirent pas à conséquence.

Tout n'était pas folie chez ce fou agité. Il avait des parties sérieuses. Il choisissait souvent bien ses liaisons : Guy Patin, Naudé, La Mothe le Vayer, Chapelle, Gassendi. Résolu d'aller à l'école de ce maître vénéré des épicuriens, et se voyant refuser la porte, il l'enfonça, épouvantant de ses menaces ceux qui la gardaient. Une fois dans la place, il se fit pardonner sa violence en se montrant avide de savoir, doué de mémoire, apte à profiter des leçons reçues, qu'égayait l'imprévu de ses saillies (3).

Disciple respectueux et même enthousiaste, il restait néanmoins libre d'esprit, indépendant par la parole comme dans toutes ses actions (4). Il ne sacrifiait pas Descartes à Gassendi ; il amalgamait leurs doctrines aux siennes qui sont un chaos fumeux, et il était d'une franchise dont personne n'avait encore donné l'exemple. Il ne déguise pas sa pensée comme son maître ; il ne la met pas, comme Naudé, sur le compte de quelque ancien, et il ne l'engloutit point sous les flots débordants d'une érudition indigeste. Aussi sa netteté d'accent obtint-elle un succès mérité. L' « impression » se vendait en moins de rien. — Je m'en étonne, — disait Boisrobert au libraire. — Ah ! monsieur, répondait celui-ci, il y a de belles impiétés (5) ! — Mais l'impression, c'est-à-dire l'édition, ne restait pas longtemps en vente : la congrégation de l'Index y pourvoyait (6).

(1) Voy. J. Denis, p. 230.
(2) Voy. d'Assoucy, *Pensées sur le Saint-Office de Rome*, page 338, dans P.-A Brun, p. 75.
(3) Bougerel, Niceron, P.-A. Brun, p. 15, 332 note, P. Mesnard, p. 47.
(4) Préface de Lebret aux *Œuvres*.
(5) Tallemant, VII, 538.
(6) Avertissement de l'éditeur aux *Œuvres*; Bibl. Jacob ; J. Denis, p. 283.

Il faut suivre cette pensée audacieuse dans quelques-unes de ses plus éclatantes manifestations. Et tout d'abord au théâtre. Favorable aux prises d'un auteur sur le public, le théâtre est commode pour émettre sans se compromettre des idées qui, passant par la bouche des personnages, peuvent être mises à leur compte par des spectateurs dépourvus, pour la plupart, du sens historique. Dans le galimatias de sa *Mort d'Agrippine*, Cyrano fait proférer par Séjan « des choses horribles contre les dieux », — c'est Tallemant qui parle ainsi.

TERENTIUS.
Respecte et crains des dieux l'effroyable tonnerre.

SEJANUS.
Il ne tombe jamais en hiver sur la terre,
J'ai dix mois pour le moins à me moquer des dieux.
Ensuite je ferai ma paix avec les cieux.

TERENTIUS.
Ces dieux renverseront tout ce que tu proposes.

SEJANUS.
Un peu d'encens brûlé rajuste bien des choses.

TERENTIUS.
Qui les craint ne craint rien.

SEJANUS.
      Ces enfans de l'effroi,
Ces beaux riens qu'on adore et sans savoir pourquoi,
Ces altérés du sang des bêtes qu'on assomme,
Ces dieux que l'homme a faits et qui n'ont pas fait l'homme,
Des plus fermes États ce fantasque soutien,
Va, va, Terentius, qui les craint ne craint rien.

TERENTIUS.
Mais s'il n'en était point, cette machine ronde...

SEJANUS.
Mais s'il en existait, serais-je encore au monde (1) ?

Les spectateurs purent croire que ces vers ne s'attaquaient qu'aux dieux du polythéisme. En entendant les paroles suivantes :

Frappons, voilà l'hostie (2) !

(1) *La Mort d'Agrippine*, act. II, sc. 4. Œuvres, t. I, p. 370.
(2) Acte IV, sc. 4, t. I, p. 395.

ils s'imaginèrent que le poète s'en prenait au saint sacrement, et ils crièrent à l'impiété, à l'athéisme, plus émus de cet hémistiche, d'allusion fort douteuse à la religion tangible, que de cette affirmation, qui va bien plus au fond des choses :

> Une heure après la mort notre âme évanouie
> Sera ce qu'elle étoit une heure avant sa vie (1).

Quand il parle en son propre nom, Cyrano n'est pas aussi affirmatif ; mais ses doutes, il ne les dissimule point. Si l'homme jouit d'une âme immortelle, il n'en jouit pas seul : les animaux y ont autant, sinon plus de droits que nous. Il y a une bien jolie page où les oiseaux revendiquent pour eux ce privilège, par les arguments mêmes que nous employons pour le leur refuser. « Cela est horrible de croire qu'une bête qui n'a pas le visage fait comme nous ait de la raison. Hé quoi! il n'a ni bec, ni plumes, ni griffes, et son âme seroit spirituelle? O dieux, quelle impertinence (2)! » Mais Cyrano va plus loin : « Un peintre ne peut travailler sans pinceau ; l'âme est tout de même quand elle n'a pas l'usage des sens. Cependant ils veulent que cette âme qui ne peut agir qu'imparfaitement à cause de la perte d'un de ses outils dans le cours de la vie, puisse alors travailler avec perfection, quand, après notre mort, elle les aura tous perdus. S'ils me viennent rechanter qu'elle n'a pas besoin de ces instrumens pour faire ses fonctions, je leur rechanterai qu'il faut fouetter les Quinze-Vingts, qui font semblant de ne voir goutte (3) ».

Au demeurant, qu'est la mort pour l'homme, animal inférieur? C'est retourner au néant, c'est recommencer à ne pas être, c'est reprendre la situation de l'être qui n'a jamais été, ce qui est « la pensée maîtresse sur laquelle toute l'antiquité épicurienne a vécu (4) ». Par moments même, cette psychologie confine au matérialisme : « Il suffit pour un

---

(1) Act. V, sc. 6, t. I, p. 405.
(2) *Histoire comique des États et Empire du Soleil. Histoire des oiseaux.* Œuvres, II, 220. Cf. p. 230.
(3) *Histoire comique des États et Empire de la Lune*, t. II, p. 120.
(4) E. Caro, *Revue des Deux Mondes*, 1er nov. 1878.

être de disposer ses molécules matérielles comme un autre être, pour ressentir les mêmes impressions et les mêmes idées (1). »

A l'avenant de la psychologie est la métaphysique, mais beaucoup plus flottante. Voulant se défendre d'être athée, l'auteur de *la Mort d'Agrippine* développe comme Gassendi les preuves de l'existence de Dieu. On le prendrait pour un déiste déterminé quand il s'écrie : « Me croyez-vous si stupide de me figurer que le monde soit né comme un champignon, que les astres aient pris feu et se soient arrangés par hasard, qu'une matière morte, de telle ou telle façon disposée, ait pu faire raisonner un homme, sentir une bête, végéter un arbre ? Sachez que je connois une chose que vous ne connoissez point, que cette chose est Dieu, et que l'un des plus forts argumens, après ceux de la foi, qui m'ont convaincu de sa véritable existence, c'est d'avoir considéré que, sans une première et souveraine bonté qui règne dans l'univers, foible et méchant comme vous êtes, vous n'auriez pas vécu si longtemps impuni (2). »

Mais qui veut trop prouver ne prouve rien. Cyrano invoquant « les arguments de la foi » prête à rire. En combien de passages, d'ailleurs, ne tient-il pas un langage contraire ! D'abord, la matière, sous la forme de chaos tout au moins, est éternelle et elle l'est seule. Il n'y a qu'un élément (3). « Le premier obstacle qui nous arrête, c'est l'éternité du monde, et l'esprit des hommes n'étant pas assez fort pour la concevoir, et ne pouvant s'imaginer non plus que ce grand univers si beau, si bien réglé, pût s'être fait soi-même, ils ont eu recours à la création, semblable à celui qui s'enfonceroit dans la rivière de peur d'être mouillé par la pluie... Cette éternité qu'ils ôtent au monde, pour ne pas l'avoir pu comprendre, ils la donnent à Dieu,... comme s'il étoit plus facile de l'imaginer dans l'un que dans l'autre... Dites-moi, je vous prie, a-t-on jamais conçu que de

---

(1) *États et Empire du Soleil*; P.-A. Brun, p. 311, 317.
(2) *Contre un pédant.* Lettre 29. (Œuvres, I, 127.
(3) *États et Emp. de la Lune*, II, 50.

rien il se pût faire quelque chose ? » Avec ou sans le secours d'un créateur passablement énigmatique, la matière est en perpétuel travail, elle n'est qu'un perpétuel devenir. « Comme une excellente comédienne, elle joue ici bas toute sorte de personnages. Brouillée pêle-mêle au gré du hasard, elle s'achemine un million de fois au dessein de faire un homme (1). » Et qu'est cet homme que Cyrano, ici, place au sommet dans l'échelle des êtres ? Un simple composé de molécules, mises en action par les sens et communiquant elles-mêmes l'action à une cellule ou à un groupe de cellules du cerveau, d'où elles font surgir idées et sentiments. C'est le langage d'un sensualiste, d'un libertin ; ce n'est pas assurément, on l'a remarqué, d'un esprit vulgaire (2).

Au surplus, d'où que viennent les idées, la raison qui les produit, puis les gouverne, est « sa reine », c'est lui qui le dit (3), mais non une reine absolue, car, au même endroit, il fait ses réserves : « Je ne défère à l'autorité de personne, si elle n'est accompagnée de raison ou si elle ne vient de Dieu, qui tout seul doit être cru de ce qu'il dit. » Accorde qui pourra les ingrédients si divers dont est composé ce salmigondis. Il est sage de se borner à en faire le départ et à y dégager la dominante.

Des sentiments que ce « déséquilibré » exprimait avec une incohérence et une liberté si grandes, comme des extravagances qui plaisaient au goût non formé d'un temps où on les traduisait en anglais, provint une vogue réelle, mais peu durable : on se rassasie vite des folies et des chimères. De plus, l'appui que la doctrine de Descartes finit par trouver dans l'Église devait porter les esprits au dédain. Mais le dédain a été trop absolu et il a trop duré. Qu'on ne lise plus Cyrano, sauf pour y chercher quelques-unes des caractéristiques de la période qui l'admira, c'est justice. N'oublions pas, du moins, que Molière, — Boileau nous l'apprend, — cherchait dans cette confusion et y trouvait son bien, pour telle

---

(1) *États et Emp. de la Lune*, II, p. 96,99.
(2) P.-A. Brun, p. 311.
(3) *Contre les sorciers*. Lettre 13. Œuvres, I, 59.

ou telle de ses scènes les plus comiques et les plus heureuses. Ces emprunts réitérés du génie suffiraient à l'honneur de ce talent sans boussole.

Mort de la chute d'une poutre, après quatorze mois de souffrances, s'il eut une fin décente, sa vie avait eu des démêlés avec le curé de sa paroisse, avec le parlement de Toulouse. Impatient du joug de l'autorité, ennemi juré de l'intolérance des docteurs, et, par suite, peu favorable aux religions positives, il poussa jusqu'à la révolte l'esprit d'indépendance (1). Mais son chevet d'agonie fut assiégé par une pieuse conjuration « pour assurer le bonheur de sa vie future », comme dit son ami Lebret, un des conjurés. Les autres étaient deux femmes entrées en religion, parmi lesquelles la propre tante de l'âme à sauver. Lebret affirme que le mourant prit de leurs exhortations une aversion très vive pour le monstre du libertinage. Ce qu'il y a de sûr, d'après le même témoin, c'est que, cinq jours avant sa mort, Cyrano se faisait transporter chez un de ses cousins, « pour changer d'air », comme il disait. De quel air voulait-il changer ? Son but n'était-il pas d'échapper à ses convertisseurs ? S'ils lui avaient inspiré le goût du ciel, il conservait *in extremis* le goût de la terre, et, comme le bon Joinville, il n'estimait pas qu'il y eût lieu de presser le départ. D'une si cruelle déception les trois zélés prirent leur revanche sur le cadavre, qui fut enseveli en grande pompe dans le monastère de l'une des conjurées. Aux registres de la communauté se lit encore, orgueilleusement consignée, la conversion de ce pécheur ramené à Dieu par les avis et pressantes sollicitations de Révérende Mère de Senaux, dite Marguerite de Jésus (2). Toute question de véracité ou de certitude à part, le temps n'était plus où ceux qui travaillaient pour la gloire de l'Église couvraient du voile de l'anonyme leur nom résolument obscur.

On a dit à tort de Cyrano et de son ami Tristan L'Hermite, dont il sera question au chapitre suivant, qu'ils furent les derniers des libertins. Mais le fantasque auteur du *Voyage*

(1) Voy. J. Denis, p. 241, 244.
(2) P.-A. Brun, p. 34, 35.

à la Lune peut-être tenu pour le dernier des burlesques. Encore n'a-t-il touché à leur art sans dignité que pour l'élever à la hauteur du vrai comique et même de la métaphysique. Comique mêlé de trop nombreuses scories, métaphysique téméraire, incohérente tant qu'on voudra ; c'est un titre de noblesse que de ramener les esprits vers le vrai ou le beau littéraire et vers les grands problèmes.

Cyrano mis à part, marquer trop de dédain aux goinfres et aux burlesques serait manquer de justesse et de justice. Les petits poètes du XVIII° siècle ont été admirés pour des talents bien moindres. Plus polis, ils sont moins énergiques. Ceux que nous venons de remettre pour un instant en lumière ont vraiment vécu, ils ont participé au mouvement de la vie, ils ont senti ce dont ils parlent, ils ont aimé, grossièrement peut-être, mais pour leur compte, non plus de tête et d'imagination, d'après les anciens ; ils ont vu de près la guerre civile avec ses mesquines et ses écœurantes laideurs ; ils se sont agités dans l'anarchie, qui est un très répugnant régime, mais après eux on a eu la servitude qui ne l'est guère moins, et dont on sort plus difficilement.

Ce qu'il y a de plus grave à dire contre ces burlesques et ces goinfres, c'est que leurs excès dans la vie et dans les lettres ont rendu presque inévitable et dans une large mesure salutaire le joug très dur du grand règne. Les réactions, comme l'action, excèdent toujours la juste mesure. En politique on retrouve, restauré, élargi, le « bon plaisir » royal ; en religion l'on a la révocation de l'édit de Nantes ; en morale, l'hypocrisie ; en littérature, l'école trop timide et trop raisonnable qui nous fait, malgré des splendeurs sans pareilles, regretter la hardiesse des libertins. Ceux-ci, devanciers pour la plupart très indignes, avaient en eux une fleur d'imagination et de fantaisie qui fait trop défaut à nos grands classiques, une audace de pensée que se sont respectueusement interdite les immortels génies qui y avaient le plus de droits, et, tout compte fait, libertins et esprits forts, burlesques et goinfres ont contribué dans leur sphère au progrès intellectuel de notre pays.

CHAPITRE V

Sous Louis XIV. — La maturité.

GENS DE LETTRES, NI GOINFRES NI BURLESQUES.

Modification de l'esprit public aux approches de la majorité. — Prudente réserve, mais persistance des libertins. — Les libertins de passage ou de la pénombre : Guez de Balzac. — Pierre Costar. — Sarasin. — Tallemant des Réaux. — L'école de Gassendi. — Les poètes : Saint-Pavin. — Hesnaut. — Mme des Houlières. — Étienne Pavillon. — Tristan L'Hermite. — La Fontaine. — Molière : *Tartufe* et *Don Juan*. — Les philosophes. — Caractère de l'école. — Chapelle et ses amis admirateurs de Spinoza. — Bernier. — Sorbière. — Huet, évêque d'Avranches. — Éclipse de la philosophie gassendiste.

I

La minorité de Louis XIV touche à sa fin. D'un si jeune prince, ignorant de tant de choses et qui le restera toute sa vie, on désire, on espère, on prévoit une transformation de l'État. C'est désormais un besoin général (1660). Le public a le sentiment de cette incapacité profonde que Mazarin mourant signalait au jeune monarque chez la reine mère, si persuadée pourtant qu'elle était capable de gouverner (1). Dans cette âme à peine formée encore, chacun admire et vante avec une bienveillante exagération la droiture des sentiments, la rectitude de l'esprit, la justesse du coup d'œil, l'agrément de l'entretien, un naturel élevé que reconnaîtra même sa rude belle-sœur, la princesse Palatine.

---

(1) Hermant, *Mém.*, XXIV, xv, dans Gazier, *Les dern. jours de Retz*, p. 134.

Pour ses sujets ballottés par les flots mouvants de l'anarchie, cet éphèbe devient la planche de salut qu'ils agrandissent par l'imagination outre mesure, tant est vif leur empressement à s'y cramponner. Tombe-t-il malade? Le hargneux Guy Patin fait des vœux ardents pour son retour à la santé. Que le roi guérisse, peu importe le choix des remèdes à ce fauteur de la saignée, à cet implacable ennemi de l'antimoine et du vin émétique. « C'est, dit-il, un prince digne d'être aimé de ceux mêmes à qui il n'a jamais fait de bien, qui a de grandes parties, et sur les inclinations duquel la France peut fonder un repos que les deux cardinaux de Richelieu et Mazarin lui ont ôté. Je me sens pour lui une inclination violente, au delà de ce que les François ont d'ordinaire pour leurs princes (1). »

Qui pense ainsi de son chef n'est pas loin de voir en lui un maître, et, ayant vu abuser de l'action, d'être résigné à n'agir plus jamais. Telle est, même avant l'heure de cette lassitude universelle, la disposition des libertins. Devant les supplices ou les menaces de supplices, ils se sont effacés au point que le maréchal d'Hocquincourt ne les aperçoit plus. Et sa myopie est bien partagée: à distance, Mme Du Deffand estime qu'il n'y en avait plus qu'un: le duc de La Rochefoucauld (2). Une génération nouvelle ne s'est pourtant pas levée tout à coup, sortant d'une boîte à surprise, pour remplacer la précédente, engloutie dans une chausse-trape de théâtre. Les mêmes hommes continuent d'exister, de penser, d'écrire, de parler, si bas que ce soit. On entrevoit la persistance de leurs intimes sentiments. On ne fait que l'entrevoir, parce que les temps nouveaux exigent plus de décence dans la conduite, plus de retenue dans le langage. Les plus âgés seuls disparaissent, l'ankylose des habitudes ne leur permettant pas de se transformer. Quant aux jeunes, ils sont assez flexibles pour être infidèles aux leçons reçues et se plier à cet esprit chrétien qu'on signale déjà au temps de Corneille, à ce courant qui devient irrésistible dès que

---

(1) L. 455, 20 juillet 1658, III, 86.
(2) Sainte-Beuve, *Port-Royal*, liv. III, t. III, p. 303, éd. de 1878.

le trône a fait alliance avec l'autel pour le rétablissement et le maintien de l'ordre comme de la foi. Mais du vieil homme il reste encore chez certains d'entre eux quelque chose, surtout parmi les lettrés, à qui plaît le nom de « République des Lettres » et ne déplaît pas l'excessive liberté qui paraît le charme de l'anarchie, quand on ne la voit plus que de loin, en souvenir. La société française n'a pas encore trouvé, sous son guide suprême, les guides plus proches d'elle qui lui frayeront le chemin : la plupart des chefs-d'œuvre dont l'imposant ensemble restaurera la discipline, sont encore le secret de l'avenir. Ainsi l'*Art poétique*, qui paraît de 1669 à 1674, eût été impossible, on l'a dit avec raison, quelques années auparavant (1).

Mais à l'indépendance des lettres, quand elle aura disparu, survivra encore celle des esprits forts. On se proposera donc toujours, comme au lendemain de la Fronde, d'exterminer incessamment athées, libertins, sacrilèges, car toute offense à Dieu rejaillit sur les rois : telle est la doctrine que propagent Bossuet et le clergé. Contre Goliath l'adversaire poursuivi n'a que les armes de David; elles lui suffisent pour se maintenir sur ses positions, s'il ne prétend pas à les étendre. En discourant avec cynisme des choses morales et avec insolence des choses divines, il eût risqué, outre la persécution, d'éloigner les tièdes, les modérés. — Si vous continuez à parler de la sorte, disait aux hardis du libertinage Pascal avant sa conversion, vous me convertirez. — En plein règne des philosophes, Duclos, un libre esprit, tiendra le même langage : — Ils en diront tant qu'ils me feront aller à la messe (2) !

Pascal est mort en 1662. A cette date, les libertins, loin d'avoir disparu, étaient pleins de vie, paraissaient redoutables. Écoutons Bossuet trois ans plus tard. Malgré son ton superbe, il n'essaye pas de dissimuler ses appréhensions: « Les entendrai-je toujours et les trouverai-je toujours dans le monde, ces libertins déclarés, esclaves de leurs passions

---

(1) Morillot, p. 148, 149, 156, 400.
(2) Voy. P. Janet, *La philosophie de Molière*, loc. cit., p. 339.

et téméraires censeurs des conseils de Dieu, qui, tout plongés qu'ils sont dans les choses basses, se mêlent de décider hardiment des plus relevées !... O Dieu, les verrai-je toujours triompher dans les compagnies et empoisonner les esprits par leurs railleries sacrilèges ? Hommes doctes et curieux, si vous voulez discuter la religion, apportez-y du moins et la gravité et le poids que la matière demande. Ne faites point les plaisans mal à propos dans des choses si sérieuses et si vénérables. Ces importantes questions ne se décident pas par vos demi-mots et vos branlemens de tête, par ces fines railleries que vous nous vantez, et par ce dédaigneux souris... Mais c'est assez combattre les esprits profanes et témérairement curieux. Ce n'est pas le vice le plus commun, et je vois un autre malheur bien plus universel dans la cour. Ce n'est point cette ardeur inconsidérée de vouloir aller trop avant : c'est une extrême négligence de tous les mystères. Qu'ils soient ou qu'ils ne soient pas, les hommes trop dédaigneux ne s'en soucient plus et n'y veulent pas seulement penser, ils ne savent s'ils croient ou s'ils ne croient pas, tout prêts à vous avouer ce qu'il vous plaira, pourvu que vous les laissiez agir à leur mode et passer la vie à leur gré. Ainsi, je prévois que les libertins et les esprits forts pourront être décrédités, non par aucune horreur de leurs sentimens, mais parce qu'on tiendra tout dans l'indifférence, excepté les plaisirs et les affaires (1). »

II

L'indifférence ! c'est le mal de l'avenir, d'un avenir lointain encore, mais que l'œil perçant de l'aigle entrevoit, sans en pénétrer les causes profondes, surtout la nécessité de s'effacer, de s'amoindrir, de dire peu, de faire moins. Pour plus d'exactitude, reconnaissons que, même alors, il y avait déjà des indifférents. Le nombre même en augmente

---

(1) Premier sermon pour le deuxième dimanche de l'Avent, 1665, II, 50.

chaque jour, à mesure que s'éteignent ou tendent à s'éteindre les passions religieuses. Où cet accroissement est le moins sensible, c'est au plus haut et au plus bas de l'échelle sociale. La multitude, dont nous ne séparons pas le gros de la bourgeoisie, reste fidèle à ses superstitions et à sa foi. Le monde de la cour, se jugeant moins vulnérable, parce qu'il est plus près du soleil, se permet encore, à l'occasion, des hardiesses qui paraîtront désormais des témérités. Ces gentilshommes ne sentent pas le besoin de faire peau neuve : ils gardent leur peau du temps où leur maître plus jeune était moins envahi par l'esprit de domination.

C'est pour ce motif que, durant la période de sa maturité, nous nous bornerons à parler des gens de lettres : l'humilité de leur condition les a réduits sinon à changer de caractère et d'idées, du moins à changer d'habitudes, ce qui, à la longue, influe fortement sur les idées et le caractère. Des gens de cour, des gens du monde, nous n'avons rien de plus à dire que ce qu'on a lu plus haut. Ce sont les mêmes hommes, les mêmes mœurs, les mêmes doctrines ou plutôt la même absence de doctrines, vide intellectuel qui conduit bien vite à l'indifférence.

Venons-en donc, sans plus tarder, aux gens de lettres. Ne faut-il pas voir un ancêtre des indifférents dans Balzac (1594-1635)? Il n'a fait que traverser ou même que côtoyer le libertinage. Assez peu ferme en ses amitiés pour se détourner de son ami Théophile à l'heure critique, et assez lâche de cœur pour joindre sa voix à celle des persécuteurs, il n'en reçut pas moins des dévots une bordée d'injures : plagiaire, ignorant, épicurien, profane, infâme, Néron, Sardanapale, athée. C'est qu'il avait osé écrire que quelques moines sont dans le cloître ce que les rats étaient dans l'arche. Quand il eut reconnu à quel prix il aurait la paix, il vint à résipiscence, il professa une piété vive et profonde, il écrivit des dissertations théologiques et le *Socrate chrétien*. Les rats de l'arche lui furent pardonnés (1).

(1) Voy. une notice sur Balzac par M. Hippeau (*Mémoires de l'Académie de Caen*, 1856, p. 305-358).

Indifférent aussi, selon toute apparence, ce fils d'un chapelier, compagnon de Balzac et de Voiture, ce chanoine Costar (1603-1660), en qui saint Vincent de Paul, nous l'avons vu, flétrissait le maître d'athéisme d'un futur évêque (1). Comme il est une des bêtes noires de Tallemant, Tallemant l'a présenté à la postérité plus noir peut-être qu'il n'était. L'accusation de sodomie semble ne reposer que sur certaines habitudes sensuelles et sur une erreur peut-être volontaire du chroniqueur, qui, s'armant d'un texte, y prend dans un sens ce qui est dit dans un autre, nullement immoral (2). « Le plus galant des pédans, le plus pédant des galans », comme l'appelait Mme de La Suze, avait, après son père, ses grandes et petites entrées dans la chambre bleue de la reine des précieuses. Il n'y aurait pas été reçu, s'il eût justifié tout ce qu'on a dit de lui.

Sarasin aussi (1604-1654) fréquentait à l'hôtel de Rambouillet. Mlle Paulet l'y avait introduit. Il a meilleur renom que Costar. Avec lui le libertinage chante une autre gamme. Historien et poète, mis par La Bruyère au rang de Voiture, sinon d'Horace, « tous deux, écrit le moraliste, nés pour leur siècle (3) »; goûté pareillement de Boileau, même en prose, quand la rime n'appelait pas ce nom au bout de la plume (4),

> Ce Monsieur Sarasin normand
> Dont l'esprit étoit si charmant (5)

plaisait plus encore à l'hôtel médiocrement orthodoxe où trônait la mère du vainqueur de Rocroi. Sans convictions impérieuses, il était prêt à toutes les complaisances, il prodiguait les facéties, prêchait comme un capucin, servait par dérision la messe au prince de Conti son maître, et le détournait de la ferveur dévote qui avait succédé chez lui à

---

(1) Voy. au chap. III ce que nous disons de Costar à propos de Lavardin.
(2) Voy. Tallemant, V, 156, et Comment., p. 160, 169.
(3) *De la mode*, p. 355.
(4) « Avec quels battemens de main n'a-t-on point reçu dans notre siècle les ouvrages de Voiture, de Sarasin et de La Fontaine ! » (Lettre à Ch. Perrault).
(5) Loret, 5 déc. 1654.

des excès d'un autre genre, sans autre but que de se défendre lui-même contre les pieux assauts du confesseur de ce repenti princier. Il lui fit ainsi reprendre et continua de mener avec lui cette vie agitée où ce secrétaire insinuant devait trouver la mort par le poison d'un mari (1).

Dans la compagnie de ces hommes dont nous n'avons parlé qu'à l'heure où ils disparaissent, mettons encore Tallemant des Réaux (1619-1692), qui semble ne leur avoir survécu longtemps que pour médire d'eux tout à son aise, et parfois pour les calomnier. On pourra dire que ce leste conteur de tant d'anecdotes avait été nourri dans la religion réformée et qu'il se convertit au catholicisme entre les mains du Père Rapin; mais on ne prouvera pas que cette conversion, accomplie à l'heure périlleuse de la Révocation, fût ni solide, ni même d'une entière bonne foi. Au surplus, pour la postérité, le Tallemant qui compte c'est le révélateur indiscret des détails recueillis directement ou par ouï-dire, et ce révélateur-là est manifestement porté vers les libertins. Il a pu finir en chrétien, mais après avoir dit vingt fois que c'était « sauver les apparences », recevoir « un coup de pied du crucifix » (2).

Or c'est bien au moment où nous en sommes qu'il écrit; c'est en 1657 qu'il met la dernière main à ses *Historiettes*. Les fanatiques du grand siècle en contestent aujourd'hui la valeur; mais Paulin Paris et Sainte-Beuve les avertissent à l'envi, de ne pas le faire sans preuves (3). Car si l'exactitude du fait peut parfois être contestée, la sincérité du narrateur ne doit pas l'être. « Mon cher ami M. Des Réaux, écrit le léger mais honnête Maucroix, étoit un des plus hommes d'honneur et de la plus grande probité que j'aie jamais connus. » Maucroix déclare en outre que Tallemant avait « une mémoire admirable », et que « jamais homme ne fut plus

---

(1) Voy. Notice sur Sarasin par M. Hippeau *Mém. de l'Acad. de Caen*, 1855, p. 397-424).
(2) Ce dernier mot notamment, il le prononce à propos de Gomberville, académicien de la fondation, auteur du roman fameux de *Polexandre*. Voy. VI, 74.
(3) Paulin Paris, Comment. a Tallemant; *Lundis*. XIII, 186.

exact que lui (1) ». Le faible de cet homme probe pour les libertins ne put l'empêcher de dire toujours sur leur compte ce qu'il savait ou croyait être la vérité.

III

Nous en venons maintenant à des écrivains qui nous offrent plus de prises pour l'étude de notre sujet. Saint-Pavin (vers 1600-1670) est surtout redevable de sa notoriété au contraste de son caractère sacré avec sa vie et son langage très profanes. Homme d'Église, il ne va point à la messe et il s'attaque aux objets de la vénération publique. Jeune, il est ami de Des Barreaux, sans devenir ni un des burlesques, malgré sa légèreté, ni un des goinfres, malgré son goût pour la bonne chère et le plaisir. Dans l'âge mûr, c'est avec Mme de Sévigné et ses pareilles qu'il noue liaison d'amitié. Il faut voir en lui un libertin décent. Il n'est point, quoiqu'on l'ait dit, un suivant de Théophile. Le fût-il, ce ne serait qu'une entrée dans la vie. Le vrai Saint-Pavin est celui qui a croisé le fer contre Boileau et qui, pour rester esprit fort, n'a pas cru devoir jeter sa soutane aux orties, non plus que faire voler les vitres en éclats.

Fils d'un président aux enquêtes et apparenté aux Séguier par sa mère, Denys Sanguin de Saint-Pavin était venu au monde

> Court, entassé, la panse grosse.
> Au milieu de mon haut-de-chausse
> Certain amas d'os et de chair
> Fait en pointe comme un clocher.
> Mes bras d'une longueur extrême
> Et mes jambes presque de même,
> Me font prendre, le plus souvent
> Pour un petit moulin à vent (2).

(1) *Mémoires de Maucroix*, ch. xxviii, t. II, p. 350 de ses *Œuvres diverses*, éd. Louis Paris, 1854, t. II, p. 350.
(2) Lettre à M. de... *Poésies de Saint-Pavin*, 1759, p. 80. Les textes de Saint-Pavin varient selon les éditions. Paulin Paris, au t. IX de Tallemant (p. 159-263) publie des vers les uns déjà imprimés, les autres inédits. La pièce du portrait est dans Tallemant, IX, 247.

On s'étonne que l'Église, si peu tendre aux difformités physiques, eût accueilli dans son sein ce petit monstre bossu par derrière et par devant. Elle fit plus : elle lui donna cette abbaye de Livry qui le rapprochait de Mme de Sévigné et de l'abbé de Coulanges, son futur successeur. Elle dut regretter son exceptionnelle tolérance, quand elle se vit si mal récompensée. Il crut lui-même qu'elle n'irait pas au delà dans ses faveurs, et qu'étant si rabougri, naissance ni talents ne le porteraient aux hautes dignités. Peut-être aussi suivit-il, sans raffiner, son penchant naturel.

Le fait est qu'il se réduisit bientôt à n'être plus qu'un homme de plaisir. Seulement, son plaisir, il ne le recherche guère que dans les sociétés élégantes. Il y brillait avec sa bonne humeur insouciante et libre, qu'il ne perdit jamais, même cloué par « ses gouttes » sur son fauteuil. De son Livry il avait fait une sorte d'abbaye de Thélème où il réunissait des amis de choix, beaux esprits qu'attiraient les agréments réunis de la table et de l'intelligence, de la poésie et de la parole, de la parole surtout, car à l'abri d'oreilles indiscrètes on savourait la liberté dès lors si rare d'exprimer sa pensée sans circonlocutions et sans contrainte. Tous les ans, le grand Condé venait passer quelques jours en cette vivante compagnie. L'amphitryon la recréait de ses vers, trop semblables à ceux du XVIe et du XVIIIe siècle chez les versificateurs dépourvus de génie. En le comparant à Pavillon, à Charleval, à Voiture, en disant qu'il rappelle Mellin de Saint-Gelais, et qu'il annonce Chaulieu, Sainte-Beuve le met à son rang, qui n'est certes pas le premier (1).

Le libertinage des mœurs n'est pas contestable au début de cette existence. Guy Patin parle de la vie scandaleuse qu'il a menée (2). Mais le temps fut court des folies de jeunesse chez ce clerc qui eut sitôt perdu l'usage de ses jambes. « Je suis ami sans être amant », disait Saint-Pavin au sujet de Mme de Sévigné. Et ce ne fut pas uniquement la faute de cette honnête personne : à de trop vives galanteries

---

(1) *Portraits de femmes*, p. 301-364.
(2) L. 305, 11 avril 1670, III, 740.

il y eut d'autres obstacles où elle n'était pour rien.

Du libertinage dans les idées de notre bossu nous avons Boileau pour garant :

> Avant qu'un tel dessein entre dans ma pensée,
> On pourra voir la Seine à la Saint-Jean glacée...
> Arnauld à Charenton devenir huguenot,
> Saint-Sorlin janséniste et Saint-Pavin bigot (1).

Mais cette indépendance de l'esprit touchant la religion n'allait peut-être pas très loin. Quand Bautru dit que les porteurs de ce perclus étaient des porte-diable, il cède à la tentation d'un facile jeu de mots : on appelait « porte-Dieu » les prêtres qui tenaient en leurs mains l'hostie consacrée (2). Saint-Pavin ne fait nullement l'effet d'un diable. Épicurien, partisan de la vie selon la nature, gassendiste piquant et galant, oui sans doute il l'est, mais plus retenu dans la pensée et le langage que la plupart de ses devanciers. Par là il appartient à la seconde moitié du siècle, sans cesser d'appartenir à la première par l'insouciance des grands problèmes dont témoignent ces vers :

> Je hais toute sorte d'affaires,
> Je ne me fais point de chimères,
> Et n'ai l'esprit embarassé
> De l'avenir ni du passé (3).

Athée, d'ailleurs, il ne le fut pas plus que tant d'autres qu'on affublait de ce nom mal sonnant. Si l'édition de ses œuvres à laquelle présida son très pieux frère l'abbé Sanguin ne prouve rien à cet égard, parce que toute pièce suspecte en a été rigoureusement exclue, les affirmations du poète sont un argument de poids en sens contraire. Or celles qui suivent nous le montrent tout ensemble peu favorable à la prière et plein de foi en la Providence divine :

> Seigneur, que vos bontés sont grandes
> De nous écouter de si haut !
> On vous fait diverses demandes ;
> Seul vous savez ce qu'il nous faut (4).

(1) Satires, I, 125-128.
(2) Tallemant, II, 317, n° 3.
(3) Lettre à M. de... Poésies de Saint-Pavin, p. 82.
(4) Vers publiés par Paulin Paris dans Tallemant, IX, 203.

La conversion finale de ce libre croyant ne saurait être contestée. On en peut seulement discuter l'heure plus ou moins tardive. On a prétendu qu'elle fut déterminée par une apparition de Théophile (1). En ce cas, le revenant, pour revenir, eût attendu quarante années, ce qui n'est pas la coutume de ces gens d'outre-tombe : de 1666 est l'épigramme de Boileau :

> Alidor assis dans sa chaise,
> Médisant du ciel à son aise...
> On sait assez que ses paroles
> Ne sont pas articles de foi (2).

Ainsi, quatre ans avant sa mort, Saint-Pavin n'était pas encore converti. L'Église, du reste, ne perdit rien pour attendre. Lorsqu'il sentit approcher sa dernière heure, il se mit entre les mains de Claude Joly, curé de Saint-Nicolas-des-Champs, plus tard évêque d'Agen, qui ne consentit à l'absoudre que sous la double condition de jeter au feu son testament et de faire des legs pieux du bien qui lui restait (3). Ce bien, après tout, il le tenait de l'Église. L'Église avait quelque droit d'y rentrer.

IV

Jean Hesnaut ou d'Hesnault (mort en 1681) est, comme Saint-Pavin, une des victimes de Boileau :

> Que vous ont fait Perrin, Bardin, Pradon, Hainaut,
> Colletet, Pelletier, Titreville, Quinault (4) ?

Mais Boileau est suspect de n'avoir mis Hesnaut au bout d'un de ses vers que pour retrouver la rime que lui faisait perdre sa réconciliation avec Boursault et Perrault. Leur remplaçant auprès de son indigence avait du savoir et de

---

(1) *Valesiana*, 1691, p. 32.
(2) *Épigrammes*, n° 7 (éd. Geruzez, p. 312).
(3) G. Patin, l. 805, 11 avril 1670, III, 740.
(4) *Satires*, IX, 97.

l'esprit. Ses poésies sont d'un tour heureux. Ses deux sonnets de *l'Avorton* et *A Colbert*, ce dernier surtout, écrit courageusement après la chute de Foucquet, auraient dû désarmer le satirique, si l'on désarmait un rimeur aux abois. Sainte-Beuve, qui y a regardé de près, voit en Hesnaut le meilleur représentant de l'école poétique des esprits forts (1).

Ce fils d'un boulanger de Paris avait obtenu de l'infortuné surintendant une « commission en forêt ». Il y renonça pour « faire la débauche, et là il n'a jamais fait autre vie », lit-on dans le *Patiniana* (2); mais Bayle, auteur de ce recueil, est venu trop tard pour faire autorité dans la question. Si cette débauche fut semblable à celle des buveurs d'eau qu'étaient Gassendi et Naudé, l'on pourrait donner à Hesnaut, comme disent les bonnes gens, le bon Dieu sans confession. A supposer que la confession y fût nécessaire, qui eût refusé d'absoudre cet habitué des meilleures compagnies? Supérieur aux poètes de son temps par sa veine poétique, il l'est encore et surtout par une certaine inquiétude philosophique qui révèle, comme sa liaison avec Chapelle et Molière, un disciple du doux antagoniste de Descartes. Son entreprise de traduire Lucrèce et les plus hardis passages de Sénèque accuse les tendances de son esprit. Mais il travaillait et il pensait sans ardeur, étant un découragé, un dégoûté, qui ne croyait ni à la gloire présente, ni à l'immortalité poétique, et moins encore à l'immortalité de l'âme. On a dit qu'il avait trois systèmes pour la nier, tant il avait peur d'en manquer (3). Ce qu'il y a de sûr, c'est qu'on a rarement vu une négation plus précise :

> Tout meurt en nous quand nous mourons.
> La mort ne laisse rien et n'est rien elle-même.
> Du peu de temps que nous vivons
> Ce n'est que le moment extrême.

---

(1) *Portraits de femmes*, p. 360. Goujet, t. V, VI; Bayle, *Dict. hist.*
(2) *Patiniana*, p. 80.
(3) Sainte-Beuve, *Portr. de femmes*, p. 365. Cf. H. Babou, notice sur Hesnaut (*Poètes fr.*, III, 52); P.-A. Brun, *Cyrano*, p. 70.

>   Cesse de craindre ou d'espérer
>   Cet avenir qui la doit suivre.
> Que la peur d'être éteint, que l'espoir de revivre
> Dans ce sombre avenir cessent de t'égarer.
>   L'état dont la mort est suivie
> Est semblable à l'état qui précède la vie.
>   Nous sommes dévorés du temps.
> La nature au chaos sans cesse nous rappelle.
>   Elle entretient à nos dépens
>   Sa vicissitude éternelle.
>   Comme elle nous a tant donné,
>   Elle aussi reprend tout notre être.
> Le malheur de mourir égale l'heur de naître
> Et l'homme meurt entier, comme entier il est né (1).

Dans notre siècle, Mme Ackermann a exprimé des pensées semblables en vers infiniment plus beaux ; elle n'y a pas mis plus de netteté, plus de conviction.

Hesnaut n'est pas aussi catégorique sur ses croyances par rapport à la Divinité. S'il eut « longtemps le malheur et la sottise ou l'extravagance de faire parade » de son athéisme (2), sur l'heure du tard le désir d'avoir pour ses os un coin de terre consacrée lui fit mander un confesseur, brûler, pour lui obéir, sa traduction de Lucrèce, sacrifice bien pénible, s'il fût venu d'un auteur moins désabusé. Chez lui le détachement des choses de ce monde avait pris, et de beaucoup, l'avance sur l'espoir d'un monde meilleur, si tant est qu'une conversion tardive l'ait pu faire entrer dans cette tête de mécréant (3).

Quoiqu'il ne faille pas en Hesnaut dédaigner le poète dont on admirait alors l'*Invocation à Vénus*, nous ne lui reconnaîtrons pas de plus grand mérite que d'avoir été le maître de Mme Des Houlières (1634-1694) (4). S'il eut auprès d'elle, comme on l'assure, la même faiblesse de cœur que Ménage auprès de Mme de Sévigné, du moins il ne paraît pas s'être donné le ridicule de la lui déclarer en grec et en

---

(1) *Œuvres diverses de Hesnaut*, chez Barbin, 1670.
(2) Paulin Paris, Comment. à Tallemant, IV, 466.
(3) Comment. à Tallemant, IV, 466 ; Viollet-le-Duc, Notice sur Hesnaut (*Bibl. poét.*, p. 537) ; Sainte-Beuve, *Portr. litt.*, II, 13 ; Grousset, p. 117.
(4) On s'est écarté de ces dates. L'éditeur de Mme Des Houlières fait foi : il écrit d'après les Mémoires d'un ami de Mlle Des Houlières.

latin. S'il en fut pour son français, cela ne prouverait pas encore que Diderot ait eu tort de voir en Des Barreaux le premier maître de cette femme charmante « dans l'art de la poésie et de la volupté (1) »; mais il faut dire qu'elle a trouvé des défenseurs de poids. Sainte-Beuve, entre autres, tout en publiant d'elle au grand Condé certaine lettre qui semble bien trahir une liaison passagère (2), tient sa vie pour irréprochable, et l'auteur de la biographie placée en tête de ses *Œuvres* affirme qu'elle « aima mieux mériter l'estime de Condé que de répondre à son amour ». Il est toujours hardi de se prononcer en pareille matière; il ne l'est pas du moins de dire que les défaillances de cette vertu féminine, s'il y en eut, furent très rares et ne firent jamais scandale. Ceux qui en auraient profité, personne ne les nomme, argument non sans valeur en un siècle qui se faisait gloire de l'amour et en parlait ouvertement jusque dans les plus sévères salons.

D'autant plus digne d'estime en paraît l'honnête bourgeoise qui, appartenant par sa naissance au monde de la ville, pouvait, grâce à sa distinction personnelle et à son talent poétique, approcher le monde de la cour, comme d'autres femmes de même condition, Mlle Paulet, Mme Pilou, Mme Cornuel, Mme Payen, Mme Bossuet, sans parler des hommes, tels que les financiers Montauron et Rambouillet, ou les écrivains, Bossuet à qui sa robe ouvrait les portes, Racine et Boileau qui n'avaient pas ce moyen de se les faire ouvrir.

Moins que personne autre, Antoinette de La Garde avait eu peine à s'élever au-dessus de sa naissance. Dès sa prime jeunesse elle avait vécu au seuil de la cour : son père, ancien chevalier noble, était maître d'hôtel de Marie de Médicis. L'enfant, riche des dons du corps et de l'esprit, avait reçu l'éducation et bientôt acquis le goût de la société polie. Mariée au seigneur Des Houlières, gentilhomme poitevin de treize ans plus âgé qu'elle, brave et habile officier qui suivait Condé son maître dans la Fronde, dans la fuite,

---

(1) *Encyclopédie*, art. Épicure.
(2) Voy. cette lettre dans *Portraits de femmes*, p. 308, note.

dans l'exil, elle l'allait rejoindre à Bruxelles et y obtenait, comme à Paris, des succès mondains. Elle n'en passait pas moins huit mois sous les verrous, pour avoir sollicité trop vivement du gouvernement espagnol les arrérages d'une pension. Épouse dévouée, elle est amie généreuse, mère tendre autant qu'esprit éclairé. Tout séduit en elle, jusqu'à son mauvais goût, lequel, a-t-on dit, est charmant (1).

Qu'elle fût entachée de mauvais goût, on ne saurait le contester ; mais c'est alors un péché très véniel tant il est répandu. D'autres, comme elle, ont préféré les modernes aux anciens, parmi les modernes Pradon à Racine, et vu dans *Iphigénie*, dans *Phèdre* la décadence, dans le xvii° siècle « la lie de tous les siècles ». C'est pour l'avoir ramené vers la bonne voie dont s'écartaient Condé, M™° de Sévigné et tout leur monde, que Molière et Boileau, à considérer en eux seulement la critique, ont bien mérité des belles-lettres. M™° Des Houlières eut le tort de ne pas marcher derrière eux, comme surent si bien le faire M™°* de La Fayette et de Sévigné, d'abhorrer toujours, malgré ses origines personnelles, la littérature bourgeoise, logique et raisonnable de Louis XIV, d'aimer jusqu'à sa mort le pastoral, le romanesque, le raffiné. Cette muse des salons, cette « dixième Muse », comme elle aimait à s'appeler, abuse de l'Amour, des Tircis, des Iris ; mais, de même que les salons, l'Académie et le Louvre l'applaudissaient, l'encourageaient, trouvant dans ses vers hardiesse, sensibilité, mélodie, une sorte de verve cavalière et galante. Nous, après plus de deux siècles, en les lisant nous pensons tantôt à Parny, tantôt à Millevoye, et quand ils abordent les sujets sérieux, à Malherbe, à Lamartine, à M™° Ackermann. On ne cite guère de son recueil que le placet indirect adressé au roi et qui commence par ces mots :

    Dans ces prés fleuris
    Qu'arrose la Seine,
    Cherchez qui vous mène
    Mes chères brebis (2).

---

(1) H. Babou, notice sur Hesnaut (*Poètes fr.*, p. 57-61).
(2) Vers allégoriques à ses enfants, 1693. (Œuvres de M™° et M™° Des Houlières, II, 44.)

C'est faire trop grande la part des poids morts, mais on peut regretter que dans deux petits volumes il y en ait autant.

La vie, le rôle, les écrits de Mme Des Houlières s'expliquent par un esprit d'opposition où il faut voir sa seconde nature, sinon la première. Cet esprit fut l'œuvre d'un père mécontent, de maîtres tels que Des Barreaux ou Hesnaut, d'amis tels que Condé ou Chapelle. Presque toujours la femme est à la remorque de quelqu'un, jusqu'à ce que, par les exagérations dont elle est coutumière, elle dépasse celui qui l'a entraînée. Dans son opposition, la « dixième Muse » comprend toutes choses et tout le monde, sauf le roi, source des faveurs, qu'elle poursuit, comme presque tous ses contemporains, de ses flatteries et dont elle tira une pension de deux mille livres (1). Dans la société où elle vit et qui est si différente de la Fronde, son idéal, elle ne trouve que chagrins, misère, persécutions, et, pour s'en mettre à l'abri, que solitude ; elle broie du noir avec La Rochefoucauld, dont ses madrigaux traduisent quelquefois les moroses maximes. Lui arrive-t-il de marcher avec Perrault dans la querelle des anciens et des modernes, c'est que l'esprit d'opposition y trouve son compte, ce n'est pas pour aller de l'avant vers le progrès, car ailleurs elle reste en arrière, précieuse alors que les précieuses sont déjà surannées et ridicules (2), gassendiste quand le cartésianisme est déjà en plein triomphe, et plus que gassendiste, puisqu'elle ne peut concilier l'épicurisme et la foi, qui faisaient si bon ménage dans l'étonnant cerveau du maître.

Comme lui sans doute elle a des ménagements de prudence dans la conduite de la vie ; mais elle aurait eu parfois des oublis graves : sa fille ne fut point baptisée, ne fit point sa première communion ; elle avait vingt-neuf ans quand elle fut présentée sur les fonts baptismaux (3) : c'était l'heure de la Révocation, et personne ne pouvait savoir encore que les rigueurs, pour mieux accabler les protestants, s'allaient

---

(1) Biographie en tête des *Œuvres*, p. xxxiv.
(2) Somaize l'a mise dans leur compagnie sous le nom de Dioclée.
(3) Le 23 juin 1685, lit-on au registre de Saint-Roch. Voy. Sainte-Beuve, *Port-Royal*, 1878, liv. III, t. III, p. 303, n. 5.

détourner des libertins. Simple paratonnerre que ce baptême tardif, comme au reste tous les autres. On ne comprendra jamais les esprits forts de ce temps, si l'on ne les voit sous la crainte plus ou moins intense, parfois oubliée, de l'épée de Damoclès. Ils n'étaient pas dans le secret des dieux, si tant est que les dieux eussent un secret.

Dans quelle mesure peut-on croire que l'ode fâcheuse de Mme Des Houlières *Sur la Révocation* fut écrite sous la dictée de la prudence (1)? L'entraînement, nous le savons, fut universel; mais on voudrait que cette femme vaillante n'eût pas hurlé avec les loups. La franchise était une de ses caractéristiques; ce fut le malheur des temps qui la contraignit à se contraindre, à ne combattre, comme La Bruyère, que les « faux dévots », à dorer de compliments la pilule des paroles hardies qu'elle veut faire avaler au Père La Chaise, à paraphraser les psaumes dans sa prison de Bruxelles, où elle est en tête à tête avec les Pères de l'Église et les Livres saints (2), à écrire des vers chrétiens qui surprendraient sous sa plume, si l'on ne regardait à leur date (1686):

> Seigneur, ne m'abandonne pas!
> Daigne te souvenir que je suis ton ouvrage,
> Et que pour me sauver d'un assuré naufrage
> Tu t'es livré toi-même au plus honteux trépas (3).

Ne vous y trompez pas cependant, le fond de ses idées n'a pas changé. La contradiction ne pèse pas plus que l'hyperbole aux consciences féminines. Mme Des Houlières est tenue pour incrédule, elle le sait et n'en a cure. Voici ce qu'elle se fait dire:

> Songez bien contre vous quelles gens vous mettez:
> Ils vous peindront au roi comme une libertine.

Peu lui importe: elle se révolte contre l'hypocrisie et les dehors plâtrés de la religion officielle:

---
(1) Voy. cette ode dans les *Œuvres*, I, 107.
(2) *Œuvres*, II, 67-74, et Biogr., p. xiv. Encore en 1803, ce régime était imposé dans les prisons prussiennes à deux officiers français détenus sous prétexte d'espionnage.
(3) *Ibid.*, I, 190.

> Moi dévote ! Qui? moi ? m'écriai-je à mon tour,
> L'esprit blessé d'un terme employé d'ordinaire
> Lorsque d'un hypocrite on parle avec détour.

L'interlocuteur qu'elle s'est donné insiste, il lui représente

> ... Que chez les dévots biens, honneurs, tout abonde
> Que la mode est pour eux et peut longtemps durer.

A ces propos tentateurs elle répond :

> Taisez-vous, scélérat, m'écriai-je irritée.
> Tout commerce est fini pour jamais entre nous.
> J'en aurois avec un athée
> Mille fois plutôt qu'avec vous (1).

Ainsi elle n'est pas athée, mais elle se révolte contre les hypocrites de cour. Ajoutons qu'elle a su s'affranchir des superstitions dont se rendent esclaves souvent les moins dévots. Étant enceinte, elle habitait une maison dont certaine chambre était hantée par un revenant. Elle voulut passer la nuit seule dans cette chambre et elle y constata que le revenant était un gros chien qui n'aimait pas à coucher en plein air (2).

De l'homme, chef-d'œuvre de la création, comme on se plaisait à dire, elle a assez piètre idée :

> Frêles machines que nous sommes,
> A peine passons-nous d'un siècle le milieu ;
> Un rien peut nous détruire, et l'ouvrage d'un Dieu
> Dure moins que celui des hommes (3).

Elle ne lui laisse pas même la consolation de l'espérance, elle le replonge dans le néant :

> Nous entrons pour toujours dans le profond repos
> D'où nous a tirés la nature,
> Dans cette affreuse nuit qui confond les héros
> Avec le lâche et le parjure (4).

---

(1) Épître chagrine au Père La Chaise, 1692 (Œuvres, II, 33, 34, 36). Toute cette épître est une charge à fond contre « les dévôts ou plutôt les hypocrites ».
(2) Biogr., p. xx.
(3) Réflexions diverses, 1686 (Œuvres, I, 188).
(4) Les Fleurs, idylle, 1671 (Œuvres, I, 41).

Et ce n'est pas une boutade : sept ans plus tard elle écrit encore :

> Nous irons reporter la vie infortunée
> Que le hasard nous a donnée
> Dans le sein du néant d'où nous sommes sortis (1).

Ainsi, l'idée d'une justice distributive finale n'a pas de prise sur cette intelligence. Elle n'en a que plus de mérite à envisager d'un œil calme la mort anéantissante, elle, la martyre du cancer qui la rongea onze ans avant de la rendre à ce néant auquel elle croyait sans le redouter (2). Ces vers d'une condamnée à date inconnue mais prochaine sont vraiment beaux :

> Que l'homme connoît peu la mort qu'il appréhende.
> Quand il dit qu'elle le surprend !
> Elle naît avec lui, sans cesse lui demande
> Un tribut dont en vain son orgueil se défend.
> Il commence à mourir longtemps avant qu'il meure,
> Il périt en détail imperceptiblement.
> Le nom de mort qu'on donne à notre dernière heure
> N'en est que l'accomplissement (3).

Cette fois, plus n'est question du néant. C'est que, à cette date de 1686, huit ans avant sa mort, mais la sentant venir, elle tâchait de faire sa paix avec le ciel. Peut-être est-ce pour la mieux sceller, plutôt que pour flatter le roi, qu'elle le félicitait de traquer les protestants. Quand elle finit de souffrir, sa conversion était déjà trop ancienne pour que le clergé en ait triomphé publiquement. Depuis longtemps, il ne redoutait plus de cette femme en vue une manifestation de libre conscience, outrage, paraît-il, à la foi des zélés. Mme Des Houlières n'avait eu d'âme virile qu'à ses heures. Du moins fut-elle à toute heure plus près de la vertu parfaite que la plupart de ses brillantes contemporaines. Entre toutes elle se distingue par l'originalité de la position qu'elle a prise, unissant le culte du passé à l'instinct de l'avenir,

---
(1) Le Ruisseau, idylle, 1684 (Œuvres, I, 140).
(2) Biogr., p. xxxviii.
(3) Réflexions diverses, 1686 (Œuvres, I, 184).

que son vœu serait d'atteindre en sautant à pieds joints par-dessus le présent.

V

Si Étienne Pavillon (1632-1705), neveu du fameux évêque d'Aleth, n'avait pas été l'ami de Mᵐᵉ Des Houlières, de Hesnaut, de Saint-Pavin, de Chapelle, de Tallemant, en même temps que de Racine et de Furetière, il n'y aurait peut-être pas lieu de lui réserver ici la moindre place. Mais ses amitiés libertines attestent en lui une crise de libertinage, crise même assez longue, puisqu'il ajournait les remords à l'arrière-saison :

> Dans cette arrière-saison
> Qui nous appelle à la retraite,
> Nous ne sentirions point cette crainte secrète
> Qu'un remords dévorant fait naître dans nos cœurs.

Auparavant, Pavillon pratiquait l'épicurisme, sauf à relever les plaisirs de la table par ceux de la poésie mondaine, galante et bachique. Pour se livrer aux uns et aux autres, il avait renoncé à sa charge d'avocat général au parlement de Metz, et il en était devenu, comme tant d'autres, précocement goutteux. Dès lors, par échappées, quand il souffrait d'un accès de son mal, il revenait à la religion de son enfance, il trouvait dans les oraisons funèbres de Fléchier des sujets d'édification. Peu à peu, dans sa bouche, le mot de libertin devint une injure. Il en flétrit ses anciens amis et jusqu'aux lointains Hollandais,

> Ce reste libertin des grenouilles antiques
> Qui ne voulurent point de roi.

Il attaque le bel esprit, parce que, dit-il, tout bel esprit est athée. « Voulez-vous, écrit-il à l'abbé de Francheville, en obtenir le brevet ?

> Ne désespérez point, allez, je vous en quitte,
> Tâchez de ne point croire en Dieu,
> Et cela seul vous tiendra lieu
> De toute espèce de mérite.

Platitude versifiée qui atteste la faveur dont jouissaient encore les libertins dans cette seconde moitié du siècle où règnent Bossuet et Bourdaloue, même auprès de cette partie du public qui vivait trop loin du soleil royal pour espérer de s'y jamais réchauffer. C'est une vérité trop méconnue pour que nous nous lassions de la remettre en lumière.

Pavillon ne s'était pas converti à moitié. Il condamne les réformés à l'égal des libertins. S'il reproche à une dame

> De recevoir l'hommage
> D'un protestant aux cheveux gris,

des cheveux noirs n'eussent pas amélioré les affaires du galant aux yeux de ce sévère repenti : c'est le disciple de Calvin qu'il entendait désarçonner auprès de la belle. Il avait cinquante-neuf ans lorsqu'il s'assit dans le fauteuil de Benserade à l'Académie française (1691) et soixante-sept quand il remplaça Racine à l'Académie des Inscriptions (1699). C'est bien l'arrière-saison où il avait dit lui-même qu'il faut prendre sa retraite, et l'on ne peut s'empêcher de croire que celui qui recevait ces honneurs tardifs était le converti de bon exemple plus que le docte poétereau qu'on prenait cependant pour un poète, témoin ces deux vers dont on salua sa mort :

> France, tu ne peux trop faire voir ta tristesse ;
> En le perdant tu perds ton plus bel ornement.

Voilà qui n'est pas flatteur pour les deux Académies dont il avait franchi le seuil (1).

Tristan L'Hermite (1601-1655) est comme Pavillon un repenti, mais plus précoce, et, en littérature, d'un plus grand prix, puisqu'on a pu, quoique avec quelque exagération, voir en lui un « précurseur de Racine (2) ». Il était de ceux qui savent s'orienter au vent et ne se soucient pas

---

(1) Voy. Titon du Tillet, *Le Parnasse françois*; D'Alembert, *Hist. de l'Acad. des belles-lettres*; Sainte-Beuve, *Portraits de femmes*, p. 300 ; Babou, *Notice* (*Poètes français*, II, 758) ; P.-A. Brun, *Revue de l'enseignement secondaire*, 27 sept. 1893, p. 254.
(2) C'est le sous-titre du très savant ouvrage que M. Bernardin consacre à Tristan.

d'user leurs dents contre la lime. Il s'éloigne des libertins qui, en posant les armes, ont gardé au fond du cœur l'esprit de révolte et le culte des anciennes idoles. Par là, non par son âge, il appartient à la période qui vit sa mort.

Ce n'est pas la moindre marque des écarts de jugement où s'est aventuré Cyrano, qu'il ait osé écrire ce qui suit de son ami Tristan, qu'on tient, nous l'avons dit, pour être avec lui le dernier des libertins : « Il est tout esprit et tout cœur, un héros à adorer, le seul poète, le seul philosophe, le seul homme libre que vous ayez (1) ». L'amitié et, pour un temps, la communauté des pensées, ont aveuglé le panégyriste. Il y a fort à dire de ce « héros ». S'il n'est pas un misérable comme son frère (2), on voit François L'Hermite, pour se donner des ancêtres, s'affubler du nom de Tristan. Le bel honneur, en vérité, de se rattacher au grand prévôt de Louis XI, s'il y eût réussi ! Descend-il plus sûrement de Pierre l'Hermite, le prédicateur de la croisade ? Il en avoua la prétention peu sérieuse (3). Sa vie ne le relève de ce début que fort médiocrement à nos yeux. Agé de treize ans, il tue en duel un garde du corps, et quoique placé auprès d'un des bâtards royaux de la marquise de Verneuil, il se voit forcé de fuir en Angleterre. Revenu de l'exil (1620), il obtient de la libéralité des grands les moyens de mener une vie honorable ; il devient même gentilhomme ordinaire du duc d'Orléans. Mais quoiqu'on l'ait déclaré « spirituel et du monde (4) », quoique Scarron constate qu'il était estimé (5), il ne sut pas se tenir. Lui-même il le confesse :

Je me suis enivré du vin des voluptés (6).

Et ce vin n'a pas toujours été métaphorique, car nous lisons dans son *Page disgracié*, qui est son histoire écrite de sa main : « Ce fut le premier homme qui me fit boire le vin

---

(1) *États et Emp. de la Lune*, p. 34. Cf. Bernardin, p. 58 ; Brun, p. 76.
(2) Voy. Bernardin et P. Mesnard, p. 89, 90.
(3) M. Bernardin (p. 17) donne la vraie généalogie.
(4) Chevreau à Tristan. Stockholm, 2 avril 1653, dans Bernardin, p. 259.
(5) *Recueil de quelques vers burlesques*, 1643, dans Bernardin, p. 354.
(6) *L'office de la Vierge*, p. 121 (*Ibid.*, p. 536).

un peu fort (1) ». Il montre dans son *Parasite* qu'il connaissait à merveille les cabarets de Paris, et cela en 1653, âgé, malade, deux ans avant sa mort (2). Colletet dit positivement que ce confrère en poésie dut à la bouteille une partie de ses succès. Tristan recherchait aussi d'autres plaisirs, quoique phtisique, ou plutôt parce qu'il l'était. Épicurien de cabaret, qui ne va pas jusqu'à être un goinfre, un habitué de l'orgie, coureur de femmes, « joueur effréné » (3), rimailleur famélique, sans qu'on puisse accuser son maître de lésine, le jeu jetant ses fanatiques sur la paille, tel il nous apparaît d'après les plus récentes recherches.

D'aucuns, cependant, célèbrent ses vertus. Ils abusent de ce que sa vie, durant la Fronde, est restée obscure. Ils le jugent d'après ses *Heures de la Sainte Vierge*, publiées en 1646 (4). Mais M. Bernardin remarque judicieusement que, pour publier des livres de dévotion, pas n'est besoin d'être dévot, et qu'il suffit d'être courtisan, singulièrement sous des princes qui consacraient leur royaume à la sainte Vierge. Diverses pièces religieuses de Tristan sont antérieures à la mort de Louis XIII. De conviction, en fait, l'on ne voit pas trace. Le libertinage d'abord des jeunes années est incontestable. « Vous savez, écrit notre homme à un ami, que j'ai le bruit d'être plutôt libertin que bigot (5). » Plus tard, en danger de mourir, il écrit sur la mort des vers que signerait un libertin :

> Il faut éteindre en nous tous frivoles désirs,
> Il faut nous détacher des terrestres plaisirs
> Où sans discrétion notre appétit nous plonge.
> Sortons de ces erreurs par un sage conseil,
> Et, cessant d'embrasser les images d'un songe,
> Pensons à nous coucher pour le dernier sommeil (6).

Les éloges de Loret, datés de 1655, s'adressent à la mémoire

---

(1) *Le page disgracié*, t. II, ch. XLII, Bernardin, p. 105 et n. 6.
(2) *Le Parasite*, V, 1.
(3) Bernardin, p. 105, 53.
(4) Voy. Olivet, Pellisson, Goujet, les frères Parfaict (t. V); Bernardin, p. 257.
(5) Voy. dans Bernardin (p. 256, n. 3) l'indication des sources.
(6) *Vers héroïques*, p. 366, dans Bernardin, p. 257.

de l'homme tout récemment enlevé, dont l'amende honorable lessivait tous les péchés. Il parle de « sa piété signalée », vantée « en tout lieu » (1).

Tristan avait donc vécu en libertin, aussi tiède d'ailleurs qu'on le voudra, jusqu'à l'heure des saintes palinodies, moins éclatantes chez lui que chez tant d'autres, grâce aux demi-teintes naturelles et à la réserve voulue des années antérieures. Loué, encouragé par Théophile (2), par Cyrano, tous deux incrédules, comme par Loret, bon croyant, il avait balancé un moment la renommée de Corneille, fait représenter sa *Mariamne*, où Racan voit « une des plus belles tragédies du temps passé et du temps présent » (3), laquelle, ayant précédé d'un an *le Cid*, se maintenait au répertoire jusqu'en 1704. L'Académie ouvrait à l'auteur ses portes dès 1648, et pour disciple il laissait Quinault. C'est un titre à d'autres yeux que ceux de Boileau (4).

VI

La Fontaine (1621-1695) nous fournit un nouveau modèle des mêmes faiblesses devant les croyances de plus en plus envahissantes. Toutefois, il y a cette différence essentielle que chez Tristan converti ne perce plus même le bout d'oreille du libertin, tandis que chez La Fontaine, jusqu'à son lit de mort, on l'aperçoit très distinctement. Homme de la première moitié du siècle attardé dans la seconde, il a, comme ses contemporains des jours de jeunesse, l'amour de l'indépendance et de la liberté. Il est, en poésie, dans le goût de Saint-Évremond, de Benserade, de Sarasin, de Voiture : il débute par un fade marotisme, par un bel esprit déjà hors de mode. Dans le domaine de la pensée il

---

(1) *Muse hist.*, 11 sept. 1655.
(2) Dans une lettre postérieure à l'arrêt du parlement du 1er sept. 1625, publiée par M. Bernardin, p. 116.
(3) Racan à Ménage, 17 oct. 1654, dans Bernardin, p. 354.
(4) Bernardin, p. 190, 277; P.-A. Brun, p. 70, n. 1; Ph. Chasles, *Hist. anecdoctique des quarante fauteuils de l'Académie française*.

professe la tolérance, une tolérance si large que, non content de fuir toute discussion, il accepte les brocards de ses amis (1). La philosophie qu'il soutient placidement, mais non sans subtilité, dans ses *Contes* et ses *Fables*, est celle d'Épicure, de Gassendi, de Molière, et, pour tout dire d'un mot, celle de la nature (2). La nature! il l'aime au sens le plus étroit et le plus large du mot. On prétend que Rousseau l'a découverte? C'est qu'il a crié son enthousiasme sur les toits. La Fontaine s'était contenté de dire le sien en sourdine; mais combien de fois n'a-t-il pas fait acte de culte! La nature est son véritable et presque son unique guide : il ne pouvait croire qu'elle défendît de faire usage des sens, un de ses dons, et des biens qu'elle nous procure, dont il faut, dans une vie si courte, se hâter de jouir. Nous allons au plaisir, pensait-il, comme l'eau à la rivière. Toutes les œuvres de la nature ont leur prix. Se peut-il que Descartes et Malebranche refusent aux bêtes l'intelligence, la raison, le raisonnement! Notre fabuliste leur rend, non sans un éclat qu'il fuit d'ordinaire, leurs titres de noblesse, selon les idées chères à Gassendi et aux cercles de Mme de La Sablière, de Mme Hervart, où il était entré si avant (3).

Incrédule et libertin il le fut, mais à sa mode. Par réflexion ou par tempérament, il repousse sur quelques points, d'ailleurs assez rares, les doctrines officielles en religion et en politique. C'est suffisant pour lui donner l'air d'un païen et d'un frondeur. Pure apparence néanmoins : sur presque tout il reste indifférent et apathique. Quelle sottise de faire de la religion le tout de sa vie! Comprend-on Jacques II sacrifiant trois royaumes à une messe? Ce mot du chancelier Le Tellier, La Fontaine le répète. Ne lui demandez pas les chaudes indignations, les haines vigoureuses d'un Molière. Il nous montre avec calme la façon

---

(1) Voy. Sainte-Beuve, *Portr. litt.*, I, 55; Auger, Notice en tête de son édition de La Fontaine, 1826, p. 7, 14.
(2) Brunetière, *Essais critiques*, 4e sér., p. 236.
(3) Voy. les *Fables* intitulées : *Les Deux Rats, le Renard et l'Œuf*, liv. X, fable 1; *Les Souris et le Chat-huant*, liv. XI, f. 9. Cf. Taine, *La Fontaine et ses Fables*, 3e éd., 1861, p. 49, 54.

dont les choses se passent en ce monde. Il n'approuve pas, mais il ne saurait s'étonner que les pommiers portent des pommes. Il ne souhaite pas un monde meilleur, il n'en loue même pas l'hypothétique conception. Il n'aime pas la règle, y voyant une entrave à la liberté de chacun. Il n'est pas athée, assurément ; mais, en bon épicurien, il relègue son Dieu dans un lointain empirée, et il donne la mesure de son respect pour ce fétiche inerte en l'associant à Phyllis dans un des actes les plus solennels de sa vie, dans le discours en vers qu'il lut à l'Académie pour sa tardive réception (1684). Qu'est-ce que vivre ? dit-il :

> C'est jouir des vrais biens avec tranquillité,
> Faire usage du temps et de l'oisiveté,
> S'acquitter des honneurs dus à l'Être suprême,
> Renoncer aux Phyllis en faveur de soi-même (1).

Comment s'étonner, après cela, qu'au confesseur auquel il désire, en un jour de convalescence et en une heure de gratitude, offrir la récompense due au ministère sacré, il ait donné un exemplaire de ses *Contes* ? Il était-ce que nous appelons aujourd'hui un inconscient.

Inconscient et indifférent, il traitait Dieu comme sa femme et son fils, n'éprouvant pas plus le besoin de se rapprocher de lui que d'eux. L'histoire est bien connue de ce fils vu de loin dans un salon et qu'il n'aborde pas ; de ce voyage à Château-Thierry, d'où il revient sans avoir revu, parce qu'elle était à vêpres, Mme de La Fontaine, avec qui on le poussait à se réconcilier. Dieu, après tout, était moins négligé. Ce mari, ce père, ce chrétien négligent allait à l'église, comme à Château-Thierry, quand on l'en pressait, et il n'en sortait pas à peine arrivé, quoiqu'il déclarât s'y ennuyer fort, surtout au sermon. Le clergé lui passait l'ennui, en considération de sa présence et des bons conseils qu'il donnait en jolis vers. N'y disait-il pas, en effet, qu'il ne faut point, dans la vie, se distinguer des autres hommes ?

> Gardez de faire aux égards banqueroute.

---

(1) *Discours de réception.*

Ne décernait-il pas la palme du ridicule aux libertins qui affectaient les airs du bel esprit? Ne félicitait-il pas le roi de la Révocation, de cette victoire sur « l'erreur envieillie », sur une « sotte engeance » (1)? Mais cet assentiment que lui arrachait son désir de ne pas se distinguer et de flatter, il le donnait surtout au point de vue politique; mais ces bienséances auxquelles il a dessein de se conformer, il les connaît si peu qu'il confond le sacré avec le profane, qu'il demande qui a le plus d'esprit, de saint Augustin ou de Rabelais. Cet homme, à coup sûr, n'avait pas le sens du divin. Il l'avait si peu qu'il ne sortit jamais de sa quiétude morale:

> Quand le moment viendra d'aller trouver les morts,
> J'aurai vécu sans soins, je mourrai sans remords.

Lui qui se tenait trop à genoux devant ces puissants du monde dont ses vers frondeurs parlent si librement, il fit plus de façons pour s'agenouiller sérieusement au pied des autels. Sa *Captivité de Saint-Malc*, son Épître à Mme de La Sablière ne témoignent que des accès d'une dévotion intermittente, toujours provoquée. Quand cette excellente amie prêcha d'exemple, lui, si docile à toutes les impulsions, il résiste à celle-là. Même ne trouvant plus que solitude et ennui dans cette maison qui l'abritait depuis vingt ans, il la quitte plutôt que de s'associer aux bonnes œuvres et aux dévotions dont elle est maintenant toute pleine, il devient le familier du prince de Conti et de MM. de Vendôme. Là, le spectacle d'indignes mœurs ramenait ses cheveux blancs à celles de sa jeunesse, à celles de ce Régnier si porté aux « amours faciles et de peu de défense » (2). Cette vieillesse dissolue et cynique fut l'affliction des vrais amis. Maucroix, Racine ne s'en consolèrent point; Boileau rompit avec le poète qui se dégradait ainsi: sa colère est peut-être une des mauvaises raisons qu'il a eues de ne pas le nommer dans son *Art poétique*.

(1) Voy. Auger, p. 14, 15; Taine, p. 21, 27, 28, 51.
(2) Sainte-Beuve, *Portr. litt.*, I, 67.

La conversion ne précéda que de deux ans la mort. C'est alors qu'on vit La Fontaine redoubler d'assiduités à l'église, prendre le cilice, lire à l'Académie sa traduction du *Dies iræ*, former le projet de paraphraser les psaumes. Fut-ce lassitude, dégoût, tardif remords, crainte de l'inconnu ? Un de ses biographes a insinué que les importunités du clergé ne furent pas étrangères à cette fin chrétienne d'un païen faible, et, au rapport de Ninon, encore affaibli par l'âge (1). En tout cas, la sincérité du repentir ne saurait être niée. Écoutons notre fabuliste dans la dernière lettre qu'il ait écrite : « Voilà deux mois que je ne sors point, si ce n'est pour aller à l'Académie, afin que cela m'amuse. Hier comme j'en revenois, il me prit, au milieu de la rue du Chantre, une si grande foiblesse que je crus véritablement mourir. O mon cher, mourir n'est rien ; mais songes-tu que je vais comparoître devant Dieu ? Tu sais comme j'ai vécu. Avant que tu reçoives ce billet, les portes de l'éternité seront peut-être ouvertes pour moi (2). » La cause est entendue. Rien ne démontre, au surplus, que le bonhomme ait eu à revenir de très loin, ni qu'il ait jamais révoqué en doute l'existence de Dieu ou celle d'un autre monde. Il s'était contenté de n'y point penser. Son libertinage n'a pas plus de portée, et les libertins qui l'entourent n'en connaissent point d'autre.

Voyez, en effet, Mme de La Sablière (morte en 1693). Femme du financier Rambouillet, elle a été l'Arthénice des libertins de bonne compagnie. C'est pour elle que Bernier a écrit son excellent *Abrégé du système de Gassendi*. L'infidélité de son amant La Fare suffit à la jeter pour toujours de l'autre bord. Le retour est aussi complet que brusque, et bien féminin : il la conduisait aux Incurables, où cette délaissée passa ses derniers jours, écrivant des *Maximes chrétiennes* pour gagner le ciel (3).

Voyez encore Maucroix (1619-1708). Moins engagé dans l'école que cette femme charmante, il a été l'ami de cœur,

---

(1) Auger, p. 15.
(2) Lettre à Maucroix, 1er févr. 1695.
(3) Voy. *Portr. litt.*, I, 61.

nous venons de le voir, du conteur incomparable dont il n'est qu'un pâle reflet. Il s'occupe aussi peu que lui de l'autre vie, vers laquelle pourtant ce chanoine si tiède finira par le ramener (1). C'est un abbé du XVIII° siècle dans le XVII°, aussi spirituel et plus honnête que ses successeurs Voisenon et Bernis. Jamais il n'est monté en chaire. Toujours il badine à la manière de Voiture et de l'hôtel de Rambouillet, de Théophile même et de Marigny en leurs moindres écarts, avec une élégance gracieuse et galante. Les galanteries, selon la belle M°° de La Framboisière, ne conviennent ni à son habit ni à son âge (2)? L'âge n'est pas un obstacle aux amours de tête, et, quant à l'habit, on était tolérant pour tout prêtre n'ayant pas charge d'âmes.

Si l'esprit de Maucroix est sensuel et léger, sa religion est sage et discrète, en avance sur son temps, comme sa prose, si supérieure à ses vers, et si proche de la nôtre : avant Voltaire et Diderot, ce clerc de province a trouvé la phrase courte et rapide, arme de combat. Les amis pourtant jugeaient médiocre cette religion de chanoine. « Songe », lui écrivait Patru, « songe que nous n'avons pas comme toi un bréviaire bien payé, quoique mal récité. » Patru n'avait pas tort : il avait lu des vers qui sonnaient mal à son oreille :

> Les dévots prêchent nuit et jour
> Contre les plaisirs de l'amour.
> Mais ils ont beau dire, on s'en raille.
> Si l'on punissoit ce péché,
> Il faudroit, dit un débauché,
> Remplir le paradis de paille (3).

A propos d'une amourette, cet homme d'Église avait écrit : « Voyez-vous, le corps est si près de l'esprit qu'on ne saurait quasi les séparer ». Compromise par cette assertion lancée à la légère, l'immortalité de l'âme le semble plus encore par ce vers, exceptionnellement beau :

> Dans la nuit éternelle il entre sans regrets.

(1) Voy. une lettre de Maucroix dans la Notice de Louis Paris en tête des Œuvres, p. CCXIV.
(2) Ibid., p. VIII, XVI, CLXXVI, CLXXXI.
(3) Œuvres de Maucroix, I, 17.

Pure imitation de l'antique, nulle intention épicurienne, dit Sainte-Beuve. Le critique résiste sagement à la tentation de revendiquer pour son diocèse ce catéchumène douteux, qui se laissait tout simplement aller, sans trop de réflexion, « aux goûts divers de l'humeur et de la nature » (1).

Ce qu'il a de réfléchi, c'est sa haine des hypocrites et des faux dévots, si difficiles à distinguer des vrais ; c'est son indifférence devant les foudres canoniques : « Pour un peu d'excommunication, écrit-il, voilà mes cousines bien alarmées ! » Il blâme le zèle : « Dieu n'approuve point les dévotions inconsidérées ; il faut le prier avec sagesse. » En 1668, il est témoin d'une procession contre la peste : « Des châsses de saints ont peut-être fait des miracles ; mais le mal a augmenté par l'agglomération et les malades qui se sont mis dans la châsse (2). »

Celui qui parle ainsi est un modéré du libertinage théorique ; il avait moins de chemin à faire que la plupart de ses amis pour l'abjurer dès que sa santé l'inquiétait. Il ne lui en coûte guère alors d'aller jusqu'à trois fois à la messe, — c'est lui même qui en fait le compte. Ses croyances fondamentales sont, malgré quelques écarts, à peu près hors de question ; mais sa tiédeur à y conformer sa vie l'est moins encore. Il y sut plus vite conformer celle de La Fontaine.

VII

Molière (1622-1673), lui, est libertin jusqu'aux moelles. Sa vie n'a connu la contrainte ni des doctrines religieuses, ni des règles morales. Bien plus, à l'heure où les esprits forts vaincus se font petits jusqu'à disparaître, il donne courageusement, devant l'hypocrisie naissante qu'il a vue le premier, de répétés signaux d'alarme. Il est, dans son camp, le plus agressif, et l'on pourrait dire le seul agressif.

(1) *Lundis*, X, 227, 228.
(2) *Mémoires* de Maucroix, p. 308 ; Babou, Notice (*Poëtes français*, II, 649).

Qu'il ait été disciple immédiat ou médiat de Gassendi, c'est un point discuté. On a prétendu qu'au moment où le comédien rentrait à Paris, le philosophe s'en éloignait; on ne prouve pas qu'il s'en éloignât pour n'y jamais revenir. Grimarest dit formellement que Molière assista avec Cyrano et Chapelle aux leçons de Gassendi, et M. Mesnard, qui a si soigneusement pénétré dans les détails, ne conteste pas la possibilité de rapports directs entre eux (1). Quant au biographe de Gassendi, il est positif : « L'amitié qu'il avait pour Chapelle s'étendit sur deux autres de ses amis qui étudioient au même collège, J.-B. Pocquelin, connu sous le nom de Molière, et François Bernier, Angevin (2). »

Mais supprimons-les, si l'on veut, ces rapports directs. Ceux de Molière avec les principaux de l'école, Chapelle, Bernier, Hesnaut, Des Barreaux et autres, sont constants; ils ne permettent pas de douter qu'il ait sucé le lait de la doctrine (3). Il est du monde de Ninon et de Mme de La Sablière. On sait assez qu'il se rattache au xvie siècle, qu'il continue Rabelais, Montaigne, Larivey, Regnier, les auteurs de la *Ménippée*. Toute son œuvre montre en lui le sectateur déterminé de la nature. Un de ses motifs pour partir en guerre contre les médecins, c'est leur prétention de se croire plus forts qu'elle. Le grand tort d'Arnolphe, dans *l'École des femmes*, est d'aller à l'encontre de la nature, laquelle, dit Béralde, le sage du *Malade imaginaire*, quand nous la laissons agir, se tire doucement du désordre où elle est tombée (4). Si Molière traduit à son tour Lucrèce, c'est d'abord qu'il goûte beaucoup le poète philosophe, c'est ensuite qu'il espère par là propager la doctrine d'Épicure (5). La sagesse qu'il oppose, dans le *Misanthrope*, aux travers de la vertu, est bien celle de

---

(1) Grimarest, *Vie de M. de Molière*; P. Mesnard, *Notice sur Molière*, p. 31. Cf. Brunetière, *Études critiques*, 1re série, p. 107, nouv. édit., 1888.
(2) Bougerel, p. 150.
(3) Sur ce que Molière doit à Gassendi, voy. Bouillier, I, 513 ; Mesnard, Moland, Larroumet, etc.
(4) Acte III, sc. 3. Voy. Brunetière, *Essais critiques*, 4e sér., p. 202.
(5) De cette traduction aujourd'hui perdue il ne reste que quelques vers dans le *Misanthrope* (act. II, sc. 5), sur l'illusion qui fait voir aux amants tout en beau dans l'objet aimé.

l'intérêt : elle consiste dans la prudence, mère, selon Gassendi, de toutes les vertus. Et que fait le poète dans *les Femmes savantes*, sinon se ranger du côté de celui que Descartes pensait insulter en lui criant : *O caro !*

On ne s'est pas borné à nier en Molière le gassendiste ; on nous le représente « ayant un fonds de religion modérée, sensée, d'accord avec les coutumes du temps, qui reparaît à sa dernière heure, qui éclate avec tant de solidité dans le morceau de Cléante du *Tartufe*, s'indignant des insinuations malignes qu'à partir de *l'École des femmes* ses ennemis allaient répandre sur la religion (1) ». Ce langage du critique Sainte-Beuve a plus de poids assurément que le fait des deux religieuses assistant le comédien à son lit de mort, plus aussi que la résignation chrétienne dont Grimarest, d'après Baron sans doute, fait honneur au moribond : Baron et Grimarest semblent bien répéter machinalement l'épithète consacrée qui limite aux croyants le monopole de la résignation à l'inévitable (2). Ne voulant pas être inquiété, Molière avait vécu sans fronder ailleurs que sur la scène, par la bouche de personnages dont il pouvait, au besoin, désavouer les témérités. Ces personnages parlent chacun selon son caractère ; les uns font des déclarations religieuses, d'autres d'irréligieuses. Molière n'est pas, comme Voltaire, le protagoniste de ses pièces, un auteur à thèses. Le fond de sa pensée, s'il y a quelque chance qu'on le trouve, c'est dans *Tartufe* et *Don Juan* qu'il faut le chercher.

Avant même que *Tartufe* fût représenté, l'on pressentait qu'il serait nuisible à la religion. Uniquement pour ce motif, Louis XIV, travaillé par les dévots, faisait attendre cinq longues années, jusqu'au 9 février 1669, l'autorisation de représenter librement en public la comédie suspecte.

A vrai dire, on en avait déjà vu les trois premiers actes à Versailles (12 mai 1664), la totalité au Raincy (29 novembre 1664 et 9 novembre 1665), puis à Paris (15 août 1667), où

---

(1) *Portr. litt.*, II, 7.
(2) Voy. *Ibid.*, p. 60, la citation même de Grimarest sur ce fait si connu, grâce à lui.

l'archevêque Harlay l'interdisait dès le lendemain, en menaçant des foudres sacrées quiconque enfreindrait sa défense. Nonobstant, l'impie Condé, qui ne craignait pas l'Église et savait n'avoir rien à craindre du roi, faisait jouer le *Tartufe* à Chantilly (20 septembre 1668), et même à Paris dans son hôtel (4 mars de la même année), dans le diocèse et à la barbe du prélat qui avait fulminé par provision (1).

Or dès 1664, le 27 mai, cinq jours après la représentation partielle de Versailles, la *Gazette de France* déclarait la pièce « absolument injurieuse à la religion et capable de produire de très dangereux effets ». Bourdaloue accusait l'auteur d'avoir, dans la personne de *Tartufe*, » prétendu tourner les choses les plus saintes en ridicules (2) ». Plus tard, quand le scandale est devenu public, Pierre Roullin, curé de Saint-Barthélemy-en-l'Isle, dans un panégyrique nauséabond du roi, appelle son valet de chambre « le plus signalé impie et libertin qui fut jamais ». Il lui prête le dessein de rendre « ce qu'il y a de plus sacré dans l'Église ridicule, contemptible, odieux, blâmant et jouant sa plus religieuse et sainte pratique, qui est la conduite et direction des âmes (3) ».

Tout porte donc à croire que si le *Tartufe* finit par voir les feux de la rampe, c'est que « l'imposteur », de prêtre qu'il était d'abord, venait de se métamorphoser en laïque. Mais même après cette capitulation nécessaire, et bien longtemps après, le règne de l'hypocrisie pesant sur la France comme une de ces chapes de plomb qu'a imaginées Dante, voici ce qu'écrivait la mère du futur Régent : « On joue le *Tartufe* d'autant plus librement que personne ne prétend en être un. Mais je pense que si quelqu'un s'avisoit, à cette heure,

---

(1) Voy. Mesnard, p. 385.
(2) Sermon sur l'hypocrisie. *Dominicales*, III, 50 ; t. VII des Œuvres complètes.
(3) *Le roy glorieux au monde ou Louis XIV le plus glorieux de tous les roys du monde*. De ce factum on ne connaît que l'exemplaire présenté par l'auteur à Louis XIV, qui eut le bon sens de le faire supprimer. H. Martin (XIII, 639) en donne le passage qui nous intéresse.

de faire de ces comédies-là, la chose ne passerait pas comme cela ou qu'on croirait alors y retrouver dépeints quelques originaux fort en faveur présentement (1). »

Ces originaux on les a cherchés; on ne pouvait les trouver. S'il y a dans les personnages de la comédie, et surtout dans le principal, des traits empruntés à la réalité, Molière les a pris de droite et de gauche, pour composer un ensemble qui n'a qu'une vérité idéale ou d'assemblage, comme la chimère. Les difficultés qu'il rencontrait, malgré l'appui du roi, ne lui permettaient pas de faire plus. Admirons la hardiesse qui produit à la scène des idées dont on ne s'entretenait que dans les petits cénacles et à voix basse : il y a différentes sortes de courage, comme il y en a différents degrés (2).

Mais quelles sont au juste ces idées? Sur qui le poète a-t-il voulu déverser le ridicule ou l'odieux? « On disait, écrit Racine, que les Jésuites étaient joués dans cette pièce; les Jésuites, au contraire, se flattaient qu'on en voulût aux Jansénistes (3). » Tous les dévots de la cour se sentaient atteints, vrais et faux : Anne d'Autriche et Mme de Longueville, Conti et Bossuet, les Jansénistes, Singlin, Nicole, Arnauld (4). On se demande s'ils avaient tort, si Molière prétendait les attaquer tous, sans souci de la distinction que la prudence imposa plus tard à La Bruyère, et que déjà il s'imposait à lui-même, comme on le voit dans le *Tartufe* :

Il est de faux dévots ainsi que de faux braves (5).

Seule, Mme de Maintenon sera bientôt assez puissante pour mettre les uns et les autres dans le même sac : « A force de voir la fausseté des dévots, je suis parvenue à ne pas les plus estimer que les femmes (6). » Marivaux ne va pas si loin : il

---

(1) Corresp. de Madame, 21 déc. 1693, éd. Jaeglé, I, 180.
(2) Voy. Brunetière, 4e sér., p. 241.
(3) Citation du même, 1re sér., p. 142.
(4) Id., ibid., 4e sér., p. 208.
(5) Act. I, sc. 5.
(6) Lettre du 3 sept. 1710.

revient à la distinction du vrai et du faux, « des dévots qui fâchent le monde et des gens pieux qui l'édifient » (1). Ne demandons pas au protégé du roi un héroïsme de révolté. Il a dû vouloir se couvrir; mais il n'a pas besoin de se couvrir outre mesure : le règne en est encore à la période du cynisme; la faveur est ouvertement à Mlle de La Vallière; l'heure n'est pas venue de Mme de Maintenon et de l'hypocrisie officielle. Rien à craindre d'un prince jeune, tout entier à ses passions, impatient de ce qui le gêne. Si Molière s'est trompé sur un point, c'est sur le pouvoir de l'entourage déjà trop considérable pour que s'en pût affranchir le plus absolu de nos rois.

Au demeurant, il rend odieux Tartufe qui est un faux dévot, et presque odieux, ridicules tout au moins, Orgon et sa mère, qui en sont de vrais. A cette distinction où s'évertuent les prudents, l'Église et la raison se refusent à l'envi. Bourdaloue montre très bien qu'attaquer les uns c'est frapper les autres. « Le libertin, dit-il, appelle du nom de cagotisme ou de tartuferie toute espèce de piété. Frapper les vrais dévots, c'est nuire à la religion; il ne faut donc pas sans mandat attaquer l'hypocrisie. C'est une question de morale autant que de piété (2). » Bourdaloue parle au nom tout ensemble de la raison et de l'Église. D'autre part, le judicieux et profond Molière a dû sentir que les rudes coups portés au masque blesseraient le visage. Le comédien tenu, comme tel, pour réprouvé, devait envelopper de la même haine les vrais et les faux dévots, également implacables aux gens de théâtre.

Allait-il plus loin? Entendait-il attaquer la religion elle-même? Rien ne serait moins surprenant. Son éducation philosophique, ses relations l'y disposaient. Il pensait, avec Des Barreaux et Saint-Pavin, que « d'obliger un bon esprit à croire tout ce qui est dans la Bible jusques à la queue du chien de Tobie, il n'y a pas d'apparence ».

---

(1) *Le paysan parvenu*, 1re part., dans Larroumet, *Marivaux*, 1882, p. 409.
(2) Résumé de P. Janet, *La philosophie de Molière*. (*Revue des Deux Mondes*, 15 mars 1881, p. 226 sq.)

Il est prêt à crier avec ce Lucrèce qu'il aimait jusqu'à le traduire :

> *Tantum relligio potuit suadere malorum.*

Le plus grand de ces maux, à son avis, est de nous avoir détournés des voies de la nature et rendus rebelles aux instincts, aux facultés que nous tenons d'elle, de nous avoir inspiré le dégoût et l'effroi du monde où nous sommes appelés à vivre (1). Ce mal il le signale dès ses premiers chefs-d'œuvre : dans *l'École des maris*, dans *les Précieuses ridicules*, il s'en prend à ceux qui veulent masquer ou farder la nature (2). Plus tard il met dans la bouche de ce Philinte qu'aujourd'hui l'on sacrifie trop à Alceste, sa propre pensée :

> Je prends tout doucement les hommes comme ils sont (3).

ce qui est peut-être plus sage que de les prendre à rebours et de les violenter pour les réformer.

Assurément on peut soutenir que jamais Molière n'a porté un coup droit à la croyance et au dogme (4); mais on ne soutiendra pas, j'imagine, qu'il l'eût pu faire impunément. S'il ne risquait plus le fagot, il risquait encore la persécution, la disgrâce, la ruine pour sa troupe comme pour lui-même. Il subissait l'inéluctable nécessité du temps, puisqu'il ne voulait pas se contenter d'émettre des idées perturbatrices *inter pocula*, à huis clos. Il a dû se montrer circonspect, s'entourer de nuages, faire des concessions. Mais on n'a pas assez remarqué que l'esprit de lutte a chez lui une fermeté extraordinaire : il se débattait encore contre les entraves qu'on opposait à la représentation publique du *Tartufe*, lorsqu'il mettait au théâtre son immortel *Don Juan* (15 février 1665).

---

(1) Voy. Brunetière, 4ᵉ sér., p. 212-214.
(2) Id., 1ʳᵉ sér., p. 200.
(3) *Le Misanthrope*, act. I, sc. 1.
(4) M. Doumic l'a fait dans le *Correspondant* (25 mars 1890), en réponse à M. Brunetière, avec des raisons plausibles, ce qui n'est pas surprenant vu son talent et dans une matière si délicate. Voy. *La question du Tartufe*, p. 1110.

Dans ce nouveau chef-d'œuvre il fait un pas de plus, et un pas marqué; il produit au grand jour le libertin « honnête homme », bien entendu au sens suranné aujourd'hui que le siècle donnait à ce mot. Et qu'on n'objecte pas l'hypocrite scélératesse de la fin, car elle est une concession forcée aux adversaires, et plus encore une convenance du sujet: si le héros n'eût fini comme il fait devant la statue du commandeur, aucun spectateur n'eût reconnu en lui le personnage légendaire. En outre, peu soucieux de ses dénouements, Molière trouvait à ne pas innover dans celui-ci une commodité pour sa paresse sur ce point. Mais le motif déterminant dut être le désir de ne pas compromettre au port le salut de son esquif ballotté. Tirer la morale de sa pièce n'était pas son affaire. C'est même, pourrait-on dire, un trait de génie d'avoir fait finir en hypocrite un libertin si déclaré: par là il rendait sensibles les progrès de ce vice hideux qu'apercevaient seuls alors avec lui quelques esprits de pénétration féminine tels que M⁽ᵐᵉ⁾ Des Houlières, et, grâce au recul, quelques exilés clairvoyants tels que Bayle et Saint-Évremond. De tous les hommes, le cynique Don Juan aurait dû être le plus exempt de l'hypocrisie, qu'il signale à son valet comme « le vice à la mode » (1).

Il est châtié, c'est bien: mais de quoi l'est-il? de son hypocrisie finale ou de ses vices mondains et de son impiété? La question reste douteuse et le mieux est de ne pas la trancher. Molière a fait ce qu'il s'était proposé: il a tracé le portrait du parfait libertin. Don Juan est séduisant partout, sauf aux scènes finales: il est brave, généreux, chevaleresque: il ne laisse pas, sans mettre l'épée à la main, quatre hommes en attaquer un seul (2); il professe pour ses semblables un juste mépris, mais il a au fond du cœur « l'amour de l'humanité » qu'il invoque pour donner une pièce d'or au mendiant qui refuse de renier Dieu (3). Athée

---

(1) Acte V, sc. 2.
(2) Acte III, sc. 4.
(3) Acte III, sc. 2. Cette scène a disparu d'un grand nombre d'éditions, même de notre siècle.

comme il l'est, Don Juan fait donc preuve d'une tolérance pratique autant que théorique, bien digne de remarque chez un homme si surpris de voir « où la vertu va se nicher ».

Qu'il y ait là des contradictions, d'accord. S'il n'y en avait pas, si ce grand libertin était tout bon ou tout mauvais, il serait personnage de drame, non de comédie. Mais il est foncièrement libre penseur ; il n'admet rien qu'il ne sache de science certaine ; en d'autres termes il ne *croit* rien, puisqu'il ne croit qu'aux choses dont il a une connaissance directe, sensible, positive ; il ne professe d'autre culte que celui du beau, qui le ravit, dit-il, partout où il le trouve (1) ; il fait penser à ces héritiers du XVIᵉ siècle qui s'appellent Théophile de Viau et Vauquelin des Yveteaux. Qui le déclare odieux enveloppe sans y penser dans la sentence d'autres libertins encore que ceux-là, et qui ont posé pour le portrait de « l'honnête homme, » Lionne, Retz, Vardes, Vivonne, Guiche, Bussy, parmi tant d'autres dont il est superflu de rappeler les noms (2). Molière les avait vus de près à la cour, à la ville, chez Ninon, dans les soupers de cabaret, dans les coulisses du théâtre. Comme eux Don Juan est vicieux et dissolu, impie et fanfaron d'impiété, fier et hardi, audacieux et cynique, généreux et d'esprit large autant que libre, précurseur des roués de la Régence non moins que successeur des effrontés de la Fronde et du siècle à son début, bien Français à coup sûr, et prenant sur la scène, grâce au génie, le relief qui manquait dans la réalité à ce personnage dont on pourrait dire qu'il était alors légion (3).

Le poète n'a pas plus prétendu glorifier son héros que le vouer aux gémonies. Des gémonies il laisse la responsabilité à la légende espagnole, se bornant à peindre ce qu'il a vu, le bien comme le mal. Ainsi le voulait la loyauté. Mais cette loyauté, on la déclare abominable : chez des réprouvés il ne pouvait, il ne devait y avoir rien de bon.

(1) Acte II, sc. 2.
(2) Après avoir nommé Lionne et Retz, Sainte-Beuve ajoute : « de vrais originaux de Don Juan ». (*Port-Royal*, liv. III, t. III, p. 303.)
(3) Voy. Groussat, p. 113-119 ; P. Janet, *loc. cit.*, p. 341 ; Sainte-Beuve, *Portr. litt.*, II, 8.

De ce que Don Juan est athée, gardons-nous de conclure que Molière ait prêché l'athéisme. Ce serait tout aussi juste que de prétendre qu'il a conseillé de mettre à mal les femmes et ensuite de les abandonner. L'élève de Gassendi n'a pas dû nier la Divinité. Nous n'admettrons pas davantage avec tel de ses défenseurs (1) qu'il ait chargé Sganarelle d'énoncer ses vrais sentiments sur la religion. Sganarelle s'embrouille à la fin de sa tirade, et par là le prêcheur devient ridicule. Comment ne pas voir, en outre, que faire d'un misérable valet le champion des choses saintes, c'était les avilir aux yeux du public plus ou moins aristocratique qui hantait le théâtre ? Molière était trop perspicace pour s'y tromper. Il n'a que deux procédés quand il veut faire entendre le langage de la raison : ou il le met sur les lèvres de ses « raisonneurs », ou il le fait ressortir des exagérations contradictoires de deux personnages, là Philinte et Alceste, ici Sganarelle et Don Juan. La vérité apparaît alors chez lui comme une résultante, comme un juste milieu entre les extrêmes, ce qui est plutôt le propre de la vertu. Les spectateurs de ses hautes comédies sont associés par lui à son œuvre ; il leur laisse une part de travail, d'un travail qui est un plaisir et dont il les juge capables.

Don Juan et *Tartufe* en même temps, c'était plus que n'en pouvaient supporter les dévots. De là leur croisade contre les deux chefs-d'œuvre (2). Aux plaintes dont ils l'obsédaient, en particulier sur le personnage de Don Juan, Louis XIV répondait : — Il n'est pas récompensé ! — Et il passait. — L'impie est même foudroyé, disaient les libertins. Que veut-on de plus ? — Mais ils ajoutaient imprudemment : — Et il l'est pour bien peu de chose (3) ! — Devant l'orage grossissant dut céder même la toute-puissance du roi. Sur son ordre on essaya encore de jouer la pièce, allégée de ce qu'elle contenait de plus révoltant ; après quinze repré-

(1) P. Mesnard, p. 324.
(2) Voy. à cet égard d'intéressants détails dans l'édition dite « des Grands Écrivains » (t. V, p. 217). Aux attaques Molière opposa deux réponses ; mais ce n'est pas là qu'il faut chercher le fond des choses.
(3) P. Mesnard, p. 324 ; P. Janet, p. 344.

sentations il fallut la retirer. Elle ne reparut plus à la scène. On ne la devait revoir qu'imprimée et comme cachée dans les *Œuvres posthumes* (1682), alors que les colères pieuses se détournaient des libertins pour se tourner contre les protestants et ouvraient la campagne qui allait aboutir à la Révocation.

Louis XIV pouvait accorder à la troupe dramatique décapitée une pension de six mille livres; mais Molière était mort à temps : sous Mme de Maintenon il eût connu de bien autres traverses. Baillet, qui n'est pas un fanatique, commence en ces termes, dans ses *Jugemens des Savans* (1), l'article qu'il lui consacre : « M. de Molière est un des plus dangereux ennemis que le siècle ou le monde ait suscité à l'Église de Jésus-Christ ». S'il y a quelque exagération dans ce langage, voici la note juste : « Il ne faut pas être médiocrement libre penseur pour attaquer si ouvertement l'hypocrite et ne pas craindre de mettre le blasphème dans la bouche de son héros (2) ».

La Fontaine et Molière sont la gloire du libertinage sans épithète. Dans la période effacée où ils l'honorent, le sentiment est trop vif chez eux de leur impuissance pour qu'ils tentent de lui faire reprendre le haut du pavé ; mais ils témoignent avec éclat de sa vitalité persistante, et l'on avouera que, dans l'école de Gassendi, le clan des poètes ne pouvait avoir de plus illustres représentants.

VIII

Le clan des philosophes est moins heureux. Aucun d'eux n'a égalé le maître, qui, lui-même, malgré ses rares mérites, ne brille qu'au second rang, du moins aux yeux de la postérité. Dans cette pléiade les talents sont médiocres et le désir de la tranquillité très grand. Ce désir ne fut que trop satisfait par la diversion contre les protestants, de laquelle

(1) 1722, t. V, p. 306.
(2) P. Janet, p. 319.

nous venons de parler. En butte à de plus vives attaques, nos philosophes gassendistes auraient, sous l'aiguillon de la nécessité et pour se défendre, donné plus de précision à leur idées, créé peut-être les théories qui font défaut à l'école.

On a dit que penser chacun à sa guise en conservant les apparences était leur originalité (1). Il n'y a pas d'originalité à faire comme tout le monde, à mêler le commun et le vague. Mais il n'est pas nécessaire d'être original pour transmettre de main en main le flambeau, et tel est l'office que les gassendistes ont rempli. Diderot (2) se représente comme suit la transmission : après la chambre de Gassendi le salon de Ninon, puis les réunions d'Auteuil, où, à côté des immortels habitués dont il serait inutile de rappeler les noms, se voyaient Chapelle, Bernier, Bachaumont, le baron de Blot, Des Barreaux. Viennent ensuite les réunions de Neuilly chez Chapelle ou chez MM. de Sonnings ; enfin la société des Vendôme à Anet et au Temple. Diderot cite bien d'autres noms de ces hommes qui font aussi peu de bruit que de besogne, mais parmi lesquels, s'il y en a beaucoup qui ne pensent guère, il y en a aussi qui savent penser (3).

Au fond, d'élève direct et absolu de Gassendi il n'y a que Chapelle. Bernier, dont nous parlerons tout à l'heure et qui lui servit comme de répétiteur, à ce que nous apprend Brossette, n'est qu'un adhérent. Cyrano, Molière ne furent que des auditeurs bénévoles. C'est Chapelle qui a introduit Molière et Bernier auprès du maître. Il les avait connus aux Jésuites de la rue Saint-Jacques (4). Or, doué comme il l'était, on le voyait passer avec aisance du badin au sérieux ; il eût souhaité de connaître la structure du monde, la composition de l'homme, la nature de l'âme, les mystères de la fortune, du destin, du libre arbitre, de la Providence.

(1) R. Doumic, Introduction à R. Grousset, p. 41-43.
(2) *Encyclopédie*, art. ÉPICURE.
(3) C'est ce qu'a très bien vu M. Brunetière, 4º sér., p. 231.
(4) Voy. *Lundis*, XI, 37-40 ; P. Mesnard, p. 44.

Il s'intéressait vivement à l'austère philosophe qui, de son réduit d'Amsterdam, tout en taillant des verres de lunettes, lançait, de 1670 à 1677, ses plus audacieux ouvrages et commandait l'attention de l'Europe, quoi qu'elle en eût.

Spinoza (1632-1677) devait plaire aux gassendistes, à quiconque refusait d'entrer dans le grand courant cartésien et religieux de la seconde moitié du siècle. Effectivement, il disait qu'il faut s'abandonner le plus souvent à la nature, qu'à lui résister on risque de se briser, et qu'on doit, en tout cas, rejeter ce qui n'est pas naturel (1). Le grand Condé, en Hollande, avait désiré connaître ce petit artisan juif, qui vivait sobre et paisible, qui ne jurait point, qui ne parlait qu'avec respect de ce Dieu dont ses théories altéraient si profondément le caractère, tel qu'on l'avait jusqu'alors admis. L'entrevue ne manqua que par accident. Hesnaut fit à Spinoza une visite. Bayle tient Mme Des Houlières pour disciple de Spinoza autant que d'Épicure.

Sans doute ce profond génie sort de Descartes, mais pour prendre aussitôt la route opposée, puisqu'il va de Dieu à l'homme et non de l'homme à Dieu. Créateur de toutes choses, Dieu est tout l'être, cause immanente en même temps qu'efficiente; il ne se sépare pas de l'effet, lequel demeure en lui. Il agit sans dessein, aveuglément et nécessairement. On accusait Spinoza d'être athée, d'avoir, le premier, réduit l'athéisme en système ? Les rabbins l'excommuniaient? un autre juif le poignardait ? Loin d'en être refroidis nos gassendistes empiriques lui savent hautement gré d'avoir étudié les rapports de l'homme avec la nature et d'expliquer de son mieux leur union (2). Ils louaient en particulier cette phrase : « La plupart de ceux qui ont jusqu'ici traité des passions de l'homme et de la morale, semblent en avoir parlé non pas du tout comme de choses naturelles et réglées à ce titre par les lois de la nature, mais comme de choses qui seraient en dehors de la nature, ou plutôt ils se représentent l'homme

---

(1) Voy. Brunetière, 4e sér., p. 234.
(2) Voy. P. Janet, p. 340 ; Bouillier, I, 308, 314, 322, 342.

dans la nature comme un empire dans un autre (1). »

Un tel langage, digne de l'évangile gassendiste, méritait bien qu'on passât l'éponge sur ce que l'école devait tenir pour des hérésies, sur le dédain du philosophe pour toute expérience, qu'elle vînt de la conscience ou des sens, sur sa prétention de demander à la seule vertu de l'entendement toute la science de Dieu, de l'homme, de la nature (2). Venues de si loin et si peu propres à s'acclimater dans le pays de mouvement et d'action qui résistait même à Leibniz, ces doctrines contemplatives, dans leur étonnant ensemble, avaient en somme, pour des penseurs vraiment libres, l'avantage de les confirmer dans l'essentiel des leurs, sans obliger leur vue bornée à suivre l'aigle dans l'ampleur et la hardiesse de son vol aventureux.

Parmi les membres de l'école qui ont droit à une mention, François Bernier (mort en 1688) est sans contredit au premier rang. C'est un disciple dévoué, mais à qui la discipline n'a rien enlevé de sa liberté d'esprit. Cet Angevin, élevé par charité avec Chapelle, introduit par Chapelle chez Gassendi (3), auprès de qui il devint « comme une espèce de secrétaire ou de valet (4) », était, dit Saint-Évremond, « le plus joli philosophe que j'aie connu. Joli philosophe ne se dit guères, mais sa figure, sa taille, ses manières, sa conversation l'ont rendu digne de cette épithète-là (5). » Ce n'est pas à de tels agréments qu'il dut l'amitié de Gassendi, juste retour de la sienne, mais ils purent n'y pas nuire, donner plus d'attrait à une affection qui avait pour principe, dans deux nobles âmes, les services rendus et les services reçus.

Docteur de Montpellier (1652), l'ancien secrétaire devait plus tard (1678) marquer sa reconnaissance et son admiration en publiant un *Abrégé de la Philosophie de Gassendi*.

---

(1) Citation de M. Brunetière, 4ᵉ sér., p. 233.
(2) Bouillier, I, 312.
(3) Cela résulte d'une lettre de Bernier. Voy. ses *Voyages*, t. II, p. 67, et P. Mesnard, p. 44.
(4) Ms. de Brossette, dans Mesnard, p. 43.
(5) Lettre à Ninon, 1698, n° 112 (*Œuvres mêlées*, III, 402).

Si l'on ajoute qu'il écrivit à l'honneur de Chapelle mort une épitaphe fort élogieuse (1), il sera manifeste que ce médecin philosophe ne pratiquait pas l'indépendance du cœur. Loyale et généreuse nature, il a les plus honorables et les plus éclectiques relations. « M. Bernier, dit Boileau, est de nos amis (2). » C'est avec Bernier que Boileau composa l'*Arrêt burlesque* qui empêcha Lamoignon de rendre l'arrêt sérieux qu'il préparait en faveur de la scolastique. Homme grave à ses heures, il est aussi homme du monde et homme de plaisir. Il fréquente chez Mme de La Sablière, chez Ninon, il est un des familiers de Cyrano.

Au début, par droit de jeunesse, il marchait à l'avant-garde de l'école et ne reculait pas devant les conséquences extrêmes de la doctrine. Parlant à Saint-Évremond de la mortification des sens, il lui disait un jour : « Je vous vais faire une confidence que je ne ferois pas à Mme de La Sablière, à Mlle de l'Enclos, et même que je tiens d'un ordre supérieur : je vous dirai que l'abtinence des plaisirs me paraît un grand péché. — Je fus surpris de la nouveauté du système (3). » Devenir sensuel par scrupule de conscience pouvait, en effet, passer pour chose assez nouvelle. Bernier disait tout haut, paraît-il, ce que Saint-Évremond osait à peine dire tout bas, que l'amour n'est qu'une fonction. C'est en partie sans doute pour de tels propos que la Chambre des communes réclamait la fermeture du brillant salon où la duchesse de Mazarin les permettait (4).

Mais la jeunesse a bientôt jeté sa gourme. Aux approches de sa maturité, Bernier a résolu de s'ouvrir l'esprit par les voyages. En 1654, il est parti pour l'Orient, il visite la Syrie, l'Égypte où il est atteint de la peste, l'Inde où il reste douze ans, dont huit auprès d'Aureng-Zeb, en qualité de médecin. Les récits qu'il a laissés de ce séjour et de ces

---

(1) Cette épitaphe en prose française fut publiée au *Journal des Savans*, 7 juin 1688.
(2) Ms. de Brossette.
(3) Saint-Évremond à Ninon, 1698, n° 112 (*Œuvres mêlées*, III, 402).
(4) Voy. Gilbert, *Éloge de Saint-Évremond*, p. 10, 12; Mesnard, p. 65; Giraud, I, ccxxviii; Doumic, p. 42.

pérégrinations méritent bien autrement d'être lus que ses ouvrages de philosophie, si étrangers au cours actuel de nos idées. Quand il revint, il savait que, sous des costumes divers et avec des mœurs différentes, l'homme est partout le même. Le matérialiste a disparu et le spiritualiste qui a pris sa place développe avec franchise ses opinions nouvelles dans les mêmes cercles qui avaient entendu l'exposition des anciennes. « Il me semble, écrivait-il à Chapelle, bien raisonnable de croire qu'il y a quelque chose en nous de plus parfait que tout ce que nous appelons corps ou matière (1). » Chapelle fut sans doute peu surpris de ce langage : du fond de la Perse, Bernier lui avait envoyé le conseil de renoncer à Lucrèce, à Épicure. Voici qui n'est pas moins catégorique : « Nous devons prendre une plus haute idée de nous-mêmes (que celle qu'en ont les esprits forts) et ne faire pas notre âme de si basse étoffe que ces grands philosophes, trop corporels en ce point; nous devons croire pour certain que nous sommes infiniment plus nobles et plus parfaits qu'ils ne veulent et soutenir hardiment que si bien nous ne pouvons pas savoir au vrai ce que nous sommes, du moins savons-nous très bien et très assurément ce que nous ne sommes pas ; que nous ne sommes pas ainsi entièrement de la boue et de la fange, comme ils prétendent (2). »

Un homme qui se résignait à ignorer tant de choses, parmi celles qui nous touchent de plus près, devait juger Descartes trop affirmatif; mais il se séparait du gassendisme sur la théorie des atomes ; il n'admettait plus que le mouvement de corpuscules matériels suffît à expliquer les opérations de notre entendement dans ce qu'elles ont de plus élevé et de plus compliqué. Pour lui, l'espace et le temps n'étaient plus distincts des choses : il confondait l'espace avec les corps, le temps avec la succession des phénomènes (3). Cela ne l'empêchait point, contradiction curieuse !

---

(1) Citation de Doumic, p. 42.
(2) Voy. *Lundis*, XI, 40-42 et citation de Sainte-Beuve, *Ibid.*, p. 43.
(3) Voy. son ouvrage *Doutes sur quelques-uns des principaux chapitres de*

de déclarer le cartésianisme moins propre que le gassendisme à s'accommoder avec l'Église et le concile de Trente. Bayle le montre redoutant fort d'être accusé d'hérésie touchant la transsubstantiation. Revenu de si loin, après une vie si agitée, il voulait vivre en paix dans son pays.

Et pourtant, grattez un peu : sous cet homme converti et prudent vous retrouverez le sceptique. Faut-il même gratter? Il est à fleur de peau. Dans la dédicace de l'ouvrage où il indique ses dissidences, il écrit à Mme de La Sablière : « Il y a trente à quarante ans que je philosophe, fort persuadé de certaines choses, et voilà que je commence à en douter. C'est bien pis, il y en a dont je ne doute plus, désespéré de pouvoir jamais y rien comprendre. » Cette note sceptique n'avait point échappé au regard clairvoyant de Saint-Évremond : « M. Bernier, ce grand partisan d'Épicure, avoue aujourd'hui qu'après avoir philosophé cinquante ans, il doute des choses qu'il avoit cru les plus assurées (1) ».

Voltaire affirme que ce sincère esprit « mourut en vrai philosophe (2) », et La Bruyère n'y contredit point, loin de là. Dans la phrase suivante il est impossible de ne pas reconnaître Bernier : « Quelques-uns achèvent de se corrompre par de longs voyages et perdent le peu de religion qui leur restoit (3) ». Être spiritualiste, c'était peu, même pour l'ennemi des « faux dévots ». Quoi qu'il en soit de sa fin, le médecin gassendiste Bernier, âme candide et sans détours, est assurément, comme Saint-Évremond et avec plus d'élévation que lui, un des esprits vraiment libres de ce règne où, selon la remarque de Sainte-Beuve, il y en a si peu (4).

Un autre médecin gassendiste, Sorbière (1615-1670), nous paraîtra beaucoup moins sérieux et surtout moins digne d'intérêt. Mais nous ne saurions le passer sous silence :

---

l'*Abrégé de l'histoire de la philosophie de Gassendi*, Paris, 1682. Ces *Doutes*, imprimés d'abord séparément, furent insérés dans la 2e éd. de l'*Abrégé*, Lyon, 1684, t. II, p. 379. Cf. Bouillier, I, 539; *Lundis*, XI, 41.

(1) *Sur la morale d'Épicure à la moderne Leontium*, n° 85 (*Œuvres mêlées*, I, 176).
(2) *Siècle de Louis XIV*, catalogue des écrivains français.
(3) Chap. *Des Esprits forts*.
(4) *Nouv. Lundis*, XIII, 132.

— Je ne connois, disait Bernier vieilli, que Sorbière de meilleur gassendiste que moi. — Après Gassendi, les oracles de ce disciple étaient Montaigne et Charron, dont il ne souffrait point qu'on parlât mal. Mêlé aux savants, il tirait de leur commerce une bonne part de sa renommée, pour lors assez grande. On louait d'ailleurs ses ouvrages, une Vie du maître et une traduction du *De Cive* de Hobbes, qu'il s'excusait, dans sa préface, d'avoir entreprise, l'original étant décrié pour ses principes dangereux.

Homme sans consistance, il compromettait ses amis, qui lui servaient de support, en divulguant leurs discussions intimes, dans un temps où on les regardait comme des réprouvés. Né protestant au diocèse d'Uzès, il se faisait catholique pour obtenir des bénéfices, mais restait si indifférent aux deux cultes qu'on l'accusait de socinianisme, d'irréligion, d'impiété. Son ardeur à exploiter sa conversion achevait de le rendre suspect (1). Guy Patin n'était pas dupe de cet intrigant collègue : « Je ne m'étonne pas, écrit-il, s'il s'est fait prestolin de clergerie, afin d'attraper pension de bénéfices et pour vivre à l'ombre d'un crucifix sans rien faire, en faisant l'esprit fort, étant bien profondément enrôlé dans le régiment de ceux *qui profitentur se nihil credere*, s'ils ne sont bien payés pour cela. C'est ainsi que les Turcs croient en Dieu, et la plupart des moines d'aujourd'hui et quantité d'autres (2). » Voilà Sorbière bien caractérisé et classé. S'il est un des gassendistes les plus en vue, il n'est certes pas un des plus respectables.

IX

C'est le contraire qu'il faut dire de Huet, le célèbre évêque d'Avranches (1630-1721), si tant est qu'il doive figurer dans cette galerie. Pour savoir s'il mérite ou non d'être rangé parmi les disciples de Gassendi, il convient d'y regarder d'un peu près.

---

(1) Bouillier, I, 539-542; J. Denis, p. 186.
(2) L. 274, 26 juillet 1655, II, 194.

Son père était un magistrat calviniste de Caen. Lui, il dut à sa conversion de devenir cher aux catholiques. Les Jésuites le tinrent invariablement pour ami, jusqu'à lui donner l'hospitalité à l'heure où, par amour des lettres, par lassitude des affaires, par mécontentement de l'opposition qu'il soulevait, il déposa la mitre, assez tard obtenue. En 1670, Bossuet l'avait fait agréer par la cour comme sous-précepteur du grand dauphin. Quatre ans plus tard, le sous-précepteur entrait à l'Académie. Il n'était ordonné prêtre qu'en 1676, ne devenait qu'en 1685 évêque de Soissons, d'où il permutait pour Avranches en 1692. Il se démettait en 1699, acceptait, en manière de compensation, l'abbaye de Fontenay, et trouvant encore la charge trop lourde, se retirait définitivement chez ses chers Jésuites.

Sa foi est incontestée. En 1677, Bossuet qui, depuis sept ans, le suit de près, lui en décerne incidemment comme un brevet (1). La contester est aussi impossible malgré bien des contradictions, que cet amour des lettres auquel il devait tout sacrifier. En vue de démontrer avec autorité le christianisme et de s'en faire l'apologiste, il avait lu vingt-six fois tout le texte hébreu des Écritures. Dès 1679 il publiait sa *Démonstration évangélique*, afin de confondre « ceux qui cherchent à détruire le nom de Dieu, du Christ de la religion et de la foi ». Il gémissait sur la corruption du siècle et poussait un cri d'alarme au sujet de l'impiété, qu'il voyait croître tous les jours (2). Dans ses *Questions d'Aunay*, il dit sans hésiter que lorsque les vérités de la foi sont au-dessus de la raison, la raison doit se soumettre à la foi (3).

---

(1) Bossuet à Huet, 10 janv. 1677. Lettre 26, dans *Doc. hist. pour l'hist. de France, Mélanges hist.*, choix de doc., t. II, p. 629. Voy. l'abbé Flottes, *Étude sur Daniel Huet, év. d'Avranches*, Montpellier, 1857, p. 49, 55; Christian Bartholmèss, *Huet, év. d'Avr., ou le scepticisme théologique*; *Mémoires de D. Huet*, traduits par Ch. Nisard; C. Henry, *Un érudit homme du monde, homme d'Église, homme de cour*, 1879, p. 26 et 38 : lettres de M⁻ᵉˢ de Bellefond et de Tilly à Huet.

(2) Voy. une notice sur Huet par M. de Gournay (*Mém. de l'Acad. de Caen*, 1855, p. 318, 345); Bouillier, I, 581; *Lundis*, II, 163, 169, 179.

(3) *Questions d'Aunay*, ch. iv, dans Flottes, p. 186.

Mais il est de ceux qui, dans un temps où la foi était le tout d'un si grand nombre d'âmes, établissaient d'instinct entre elle et le droit d'examen la cloison étanche de Gassendi. Seulement, s'il peut y avoir des degrés en pareille matière, la cloison de Huet est moins étanche. Quand il philosophe, il ne le fait pas sans arrière-pensée de christianisme ; il ne perd jamais de vue le bien de la religion. C'est un effet de sa volonté autant que de ses habitudes et de l'éducation reçue, car ses racines le rattachent au xvi° siècle, et le tour de son esprit à la première moitié du xvii°. Ses affinités sont, au début de sa carrière, avec Habert de Montmor, Conrart, Segrais, Naudé, Sarasin, Scarron, La Fontaine. Il n'en eut que plus tard avec M°° de La Fayette et ses pareilles, et même alors il reste un attardé, un défenseur des Jésuites après les *Provinciales*, de Charron et La Mothe le Vayer après Boileau, de Gassendi après Descartes (1).

Esprit affirmatif, il avait d'abord été cartésien ; mais le moyen pour lui de marcher la main dans la main avec des philosophes qui déclaraient hautement leur dédain des langues anciennes, de l'histoire, de l'érudition ! Cet érudit alors sans égal devait se rapprocher d'esprits moins différents du sien : or qui n'était pas avec Descartes devait être avec Gassendi : ces deux athlètes de la pensée s'en partageaient le champ. Toutefois, il ne se confond point avec ses nouveaux alliés ; il va plus loin qu'eux tous, justement parce qu'il est exempt de doutes sur le fond des choses et qu'il a trouvé dans la foi son oreiller. On le voit reprendre la thèse fameuse de Sanchez *quod nihil scitur*, et professer le scepticisme, sinon pour servir la religion, du moins avec la conviction que c'est une bonne arme pour la servir.

Est-ce de Pascal que nous parlons ? Nullement. Huet s'est rendu sceptique contre le cartésianisme ; Pascal l'était contre le libertinage. Huet s'inquiète peu de concilier la raison avec la religion, qui n'a pas besoin d'assistance ; le plus cruel tourment de Pascal est son effort vers cette

---

(1) Gournay, p. 335, 340 ; Sainte-Beuve, *Portr. litt.*, II, 473 ; *Lundis*, II, 175-182, Flottes, p. 19.

conciliation si difficile : il y tend en conseillant aux libertins frivoles d'étudier et en faisant appel à leur réflexion, à leur bon sens par le célèbre morceau des paris; en préparant contre les libertins sérieux, « contre les athées », dit Racine (1), ce « grand ouvrage » que les immortelles *Pensées*, qui n'en sont pas même encore l'ébauche, ne nous laissent point regretter. Huet a beau désarmer la raison, il s'en sert, lui aussi, et tout autrement. Il n'en est donc pas un adversaire très prononcé. Jamais il n'eût dit, comme Pascal, que la seule lumière de la foi peut nous révéler Dieu, et que la raison ne peut reconnaître ni ce qu'il est, ni même s'il est (2).

M. Bouillier a très nettement montré les points de contact entre ce sceptique de méthode et Gassendi. Comme Gassendi, il conteste à Descartes que concevoir l'âme sans le corps nous autorise à les déclarer réellement distincts. Comme Gassendi, il admet que nous ne pouvons penser sans corps; il refuse d'admettre que nous connaissions l'âme avec plus de certitude que le corps et que l'homme soit un pur esprit; avec Gassendi et les péripatéticiens de l'école il nie l'existence d'idées qui n'aient pas passé par les sens, et il combat les idées innées, qu'il accuse Descartes d'avoir dérobées à Platon en les altérant. Sur l'existence de Dieu il se montre tout aussi gassendiste : il n'admet pas les preuves cartésiennes; il admet seulement celles qu'on tire de la contemplation de l'univers, du consentement des peuples, telles que les donnent les anciens philosophes, les Pères de l'Église, les Écritures; il ne peut concevoir Dieu sans lui imposer quelques bornes; et, quant à l'idée de Dieu, si nous l'apportions en naissant, tous les philosophes de tous les âges et lui-même auraient celle qu'en a Descartes (3).

Le bon évêque va plus loin encore : il est de ces esprits qui se gouvernent mal et ne savent pas se retenir sur les

---

(1) *Abrégé de l'Histoire de Port-Royal.*
(2) Voy. *Pensées*, X, n° 1, éd. Havet, p. 171-173; Cf. Bouillier, I, 582; *Lundis*, II, 163; *Portr. litt.*, II, 473.
(3) Bouillier, I, 185-187.

pentes. Il voit dans les vérités morales des « inspirations de la nature (1) ». Il dépasse Gassendi jusqu'à rappeler Sextus Empiricus (2). Il fait valoir les arguments par lesquels le matérialisme soutient que notre âme est corporelle et ne se distingue de notre corps que par plus de subtilité dans la substance. Sans doute il prend la précaution bien connue de mettre ces arguments-là dans la bouche d'un épicurien ; mais de telles finesses n'ont jamais trompé personne. Le domaine de la foi toujours réservé, Huet philosophant incline à ces idées tout autant que Gassendi à celles des matérialistes par lui opposées aux *Méditations* de Descartes. A l'accusation qui le poursuivait de renouveler le pyrrhonisme, il oppose l'exemple de Gassendi qui, — ce sont ses propres termes, — « portant le caractère de prêtre, a fait renaître la secte d'Épicure, abolie depuis tant d'années, et a mérité l'approbation de plusieurs personnes doctes et pieuses (3) ».

L'ouvrage d'où ces lignes sont tirées, et qui avait toutes les prédilections de son auteur, les ennemis de Descartes l'exaltèrent, le propagèrent, le traduisirent dans toutes les langues. Il n'est donc pas surprenant que les chrétiens sévères n'aient pas été indulgents pour Huet. « C'est renverser la religion, écrit Arnauld, que d'outrer le pyrrhonisme autant qu'il le fait... Je ne saurois croire que vous jugiez aussi bien que moi, après l'avoir lu, que si l'extrait de ce livre (4) est fidèle, il est difficile d'en faire un qui soit plus impie et plus capable de persuader aux jeunes libertins qu'il faut avoir une religion, mais qu'elles sont toutes bonnes et que le paganisme même peut entrer en comparaison avec le christianisme (5). » La *Démonstration évangélique* (1679), pour religieuse qu'elle soit, et qui « sera, écrivait Bossuet à l'auteur, d'un grand secours en ce siècle

---

(1) Flottes, p. 102.
(2) *Id.*, p. 170.
(3) Huet, *De imbecillitate mentis humanæ*. Il y travailla trente ans et ne cessa de le retoucher jusqu'à sa mort. Voy. Bouillier, I, 585, 591.
(4) Arnauld parle du *De concordia rationis et fidei*.
(5) Lettre 834. Œuvres complètes, t. III, p. 404. Cf. Flottes, p. 207.

où j'éprouve tous les jours que le libertinage et l'impiété se réveillent plus que jamais (1) », n'en était pas mieux accueillie. D'où cette plainte amère : « Je m'étonne que cette œuvre entreprise dans un but de piété soit attaquée par mes compatriotes catholiques et qu'elle soit approuvée et louée à l'étranger par des savans de la Sainte Église (2) ».

Nil admirari. Dans son naturel dépit, le grand humaniste oubliait son Horace. A tout prendre, la méprise des croyants était excusable : personne alors ne soupçonnait que l'esprit humain fût susceptible de dédoublement. Bossuet lui-même, si peu mobile en ses idées, semble n'avoir plus une confiance entière dans la sûreté d'esprit de son collaborateur. En 1689, le remerciant de lui avoir envoyé son livre contre la philosophie de Descartes, il lui écrit : « Vous dites que la doctrine que vous attaquez a eu le bonheur de me plaire, ce sont vos termes, et vous dites aussi dans la préface, qui est tout ce que j'ai eu le loisir de lire de votre livre, que vous ne prenez la peine de combattre cette doctrine que parce qu'elle est contraire à la religion. » Elle contient sans doute des choses qu'il improuve à ce titre, et « je souhaite, ajoute-t-il, que ce soient celles-là que vous ayez combattues ». Voilà un doute presque injurieux, une critique à peine dissimulée, dans un temps où l'on disait tout à demi-mot. Les paroles qui suivent confirment cette impression que laisse la parole de cette bouche éloquente : « Pour les autres opinions de cet auteur qui sont tout à fait indifférentes, comme celles de la physique particulière et les autres de cette nature, je m'en amuse, je m'en divertis dans la conversation ; mais, à ne vous rien dissimuler, je croirois un peu au-dessous du caractère d'évêque de prendre parti sérieusement sur de telles choses (3). »

Deux ans plus tard, parlant à Huet de son *Traité du Paradis*, Bossuet fait encore quelques réserves. « Tout ce

(1) Lettre 35, 16 décembre 1678 (*Mél. hist.*, II, 646).
(2) Citation de M. de Gournay, p. 345.
(3) Bossuet à Huet, 18 mai 1689 (*Un érudit*, etc., p. 72-74).

que je crains, écrit-il, c'est que quelques-unes de vos remarques ne paroissent un peu subtiles. » Et ceci en outre : « J'en ai vu encore qui disoient que si l'on trouve tout dans les livres païens, on reprochera au christianisme de n'avoir rien appris au genre humain. Voilà, Monseigneur, ce qu'on peut vous objecter de plus raisonnable (1). » La preuve que Huet était déjà pour ses contemporains un personnage quelque peu équivoque, c'est que, aux inquiétudes du très catholique évêque de Meaux s'opposent les attaques du socinien Jean Le Clerc, critique genevois de la secte des remontrants, et celles du sceptique Bayle approuvant fort qu'on eût supprimé en France tel des ouvrages de ce prélat (2). Aujourd'hui même l'équivoque continue de planer sur la nature et la direction de son esprit. Sainte-Beuve ne paraît se rendre bien compte ni de l'une ni de l'autre (3). Mais en se montrant si rigoureux les dévots de cloître passaient la mesure et les dévots de cour prenaient une attitude. De ceux-ci l'on connaît la religion et l'on sait ce qu'en valait l'aune. Telle anecdote de Saint-Simon est instructive à cet égard. Brissac, major des gardes du corps, s'avise, un jour, de dire à la chapelle, où les courtisans attendaient le roi pour le salut, que Sa Majesté ne viendra pas. Tous aussitôt de s'éclipser. Louis XIV rit beaucoup de l'aventure (4).

Les Jésuites eurent plus de flair que leurs rivaux en dévotion : jamais dans ce gassendiste, dans ce sceptique, ils ne consentirent à voir un ennemi. Ils lui savaient gré de dire que les erreurs de Spinoza et de Toland ne doivent pas être réfutées par des arguments, mais punies par des supplices (5). Ils ne lui en voulurent point de penser que les questions sur la nature de l'entendement ne pouvant être

---
(1) 20 août 1691 (*Un érudit*, etc., p. 79).
(2) Bossuet à Huet, 5 sept. 1685; Corresp. de Bayle, mars 1686 (*Mél. hist.* II, 650).
(3) Voy. *Portr. litt.*, II, 473; *Lundis*, II, 135. Cf. Christian Bartholmèss, qui, en son excellente étude, a fait une réfutation plutôt qu'une exposition, et l'abbé Flottes.
(4) *Mém.*, V, 110, ann. 1708.
(5) Voy. Flottes, p. 45, qui indique les passages, et p. 195.

décidées que par l'entendement même, lequel ne nous est pas bien connu, il n'y a pas de solution possible. Chez Huet comme chez Gassendi ils tolèrent, en dehors de ce qui touche à l'Église, une certaine liberté d'opinion, et ils vont dans leur tolérance jusqu'à lui ouvrir, rappelons-le, leur maison pour abriter sa retraite chagrine autant que studieuse (1). Le dernier des gassendistes, comme le chef de l'école, était un prêtre, un philosophe honnête, mais sans force suffisante pour triompher du cartésianisme envahissant.

Ainsi, la philosophie et la poésie des libertins ont subi une égale et simultanée déroute. Molière mort, on ne voit plus chez les poètes et les prosateurs qu'excessive réserve. Qu'ils aspirent au grand jour de la publicité comme Lesage, Regnard, Dancourt, La Bruyère, ou qu'ils se tiennent dans le demi-jour du monde, comme Mmes de La Fayette, de Sévigné, de Caylus, de Lambert, on chercherait en vain une expression basse et licencieuse, un mot grossier. Dans les lettres comme sur le trône règne le genre noble, si étranger à la période précédente. La propagande des philosophes, plus occupés des idées que du langage, n'est pas moins timide devant celle de ces grands conducteurs d'hommes qui s'appellent Bossuet et Bourdaloue. Elle ne reprendra quelque hardiesse que lorsqu'ils auront disparu, lorsque le système royal, sans guide et sans frein, marchera par ses excès vers sa perte, poursuivra les Jansénistes presque à l'égal des protestants, s'attaquera aux plus rapprochés de ses croyances, dédaignera les plus éloignés, les plus effacés, et par suite les plus dangereux.

A ce moment critique pour notre vieille monarchie, les tendances démocratiques, si anciennes en France quoique si longtemps peu sensibles et peu connues (2), s'uniront aux tendances gassendistes et libertines pour sortir de la longue éclipse qui a fait croire à leur disparition totale. Mais, pour en venir là, il faut traverser la dernière période

(1) *Lundis*, II, 180 ; Ch. Nisard, Introd. aux *Mém. de Garasse*, p. 16.
(2) Voy. notre ouvrage *La Démocratie en France au moyen âge*, 2 vol., 1875.

du grand règne, période de décadence où tout le mal du passé persiste sous des dehors momentanément sauvés par l'hypocrisie, où les éléments chaotiques d'une société nouvelle ne se dégagent pas encore, et, quand ils se dégagent, ont des manifestations trop souvent répugnantes. Ce n'en est pas moins le plus souvent dans l'ivresse, l'orgie, la débauche, familières à la société presque invulnérable des grands, qu'il faudra chercher ces témérités de la pensée, de la parole personnelle et libre, qui ont parfois plus d'importance historique que le plus éloquent exposé de séculaires lieux communs.

CHAPITRE VI

Sous Louis XIV. — Le déclin.

GENS DE COUR, GENS DU MONDE, GENS DE LETTRES.

L'hypocrisie et le sentiment religieux. — Dégradation du sentiment religieux. — Dépravation morale. — Bassesse de la cour. — Disparition de la politesse. — Le vice contre nature. — Persistance du libertinage. — Attaques de Bossuet. — Domination du cartésianisme. — Esprit croissant d'opposition. — Le libertinage sérieux : La famille de Maisons. — Bayle. — Le libertinage frivole : les nièces de Mazarin. — Les salons et les cabarets. — Le Temple : les frères Vendôme. — Leur société : Chaulieu. — La Fare. — Le chevalier de Grammont. — Hamilton. — Voltaire. — Le duc de Nevers. — Alexandre Lainez. — Vergier. — Jean-Baptiste Rousseau. — La cour de Sceaux : la duchesse du Maine. — Mlle de Launay. — — Malézieux. — L'abbé Genest. — L'abbé de Choisy. — Le marquis de Sainte-Aulaire. — Lamotte-Houdart. — Fontenelle.

1

Selon les idées reçues, la période que nous abordons dans ce chapitre n'appartiendrait pas à notre sujet, puisque libertins et esprits forts ne sont plus alors, à en croire le maréchal d'Hocquincourt (1), qu'un souvenir. Mais on a déjà vu et l'on verra encore qu'à cet égard l'orthodoxie a pris son désir pour une réalité. La période dont il s'agit commence, selon Sainte-Beuve vers 1687, selon M. Brunetière vers 1680. En tout cas, c'est l'heure sinistre de la Révocation (1685) qui sonne le passage d'un versant à l'autre.

Qu'il serait facile, cependant, de signaler, avant et après, des caractères communs bien propres à nous tenir en

---

(1) Voy. sa conversation avec le Père Canaye, *Œuvres mêlées de Saint-Évremond*, I, 38, et plus haut, ch. III, p. 213, 214.

défiance contre ces divisions trop précises de l'histoire politique et de l'histoire littéraire ! Ainsi l'hypocrisie, dont on fait la caractéristique de cette dernière période, est, nous l'avons dit, bien antérieure. Il est souverainement injuste d'en rendre Mme de Maintenon responsable. Elle a eu la mauvaise chance d'être dans l'alcôve royale quand l'arbre du mal porta ses fruits naturels, et la mauvaise inspiration d'en hâter la maturité : voilà tout ce qu'on peut mettre à son compte. Mais La Bruyère nous avertit que les libertins et les hypocrites « fleurissent dans les cours et y dominent en divers temps (1); » mais Molière, dès 1665, a signalé avec une courageuse persistance le fléau grandissant ; mais Guy Patin, dès 1644, s'en faisait le dénonciateur : « Le saint bigotisme, dit-il, du siècle superstitieux dans lequel nous vivons a fêlé la cervelle à beaucoup (2). »

L'incrédulité n'y a rien perdu ; loin de là, elle y a gagné. Orateurs sacrés, philosophes, simples observateurs concordent et les témoignages abondent. Bossuet, en 1685, avoue que le nombre des incrédules va croissant tous les jours (3). Bourdaloue confirme (4). « Des hommes profanes et téméraires, s'écrie Fénelon, ont franchi les bornes et ont appris à douter de tout. C'est ce que nous entendons tous les jours. Un bruit sourd d'impiété vient frapper nos oreilles et nous en avons le cœur déchiré... L'instruction augmente et la foi diminue (5). » Tel chapitre de *l'Existence de Dieu* est intitulé « Réponse aux objections des épicuriens » (6). Le fin prélat ne se fût pas mesuré avec un ennemi devenu négligeable. Massillon, toutefois, semble croire que cet ennemi se dissimule : « Au milieu des triomphes de la foi s'élèvent encore *en secret* parmi nous des enfans d'incrédulité... qui blasphèment ce qu'ils ignorent ; des hommes impies qui

---

(1) *Des esprits forts*, p. 424.
(2) L. 129, 21 oct. 1644, I, 338.
(3) *Or. fun. d'Anne de Gonzague*, p. 210. Cf. Sermons sur la Providence et pour le jour de Pâques.
(4) Voy. Sermons sur la divinité de la religion et sur l'impénitence finale.
(5) *Sermons choisis de Fénelon*, 1803, p. 235. Sermon pour l'Épiphanie.
(6) Ire part., ch. III.

changent, comme dit un apôtre, la grâce de notre Dieu en luxure, souillent leur chair, méprisent toute domination, blasphèment la majesté, corrompent toutes leurs voies, comme des animaux sans raison (1). » En secret ! dit l'élégant orateur. Il a dû regarder autour de lui bien légèrement. Le maréchal de Villeroi, le père, n'avait pas de ces illusions. Il disait : « Ces messieurs et ces dames croient au diable et ne croient pas en Dieu (2) ». Écoutons Nicole, mort en 1695 : « Il faut donc, écrit-il, que vous sachiez que la grande hérésie du monde n'est plus le calvinisme ni le luthéranisme, que c'est l'athéisme et qu'il y a toute sorte d'athées, de bonne foi, de mauvaise foi, de déterminés, de vaillans et de tentés.... La grande hérésie des derniers temps, c'est l'incrédulité (3). » Leibniz est du même sentiment. Lui qui avait vu la France ainsi que l'Angleterre et embrassé tout le siècle, il écrivait en 1696 : « Plût à Dieu que tout le monde fût au moins déiste, c'est-à-dire bien persuadé que tout est gouverné par une souveraine sagesse (4) ! »

En 1699, la mère du futur Régent n'était pas moins catégorique : « La foi est éteinte en ce pays au point qu'on ne trouve plus un seul jeune homme qui ne veuille être athée ; mais ce qu'il y a de plus drôle, c'est que le même homme qui, à Paris, fait l'athée, joue le dévot à la cour (5). » Et quelques jours plus tard, la rude Allemande insiste : « Rien n'est plus rare en France que la foi chrétienne (6). » Peut-être exagère-t-elle? Écoutons alors La Bruyère, qui n'est pas suspect d'exagération, puisqu'il va jusqu'à nier l'athéisme : « L'athéisme n'est point. Les grands qui sont

---

(1) Sermon sur la vérité de la religion. Œuvres, 1835, t. I, p. 185.
(2) Mme de Sévigné, 29 janv. 1680.
(3) *Essais de morale ou lettres écrites par feu M. Nicole*, 1723, t. VII, p. 263; *Lettres de feu M. Nicole pour servir de continuation aux deux volumes de ses lettres*, 1743, n° 6, p. 17.
(4) Citation de Sainte-Beuve, *Port-Royal*, liv. III, t. III, p. 203. Cf. Malebranche, *Recherche de la vérité*, 3° part. De l'imagination.
(5) 2 juill. 1699. *Corresp.*, éd. Jaeglé, I, 202, et *Lettres inédites*, éd. Rolland, p. 203 (sans millésime).
(6) 31 juillet 1699, éd. Brunet, I, 89.

les plus soupçonnés sont trop paresseux pour décider en leur esprit que Dieu n'est pas ; leur indolence va jusqu'à les rendre froids et indifférens sur cet article si capital comme sur la nature de leur âme et sur les conséquences d'une vraie religion. Ils ne nient ces choses ni ne les accordent. Ils n'y pensent point... Ils ne sont pas des esprits forts, mais de foibles génies et de petits esprits (1). » Ces maladies-là, on peut les traiter par le dédain comme par l'indignation, et l'une de ces méthodes n'est pas plus sûre que l'autre.

Le dédain alors ne prévalait pas. L'attaque était directe, souvent lourde. On la voyait jusque sur la scène. Jadis, au temps de Cyrano, c'est l'impiété qui s'y produisait ; maintenant c'est la piété ou tout au moins son minimum, la foi en Dieu. Boursault (1638-1705), dans une de ses comédies, prend le rôle de prédicant. Maltraité par Boileau, il était en rivalité, par conséquent en querelle avec Molière, depuis *l'École des femmes*, dont il avait fait une critique dans sa pièce intitulée *le Portrait du peintre* (1663). Molière pillait sans vergogne son *Médecin volant*, et sans autre excuse que le mot si spirituel et si juste de Sainte-Beuve : « En littérature, on a le droit de voler les gens, mais à condition de les tuer ». Lui-même, d'ailleurs, il se plaignait que Boursault lui eût pris ses idées et il demandait « de quelle façon on pourroit l'ajuster pour le rendre plaisant, et si, quand on le berneroit sur le théâtre, il seroit assez heureux pour faire rire le monde (2) ».

Entre auteurs, ces reproches réciproques ne sont pas rares, nous le savons ; mais Boursault pouvait se consoler et s'enhardir : il avait d'illustres amitiés, il était bien en cour. Corneille l'appelait son fils. Nommé sous-précepteur du dauphin, s'il n'avait pu accepter ce poste, faute de connaître la langue latine, il n'avait point perdu la bienveillance royale et il avait regagné celle de Boileau. Une rencontre aux bains de Bourbon-l'Archambault,

---

(1) *Des esprits forts*, p. 420.
(2) Voy. *L'Impromptu de Versailles*, sc. III. Cette scène est en grande partie une attaque à fond contre Boursault.

d'habiles prévenances du poète comique accomplissaient ce miracle et faisaient remplacer son nom, dans les *Satires*, par celui de Perrault ou de Pradon. Il connut pourtant les jours d'épreuves. Quoiqu'il eût un grand et invariable fond de dévotion, nous assure son éditeur (1), il fut accusé d'être impie et mis à la Bastille, pour lui apprendre à ne pas badiner avec les saints. De sa prison, il écrivait à Condé :

> Grand Prince, on me traite d'impie,
> Et d'un hardi faiseur de vers
> Qui de ses traits malins perça tout l'Univers
> On veut que je sois la copie...

C'est au mal famé Théophile qu'il faisait allusion. Mais ce nom n'était pas de nature à refroidir la bienveillance de M. le Prince. Elle agit auprès du roi et Boursault sortit de la Bastille. Seulement, comme il ne fallait pas que le clergé persécuteur parût battu, le poète ne retrouva pas, en recouvrant la liberté, sa pension de deux mille livres (2).

Mais un bon averti en vaut deux. Dans une comédie à laquelle la mort l'empêcha de mettre la dernière main, son *Ésope à la cour* (1704), il eut la singulière idée d'introduire toute une scène de controverse religieuse, contre-pied de la scène de Séjan dans l'*Agrippine* de Cyrano, et, à vrai dire, le bon sens de la supprimer à la représentation. Ésope y presse un athée de croire à l'existence des dieux. L'éditeur, partagé entre son estime pour l'auteur et les idées nouvelles, déclare la scène « très-bonne en soi », quoique « pas tout à fait convenable » au théâtre, et « le motif sur lequel Ésope presse son athée de croire, s'il n'est pas bien convainquant, est du moins très-raisonnable. Il ne s'agissoit pas ici de convaincre un philosophe de l'existence des dieux, mais de combattre dans un courtisan un défaut commun à la cour, de n'y pas croire grand chose. Or il est constant que la plupart des gens de ce caractère ne doutent pas avec fondement, mais seulement par libertinage et parce qu'ils veulent douter et qu'ils n'envisagent la mort que comme fort

---

(1) *Théâtre de feu M. Boursault*, 1725, t. I, Introd.
(2) *Ibid.*

éloignée. L'expérience fait assez voir que rien au monde n'est plus foible dans le péril et à la vue d'une mort prochaine que la plupart de ces esprits forts. C'en est assez pour autoriser Ésope à leur faire des reproches de ce qu'ils ne veulent pas croire dans leur vie ces mêmes dieux qu'ils invoquent à la mort (1). »

Ainsi un éditeur de 1725 nous montre un poète de 1704 se voyant encore entouré, à la cour, de libertins et d'esprits forts. Nous n'avons pas les mêmes raisons pour juger la scène « très-bonne en soi »; mais elle rentre trop dans l'ordre d'idées qu'agite ce volume, pour que nous nous abstenions de la transcrire, malgré ses faiblesses de fond et de forme. Boursault rachète Cyrano et se rachète lui-même : il devait se sentir près de la mort.

ÉSOPE.

Je rends grâces aux dieux...

IPHICRATE.

Eh quoi ! les dieux encore ?
Laissez là ces beaux noms que le vulgaire adore ;
Peut-on être si faible avec tant de raison ?

ÉSOPE.

Vous ne croyez donc pas qu'il soit des dieux ?

IPHICRATE.

Moi, non.
Et vous ne le croyez non plus que moi, je pense.

ÉSOPE.

Vous le conjecturez avec peu d'apparence.
Sur quoi vous fondez-vous pour n'en pas croire ?

IPHICRATE.

Moi ?
Sur quoi vous fondez-vous pour en croire ?

ÉSOPE.

Sur quoi ?
J'ai, vous n'en doutez point, pour moi le plus grand nombre.

(1) *Théâtre de feu M. Boursault*, Introd.

IPHICRATE.

Il est vrai; mais qui marche à tâtons et dans l'ombre,
Qui bronche à chaque pas, chancelle à chaque point,
Et qui les craint si peu que c'est n'en croire point.
Les dieux doivent leur être aux foiblesses des hommes.

ÉSOPE.

Ne convenez-vous pas que vous et moi nous sommes?

IPHICRATE.

Sans doute.

ÉSOPE.

Croyez-vous que nous venions de rien?
Mon père avait son père et son père le sien,
Et que nous parcourions nos aïeux ou les vôtres,
Il en faut un premier d'où soient venus les autres.
Vous êtes trop prudent pour me nier cela.
Hé! qui donc, je vous prie, a fait ce premier-là?
Voilà sur quel article il faut qu'on me réponde.

IPHICRATE.

Je crois l'homme éternel, de même que le monde.

ÉSOPE.

Peut-il être éternel et sujet au trépas?
Il commence et finit, vous ne l'ignorez pas.
Tout être dépendant vient d'un Être suprême;
Et ce que nous voyons ne s'est point fait soi-même.
Jetez les yeux partout : l'air, la terre, les eaux,
Le ciel où, jour et nuit, brillent des feux si beaux,
L'ordre toujours égal des saisons, des planètes,
Prouve par quelles mains elles ont été faites.
Vous qui paroissez être homme ferme, esprit fort,
Parce que d'un peu loin vous croyez voir la mort,
Si par quelque accident, maladie ou blessure,
Dans une heure au plus tard votre mort était sûre,
Penseriez-vous des dieux ce que vous en pensez?
Et pour n'y croire pas seriez-vous ferme assez?
Parlez de bonne foi sur le fait que je pose.

IPHICRATE.

Si je devais mourir dans une heure?

ÉSOPE.

Oui.

IPHICRATE.
                          La chose
Est un peu délicate, et je ne sais pas bien...

ÉSOPE.

Croiriez-vous quelque chose ou ne croiriez-vous rien ?
Vous et tous vos pareils qui semblez intrépides,
A l'aspect de la mort vous êtes si timides,
Que pour un insensé qui craint d'ouvrir les yeux,
Mille de cris perçants importunent les dieux.
S'il vous falloit mourir, que croiriez-vous ?

IPHICRATE.
                          Peut-être
Que mon cœur combattu par la peur du non-être...

ÉSOPE.

Eh ! monsieur, le non-être est ce qu'on craint le moins.
La peur d'être toujours cause bien d'autres soins.
Le passé fait trembler, l'avenir embarrasse.
Mais sans nous écarter, répondez-moi, de grâce.
Si vous deviez mourir dans une heure au plus tard,
Que croiriez-vous ? Parlez sans énigme et sans fard.

IPHICRATE.

Sans énigme et sans fard ? Je ne suis pas un homme
Qui par le nom d'athée aime qu'on me renomme.
Je ne dispute point pour vouloir disputer,
Je cherche à m'éclairer et non pas à douter.
Loin d'avoir du plaisir, j'ai de l'inquiétude
A flotter dans le trouble et dans l'incertitude,
Et chagrin contre moi d'avoir ainsi vécu,
Le bonheur où j'aspire est d'être convaincu.
J'ai vu la mort de près dans plus d'une bataille,
Je l'ai vue à l'assaut de plus d'une muraille,
Sans que dans le péril elle ait pu m'inspirer
Ni de croire des dieux, ni de les implorer.
Peut-être ma carrière approchant de son terme,
Que dans ces sentimens je ne suis plus si ferme,
Et que, si dans une heure au plus tard je mourois,
Plus juste ou plus craintif, je les implorerois.
Et que ne fait-on point quand il faut que l'on meure ?

ÉSOPE.

Votre raison alors sera-t-elle meilleure ?
Aurez-vous de l'esprit plus que vous n'en avez ?
Saurez-vous sur ce point plus que vous ne savez ?
Seront-ce d'autres dieux ou sera-ce un autre homme ?
Pouvez-vous ne rien croire et dormir d'un beau somme ?

De la vie à la mort, il s'agit d'un instant.
Et que peut-on risquer qui soit plus important ?
Qui dit dieux, dit vengeurs et leur foudre...

IPHICRATE.

Au contraire,
Qui dit dieux dit clémens; un remords bien sincère
Arrête en expirant leur foudre prête à choir.....

ÉSOPE.

Hé ! ce remords sincère, est-on sûr de l'avoir ?
Sur le point d'expirer quoi qu'on se persuade,
Le repentir est foible autant que le malade.
Je vais non vous prouver, mais vous faire entrevoir
Qu'un espoir si tardif est un fragile espoir,
Et qu'aux derniers momens les beaux esprits qui doutent
Ne sont pas assurés que les dieux les écoutent (1).

La scène est longue et elle est faible. Ésope fait penser à ces prédicateurs qui, prenant pour adversaire leur bonnet carré, le réduisent aisément au silence par des arguments dispensés d'être de première force. Mieux encore : il s'est procuré un adversaire parlant, comme font d'autres prédicateurs plus avisés que le premier et bien aises d'avoir en face d'eux un incrédule qui sans trop de façons confesse ou même proclame sa défaite. Tel est Iphicrate. A se laisser convaincre il est d'une facilité de compère.

On nous pardonnera néanmoins de n'avoir pas écourté leurs pauvres arguments. D'abord, il est curieux de constater le chemin parcouru depuis le temps de Cyrano. L'incrédulité alors tenait le haut du pavé; maintenant elle l'abandonne au premier mot du croyant et sa retraite est une déroute. Ensuite, la religion qui triomphe sans combat n'est pas clémente comme la voudrait l'athée de si bonne composition; elle est dure, comme l'a faite la seconde moitié du siècle. Enfin, il est clair d'une part que les athées, les libertins, les esprits forts, les beaux esprits sont encore debout en 1704 et assez en vue pour que la comédie croie devoir marcher sur eux; d'autre part qu'ils ne sont plus

(1) *Ésope à la cour*, acte III, sc. III (*Théâtre de feu M. Boursault*, t. III, p. 47).

que l'ombre d'eux-mêmes, se contentant de peu, s'estimant heureux qu'on les laisse vivre. Sur un seul point ils diffèrent sensiblement d'Iphicrate : au lieu de s'avouer vaincus, ils aiment mieux se dérober, mériter la tolérance par une irréligion frivole de mots fugitifs et d'épigrammes entre amis, à huis clos. Que ce soit notre excuse pour cette longue digression qui, à y regarder de près, n'en est pas une et rentre directement dans notre sujet. C'est même un point sur lequel nous ne craindrons pas de nous répéter, car il explique comment ce livre est condamné à finir en queue de poisson. Nos libertins ressemblent à l'hydre coupée en tronçons : les tronçons s'agitent faiblement, sans parvenir à se rejoindre, sans y tâcher même, et nous posons la plume juste au moment où leurs jeunes successeurs, doués de plus de vie, en sauront trouver une nouvelle, celle qui va inaugurer un monde nouveau.

Mais qui veut et sait voir s'aperçoit que ces tronçons méprisés des esprits inattentifs n'étaient point méprisables. Les textes que nous avons cités le prouvent. C'est faute d'y avoir porté notre attention que nous en sommes venus à ne plus comprendre, et, par suite, à ne plus rendre compréhensible à la jeunesse ce qu'il y a peut-être de plus important et de plus grave dans notre histoire intellectuelle et morale des dernières années de Louis XIV. Fort rares sont ceux de nos contemporains qui ont considéré d'assez haut les choses pour ne pas s'en tenir aux apparences. Il n'en est pas, que je sache, qui ait mieux su se placer à ce point de vue que M. Rebelliau, et relier aussi hardiment au XIX° siècle la fin du XVII°. Ce qu'il a écrit sur ce sujet vient trop à l'appui de ce qu'essaye d'établir ce livre pour que nous nous refusions le plaisir d'en appuyer notre thèse.

« Malgré deux siècles accomplis et en dépit de la différence plus superficielle que profonde de l'état social entre la France d'alors et celle d'à présent, le déclin du *grand règne* appartient encore logiquement à la période où nous sommes, car c'est alors que se manifesta pour la première fois dans les livres et même dans la réalité l'efficacité destructive ou rénovatrice des principes sociaux dont le triomphe aujourd'hui encore est en question, bien loin que le rôle en soit fini et le développement épuisé. C'est à la fin du XVII° siècle qu'il faut chercher la tête de série des événements qui continuent de se dérouler sous nos yeux. Là sont les origines morales de l'Europe et spécialement de la France contemporaine. L'incrédulité jusqu'alors timide et latente prenait vers 1690 conscience de sa force et partout se déclarait avec un vigoureux concert. Théologique et d'apparence chrétienne avec les *tolérants*, nombreux surtout en Hollande, et avec les sociniens nombreux partout depuis la Pologne jusqu'à la France ; métaphysique avec les philosophes successeurs de Descartes, qui plus ou moins innocemment bouleversent l'ancienne ontologie ; érudite et ironique à la fois avec Bayle et Fontenelle et les imitateurs épicuriens, et légère avec les poètes libertins de France avant-courriers de Voltaire, l'incrédulité alors est partout. Or les docteurs chrétiens ne sont pas sans la voir et sans la redouter. Ils la voient si bien que c'est elle encore qu'ils combattent quand ils se combattent entre eux. Catholiques et protestants s'accusent mutuellement de faire les affaires du scepticisme qui les épie, et ils ont également raison. Chacun d'eux voit avec netteté ce qui chez l'adversaire peut contribuer à favoriser l'antichristianisme. Jurieu dénonce justement à Bossuet comme précieuse aux athées cette méconnaissance systématique où le catholicisme s'obstine de la pensée d'*humanité*, de recherche et de développement variable et successif que contient la doctrine de l'Église chrétienne ; Bossuet signale justement à Jurieu, qui parfois du reste paraît en convenir implicitement, la voie glissante de doute et de négation où le principe du libre examen pousse et précipite les protestants. Tous deux ils sentent et ils se le disent l'un à l'autre que l'enjeu de leur dispute, en fin de compte, n'est pas si le monde sera chrétien à la façon de Jurieu ou à la façon de Bossuet, mais s'il sera chrétien (1). »

---

(1) Rebelliau, *Bossuet historien du protestantisme*, préf., p. IX, X.

Quand l'auteur de cette page si judicieuse y parle de l'incrédulité « jusqu'alors timide et latente », c'est que son sujet ne l'invitait pas à remonter plus haut et à fouiller plus loin. Pour point de départ et de comparaison il ne pouvait prendre que la période triomphante de la maturité du roi, où la foi semble, grâce à ses immortels athlètes, hors de toute atteinte. Mais ce mouvement ascensionnel de l'incrédulité ou de l'indifférence, quoique très réel et très profond, n'est pas sensible à tous les yeux. Ce qui est sensible, c'est l'affaiblissement d'une société qui vit sur son reste, ou, pour mieux dire, qui meurt lentement et si sûrement qu'elle ne cherchera même pas son salut dans une régénération déjà presque impossible. Si la nation française n'est pas morte d'anémie, c'est que par ailleurs lui fut infusé un sang nouveau.

II

Plus grave peut-être encore que l'incrédulité ou l'indifférence était, pour les conséquences immédiates à prévoir, la dégradation du sentiment religieux. C'est là une autre tare que les panégyristes du siècle passent à l'envi sous silence, quoiqu'elle remonte loin, comme l'hypocrisie. On se maintenait à si peu de frais dans le giron de l'Église ! Ce n'est pas de la veille que datent les anecdotes de Tallemant. « Je ne crois en Dieu ni diable, disait un pèlerin montant à Notre-Dame de la Garde, mais je suis tout prêt à mourir pour ma religion (1). » — Un batelier à qui l'on demandait si Jésus-Christ est Dieu, répond : « Il le sera quand le bonhomme sera mort (2). » — En général, le petit peuple et les artisans ont moins d'irrévérence, mais il faut voir à quoi leur servent les fêtes carillonnées, qui sont de tous les jours : « Ils ne font que se débaucher en jouant à la boule et allant au cabaret, au lieu de prier Dieu (3) ». Le clergé

---
(1) Tallemant, I, 367, Comment.
(2) Id., VII, 464.
(3) G. Patin, L. 728, 26 oct. 1666, III, 623.

en gémit et n'y peut rien, quoiqu'il soit, n'en déplaise à Taine, bien autre chose qu'un « orgue d'accompagnement (1) ». Il peut traîner sur la claie le corps de qui a refusé les sacrements ; il peut rendre, selon l'expression de La Monnoye (1641-1728), la profession de bel esprit aussi dangereuse que celle d'un danseur de corde (2) : il n'en est pas moins réduit à espérer que, grâce à Mme de Maintenon, le trône, une fois de plus, viendra en aide à l'autel. Mais si supérieure qu'elle soit aux anciennes maîtresses, l'épouse morganatique ne peut faire oublier qu'elle est veuve du poète infirme et grotesque dont il devient dangereux, à Versailles, de prononcer le nom ; elle est une chambrière parvenue, « l'ébreneuse des bâtards », comme dit crûment Saint-Simon, « une aventurière qui a réussi et qui continue », a-t-on dit de nos jours (3).

Or, ôtez à la religion sa sincérité ; qu'elle ne soit plus qu'une partie du costume, et, si l'on veut, sa parure, comment serait-elle un frein et une garantie pour les mœurs ? De fait, sa « banqueroute », s'il est permis d'employer ce mot aujourd'hui à la mode, est complète. Toute dignité même a disparu. Quand un Racine et un Bossuet sont des courtisans, on ne saurait attendre mieux de moins nobles esprits. Ici encore les textes abondent, béquilles nécessaires sur un terrain si soigneusement évité. Il y en a de profanes, il y en a de sacrées. Écoutez Massillon sur la bassesse des gens de cour :

« Bassesse d'adulation, on encense et on adore l'idole qu'on méprise ; bassesse de lâcheté, il faut savoir essuyer des dégoûts, dévorer des rebuts et les recevoir presque comme des grâces ; bassesse de dissimulation, point de sentiments à soi, et ne penser que d'après les autres ; bassesse de déré-

---

(1) *Essai sur La Fontaine*, p. 43.
(2) Voy. Babou, Notice sur La Monnoye (*Poètes fr.*, III, 105).
(3) Mme Henry Gréville, *L'enseignement secondaire des jeunes filles*, n° du 15 juin 1894. Mme de Maintenon a été bien défendue par MM. Gréard et Geffroy; elle continue d'être attaquée. — Voy. Maurice Vernes, *Mme de Maintenon*, Versailles, 1894, p. 6, 16, 18 ; M. C. Sée a aussi publié un volume dans le même sens.

glement, devenir les complices et peut-être les ministres des passions de ceux de qui nous dépendons et entrer en part de leurs désordres pour participer plus sûrement à leurs grâces ; enfin, bassesse même d'hypocrisie, emprunter quelquefois les apparences de la piété, jouer l'homme de bien pour parvenir, et faire servir à l'ambition la religion même qui la condamne. Ce n'est point là une peinture imaginée ; ce sont les mœurs des cours et l'histoire de la plupart de ceux qui y vivent (1) ». Dans un autre discours, l'orateur montre ce mal s'étendant comme la tache d'huile : « Notre nation... se fait une gloire de copier les mœurs des grands... La ville croirait dégénérer en ne copiant pas les mœurs de la cour (2). » Le doux Massillon n'est guère suspect d'exagérer. A ceux qui le récuseraient sur ce dernier point, qui est si grave, répond La Bruyère : « Le reproche en un sens le plus honorable que l'on puisse faire à un homme, c'est de lui dire qu'il ne sait pas la cour ; il n'y a sorte de vertus qu'on ne rassemble en lui par ce seul mot... Un esprit sain puise à la cour le goût de la solitude et de la retraite (3). »

La politesse même dont on semble convenu de faire honneur par excellence au grand roi et au grand règne, y souffre, dans cette période comme dans les précédentes, de cruelles atteintes. Louis XIV ne se montre peut-être plus grossier comme jadis envers La Vallière à l'heure de Montespan ; mais ces belles dames de son entourage que Loret, en 1651, nous a montrées s'enivrant à l'envi, sont loin d'avoir disparu, « courtisanes bien nées pour qui la vertu était une affaire de tempérament, le vice un ton, un genre, une mode » (4). Les jeunes gens valent-ils mieux sous Mme de Maintenon qu'auparavant? Pas pour les manières : C'est en 1699 que Dangeau montre un prince d'Elbeuf,

---

(1) *Petit Carême*, 1er dimanche, éd. Deschauel, p. 35.
(2) *Ibid*. Sermon pour la fête de la Purification, p. 7.
(3) *De la cour*, p. 168, 200.
(4) Poitevin, note à la p. 265 du t. II de son éd. de Bussy. Ce consciencieux éditeur ajoute que pour constater ce triste état de choses, il suffit de jeter les yeux sur les confessions intimes du xviie siècle.

dans un souper, cinglant d'une épaule de mouton sur la joue un marquis de Thury, cousin germain d'Harcourt, le noir Thury, comme on appelait cet officier supérieur, moins parce qu'il était brun que pour être un des plus méchants hommes du monde, pourvu qu'il n'y eût point à dégainer (1). Contre un tel lâche la brutalité d'Elbeuf n'avait pas même l'excuse du courage. Pas pour la délicatesse non plus : ils ne tenaient nullement à déshonneur que la bourse de leurs maîtresses s'ouvrît pour eux (2). Pas pour la réserve au jeu : « L'esprit du jeu, écrit l'abbé Du Bos, a été porté à ce point de raffinement que l'on ne sauroit s'en passer. » Pas pour la sobriété : eux aussi ils s'adonnaient au vin, seule manière pour beaucoup de pénétrer dans la coterie des petits-maîtres. « La quantité d'eau-de-vie qui se consomme dans le royaume est quadruple de celle qui se consommait il y a dix ans (3). » Dix ans ! L'abbé Du Bos ignorait-il donc les vices, les excès des années antérieures ? Mais il en avait assez sous les yeux pour ne pas remonter au déluge. Ce n'est pas si anciennement qu'il avait pu voir de jeunes seigneurs dans leurs folles ivresses attacher au corps d'une femme nue une fusée qu'ils allumaient, ou mutiler honteusement un pauvre diable qui mourait, le lendemain, de l'infâme opération. Pour châtiment de ces odieux excès, l'exil à quelques lieues de Versailles, comme après le scandale inoffensif de Roissy. Il fallut la sévérité de Colbert pour que son fils, un des coupables, reçût en public certaine volée de coups de bâton que personne aujourd'hui ne jugerait excessive, mais qui dut le paraître à plus d'un drôle de même espèce (4). La Palatine essaye pourtant d'excuser l'insigne faiblesse du roi : « Si le roi vouloit punir tous ceux qui se sérent coupables des plus grands vices, il ne verroit plus autour de

---

(1) *Journal de Dangeau*, éd. de 1856, t. VII, p. 186.
(2) *Les amours de Mme de Lionne*, à la suite de Bussy, I, 426, n. 3.
(3) L'abbé Du Bos à Bayle, 19 nov. 1696. Citations de M. Brunetière (*La formation de l'idée de progrès. Revue des Deux Mondes*, 15 oct. 1892, p. 897). Sur l'abus des liqueurs fortes, cf. La Bruyère, *De la cour*, p. 193, 194.
(4) L'aventure est antérieure à 1683, date de la mort de Colbert. Voy. *La France devenue italienne*, à la suite de Bussy, p. 327, 346, 347.

lui ni nobles, ni princes; il n'y auroit même aucune maison en France qui ne fût en deuil (1). »

Ces dernières paroles, on le comprend, font allusion à ce qu'il y a de pire dans les mauvaises mœurs : « Les passions s'emportaient au delà des bornes de la nature... Ce qu'on dit du roi Guillaume n'est que trop vrai ; mais les héros étoient ainsi : Hercules, Thésée, Alexandre, César avoient leurs favoris. Ceux qui, tout en croyant aux Saintes Écritures, n'en sont pas moins entachés de ce vice-là, s'imaginent que ce n'étoit un péché que tant que le monde n'étoit pas peuplé. Ils s'en cachent tant qu'ils peuvent, pour ne pas blesser le vulgaire ; mais entre gens de qualité on en parle ouvertement. Ils estiment que c'est une gentillesse et ne font pas faute de dire que, depuis Sodome et Gomorrhe, notre Seigneur Dieu n'a plus puni personne pour ce motif (2). »

Si ce legs s'est trouvé dans l'héritage de la Fronde, il faut avouer que la génération nouvelle ne l'a point dissipé. Bourdaloue est aussi accusateur que la Palatine (3), et nous avons parlé de ces cyniques associations où les jeunes gens de la cour s'engageaient par écrit à se tenir éloignés des femmes. Qu'il y eût de la faute de celles-ci, Mme Des Houlières le déclare expressément.

> Les jeunes gens portent l'audace
> Jusques à la brutalité.
> Quand ils ne nous font pas une incivilité,
> Il semble qu'ils nous fassent grâce....
> Médisans, jeunes fous,
> Insipides railleurs qui n'ont rien de solide
> Que le mépris qu'ils ont pour nous...
> On les gâte, on leur fait de honteuses avances
> Qui ne font que les dégoûter...
> Que ne les tenons-nous comme faisaient nos mères
> Dans le respect, dans le devoir!...
> On verroit la tendresse et le respect renaître
> Que la débauche a dû bannir...

---

(1) 31 juill. 1699, éd. Brunet, I, 39.
(2) 13 déc. 1701, éd. Jaeglé, I, 255 ; éd. Brunet, I, 59.
(3) Voy. son sermon sur l'impureté.

> Rien ne ramènera l'usage
> D'être galant, fidèle et sage.
> Les jeunes gens pour jamais sont perdus (1).

Certes le témoignage de cette honnête femme est très suffisant par lui-même, mais peut-être provient-il d'une humeur aigrie et maussade. Voici donc celui de l'abbé Du Bos : « Il semble que les femmes aient oublié qu'elles sont d'un autre sexe que les hommes... L'usage des suivantes est banni, et aux femmes de chambre ont succédé les valets de chambre... Au lieu des enfans qu'elles avoient autrefois pour laquais, elles choisissent les plus grands garçons et les mieux faits (2). » Mme du Châtelet paraissant nue devant son valet de chambre, qui pour elle n'était pas un homme, ne faisait donc que continuer la tradition. N'importe : de son impudeur on s'indignera comme d'une nouveauté exclusivement propre au xviiie siècle. Michelet, le premier dans notre temps, a osé dire que le xviiie siècle fut un retour vers le mieux, parce qu'il fut un retour à la nature. Au point de vue des mœurs il a raison. Finissons, sur ce triste point, en invoquant le témoignage de La Bruyère qui, dans son chapitre de la cour (1688), résume le débat, si tant est que la cause ne soit pas encore entendue : « L'on parle d'une région où les vieillards sont galants, polis et civils ; les jeunes gens, au contraire, durs, féroces, sans mœurs ni politesse : ils se trouvent affranchis de la passion des femmes dans un âge où l'on commence ailleurs à la sentir ; ils leur préfèrent des repas, des viandes et des amours ridicules (3). » Le moraliste, à coup sûr, ne pèche pas par excès de rigueur qui se borne à déclarer ridicules ces amours-là. Les « grands », qui s'y abandonnent sans vergogne, sont les mêmes qui, dans le temple, « forment un vaste cercle au pied de l'autel où un prêtre célèbre des

---

(1) Épître chagrine à Mlle de la Charce, 1685. Œuvres, I, 171-174. Marivaux dira de même : « C'est des femmes que l'amour reçoit ses mœurs ; il devient ce qu'elles le font. » (Le spectateur françois, 16e feuille, dans Larroumet, p. 476).

(2) L'abbé Du Bos à Bayle, 1696, loc. cit.

(3) Caractères, p. 193.

mystères qu'ils appellent saints, sacrés et redoutables ». Ils « paroissent debout, le dos tourné directement au prêtre et aux saints mystères, et les faces élevées vers leur roi... à qui ils semblent avoir tout l'esprit et tout le cœur appliqués (1). »

III

Qu'on vienne maintenant flétrir les libertins! Certes, la plupart de ceux qui occupent un coin obscur du théâtre durant cette dernière période du règne ne donnent pas un édifiant spectacle; mais ils ne valent pas moins que les orthodoxes et hypocrites courtisans; ils valent mieux, puisqu'ils respectent les plus claires indications de la nature. C'est pourtant sur eux seuls que l'on crie haro, tandis que l'on ne craint pas, nous l'avons vu, de soutenir qu'ils ont disparu. Ceux qui crient sont dans le vrai, sinon dans le juste. C'est Bossuet qu'il faut croire, puisqu'il continue de combattre. Ses attaques, au début, ne sont que des escarmouches rapides, intermittentes, sans intérêt plus pressant que d'empêcher la prescription (2). S'il y a d'ailleurs un moment où il les multiplie, c'est justement celui où nous sommes arrivés. Le trône et l'autel en ont fini avec les protestants et ont tout loisir pour se retourner contre l'adversaire jusque-là négligé. C'est alors que Bossuet le prend si éloquemment à partie dans l'oraison funèbre d'Anne de Gonzague. Contre les libertins il fait preuve de la même pénétration que Molière jadis contre les hypocrites. La puissance des dévots qui « ne souffriraient pas qu'on imprimât un livre où ils seraient tournés en ridicule (3) », ne lui fait pas illusion. L'erreur où il s'obstine est de ne voir ni conviction ni croyances chez ces « superbes qui croient s'élever au-dessus

---

(1) *Caractères*, p. 194.
(2) Voy. *Hist. univ.*, part. II, ch. xxviii; sermons sur la divinité de la religion (Ire part.), sur le jugement dernier (Ire part.), sur le jugement de J.-C. contre le monde (IIIe part.), 4e pour le jour de Pâques (Ire part.), panégyrique de saint André (Ire part.).
(3) *Lettres inédites de la princesse Palatine*, 6 juin 1700, éd. Rolland, p. 211.

de tout (1) ». — « Passions désordonnées, attachement aux sens, orgueil indomptable, font qu'il y a encore dans le monde des aveugles et des incrédules. Il n'y a pas autre chose dans le libertinage (2). »

Il y avait autre chose ; mais où ce prestigieux génie est dans le vrai, c'est quand il signale les progrès du mal, « sautant, a-t-on dit, par-dessus Voltaire (3) », prévoyant cette indifférence plus redoutable à la foi que l'incrédulité militante. « Qu'ont ils vu, ces rares génies, qu'ont-ils vu plus que les autres? Quelle ignorance est la leur! Et qu'il seroit aisé de les confondre, si, foibles et présomptueux, ils ne craignoient d'être instruits! Car pensent-ils avoir mieux vu les difficultés à cause qu'ils y succombent, et que les autres qui les ont vues les ont méprisées? Ils n'ont rien vu, ils n'entendent rien, ils n'ont pas même de quoi établir le néant auquel ils espèrent après cette vie (4). »

Ainsi l'intimidation a été impuissante. Si la contagion ne s'étendait tous les jours, la recrudescence des attaques serait inexplicable. Le feu couve sous la cendre et déjà même perce la cendre. Dans leur tactique les libertins ont manqué d'héroïsme ; mais où leurs devanciers courageux ont péri ou tout au moins souffert, eux ils ont protégé leurs personnes, sauvé leur cause, déconcerté, inquiété les vainqueurs en leur montrant l'inanité de la victoire.

Les cartésiens la payeront cher, mais ils auront, auparavant, fait payer cher à la pensée humaine le peu d'indépendance qu'elle leur doit. S'abstenant de toucher à la politique et à la religion, ils ont laissé de leurs mains tomber l'arme du doute. Arnauld voit dans leur illustre chef l'envoyé de la Providence pour convertir les récalcitrants à l'âme et à Dieu. Bossuet étend sur toute la seconde moitié du siècle la domination du cartésianisme : c'est autant de terrain perdu, au moins en apparence, pour le scepticisme épicurien. Le père des sceptiques de ce

---

(1) Or. fun. d'Anne de Gonzague, p. 194.
(2) Hist. univ., part. II, n° 13.
(3) Sainte-Beuve, Port-Royal, liv. III, t. III, p. 306, n. 1.
(4) Or. fun. d'Anne de Gonzague, p. 192.

temps, Montaigne, est singulièrement abandonné : Charles Giraud a vu huit éditions des *Essais* de 1602 à 1652, et deux seulement de 1659 à 1714. L'affirmation règne désormais dans le domaine de la pensée. Cette méthode que Descartes a imposée ne sert plus qu'à imposer la foi. Et malgré tout, grâce aux contradictions de la doctrine, on peut également soutenir qu'elle reste étrangère ou même hostile au dogme religieux et qu'elle s'y rallie (1).

Moins éprouvés, moins affaiblis, les libertins auraient pu reprendre barre sur leurs adversaires. Ceux-ci, « par amour du raisonnement et de la discipline, mettaient tout l'homme dans l'âme et toute l'âme dans la raison dont on faisait un être à part, séparé de la matière, logé par miracle dans un corps, n'ayant nulle puissance sur ce corps et ne recevant de lui des impressions que par l'intermédiaire de Dieu. Toute beauté, vie, noblesse, est reportée sur l'âme humaine. Les bêtes ne sont pas plus que la brouette et le moulin (2). » Mais le libertinage ne sent pas sa force latente ; il n'est pas en état d'en user pour tenir tête, nous venons de le voir. Plus que jamais il met une sourdine à sa voix et se borne à ces « demi-mots », à ces « souris » que lui reproche Bossuet. Il y a pourtant avec le passé une différence : si l'on franchit encore quelquefois la frontière pour reprendre sa liberté et user, au besoin, d'insolence, on se contente le plus souvent de gros verrous, de fortes serrures, dans des demeures princières où la police n'oserait pénétrer. Derrière des portes bien closes, les demi-mots deviennent même des mots entiers et les souris des éclats de rire.

IV

Oui, l'on rit aux éclats quand on le peut sans danger, mais non plus des mêmes choses. On est las des vieilles querelles. Bossuet et Fénelon gardent en portefeuille leurs

(1) Voy. Ch. Giraud, I, CLX ; Brunetière, *La critique de Bayle* (*Revue de Deux Mondes*, 1ᵉʳ août 1892, p. 606).
(2) Taine, *Essai sur La Fontaine*, p. 163.

derniers écrits. De saint Jean Chrysostome, de saint Thomas d'Aquin personne n'a plus cure. Dix ans après avoir applaudi à l'unité religieuse, on se demande si elle vaut le prix dont on l'a payée. La révocation de l'édit de Nantes, les persécutions contre Port-Royal ont gagné la cause de la tolérance. Les esprits s'occupent désormais de politique, de guerre, de finance, d'administration. Un vague besoin de liberté, faute d'avoir conscience de soi, se répand en mauvaise humeur, en épigrammes, en pamphlets (1). Les fautes, les abus, les excès accumulés ont donné des ailes au démon opposant qui sommeillait sous le crâne des Français nés frondeurs. Le gouvernement du bon plaisir ne parvenant plus à cacher ses vices rédhibitoires, l'idole royale est bien près d'être brisée en morceaux. « Quand il s'agit de représenter, dit le prince de Conti, roi de théâtre ; quand il faut combattre, roi d'échecs. »

De plus timides exhalent leurs plaintes en petit comité. Fénelon produit dans le cercle intime de Mme de Maintenon cette fameuse lettre au roi que personne n'aurait osé lui mettre sous les yeux. Vauban, l'abbé de Saint-Pierre, d'autres encore, marquent bien dans leurs ouvrages cette lente, mais ininterrompue évolution des esprits qui aboutira aux injures vomies contre le vieux despote, à la minute même où l'on aura cessé de le craindre. En attendant, il peut apprendre qu'on le chansonne, qu'on souhaite ouvertement sa mort :

<blockquote>
Ce roi si grand, si fortuné,
Plus sage que César, plus vaillant qu'Alexandre,
On dit que Dieu nous l'a donné.
Hélas ! s'il voulait le reprendre !
</blockquote>

Qu'a-t-il dû penser s'il a su jamais que les opposants passaient du vœu impertinent au conseil séditieux ?

<blockquote>
Que je vous plains, pauvres François,
Soumis à cet empire !
Faites comme ont fait les Anglois.
C'est assez vous en dire.
</blockquote>

(1) Dans cette page nous ne faisons que résumer ce qu'a dit M. Brunetière, *La critique de Bayle*, p. 614.

Au milieu du xviii° siècle, quand commencera l'agitation intellectuelle qui doit aboutir à la Révolution, l'on n'en dira pas autant ; l'on se contentera de parler d'une assemblée nationale pour déposer le souverain.

Peu à peu le virus se répandait. Déjà le xvii° siècle parlait des droits du peuple, de pacte et de contrat social. Les ouvrages de Spinoza, écrits surtout de 1670 à 1677, pénétraient en France et y faisaient lentement leur trouée. La renommée de Bayle date au plus tôt de 1680. Locke écrit de 1689 à 1695 ; Fontenelle de 1683 à 1686 ; Vauban, Boisguillebert de 1697 à 1707 ; Fénelon, sur la politique, de 1697 à 1711 ; l'abbé de Saint-Pierre publie en 1713 sa rêverie sur la paix perpétuelle. S'il n'y a pas là les symptômes d'une évolution des esprits, nous ne les trouverons nulle part. Ambitieux déçus, mécontents, moqueurs, rebelles à la doctrine dominante, finissent par former une armée d'opposition, trop disparate, trop dépourvue d'accord et de discipline pour être tout de suite redoutable ; mais ainsi se prépare le « siècle de Voltaire », qui est en germe et plus qu'en germe dans le siècle de Louis XIV.

Or le chemin qui mène à la philosophie, écrit Diderot, c'est l'incrédulité, laquelle, en France, ne sait pas s'abstenir des allures agressives (1). Pour un qui respecte en soi ses idées et les fait respecter d'autrui par sa vie pleine de dignité et de vertu ; pour un autre qui ne veut pas fermer la main qu'il croit avoir pleine de vérités, et qui ne trouve liberté de l'ouvrir que dans l'exil où Descartes et Saint-Évremond l'ont précédé, combien n'en est-il pas qui restent attachés à leurs habitudes, aux commodités de l'existence, à ce sol natal même qu'on n'emporte pas à la semelle de ses souliers ! Ceux-là s'accommodent au goût du temps. Le temps ne fait point obstacle à la débauche ? ils s'en donneront donc à cœur joie. Le groupe des goinfres se reforme, s'accroît. Les cabarets conservent leur clientèle, mais cette clientèle déborde dans les palais ; et pour y entrer

(1) Voy. Jos. Texte, *J.-J. Rousseau et les origines du cosmopolitisme littéraire*, 1895, p. 92.

s'épure, car l'orgie même a ses nuances et ses élégances. C'est dans les fumées de l'orgie ou dans la liberté des repas arrosée de vins fins que s'agiteront désormais à bâtons rompus les débris de la doctrine hétéroclite. Le chemin philosophique parcouru sera, comme par le passé, souillé de boue, au risque de compromettre encore l'avenir de la libre pensée, si, comme les mauvaises plantes, les bonnes ne poussaient sur le fumier.

Par impossibilité ou par défaillance, les libertins, en cette dernière période du « grand règne », ont manqué certainement à leur destinée et mal tenu leur rôle. Toutefois ne leur soyons pas trop sévères. Ils avaient devant eux l'absolutisme politique et l'absolutisme religieux. Le premier retrouvait quelque vigueur pour venir en aide au second, à titre de subalterne, et, si affaibli qu'il fût, il inspirait encore la crainte. Le clergé a main mise sur toutes les forces de la France, et il l'a tellement dégradée que la Révolution seule a pu réparer le mal. Notre XVIII° siècle officiel, lamentable continuation du XVII°, s'est vu par bonheur impuissant à enrayer le progrès des idées qu'il combattait encore quand l'étranger presque partout y applaudissait. Et le gouvernement de Louis XV trouvait des appuis nullement officiels qui avaient manqué au gouvernement de Mazarin, les courtisans et les couches profondes de la population. Elles perdaient la foi sans en avoir encore conscience, et il en était ainsi déjà dans les vingt-cinq dernières années de Louis XIV. Les libertins, les esprits forts se croyaient en l'air et comme déracinés, alors que leurs racines s'enfonçaient de plus en plus dans le sol.

V

Mais les excuses que nous trouvons à leur frivolité tapageuse ne doivent pas nous empêcher de rendre tout d'abord hommage à ceux qui honorent leur cause par la dignité de leur vie et de leur pensée. Il suffira de produire ici une famille de libertins fort considérable, appartenant à la robe et mise en évidence par Saint-Simon. Puis nous passerons à un lettré qui n'a aucune accointance avec la cour, même avec le monde, qui vit à l'étranger et qui, de là, impose à ses compatriotes l'examen tout au moins des pensées qu'il exprime avec une franchise hardie, souvent courageuse. On a compris que nous voulons parler de Bayle.

Le président Claude de Longueil, marquis de Maisons et de Poissy (1667-1715), occupait sa charge de président à mortier depuis que son père s'en était démis en sa faveur (1704). Homme d'esprit, de sens, de tact, de parole « fort à la main », avec l'air du grand monde, rien du petit-maître ni de la fatuité des gens de robe, ni de l'impertinence des présidents. Sa seconde femme, Marie-Charlotte Roque de Varangeville, fille d'un ambassadeur de France à Venise, sœur aînée de la maréchale de Villars, avait peu d'esprit, sauf pourtant celui, qui n'était pas peu de chose, de n'être pas jalouse de sa sœur et de vivre bien avec elle, de tenir sa maison avec grâce et magnificence, de se laisser conduire par son mari (1). Mari et femme, fleur d'honnêtes gens, liés d'amitié avec le futur régent, vivaient dans l'incrédulité la plus prononcée, fait d'autant plus curieux que, sur quatre sœurs, le président en avait trois religieuses, dont deux abbesses (2). la quatrième seule étant restée « demoiselle », peut-être parce qu'elle partageait les sentiments de son frère. « Il n'est malheureusement que trop commun, écrit Saint-Simon, de trouver de ces prétendus esprits forts qui ne se piquent point de religion. » Il n'est guère moins commun de contester à cet égard ; de dénier aux incrédules toute vertu, même tout droit à la vertu ; mais sur la famille de Maisons point de contestation possible. « Mes enfans, poursuit le chroniqueur, et ceux qui étoient auprès d'eux, ont vécu avec le fils de Maisons dans la plus grande familiarité, dans l'amitié la plus intime qui n'a fini qu'avec la vie de ce jeune magistrat. » C'est l'excuse par avance du témoignage favorable que sa conscience et son amitié imposaient à ce fidèle

(1) *Mém.*, III, 167, ann. 1705 ; VII, 75-77, 251, ann. 1715.
(2) Supplém. à Moreri, art. Longueil, xiv et xv.

croyant envers un homme qui « étoit sans aucune religion », envers une femme qui « n'en avoit pas plus que lui ».

Tous deux le prouvèrent bien. « Pour leur fils unique Jean-René (1699-1731), qui devoit, à la mort de son père, être agréé pour son successeur et, à l'âge de vingt ans, par dispense, prendre possession de cette charge importante (1), ils cherchèrent un précepteur homme d'esprit et de mise qui joignît la connaissance du monde à une belle littérature, union bien rare ; mais ce qui l'est encore plus et dont le père et la mère firent leur capital, un précepteur qui n'eût aucune religion, et qui par principes élevât avec soin leur fils à n'en point avoir. Pour leur malheur ils rencontrèrent ce phénix accompli de ces trois parties, d'agréable compagnie, qui se faisoit désirer dans la bonne, sage, mesuré, savant de beaucoup d'esprit, très-corrompu en secret, mais d'un extérieur sans reproche et sans pédanterie, réservé dans ses discours. Pris sur le pied et sur le dessein d'ôter toute religion à son pupille en gardant tous les dehors indispensables, il s'en acquitta avec tant de succès qu'il le rendit sur la religion parfaitement semblable au père et à la mère qui ne réussirent pas moins bien à en faire un homme du grand monde comme eux, et comme eux parfaitement décrassé des fatuités de la présidence, du langage de la robe, des airs aussi de petit-maître qui méprise son métier. Le père, la mère et lui s'aimoient passionnément (2). »

Tiraillé en sens contraires par ses sentiments affectueux et son zèle de chrétien, le mordant chroniqueur s'est tiré assez adroitement d'embarras, non toutefois sans prêter lui-même à cette critique qu'il prodigue aux autres. S'il n'a pas un mot de blâme contre une famille amie, il se rattrape sur le précepteur, « très-corrompu en secret » et qui pourtant fit de son élève un parfait galant homme. Les mots mêmes, ici, ne rendent pas avec exactitude la pensée : M. et Mme de Maisons ne pouvaient avoir « le dessein d'*ôter* toute religion » à leur fils, puisque, n'en ayant eux-mêmes aucune, ils

---

(1) Voy. Moreri, art. Longueil, xvi.
(2) *Mém.*, VIII, 24. Ann. 1715.

n'avaient pu lui en inoculer la moindre parcelle. Mais où la foi entre en scène, la bonne foi risque fort de subir des avaries. Voici Charles Giraud, en qui il serait difficile pourtant de voir un fanatique. Parlant de cette famille de libertins athées, s'il rapporte le témoignage de Saint-Simon, il l'écourte, ce qui est son droit; ce qui ne l'est pas, c'est que ce qu'il en supprime ce sont justement les éloges. Que ses suppressions néanmoins lui soient pardonnées en considération des lignes suivantes : « Ce n'est point un homme isolé que peint ici Saint-Simon, quoi qu'il en dise; c'est un coin de la société du XVII° siècle. Là s'entretient, se conserve l'esprit païen, et de ce coin partira bientôt l'explosion du XVIII° (1). »

Les Maisons étaient incrédules pour eux-mêmes, par impuissance de croire; Bayle, aussi impuissant à cet égard, prétend agir sur autrui; il prend l'offensive, grande hardiesse dans le temps où il vivait. Seul ou presque seul parmi les gens de lettres, il représente, dans cette période assombrie, le libertinage sérieux et militant (1646-1706). Né au soleil du Midi, dans le comté de Foix, il lui fallut quelque force de volonté pour demander aux brumes de la Hollande la liberté de vivre en repos sans dissimuler ce qu'il pensait. Il est un libertin pacifique, de vie honnête et même chaste, sauf sa liaison probable avec M°° Jurieu, et cette régularité calme donne à sa parole une singulière autorité. La religion protestante, qui est celle de son enfance, ne le satisfaisant point, il tâte tour à tour du catholicisme, du socinianisme, du déisme, et voyant dans le déisme encore un dogme, une tyrannie intellectuelle, il aboutit à la libre pensée, dans toute l'ampleur dont cette expression est susceptible.

C'est un esprit toujours en éveil, en mouvement, en marche, qui voit les divers côtés des choses, les comprend toutes et ne s'asservit à aucune. L'Église peut triompher à son sujet : il assiste aux prières publiques, aux sermons,

---

(1) *Œuvres mêlées de Saint-Évremond*, I, CLI.

il va jusqu'à communier quatre fois l'an, s'il faut en croire son biographe Des Maizeaux (1). Il fait plus : il a des sentiments de résignation et de confiance en Dieu dont ses lettres contiennent l'expression. Cette paix qu'il recherche pour lui-même, il la réclame pour autrui ; il estime que la tolérance est de droit politique, que la religion n'est point affaire d'État, que divers cultes peuvent coexister comme diverses industries, et il le dit trois ans avant la Révocation, un siècle avant la Révolution ; il déclare abominables « les entremangeries professorales ».

L'heure de son activité féconde sonne justement à cette date sinistre de 1685, où admettre toutes les religions était un crime de lèse-majesté divine, passible du feu ; où violences, exils, supplices devenaient monnaie courante contre qui s'attaquait à l'unité religieuse (2). Ce Méridional froid, ou refroidi dans ses écrits comme dans sa vie par le climat de la Hollande, ne retrouve qu'en parlant de l'intolérance un peu de la chaleur du climat natal. Exempt d'ailleurs de toute irritation, de tout esprit de parti, il dit le pour et le contre de chaque chose, il fournit des arguments à chaque secte rivale. C'est qu'il a le désir de les contraindre sinon à déposer les armes, du moins à ne pas s'en servir, et tout ensemble le goût, le respect de la vérité. Il est homme de bonne foi.

Tel est le trait essentiel de son caractère. Ajoutons qu'il est désintéressé et généreux. Il a toujours la main ouverte pour donner et presque toujours fermée pour recevoir. Tandis que pour attirer Guy Patin à leur table les grands devaient mettre sous sa serviette un louis d'or, lord Shaftesbury ne fait qu'à grand peine accepter de Bayle une montre et se voit refuser tout autre présent (3), fort étonné sans doute d'une dignité alors si rare parmi les gens de

---

(1) *Vie de Bayle*, éd. Beuchot du Dictionnaire, t. XVI.
(2) Voy. Brunetière, *La critique de Bayle*, loc. cit., p. 636, 643, 651. C'est jusqu'à ce jour l'œuvre la plus fouillée que nous ayons sur Bayle. Cf. Sainte-Beuve, *Portr. litt.*, 1, 338, 377; Lenient, *Bayle*, p. 24, 45, 59; Rebelliau, *Bossuet hist. du protest.*, p. 371, 372 et *passim*.
(3) *Portr. litt.*, I, 356. *Ibid.*, p. 388; des vers de La Fontaine et une phrase de Voltaire (Lettre au Père Tournemine, 1735) qui sont un bel éloge de Bayle.

lettres. Tant de qualités diverses valurent au critique émigré plus d'admirateurs que n'en obtint personne autre après Descartes et avant Voltaire. Il est vrai que son indépendance incorruptible lui valut aussi des adversaires acharnés.

C'est pourtant cet homme pacifique et bon qui mit le feu aux quatre coins de l'Europe. Personne autant que lui ne contribua à démolir l'œuvre de Louis XIV, à préparer celle de Voltaire. « Nous avons eu des contemporains sous Louis XIV, » disait plus tard Diderot, et c'est vers Bayle, quand il parlait ainsi, que se reportait sa pensée (1). Bayle était venu à son heure. A triompher de l'oppression politique et religieuse la raison pure avait échoué; peut-être la critique réussirait-elle mieux. Du moins elle offrait une arme nouvelle ou que l'usure n'avait pas émoussée. On la saisira donc à la suite de Bayle; mais s'il la brandit et s'en sert avec plus d'efficacité que personne, c'est d'abord qu'il est toujours sur la brèche, c'est ensuite que la liberté constante de son esprit paraît moins au service d'idées personnelles.

Des idées personnelles il en a cependant, et de très arrêtées. Il croit invariablement au droit, au devoir, à la vertu, à l'humanité. De ces croyances-là il est l'esclave. Il en a d'autres qui lui sont chères encore, mais dont il est plus indépendant. Sensualiste et gassendiste, il tient Épicure, comme Aristote et Descartes, pour un inventeur de conjectures. Il est sceptique aussi, car il estime que tout est possible, que rien n'est sûr en matière de religion, et il est le premier à oser le dire. Mais combien ce scepticisme, pour remuant et envahisseur qu'il soit, est respectable! Combien différent de celui qui s'étalait d'un ton léger aux petits soupers de Ninon! Bayle descend dans la noble arène où se mesurent les plus grands athlètes, Bossuet et Jurieu (2). Il y soutient, avec le droit de douter, ce sensualisme gassendiste dont, sans y voir la pierre angulaire, il est imprégné jusqu'aux

---

(1) Lenient, p. 222; Brunetière, p. 620.
(2) *Portr. litt.*, I, 368, 376; Brunetière, p. 616; P. Janet, *La philosophie de Molière*, p. 338; Lenient, p. 4; Lanfrey, *L'Église et les philosophes au* XVIIIe *siècle*, 1855, p. 80-84.

moelles. Qu'on lui dise que cette chère doctrine s'est évaporée en France au soleil du cartésianisme, il répondra qu'elle fleurit à ciel ouvert en Angleterre et qu'il n'y a qu'à lui faire repasser la Manche. On est bien allé, au xvi° siècle, chercher le protestantisme en Allemagne! Les déistes anglais sont les disciples avérés des nôtres, et notamment de Bayle. Pour Locke, le dictionnaire du réfugié est « l'incomparable dictionnaire », arsenal inépuisable où tous les sceptiques, au xviii° siècle, Anglais comme Français, ont puisé leurs armes (1). La France se laissera plus aisément inoculer le déisme que le protestantisme : il n'est pas dans notre nature de nous arrêter à moitié du chemin.

Bayle est bien gassendiste par ses opinions sur la nature, sur la morale, et sur Dieu. S'il tient, avec les pessimistes et les chrétiens, que l'état de nature est un état de maladie, il laisse nonobstant une part importante à la nature dans notre vie, puisqu'il n'en exclut, tant s'en faut, ni l'instinct, ni les passions. Sa grande innovation sur la morale est de la proclamer indépendante des religions, pour ne la faire relever que d'elle-même, des nécessités sociales, de l'intérêt général absorbant les intérêts particuliers, du respect de tous pour chacun, de l'idée du bien, des raisonnements de la raison. C'est ce que n'ont osé ni La Rochefoucauld ni La Bruyère, c'est ce que n'oseront qu'après Bayle Vauvenargues et Marivaux (2). De même, avant les Anglais et les Allemands, ce Français a osé dire qu'il importe à la dignité de l'homme que ce ne soit pas la religion qui règle notre conduite, et à l'honneur des libertins qu'on ne puisse voir dans le libertinage des mœurs la conséquence du libertinage de la pensée. Ayant prêché d'exemple comme de précepte, il est digne d'être écouté quand il refuse d'admettre avec les chrétiens que le fondement de la morale soit la religion, et avec Rousseau que l'homme naisse bon ; quand il cherche dans la raison ce frein dont les membres d'une société ne

---

(1) Voy. Jos. Texte, *J.-J. Rousseau*, etc., p. 70.
(2) Voy. *Œuvres de Vauvenargues*, Introduction à la connaissance de l'esprit humain, éd. Gilbert, 1857, p. 50; Larroumet, *Marivaux*, p. 472.

peuvent se passer plus qu'un cheval ou un chien ; quand enfin il proclame la raison exclusivement compétente dans les matières que Descartes lui avait soustraites (1). Remarquons seulement qu'étant dépourvu de génie, on peut admettre, pour grande que soit sa place dans l'histoire de la pensée humaine, qu'il ne fait que canaliser un courant éparpillé encore en petits ruisseaux. Mais en le canalisant il lui a communiqué une force nouvelle, et il a rendu à ses contemporains le service, protégé qu'il était par la frontière, de proclamer des vérités que les plus hardis d'entre eux osaient à peine murmurer.

Pour ce qui est de son Dieu, celui des épicuriens, il le place comme eux très haut et très loin. Le dogme de la providence, contre lequel porte le principal de son effort, n'est à ses yeux que l'expression équivoque de cette idée essentielle que les lois de la nature sont immuables. Qui croit en Dieu de cette manière et qui a la tolérance dans le sang ne saurait bannir les athées de la cité. Bayle va jusqu'à admettre qu'une société d'athées pourrait exister, à condition de reposer sur des principes de bienséance et d'honneur (2). Les fervents ne lui savent point gré d'avoir défendu les athées avec la tiédeur d'un pyrrhonien ; ils ne s'arrêtent pas même à cette phrase échappée à la plume du polémiste, parmi tant d'autres d'esprit contraire : « L'athéisme ne peut être que le résultat d'une erreur passagère ou d'un hideux abrutissement (3) » ; ils savent trop que son impartiale critique fournit des arguments à toutes les doctrines ; ils ne sauraient lui pardonner d'avoir dit qu'un athée peut être honnête homme ; ils se demandent si le déisme de qui ne veut de religion ni pour soi ni pour les autres ne confine pas à l'athéisme ; par-dessus tout, ils sont exaspérés de cette tolérance qui nie l'obligation de reconnaître la vérité et de s'y soumettre, qui affirme toute contrainte en matière d'opinion également opposée à la raison et à la justice (4).

(1). Voy. Brunetière, p. 618, 613, 651, 675 ; Lenient, p. 143.
(2) Brunetière, p. 631-633.
(3) *Pensées sur les comètes*, ch. 104 sq. dans Lenient, p. 41, 236.
(4) Voy. Lenient, p. 33.

Destinée singulière ! et qu'il est profitable, répétons-le, de venir au bon moment ! Voilà un homme qui n'a pas plus de suite dans les idées que Rabelais, les Estienne, Montaigne, Charron, tout le xvi° siècle et le commencement du xvii°; qui écrit dans le style lourd, prolixe, diffus et suranné de La Mothe la Vayer son maître, avec ces phrases interminables à la latine, toujours froides, même sous la chaleur de l'idée; qui n'a pas assez de goût pour dominer son érudition trop souvent saugrenue, pour se borner dans ses pédantesques citations en toute langue, pour juger les œuvres avec un sentiment littéraire (1). Par la liberté crue de sa critique, il s'est fait dans tous les camps d'innombrables ennemis, et cependant de Rotterdam, du fond de son cabinet, cet écrivassier sans génie exerce une influence comparable à celle d'un Descartes, d'un Bossuet, d'un Voltaire ! C'est que, trente années durant, il travaille quatorze heures par jour; c'est que son esprit est toujours en quête d'idées et de vérités; c'est qu'il a ce goût du paradoxe qui provoque et entretien l'attention ; c'est qu'il a le talent du dialecticien batailleur, hardi, souple, fécond en ressources ; c'est qu'il a un « flair rare à deviner les penchants intellectuels de cette fin de siècle », et non moins d'adresse à les flatter ; c'est qu'il est impartial et amusant malgré son style pâteux (2) ; c'est qu'il aborde les plus nombreux et les plus divers sujets : « tout est dans Bayle, a dit Sainte-Beuve, mais il faut l'en tirer (3) » ; c'est surtout qu'il fut le premier à trouver une formule précise pour les instincts encore vagues de la conscience publique, en d'autres termes à avoir le sens de l'avenir, d'un avenir déjà prochain. Ni Vauban, ni l'abbé de Saint-Pierre n'égalent Bayle à cet égard. En tout cas, ils sont loin d'avoir eu la même puissance pour détruire l'œuvre de Pascal, de Bossuet, de Malebranche, d'Arnauld, cet accord entre la raison et la foi que le talent et le génie, accrédités

---

(1) Voy. Sainte-Beuve, *Portr. litt.*, I, 375, 378 ; Lenient, p. 14 ; Brunetière, p. 620-626, 651.
(2) Rebelliau, *loc. cit.*, p. 371.
(3) *Portr. litt.*, I, 378.

par de hautes vertus, crurent un moment avoir établi.

En somme, dans les écrits de ce petit réfugié, qu'on ne lit plus parce que d'autres après lui ont mieux dit les mêmes choses, ceux qui les ont mieux dites et bien d'autres, Montesquieu, Voltaire, Diderot, Rousseau, Helvétius, ont appris à penser et à raisonner. Bayle est le vrai précurseur du xviii° siècle, et par conséquent du monde moderne (1). « Personne n'a demandé avec plus d'assurance que lui pourquoi, quand on ouvre à l'homme le champ de la métaphysique, on lui ferme celui de la politique et de la morale (2). » Et ce prodigieux effort il l'a fait, ce merveilleux succès il l'a obtenu, on peut le dire, sans avoir soupçonné un instant qu'il conduisait les troupes de la libre pensée dans le chemin de la victoire, butinant d'instinct comme l'abeille, poursuivant comme la fourmi ou le castor son œuvre obscure, sa guerre d'escarmouches, d'éclaireur, de partisan, de critique lourd dans la forme, trop souvent léger et bas pour le fond, mais toujours impartial et courageux, exerçant en conscience son métier d'éveilleur d'âmes et de propagateur du mouvement.

Grand honneur, après tout, d'avoir été, en plein xvii° siècle, en plein règne du cartésianisme, le dernier représentant sérieux de cette école gassendiste et libertine sans laquelle l'histoire de la libre pensée, rompue par le milieu en sa chaîne, resterait incompréhensible. Des esprits indépendants qui l'ont précédé, Bayle a encore les idées; de ceux qui le suivront, il a déjà les caractères extérieurs : inquiétude mentale, curiosité insatiable, critique sceptique, négative, railleuse, audacieuse jusqu'à la témérité. De là une renommée bruyante, qui l'eût été moins assurément sans les anathèmes de l'Église et les rigueurs exigées par elle du bras séculier (3).

(1) Brunetière, p. 614, 628, 645; Lanfrey, p. 80, 81.
(2) Brunetière, p. 628.
(3) Voy. Lenient, p. 15, 207, 221.

VI

De l'abeille travailleuse, originale par son goût pour la solitude, nous passons aux frelons paresseux, éminemment sociables, dont l'œuvre a peu de prix. On éprouve quelque honte, en quittant Bayle, de descendre à des épicuriens chez qui la frivolité licencieuse est la note dominante. Il le faut pourtant, et en montrer trop de regret ne serait pas d'un esprit philosophique : de petits agents, de petites causes peuvent n'être pas inutiles pour produire les grands effets. C'est ainsi qu'à cette heure de décomposition lente, une foule médiocrement estimable se réunit un peu à l'aventure, en bataillons confus, attendant qu'un chef lui vienne pour la mener au combat.

Sur le devant de la scène on aperçoit d'abord les fameuses et brillantes nièces de Mazarin, nées les unes Martinozzi, les autres Mancini. Par leur jeunesse elles appartiennent au milieu du siècle ; mais longtemps sous la main d'un oncle si souple hors de sa famille, si rude parfois pour les siens, elles ne volent de leurs propres ailes que le jour où, avec plus de souvenir des rudesses que des bienfaits, elles ont pu pousser ce cri du cœur : *Pur è crepato* (1) *!* Elles sont sept. A en faire des anges a complètement échoué Mme de Venelle, chargée de leur éducation. « Vous ne sauriez croire, écrit une d'elles, combien le peu de religion que nous avions le touchoit (son oncle). Il n'est point de raison qu'il n'employât pour nous en inspirer. Une fois entre autres, se plaignant que nous n'entendions pas la messe tous les jours, il nous reprocha que nous n'avions ni piété ni honneur. Au moins, disait-il, si vous ne l'entendez pas pour Dieu, entendez-la pour le monde (2) ».

---

(1) *Mémoires de la duchesse de Mazarin*, écrits sous sa dictée par l'abbé de Saint-Réal, t. V de ses œuvres. Ch. Giraud a publié de nouveau ces mémoires dans les *Œuvres mêlées de Saint-Évremond*.
(2) *Ibid.* Cf. Am. Renée, *les Nièces de Mazarin*, p. 95.

Il y en a deux sur les sept qui échappent à nos prises parce qu'on les juge exclusivement sur la période de leur vie qui donne des sujets d'édification; mais tout autre avait été la période antérieure. Ce qui sauve dans ses dix-sept premières années l'aînée des Martinozzi, Anne-Marie, la merveille aux cheveux blonds, comme on l'appelait, c'est qu'elle avait toujours eu beaucoup de douceur, de mesure, de modestie, tout en n'étant, de son aveu, qu'une « honnête païenne », assez confusément instruite des dogmes chrétiens et pénétrée de leur essence, désireuse de s'affranchir du joug religieux pour n'être pas gênée dans sa course vers les plaisirs et les grandeurs du monde (1). Mariée au prince de Conti, elle s'était convertie; veuve après douze ans, elle avait couru aux austérités, désolée de n'y pouvoir entraîner ses fils, aussi renommés pour leurs mœurs dissolues que pour leur esprit.

Laure Mancini, duchesse de Mercœur, avait eu, elle aussi, dans les dix-neuf années de sa courte vie, une période d'indévotion. Elle dut en sortir vite sous la double pression de son très pieux mari et de sa très sainte belle-mère, car elle vivait avec eux en parfait accord. On sait que Mercœur veuf devenait prêtre, cardinal, légat en France. Une des tristesses de sa vie ecclésiastique dut être de voir les désordres effrénés et effrontés de ses deux fils les Vendôme, l'illustre capitaine et le grand prieur (2).

Des cinq autres nièces, aucune ne vint à résipiscence. Elles ont toutes de terribles instincts d'aventurières mécréantes, la passion du plaisir, de la folle et spirituelle orgie, sans connaître le frein des scrupules. Elles restent de la première moitié du siècle par leur préférence marquée pour les génies les plus naturels et les moins réglés, la plupart libertins. De tout leur pouvoir elles prolongent et propagent ce goût suranné. Elles en sont, au déclin du règne, les inspiratrices déclarées, ce qui était faire acte d'opposition.

(1) *Lundis*, XIII, 383-385.
(2) Voy. Am. Renée, p. 84, 104, 107-109.

La plus aventurière de toutes, c'est Olympe Mancini (1637-1708). Dépourvue de beauté et même d'esprit, puisqu'on l'appelait « la bécasse de Soissons », du titre de son mari, elle passait pourtant auprès de quelques bons juges, dont Mᵐᵉ de La Fayette, pour avoir du naturel, de l'agrément, et, seule de la famille, quelque chose de l'oncle Mazarin. Dans tous les cas, la fraîcheur de ses dix-huit ans, son « aimable » embonpoint, ses beaux bras, ses belles mains avaient charmé l'inflammable monarque, plus attiré vers cette fille de son âge que vers tant d'autres dont la jeunesse y eût été mieux proportionnée. Christine de Suède poussait à faire d'Olympe une reine de France; si elle y échoua, ce ne fut point par la résistance du cardinal : l'obstacle fut la maladresse de la « bécasse ». Dans son appartement, où Louis XIV tenait sa cour, elle eut la sottise de se montrer jalouse de sa sœur Marie, et elle se fit exiler. Rentrée en grâce, elle trouve Mˡˡᵉ de La Vallière en faveur, lui veut substituer une favorite de son choix, est compromise par les déclarations de l'empoisonneuse Voisin, s'enfuit à Madrid, puis à Bruxelles, soupçonnée d'avoir versé le poison à sa protectrice la reine d'Espagne, et délaissée même de son fils le prince Eugène. Qui lui eût dit que ce fils ingrat serait un jour son vengeur! Il le fut par le fait, mais pour des griefs personnels bien connus, où sa mère n'eut point de part (1).

Cette sœur dont Olympe avait craint d'être supplantée, Marie Mancini (1639-1715), libertine comme elle, mais dans l'ombre, n'en sort que par son roman royal et son mot historique : — Vous êtes roi, vous pleurez et je pars ! — Mazarin, qui aurait donné à son maître la main de telle autre de ses nièces, redoutait pour son crédit cette maigre, brune et jaune perche qui embellissait à la cour et y plaisait par le piquant de son esprit. Que nous importe, quand son beau rêve s'est évanoui, sa vie de grand chemin ? Elle la passe à fuir son mari le prince Colonna, connétable

(1) Am. Renée, p. 176, 188-191, 196, 205-210, 228.

de Naples, en compagnie de sa sœur Hortense. « Ces deux filles », comme dit Mme de Sévigné, sont loin de donner le bon exemple, et, dans un temps de mœurs si faciles, cette reine manquée n'a pas même les rieurs de son côté, car le connétable mourant (1689) prenait le beau rôle en se donnant tous les torts dans leur querelle conjugale, pour sauver l'honneur de la mère aux yeux de ses enfants (1).

Hortense, la seconde de ces deux « filles » (1646-1699) compte davantage dans l'histoire littéraire et dans notre sujet. Plus belle que ses sœurs et une des plus belles femmes de la cour, elle avait été la préférée de son oncle. Mariée (1661) au duc de La Meilleraie qui prit à cette occasion le titre de duc de Mazarin, elle ne sut pas plus faire bon ménage avec lui que Marie avec son connétable. Elle était gaie jusqu'à la folie, il était triste jusqu'à la mélancolie noire ; elle était « assoiffée de plaisirs », c'est le mot de Mme de Sévigné, il était dévot, iconoclaste par pudeur, au point d'être la risée de Paris et de la province. Bientôt ils se séparent après un procès en parlement. Lasse d'être traînée en d'incessants voyages pour la dérober aux poursuites du roi, indignée qu'on l'eût par mesure de correction claquemurée dans un couvent, cette épouse mal assortie fixait enfin à Londres sa vie fatiguée, et là commençait son rôle dans l'histoire littéraire. Son salon du pavillon de Saint-James devient le siège d'une cour libertine. On y voit Saint-Réal, Saint-Évremond, Gregorio Leti, Vossius qui — c'est lui qui parle — lisait toute sorte de bons livres, hormis la Bible. « Magnifique sans bien, a dit le plus fidèle habitué du lieu, Mme de Mazarin est morte sérieusement, avec une indifférence chrétienne pour la vie (2) ». Soit ; mais c'est bien alors tout ce qu'on pourrait glaner de christianisme dans l'existence très profane de cet esprit libertin.

Des deux autres nièces nous ne mentionnerons que Marie-Anne Mancini, duchesse de Bouillon (1649-1714) (3). Elle

---

(1) Am. Renée, p. 284-314 ; Lucien Perey, *Marie Mancini Colonna*, 1896.
(2) Saint-Évremond. Am. Renée, p. 317-380.
(3) La septième, Laure Martinozzi, ne serait pas la dernière en date.

a, comme sa sœur Hortense, une place dans l'histoire de l'esprit français. A son enfance se rapporte une anecdote bien regrettable pour la bonne renommée de la cour, du cardinal et de la reine mère. Marie-Anne avait au moins six ans et au plus treize ; cette denière date, on va le voir, est même seule admissible (1). Mazarin en humeur de plaisanter avait imaginé, d'accord avec Anne d'Autriche et leurs familiers, de persuader à cette petite fille, qui lui tenait de si près, qu'elle était enceinte. Comme elle niait, ces indignes conjurés firent en secret rétrécir ses robes, insistant, pour confirmer leur dire, sur la difficulté, qu'elle ne pouvait nier, d'agrafer sa ceinture. L'ayant ainsi ébranlée, inquiétée, ils glissent, un beau matin, dans son lit, avant son réveil, un poupon nouveau-né, puis tous, sans en excepter le cardinal de la sainte Église et la reine mère, défilent devant la prétendue accouchée pour la saluer. Que pouvait présager pour l'avenir une éducation où se rencontrent de tels épisodes !

Devenue duchesse de Bouillon, Marie-Anne fut, comme l'avait été Hortense, enfermée dans un couvent, sur les sollicitations de la noble famille où elle était entrée. Les plus noires accusations la poursuivaient : il fut dit dans le procès de la Voisin qu'elle avait voulu donner la mort à son mari pour épouser son neveu le duc de Vendôme. Elle fréquentait la société du Temple, et c'est la base unique d'une si lourde et si odieuse imputation, base fragile, car la duchesse se montrait tout aussi bien dans les autres sociétés libertines.

En somme, sa vie fut moins déréglée que celle de ses sœurs, quoique elle les dépassât toutes en liberté d'esprit. Son salon était devenu la chambre bleue des adeptes de la libre pensée. N'en étaient point exclus, d'ailleurs, ceux que

mais elle nous échappe, ayant vécu hors de France, duchesse régente de Modène.

(1) L'édition des *Mémoires de la duchesse de Mazarin*, donnée sans date à Cologne « chez Pierre du Marteau, libraire renommé », dit qu'elle « pouvoit » avoir six ans. (Giraud, III, 101). Am. Renée corrige sans donner ses autorités et dit treize ans. La suite de l'anecdote et le propos prêté à l'héroïne victime ne permettent pas d'en croire le « libraire renommé ».

rien ne rattachait à cette école : le vieux Corneille, Segrais, Benserade, Ménage, Turenne, de grands seigneurs et des princes coudoyaient là Mme Des Houlières, Molière, La Fontaine. La Fontaine était un des favoris de la duchesse. On n'ignore pas qu'elle le poussait à composer des fables, qu'elle l'appelait son « fablier ». Elle était, à vrai dire, parfois moins bien inspirée dans son rôle de Mécène ou d'Arthénice : par exemple quand elle louait la salle entière du théâtre pour faire tomber la *Phèdre* de Racine, ou quand elle traitait Lesage, en retard d'une heure, avec assez d'impertinence pour qu'il lui en fît regagner deux en remportant *Turcaret* sans le lire. Elle était moins heureuse encore quand elle versifiait pour la galerie ; nonobstant, le bien, chez elle, l'emporte sur le mal, et ce n'est pas un médiocre éloge dans un temps où ils étaient si inextricablement mêlés. En vain avait-elle dansé jadis aux ballets du roi, elle n'en était pas mieux vue en cour. A son retour d'Angleterre, où elle avait revu sa sœur Mazarin (1688), Louis XIV lui interdisait le séjour de Versailles et de Paris (1). Les effluves de liberté qu'elle rapportait de Londres paraissaient, même après avoir traversé la Manche, corruptrices de la vertu française. La vertu de la cour (2) !

VII

Ce que pouvait devenir le libertinage quand des femmes plus ou moins dévergondées en menaient le chœur, on le devine. La légèreté, la frivolité, plus que jamais ont pris le dessus. Les libres esprits renoncent au sérieux des spéculations philosophiques, sauf par échappées où la plaisanterie domine : il est plus facile de plaisanter à huis clos ou de se taire que d'émigrer en Angleterre ou en Hollande. Grandes

---

(1) Voy. Am. Renée, p. 389-430.
(2) Peut-être faudrait-il ici, après les nièces, parler du neveu, leur frère et cousin, Philippe de Nevers ; mais il trouvera mieux sa place dans la société du Temple.

dames et grands seigneurs, se sentant moins exposés que de vils croquants aux rigueurs du pouvoir ecclésiastique et du pouvoir civil, donnent aux lettrés de bon et de mauvais ton, dans les salons dorés où ils les reçoivent, l'exemple d'une fâcheuse liberté de langage qui aggrave les écarts trop souvent peu dissimulés de la conduite : les Vendôme en tête, à Anet, puis au Temple; le duc de Nevers en son hôtel historique; Lamoignon à Bâville; La Fare à la butte Saint-Roch. Tiennent table ouverte d'Olonne, le commandeur de Souvré, le comte de Broussin, et c'est affaire d'importance, rien ne paraissant alors plus sérieux que les repas, « une des quatre fins de l'homme », a dit plus tard des soupers Mme Du Deffand. Reçoivent pareillement les marquis d'Uxelle et de Boisdauphin, le comte d'Harcourt, le duc de Vitry, l'abbé de Villarceaux, Villandry et bien d'autres (1). Les convives habituels ou d'occasion ne sortent de ces élégants repaires que pour porter au cabaret ou à la taverne la contagion, et ils y sont bientôt rejoints par leurs hôtes de la veille qui cherchent à leurs folles orgies des lendemains plus éloignés encore du décorum. Descendre au plus bas degré de l'échelle était comme un besoin pour ces gens placés sur les échelons intermédiaires, ou même tout en haut.

Les cabarets ont, à cette heure du règne, un regain marqué de faveur. On y va, les uns pour étaler plus librement le débraillé de leur esprit, les autres tout simplement pour s'enivrer de nouveau. Comparés aux cabarets d'antan, ceux qui ont alors la vogue sont plus crapuleux, plus accessibles encore à ce qu'il y a de moins avouable dans la gent littéraire. Ils se cachent dans les rues chères à la populace, et l'on sait bien les y trouver. Dancourt, en ses comédies, nous a fait connaître le cabaret de la Rousseau, rue d'Avignon, près de la rue Saint-Denis. De sa personne, se voulait-il consoler d'un échec au théâtre, il courait chez Chéret, rue des Prouvaires, *à la Cornemuse*. Ses comédiens et leurs

---

(1) Diderot, *Encyclopédie*, art. Éricure; V. Fournel, p. 151.

pourvoyeurs ordinaires, poètes crottés, goinfres, rouges-trognes, allaient aussi chez Lamy, aux *Trois Cuillers*, chez Forel, près du Théâtre-Français. Ici et là on frelatait les vins, sans dégoûter les ivrognes. Même aller en meilleur lieu donnait renom de faux délicat. Il y avait au contraire des cabarets dont Chaulieu a célébré la cave, celui, par exemple, de La Morellière. Ce poète a vanté aussi la salle basse de Fite où sans doute se rendaient de préférence avec lui les épicuriens du Temple, le chevalier de Bouillon qui présidait, à la butte Saint-Roch, le cercle chansonnier, La Fare, Palaprat, quelquefois le grand prieur de Vendôme, souvent l'abbé Courtin,

> Aimable glouton, cher Courtin,
> Qui veux, quelque cher qu'il t'en coûte,
> Et toujours reprendre du vin
> Et toujours te donner la goutte (1).

Le chevalier de La Ferté entraînait une société choisie au cabaret du *Petit Père Noir*, place Maubert. Le faubourg Saint-Germain avait *la Pantoufle*. Dans le quartier du Temple abondaient les tavernes bien famées et bien hantées, où affluaient les « honnêtes gens » qui sortaient de chez les Vendôme. Leurs compagnies, pour s'égayer, ne manquaient point de femmes ; mais les femmes allaient de préférence hors de Paris, dans les guinguettes de la finance, comme les appelle Dancourt : elles fréquentaient Port à l'Anglais, le *Moulin* de Javel, l'*Image de Saint Claude* à Fontainebleau (2).

Commencent alors à s'ouvrir, mais ne se développeront que plus tard, les cafés, forme épurée du cabaret. Déjà, s'il faut en croire Saint-Simon, le grand capitaine Vendôme avait toute une cabale dévouée qui « faisoit ses manœuvres dans les cafés ». A la lueur des chandelles ou d'une lampe au lumignon fumeux se sentaient attirés comme papillons des buveurs de tout rang. Ils débitaient ou emmagasinaient

---

(1) Chaulieu, *Œuvres*, 1774, La Haye, t. II, p. 16.
(2) Voy. Fr. Michel et Éd. Fournier, II, 301, 303, 312, 331-339 ; Desnoiresterres, *Les cours galantes*, t. III, p. 312-318.

dans leurs cervelles déjà alourdies des maximes, des plaisanteries d'une impiété audacieuse qui n'en devaient plus sortir.

VIII

Mais pour nombreux que fussent les points de réunion, c'est au Temple que se faisaient les vraies « manœuvres », et c'est là qu'il faut pénétrer, si l'on ne veut se borner à la vue d'ensemble qui précède. Ce vaste enclos s'étendait du faubourg qui en porte encore le nom à la rue de la Verrerie, près de la Seine. Dans le jardin, toujours ouvert au public, s'élevait un château fort, flanqué de quatre tourelles, et qu'avaient occupé, au xiii° siècle les Templiers, en 1306 Philippe le Bel. Aux rois étrangers en visite, cette massive et sombre forteresse inspirait confiance pour leur sécurité, comme plus tard aux rois de France pour la garde de leur trésor, et aux sujets révoltés de Louis XVI pour prévenir une nouvelle fuite à Varennes. Sur la fin du règne de Louis XIV, malgré un manque d'élégance dans les constructions qui commençait à choquer les yeux, le Temple était la demeure favorite du grand prieur des Hospitaliers de Saint-Jean de Jérusalem, dits de Malte, Philippe de Vendôme, fils puîné de Laure Mancini, duchesse de Mercœur. Par bonté naturelle ou pour justifier le nom de son ordre, il avait fait du Temple une maison hospitalière par excellence. Les débiteurs insolvables y trouvaient un refuge ; les artisans non reçus maîtres y pouvaient travailler sans crainte d'être inquiétés par les gardes et jurés des métiers de Paris. En 1759, on évaluait cette population mêlée à près de quatre mille habitants (1). L'ombre du moyen âge couvrait les opprimés.

Philippe de Vendôme (1655-1727) est traité par Saint-Simon presque aussi mal que son illustre frère, et peut-être avec autant d'exagération. Qu'il ait été « sans talens

(1) Voy. Am. Renée, Appendice, p. 476, 477, 482.

militaires, poltron, effronté, menteur, escroc, fripon, voleur, malhonnête homme jusque dans la moelle de ses os pourris, bas et flatteur, avide et dissipateur, en tout la plus vile, la plus méprisable et en même temps la plus dangereuse créature qui fût possible (1), » on pourrait l'admettre, si la méfiance n'était mise en éveil par ce luxe de synonymes qui multiplient l'injure plus peut-être que les vices, et aussi par des inexactitudes évidentes, par des réticences graves. Le grand prieur était lettré, brillant dans la conversation, hospitalier en dehors de l'orgie, nous venons de le voir, comme pour l'orgie. Nous croirons difficilement qu'on le portât tous les soirs dans son lit ivre-mort; il n'eût pas mené trente ans pareille vie (2). Qu'il ait publiquement entretenu des maîtresses, cela se peut bien, mais l'on serait curieux de savoir combien de ses contemporains auraient eu le droit de lui jeter la pierre; c'est là d'ailleurs un pluriel fort suspect en parlant d'un homme qui vécut vingt ans avec la même femme (3). Fut-il aussi voleur que le prétend Saint-Simon? Un voleur est cupide. Or quand il prend à ce barbon, âgé de soixante-quatre ans, la déraisonnable fantaisie d'être relevé de ses vœux pour se marier, il s'engage à ne rien réclamer de la succession du duc son frère, et c'est le prince de Condé qui reçoit son engagement (4). S'il n'était la bête noire du cruel chroniqueur, serait-il accusé par lui du vice contre nature le sexagénaire qui voulait assurer à ses derniers jours la société intime d'une personne de l'autre sexe? Un reproche qu'il mérite assurément davantage, c'est d'être « sans principes, sans religion », et de tenir « des propos impies (5) ».

Son frère aîné, le vainqueur de Villaviciosa (1654-1712), n'aurait pas eu besoin du toit fraternel pour abriter sa tête

---

(1) *Mém.*, II, 348, ann. 1702; III, 255, ann. 1706.
(2) Saint-Simon, *Ibid.*, III, 255.
(3) Desnoiresterres, III, 211.
(4) Saint-Simon, *Mém.*, XI, 160, ann. 1719.
(5) *Id.*, XI, 78, an. 1719. Cf. Desnoiresterres, III, 212; Anselme, *Hist. des grands officiers de la couronne*; M. de Courcelle, *Dict. des généraux françois*; Voltaire, *Siècle de Louis XIV*.

ornée de lauriers. Il possédait Anet, ce bijou ciselé près de Dreux par Philibert Delorme ; il avait hérité, à Paris, de l'hôtel patrimonial ; mais Anet n'était pas à portée du brillant Marais, et quant à la maison de famille, il l'avait vendue à Louvois (1685), qui la démolissait aussitôt pour ouvrir la place à laquelle est resté le nom de Vendôme. Dès lors, quand le duc vient d'Anet, c'est au Temple qu'il descend, jusqu'au jour où les deux frères, refroidis pour des intérêts privés, se brouillèrent pour un intérêt public (1). A l'encontre du flatteur Chaulieu qui lui donne « les vertus d'un citoyen » (2), Saint-Simon le met plus bas que terre. Sa présence au Temple dut être regrettée : elle était une couverture pour tant de gens qui s'y réunissaient, s'y abritaient, y vivaient ! Le roi ménageait fort ce favori de la victoire et des soldats, qui, pouvant oser beaucoup, couvrait de sa grande ombre les explorateurs téméraires des terrains défendus. Au besoin, la forteresse du Temple aurait soutenu un siège, et le vaillant capitaine l'eût rendue imprenable.

Mais que parlons-nous de siège? Louis XIV a bien d'autres soucis en tête. Il pense à ses revers, aux revanches possibles, aux protestants, aux jansénistes qu'il persécute pour mériter les faveurs du ciel. Peu lui chaut du Temple et des impies. On connaît son mot sur le serviteur qu'il repoussait du duc de Chartres, le futur régent : — Oh! s'il n'est qu'athée (3) ! — Anet, le Temple, Clichy, maison de campagne du grand prieur entre 1685 et 1705, date de son exil (4), peuvent donc recevoir débauchés, épicuriens, libertins, esprits forts, adversaires du christianisme, déistes, athées — il y en a maintenant, Boursault nous l'atteste après les sermonnaires. Aussi bien, nous approchons du XVIII° siècle. Ils font bon ménage dans ces profanes lieux d'asile où ils ont la certitude de ne pas être inquiétés.

Bien des membres de cette société ont déjà trouvé place

---

(1) Voy. Saint-Simon, III, 196, ann. 1719.
(2) Épître de Chaulieu à Vendôme, 1694. Œuvres, I, 212.
(3) Lettre de la Palatine, 8 mai 1722, éd. Brunet, II, 366.
(4) On voit dans Chaulieu (II, 35) qu'il ne rentra à Paris qu'en octobre 1715.

dans les pages qui précèdent. Pour ceux-là, il suffira de rappeler leurs noms à côté des noms qui paraissent ici pour la première fois. D'abord Ninon de l'Enclos, Mᵐᵉ Des Houlières, la duchesse de Bouillon, puis Mˡˡᵉ de La Force, héroïne scandaleuse, Mᵐᵉ d'Aulnoy, auteur connu de *la Belle et la Bête*, Mᵐᵉ Lhéritier, Mᵐᵉ Durand, les Dunoyer, groupe féminin qui prépare en plein règne de Louis XIV, a-t-on dit, la prochaine fortune des Tencin, des Geoffrin, des Du Deffand, des Lespinasse, des d'Épinay (1). Le spirituel auteur des plus charmants *Mémoires*, Mˡˡᵉ de Launay, nous apprend qu'elle allait, elle aussi, souper au Temple, chez le grand prieur ou chez Chaulieu, et même qu'elle était allée plus d'une fois à Anet, chez le duc de Vendôme, petit voyage qui exigeait plus d'un quart d'heure de fantaisie ou de résolution (2). Ce qui surprendra davantage, mais nous en avons la preuve, la duchesse du Maine elle-même, maîtresse de Mˡˡᵉ de Launay, et dont nous parlerons plus loin, ne dédaignait pas de s'attabler au Temple (3).

Parmi les hommes hôtes de passage il suffira de nommer La Fontaine, Fontenelle (4), et pour ne pas nous attarder à tant d'autres dont la liste serait trop longue, ce fils et frère aîné des maréchaux de Broglie, beau-frère de l'intendant Bâville, et gendre du chancelier Voisin, que Saint-Simon a peint en quelques mots, se piquant de la plus haute impiété et de la plus raffinée débauche, pourvu qu'il n'en coûtât rien à ses grandes richesses : « Je n'ai guères vu, poursuit le chroniqueur, face d'homme mieux présenter celle d'un réprouvé que la sienne (5). »

Le Temple était comme une lanterne magique, où des ombres stables auraient assisté à un défilé d'ombres fugitives. De celles-là nous parlerons bientôt plus au long, car elles

---

(1) Voy. Brunetière, *La formation de l'idée de progrès* (*Revue des Deux Mondes*, 15 oct. 1892, p. 897).
(2) *Mémoires de Mˡˡᵉ de Launay* (Mᵐᵉ de Staal), éd. de 1755, t. III, p. 170.
(3) *Les Divertissemens de Sceaux*. Trévoux, 1725, t. II, p. 49. Le Iᵉʳ vol. seul est attribué par Barbier à l'abbé Genest. Du IIᵉ on ne dit pas l'auteur.
(4) Desnoiresterres, I, 181; H. Martin, XIV, 251.
(5) *Mém.*, IX, 38, ann. 1710.

appartiennent pleinement à notre sujet. Celles-ci apportaient le plaisir de la variété aux soupers. Autour d'une table discrètement servie retentissaient le choc des verres, les cris de l'ivresse, les refrains des chansons libertines et impies, alternant avec des discussions non sans hardiesse, avec les essais de cette poésie légère que Voltaire devait porter à sa perfection. Généralement la conversation s'engageait sur un ton sérieux ou demi-sérieux ; mais quand, après plusieurs services, paraissait la fameuse omelette au lard qui passait pour réveiller l'appétit, alors aux maximes de la sagesse épicurienne se mêlaient les plus joyeux propos. Chaulieu nous raconte cette édifiante histoire. Il voudrait

>   Un souper où la propreté
>   Fait, loin d'une foule ennuyeuse,
>   Une chère délicieuse
>   De beaucoup de frugalité.
> Là le nombre et l'éclat de cent verres bien nets
> Répare par les yeux la disette des mets.....
>   Quelle injure à l'abondance
> Lorsque avec volupté ton appétit glouton
>   Borne ton intempérance
>   A l'épaule de mouton,
>   Et qu'avec des cris de joie
>   On voit, toujours sur le tard,
>   Venir l'omelette au lard
> Qu'au secours de ta faim le ciel propice envoie !
>   Alors l'imagination
>   Par ce nouveau mets aiguisée,
>   De mainte nouvelle pensée
>   Orne la conversation.
>   A des maximes de sagesse
>   On mêle de joyeux propos...
> Nous attrapons bientôt la naissance du jour (1).

Il semble bien que les délices culinaires fussent pour peu de chose dans ces agapes nocturnes où le vin seul, avec le feu roulant de la conversation, excitait les esprits. Le témoignage de La Fontaine, rendant compte au duc de Vendôme absent d'un de ces soupers en somme assez anodins, confirme

(1) Épître à La Fare, 1701. Œuvres, I, 98-100.

Chaulieu. Ses jolis vers nous reposeront de la platitude d'un poète plus d'une fois mieux inspiré :

> Mais nos yeux étant un peu troubles,
> Sans pourtant voir les objets doubles,
> Jusqu'au point du jour on chanta,
> On but, on rit, on disputa,
> On raisonna sur les nouvelles.
> Chacun en dit et des plus belles.
> Le grand prieur eut plus d'esprit
> Qu'aucun de nous sans contredit.
> J'admirai son sens, il fit rage ;
> Mais malgré tout son beau langage,
> Qu'on étoit ravi d'écouter,
> Nul ne s'abstint de contester.
> Je dois tout respect aux Vendômes ;
> Mais j'irois en d'autres royaumes,
> S'il leur falloit en ce moment
> Céder un ciron seulement (1).

Ce qu'il y a de plus clair dans la concordance de ces deux récits, c'est que la petite fête durait jusqu'au jour. Au reste, nous admettons volontiers qu'il y avait pis, puisque Chaulieu demande grâce. On a parlé, à ce propos, de crapule, de la « rebutante odeur de l'hôtel Vendôme » (2). Soupers de Lucullus ou de Gargantua, si l'on veut ; n'oublions pas cependant que nos pères, sans se forcer, mangeaient plus que nous, et surtout qu'ils célébraient sans vergogne la mangeaille (3).

IX

Aucun des hôtes du Temple ne personnifie mieux cette société que Guillaume Amfrye, abbé de Chaulieu (1639-1720). Il n'était pas seulement un commensal ; il était un hôte dans toute la force du terme : nous venons de voir que, dans la vieille forteresse, il avait un logement. En outre, il semble bien se classer lui-même parmi les libertins, et non pas seule-

---
(1) Lettre à Vendôme, 29 sept. 1689, éd. Auger, p. 514.
(2) M. Babou, Notice sur Chaulieu (Poètes fr., III, 79).
(3) Voy. Lundis, I, 459.

ment au sens péjoratif du mot. Des Yveteaux est une de ses admirations :

> Ah ! que Des Yveteaux, la gloire de notre âge
> Et l'Épicure de son temps,
> Connut bien mieux quel est l'usage
> Que doit faire de ses momens
> Le parfait philosophe et l'homme vraiment sage !
> Jusqu'au dernier de ses jours
> Il porta constamment panetière et houlette (1).

C'est son modèle, car il dit ailleurs :

> Et si j'étois moins libertin,
> Je serois plus mauvais poète (2).

Saint-Simon fait de lui « un homme de fort peu » ; mais notre chroniqueur accorde à un si petit nombre d'être « de beaucoup » ! D'ailleurs il ajoute, et c'est le contrepoison, que cet abbé était « un agréable débauché de bonne compagnie, baucoup du grand monde (3) ».

En fait, Chaulieu était « né » : un de ses ancêtres avait combattu l'Anglais sous les étendards de Charles VII. Son père, maître des comptes, conseiller à brevet, avait été au service d'Anne d'Autriche et de Mazarin. Dès le collège, Chaulieu est en liaison avec le fils de l'auteur des *Maximes*. Les Vendôme l'introduisent dans la belle société des Bouillon, des Condé, de la duchesse du Maine. En Pologne, où il a suivi l'ambassadeur Béthune, il se perfectionne dans l'art de s'enivrer « comme un Polonois », ou « comme un Templier » (4). Que son intimité avec les Vendôme ait été troublée par les voleries dont le grand prieur et lui grugèrent le duc, Saint-Simon l'affirme, mais Sainte-Beuve en doute : il rappelle que le terrible justicier n'aimait pas plus les poètes que les gens de peu. Il aurait pu rappeler aussi que, lors de la rupture, Chaulieu « eut la misère de recevoir » du prince

---

(1) Lettre à l'abbé Courtin. *Œuvres*, I, 149.
(2) Lettre à Hamilton. *Ibid.*, I, 210.
(3) *Mém.*, XI, 301, ann. 1720.
(4) Saint-Simon, II, 9, ann. 1699 ; *Lundis*, I, 454, 468 ; Babou, *loc. cit.*, II, 78.

grugé une pension de six mille livres (1), ce qui ne suppose pas un bien vif ressentiment du dommage. Par trop de liberté dans sa parole le poète avait ameuté contre lui les auteurs de ces méchants couplets et de ces malices rimées dont, comme de la calomnie, il reste toujours quelque chose. Quoi qu'il en soit, obligé de choisir entre les deux frères brouillés, il reste quarante années attaché à son complice d'indélicatesse, parasite par amitié autant que par goût, et nullement par nécessité de famélique : ses bénéfices lui rapportaient trente mille livres de rentes (2).

A vrai dire, s'il aimait le grand monde, il devait d'autant plus tenir au Temple qu'il n'osait reparaître à la cour, quoiqu'elle ne lui eût pas été interdite (3) : il n'ignorait pas, en effet, que le roi n'aimait guère les abbés libertins. Qu'eût-il fait dans le Versailles de Mme de Maintenon ce compagnon joyeux en qui la vie déborde, qu'on n'entrevoit que le verre en main et la chanson ou la profession de foi épicurienne aux lèvres (4), qu'on ne verrait que debout et en mouvement, même dans ses vieux jours, si « ses gouttes » n'avaient embarrassé ses pieds? Sainte-Beuve, qui n'était pas prude, signale dans ses vers des « énormités » ; mais tout est relatif, et qui vient de lire les correspondances du temps et les recueils manuscrits de chansons historiques, sera bien obligé de convenir que « c'était là le ton habituel de la meilleure société dans le grand siècle » (5).

Le goût des lettres sauva Chaulieu de l'abrutissement. L'ivresse ne lui montait que passagèrement au cerveau. L'ivrognerie ne l'avait pas pris tout entier. Il savait ce qu'il faisait. Il gouvernait mieux sa vie que Chapelle et La Fontaine la leur. Il a dit de lui-même :

> Libertin et voluptueux,
> Vif par tempérament, par raison paresseux,
> Plongé dans les plaisirs, mais capable d'affaire (6),

(1) *Mém.*, II, 9, ann. 1690.
(2) Voy. *Lundis*, I, 458-465 ; Babou, III, 79.
(3) Saint-Simon, XI, 301, an. 1720.
(4) Voy. sa lettre à Maldzieux, *Œuvres*, I, 317.
(5) *Lundis*, I, 460.
(6) Variante à une épître à La Fare, 1703. *Œuvres*, I, 224, note.

il savait

> Parler bagatelle, parler raison.

Ce mélange de folie et de sagesse avait frappé ses contemporains, d'où son crédit auprès d'eux :

> A bien parler nul plus que vous n'excelle ;
> Nul ne sait mieux étaler en beaux dits
> Discours moraux et propos de ruelle (1).

Sa mémoire, meublée d'Horace et de Tibulle, était pour beaucoup dans ses meilleurs vers. « Anacréon du Temple », a-t-on dit, et nous n'y contredirons pas, quoiqu'on cherchât en vain dans son modèle grec cette pointe gauloise et rabelaisienne qui est, chez Chaulieu, comme la marque de fabrique. Plus près de lui, c'est à Chapelle qu'il se rattache, et il n'hésite pas à le proclamer. « Chapelle à qui je dois les premiers élémens, lisons-nous dans la préface qu'il a mise en tête de ses *Œuvres*, ce maître qui me fait tant d'honneur et à qui je crains d'en faire si peu, ce dieu de l'imagination (2). » Voltaire confirme cette filiation dans le *Temple du Goût*. Il montre la chaîne des poètes légers partant de Chapelle, passant par Chaulieu, son disciple, pour aboutir à Voltaire lui-même (3). En l'appelant « le premier des poètes négligés », il fait tort à Chapelle et à La Fontaine avec lesquels Chaulieu ne rivalise qu'en renchérissant sur leurs négligences. Aujourd'hui, dit Sainte-Beuve, toute cette grâce est évaporée ; à peine reste-t-il à lire quatre ou cinq pièces du temps où le poète eut la goutte (4), heureuse goutte dont les souffrances respectèrent son esprit !

De tout ce fatras frivole il n'y a plus d'intéressant pour nous que l'exposition de ses idées philosophiques et religieuses. Ce tonsuré, alors que Louis XIV a encore trente ans à régner et à vivre, est déjà un homme de l'âge suivant, le philosophe de l'école poétique dont il est un des meilleurs

---

(1) Deuxième épître de l'abbé Courtin (*Œuvres de Chaulieu*, I, 143).
(2) Préface, p. 5.
(3) *Poésies*, t. II, ép. 20. Cette pièce se trouve aussi dans les *Œuvres de Chaulieu*, II, 9.
(4) Voy. *Lundis*, I, 468.

représentants. Tout d'abord on a quelque peine à le prendre au sérieux. Il proteste dans sa préface d'être un improvisateur, d'avoir écrit par galanterie, par gaieté de table, surtout pour plaire à ses illustres amis, et parfois des choses qu'il n'a jamais pensées. Il demande qu'on ne juge pas de ses opinions sur ses badinages. Et comme pour confirmer ces précautions oratoires, le recueil débute par trois pièces de vers intitulées *les Trois Façons de penser sur la mort*. La première est d'un chrétien non dévot, la seconde d'un déiste non socinien, la troisième d'un épicurien non impie, non athée (1). Et l'éditeur (2) s'empare de ces déclarations diverses, mais toutes prudentes, pour affirmer qu'on a eu tort de ranger Chaulieu parmi les partisans de l'incrédulité. C'est lui qui a tort. L'abbé Courtin écrivait au poète, son ami (1703) :

> Fidèle à ton maître Épicure,
> Dans le parfait repos mettant tout ton bonheur,
> Tu suis les lois de la sage nature (3).

Chez lui-même les textes conformes abondent; voici ce qu'on lit dans sa seconde pièce sur la mort :

> Plus j'approche du terme et moins je le redoute.
> Sur des principes sûrs mon esprit affermi,
> Constant, persuadé, ne connaît plus de doute,
> Je ne suis libertin ni dévot à demi (4).

Libertin, comment l'entend-il?

> Épicure et Lucrèce
> M'ont appris que la sagesse
> Veut qu'au sortir d'un repas
> Ou des bras de sa maîtresse,
> Content l'on s'en aille là-bas.
> Pour moi qui crois telles choses
> Conformes à la raison,
> Sur les pas d'Anacréon,
> Je veux, couronné de roses,
> Rendre visite à Pluton (5).

(1) Voy. *Œuvres de Chaulieu*, préface, p. 2-4.
(2) Avertissement; p. x.
(3) *Œuvres de Chaulieu*, I, 136.
(4) Deuxième façon de penser sur la mort. *Œuvres*, I, 10.
(5) Épître au chev. de Bouillon, 1701. *Œuvres*, II, 4.

Déjà, nous venons de le voir (1), pour Chaulieu, ces deux mots « voluptueux » et « libertin » sont inséparables. Et c'est pareillement ainsi que l'entend le fidèle abbé Courtin :

> Heureux d'aimer tous deux le plaisir de la table,
> Où, mêlant à ton gré l'utile au délectable,
> Tu rends de tes propos les amis enchantés...
> De ta douce morale
> Philosophe voluptueux,
> Qu'en mots choisis ton éloquence étale....
> Et pour moraliser tous ensemble à notre aise,
> Sonning nous fera boire un vin délicieux (2)....

Joignons à ces vers ceux qu'on vient de lire sur le mélange alors si apprécié des discours moraux et des propos de ruelle. Ils sortent de la même plume et ils nous donnent les idées de Chaulieu sur la vie. Voyons maintenant celles qu'il professe au fond sur la mort et sur Dieu. Il affirme l'existence de Dieu, mais il nie les peines éternelles :

> Un Dieu qui par son choix au jour m'a destiné,
> A des feux éternels ne m'a point condamné (3).

Bien plus, il ne voit dans la mort que la fin de la vie et de ses misères :

> De peines ni de biens elle n'est point suivie.
> C'est un asile sûr, c'est la fin de nos maux ;
> C'est le commencement de l'éternel repos (4).

Que parle-t-il des maux de la vie ? Sauf la goutte, qu'il a bien cherchée, en a-t-elle donc eu pour lui ? Il déclare le contraire :

> Satisfait du présent, je crains peu l'avenir (5).

On objectera sans doute qu'ailleurs il parle tout autrement de la mort, et l'on citera ces vers :

> Mon âme n'ira point, flottante, épouvantée,
> Peu sûre de sa destinée,
> D'Arnauld ou d'Escobar mendier le secours.

---

(1) Voy. ci-dessus, p. 353.
(2) Épître à Chaulieu, 1703. *Œuvres de Chaulieu*, I, 188.
(3) *Œuvres*, I, 5.
(4) Troisième façon de penser sur la mort, 1700. *Œuvres*, I, 33.
(5) La retraite, 1698. *Œuvres*, I, 33.

> Mais plein d'une douce espérance,
> Je mourrai dans la confiance
> De trouver au sortir des tristes lieux,
> Un asile assuré dans le sein de mon Dieu (1).

N'oublions pas seulement qu'il a trois façons de penser sur la mort, qu'il n'y a pas de raisons pour croire que la deuxième doive être préférée à la troisième, qu'il y en a, au contraire, de le tenir pour un épicurien, sectateur de la nature, lui qui, parlant de Chapelle, dit sans ambages :

> Cet esprit délicat, comme moi libertin (2).

Après tout, néant ou Dieu, c'est toujours un refuge, le port du repos. Ce Dieu dont il affirme à maintes reprises l'existence, en qui il voit le « maître et créateur du monde », ajoutant ces mots décisifs :

> Je me ris des erreurs d'une secte insensée
> Qui croit que le hasard en peut être l'auteur (3),

ce Dieu n'en est pas moins celui d'Épicure, être inerte qui n'influe point sur nos destinées.

Si Chaulieu a une doctrine, c'est une sorte d'éclectisme alliant les plaisirs, les passions, la pensée, mais où la pensée ne tient pas la place d'honneur. Voyez plutôt les vers suivants, qu'il adresse au chevalier de Bouillon :

> Élève que j'ai fait en la loi d'Épicure...
> Philosophe formé des mains de la nature,
> Qui sans rien emprunter de tes réflexions,
>   Prend pour guide les passions
>   Et les satisfait sans mesure,
>   Qui ne fit jamais de projets
>   Que pour l'instant présent...
>   Heureux libertin qui ne fait
>   Jamais rien que ce qu'il désire
>   Et désire tout ce qu'il fait,
>   Chevalier, c'est peu qu'au Temple
>   Je l'aie appris... (4).

Saint-Simon dit que Chaulieu « ne se piquoit pas de

---
(1) Deuxième façon de penser sur la mort, I, 20.
(2) Épître à La Fare, 1703. (Œuvres, I, 225.
(3) La retraite, Œuvres, I, 33.
(4) Au chevalier de Bouillon, 1713. II, 20, 21.

religion (1) ». L'on n'accusera pas, cette fois, sa virulence d'avoir exagéré. Ce libertin est un sage à la mode du temps. Puisque le monde n'est que comédie, — Sainte-Beuve lui prête ces paroles, — il faut prendre la queue de lapin et l'épée de bois, comme les autres (2). Pourvu, pensait-il, que la raison conserve son empire, tout est permis. C'est la manière d'user des plaisirs qui fait la volupté ou la débauche. La volupté est l'art d'user des plaisirs avec délicatesse et de les goûter avec sentiment. A en juger par celui qui en parle ainsi, on pourrait presque ajouter : avec noblesse, car il a une fierté naturelle ou voulue et dont il se vante, qui lui impose de respecter uniquement le mérite personnel, de voir des chimères dans les dignités, les rangs et le nom. Contemporain, ami de Dangeau, il est sur ce point, alors, sans autres émules que de rares lettrés tels que Lesage et plus tard Piron. C'est ce que Saint-Simon appelle de l'audace (3).

Sachant se conduire dans la vie, Chaulieu inspirait confiance. Arbitre écouté dans son monde, il conseillait de suivre son exemple, tant il croyait peu mal faire. Là est tout l'homme, précurseur des temps qui vont bientôt s'ouvrir.

Il a vécu aux confins de deux siècles qui procèdent l'un de l'autre, quoiqu'on fasse de l'un tout vice et de l'autre toute vertu, mais qui diffèrent aussi, puisqu'on ne peut expliquer le second qu'en passant par-dessus le premier, pour rejoindre le précédent. Mort cinq ans après Louis XIV, ce petit abbé avait vécu en sujet de Louis XV. En 1716, aveugle, presque octogénaire, il rimait encore des vers galants, ôtant ainsi à la vieillesse cette gravité qui en est la dignité. Pour mourir, il se rappela enfin sa tonsure et son collet. L'éditeur de ses œuvres nous déclare qu'il fit paraître des sentiments religieux dans sa dernière maladie (4).

(1) *Mém.*, XI, 301, an. 1720.
(2) *Lundis*, I, 459.
(3) *Mém.*, II, 9, ann. 1699.
(4) Avertissement, p. XI.

Voltaire confirme, mais d'un ton badin, cette tardive soumission au ciel :

> L'autre jour, à son agonie,
> Son curé vint, de grand matin,
> Lui donner en cérémonie
> Avec son huile et son latin
> Un passeport pour l'autre vie.
> Il vit tous ses péchés lavés
> D'un petit mot de pénitence,
> Et reçut ce que vous savez
> Avec beaucoup de bienséance.
> Il fit même un très beau sermon
> Qui satisfit tout l'auditoire,
> Tout haut il demanda pardon
> D'avoir eu trop de vaine gloire (1).

L'Église put se dire satisfaite : les ouvriers de l'onzième heure, même quand ils font peu, sont ceux de ses prédilections. Avait-elle vraiment sauvé une âme ? Sur ce point le doute reste permis. Il s'agit d'un homme qui a tout subordonné au plaisir, même ses plus chères idées, qui « marque la liaison d'une régence à l'autre, qui avait reçu le souffle de la première, l'esprit libre et hardi des épicuriens d'avant Louis XIV, et assez vécu pour donner l'accolade à Voltaire. (2) »

X

Disciple et compagnon de Chaulieu, ayant mêmes amis, même manière d'entendre la vie, mêmes idées philosophiques, celle notamment des instincts naturels, le marquis de La Fare (1644-1712) accuse sa personnalité de quelques traits propres : il ne veut point d'affaires (3) et il est pessimiste : tout en jouissant de son siècle, il n'en voit des yeux de l'esprit que les excès et les dangers, il prévoit une de ces réactions dont la loi et la fatalité ne lui échappent point. Mais ils sont

---

(1) *Poésies*, t. II, ép. 20.
(2) *Lundis*, I, 461.
(3) Voy. dans les *Œuvres de Chaulieu* (I, 94) une ode de La Fare à la paresse.

bien frères dans la pratique de l'épicurisme. Même Chaulieu n'a pas reçu, comme La Fare, un sobriquet de flétrissure. La Fare était âgé déjà de soixante-sept ans lorsque M. de Bouillon, dans une lettre où il montre chez ce vieillard des vices de jeune homme, dit qu'il est « en son nom de guerre M. de la Cochonière (1). » Sans doute le nom de l'animal immonde était alors moins mal porté que de nos jours : M. de Vivonne l'avait donné à un chien qu'il aimait beaucoup et Mᵐᵉ Des Houlières a écrit une petite comédie où le cochon fait avec les chats bonne figure. Mais ce marquis presque septuagénaire qui aime la débauche, qui ne veut pas être détourné du plaisir de l'ivresse, qui use de mots grossiers contre un ami sermonneur, et qui enfin devait mourir d'une indigestion de morue, fait peine à voir, gros comme Falstaff, à moitié apoplectique, dormant partout, sauf à se réveiller pour reprendre le propos où il fallait. Que de dons naturels il a gaspillés! Il avait tout pour lui, naissance, relations, figure, esprit, talent, bonté même : en tous ses écrits on ne trouve contre personne aucun trait méchant. Il avait un ennemi, Louvois, son rival auprès de la maréchale de Rochefort. Sentant sa carrière compromise, il y renonça, il sortit de l'armée, et tout le mal qu'il souhaita jamais au puissant ministre, ce fut d'en pouvoir faire son remplaçant pour ses fonctions digestives (2).

A cette retraite prématurée nous sommes redevables de ses ouvrages. Il n'égale point Chaulieu dans ses vers plus faibles et surtout moins colorés : il est Normand, non Languedocien. Mais dans sa prose il montre la finesse et la liberté de son esprit, l'indépendance, la sûreté de son jugement, il sait au besoin faire preuve de décision courageuse, et il écrit dans une bonne langue. De ses vues philosophiques prenons une idée par les lignes suivantes : « On pourroit vouloir rendre la vie plus innocente et meilleure

---

(1) Cette lettre, datée de 1711, se trouve aux Œuvres de Chaulieu (I, 107). Sainte-Beuve l'a reproduite (Lundis, X, 404).
(2) Saint-Simon, VI, 304, an. 1712; Monmerqué, Notice en tête des Mém. de La Fare (coll. Petitot, 2ᵉ sér., t. LXV); Lundis, I, 171, X, 399; Babou Notice sur La Fare (Poètes fr., III, 118).

par des préceptes de morale, mais je suis presque persuadé de leur inutilité, et je crois que chacun a dans soi les principes du bien et du mal qu'il fait, contre lesquels les conseils de la philosophie ont peu de pouvoir. Celui-là seul est capable d'en profiter dont les dispositions se trouvent heureusement conformes à ces préceptes, et l'homme qui a des dispositions contraires agit contre la raison avec plus de plaisir que l'autre n'en a à lui obéir. — La première division qui se doit faire dans l'homme, c'est celle de l'esprit et du corps ; mais, laissant à part cette séparation qui est peut-être plus difficile qu'on ne pense... — Si le tempérament ne fait pas tout, il entre dans tout ; on est amoureux, ambitieux, vertueux et dévot même chacun selon son tempérament (1). » Cette doctrine est fort en honneur de nos jours. Celui qui l'émettait à la fin du xvii° siècle ne se fût pas senti dépaysé dans le xix°.

La Fare est le plus important des libertins qui ont gravité autour de Chaulieu ; mais il y en a d'autres. Nous ne saurions passer sous silence le chevalier de Grammont et son beau-frère Hamilton, Écossais de naissance. Grammont (1619-1707), gouverneur du pays d'Aunis, fréquentait la société du Temple. Saint-Évremond qu'il appelait « son philosophe », fait de lui un parfait homme de bien. Il exagère, car cet homme de bien trichait au jeu, et ce n'était pour personne un mystère. Peccadille, au reste, peu propre à le distinguer des grands seigneurs et des belles dames de la cour. Du moins l'apologiste reste dans le vrai en écrivant l'épitaphe du chevalier :

> Alloit-il souvent à confesse ?
> Entendoit-il vêpres, sermon ?
> S'appliquoit-il à l'oraison ?
> Il en laissoit le soin à la comtesse (2).

Ces vers auraient pu être suivis d'autres disant davantage : dans une lettre privée, Saint-Évremond rappelle à son ami telle piquante anecdote qui courait toutes les cours de

(1) *Mém. de La Fare*, chap. 1ᵉʳ, p. 133, 134, 137.
(2) Le chevalier était devenu comte. Note de Poitevin à Bussy, I, 93.

l'Europe. Grammont étant malade à la mort, Dangeau l'était venu voir de la part du roi, pour lui rappeler qu'il fallait penser à Dieu. Le moribond, se tournant du côté de sa femme, lui dit : — Si vous ne prenez garde, Dangeau vous escamotera ma conversion. — L'avis n'était pas de trop ; il paraît même avoir été inutile : l'émissaire royal avait des intelligences dans la place. De cet impénitent, si résolu en apparence, la comtesse et son frère Hamilton firent accepter les derniers sacrements. Il semble même d'après ses dernières lettres à Saint-Évremond, n'avoir pas attendu tout à fait l'heure suprême pour conclure sa paix avec le ciel (1).

Le convertisseur Antoine Hamilton (1646-1720) n'avait pas toujours été catholique ; il n'était même entré que tard au giron de l'Église. Nourri à la cour demi-française de Charles II, élève de Saint-Évremond, transplanté en France après 1688 à la suite de son roi légitime, il vécut désormais sous l'influence de Grammont, de Chaulieu, de La Fare, de la société du Temple, de la cour de Sceaux. Épicurien du meilleur monde et aristocrate délicat, il est de ces voluptueux choisis qui annoncent le xviiie siècle. Il vivait en sceptique, presque en impie, avec des impies :

> Médisant de l'humaine espèce
> Et même d'un peu mieux, dit-on.

Il vécut assez, fort heureusement, pour écrire ses fins *Mémoires* (1704), destinés à charmer les quatre-vingts ans de son beau-frère, modèle exquis de notre langue maniée par un étranger, et de cette phrase courte de l'avenir, assez rare encore, mais qui trouvait grâce devant la sincérité presque involontaire du vieux et morose Boileau. Les derniers vers de l'Écossais sont lourds et tristes : la piété, venant sur l'heure du tard, avait chassé l'esprit et l'inspiration. Hamilton fut pieux treize ans au moins avant sa mort, puisque treize ans la séparent de celle du beau-frère qu'il avait converti après l'avoir diverti (2).

(1) Voy. Ch. Giraud, III, 50, note.
(2) *Lundis*, I, 96, 106 ; Philoxène Boyer, Notice sur Hamilton (*Poëtes fr.*, III, 89).

Comme eux, nous l'avons vu, Voltaire proclame Chaulieu pour son maître dans l'art de la poésie légère. Il l'avait connu au Temple et peut-être, dans sa prime jeunesse, chez Ninon. Ici et là il avait été conduit par son parrain, l'abbé de Châteauneuf, un des anciens amants de la célèbre courtisane. Dès l'âge de trois ans sa mémoire était meublée, grâce à ce parrain peu commun, des vers de *la Moïsiade* où Jean-Baptiste Rousseau traite Moïse d'imposteur (1). Il avait médiocrement profité des exhortations religieuses dont les Jésuites, dans leur collège, l'avaient fatigué. Un de ses maîtres, le Père Lejay, pronostiquait dès lors qu'il prendrait place parmi les coryphées du déisme. Chaulieu contribua fort à développer chez lui l'esprit d'indépendance, à le diriger ou à le maintenir dans les voies de Gassendi. Gassendi devait plaire plus que Descartes à son intelligence ennemie de l'obscur, de l'abstrait et du subtil, peu portée aux systèmes, aux hypothèses, à la recherche des causes. S'il affirme la cause première, c'est surtout au point de vue utilitaire et politique, puisque, dit-il,

Si Dieu n'existait pas il faudrait l'inventer.

Tels ces chrétiens tièdes et suspects qui, dans notre temps, affectent la croyance pour qu'on l'embrasse autour d'eux.

Son originalité, en cet ordre d'idées, fut de mettre au premier plan la tolérance et de l'appliquer à toutes choses, même à ce qui mérite le moins d'être toléré, sauf pourtant à l'injustice et à l'oppression, dont il fut toujours l'adversaire implacable. Ses tendances épicuriennes le portaient à souhaiter pour lui et pour les autres tout le bonheur possible en cette vie; mais le souhaiter avec cette ardeur, y pousser, y aider de toutes ses forces est l'honneur de sa carrière. C'est parce que l'Église est dure aux hommes rétifs à sa loi qu'il s'en prend à la religion et veut « écraser l'infâme ». Sa religion, à lui, est celle de son maître Chaulieu, son Dieu celui d'Épicure qui, l'œuvre des six jours terminée,

---

(1) L'abbé Duvernet, *Vie de Voltaire*, Genève, 1786, dans H. Martin, XV, 360, note.

prolonge indéfiniment le septième, laissant le soin de poursuivre et de veiller à la nature, guide indulgent des hommes et qui ne mérite point les anathèmes de l'école acharnée à la contrarier. Son déisme, par suite, manque de ferveur : on connaît son mot irrévérent sur le fils et l'épouse de Dieu. Touchant l'immortalité de l'âme, il reste dans un doute qui est bien proche de la négation (1).

Nous devions rattacher Voltaire à ses origines, le montrer à sa source impure. Hâtons-nous d'ajouter qu'il vaut mieux par ses mœurs que les salons où il fréquente, et par ses idées que les libertins qu'il a connus. Les idées, en effet, ne restent pas chez lui comme chez eux flottantes et vagues ; elles deviennent des convictions arrêtées, fermes, généreuses, au service desquelles il met une volonté dévouée, un grand et infatigable courage d'esprit. C'est ainsi qu'au lieu de s'attarder à clore une période, il s'élance impétueusement pour en ouvrir une autre, et il l'ouvre si bien que tout un siècle y a passé. De ce siècle, le XVIII°, il est le roi ; mais, comme tel, il n'appartient plus à notre sujet, qui nous renferme dans le XVII°, car pour Saint-Simon et pour plusieurs non moins dédaigneux, « le roi Voltaire » n'est encore, vers le milieu de l'âge suivant, qu' « une sorte de personnage dans un certain monde », ce « fils libertin dont le libertinage a fait enfin la fortune » (2).

De ce monde où se produisit sa jeunesse, il faut signaler quelques autres figures que la postérité rejette à l'arrière-plan sans trop distinguer entre elles, mais entre lesquelles les contemporains distinguaient soigneusement. En premier lieu, Philippe Mancini, duc de Nevers (1639-1707), de qui nous avons, deux fois déjà, prononcé le nom. Brouillé avec Mazarin son oncle pour le scandale de Roissy, il avait, presque innocent, payé pour les coupables, mais pas bien cher vraiment, car, s'il fut déshérité, il recouvrait d'une main ce qu'il perdait de l'autre : la sévérité n'était qu'apparente ou passagère. Ce seigneur, ce soldat, ce poète

---

(1) Voy. H. Martin (XV, 359-361). C'est une de ses meilleures pages.
(2) Saint-Simon, *Mém.*, IX, 221, ann. 1717.

d'aventure, que Chapelle nommait le duc poétissime, pindarissime, sénéquissime, formé par ses cousins Vendôme et surtout par « Son Altesse chansonnière » le grand prieur, faisait comme eux force chansons médiocres autant que joyeuses, qui lui ont valu de Mme de Sévigné (1), de Saint-Simon (2) des éloges et de Voltaire une place au *Temple du Goût*. Dans les réunions bachiques il jouait le rôle singulier de l'épicurien sobre. Chez Mme Des Houlières, chez Mme de Lambert qui, jalouse rétrospectivement de la chambre bleue, tenait, sous la présidence de Fontenelle « les galères de l'esprit », Nevers produisait son corps long et sec, sa physionomie expressive, son esprit cultivé, sa parole spirituelle qui savait tour à tour être de bonne compagnie et se mettre au diapason de la mauvaise, souplesse fâcheuse qui, plus tard, sous la Régence, quand il prit le titre ridicule de prince de Vergagne, faisait dire qu'on craignait toujours de se tromper et de l'appeler prince de Vergogne. Peut-être, après tout, la tentation d'une plaisanterie facile est-elle cause qu'on a prêté plus que de raison au riche qu'il était (3).

Son goût littéraire ne saurait être défendu : il menait avec Mme Des Houlières la campagne en faveur de Pradon. Ses idées religieuses ne devaient pas être bien ancrées : il attaquait en vers l'abbé de Rancé, réformateur de la Trappe. Ne voyons pas une profession de foi chrétienne dans ce vers où il paraît avoir subi la tyrannie de la rime :

Il faut leur pardonner parce qu'on est chrétien.

Ce n'est pas pour plaire à Dieu qu'il pardonnait, c'est parce qu'il craignait Condé. Il avait promis des coups de bâton à Racine et à Boileau pour une allusion à son double inceste avec deux de ses sœurs, la duchesse de Mazarin et la connétable Colonna ; Condé déclara qu'il tiendrait cette correction pour une offense personnelle. La part que le neveu du car-

(1) Passim, ann. 1690, 1692.
(2) *Mém.*, III, 408, ann. 1707.
(3) Voy. Saint-Simon et Am. Renée, p. 173.

dinal prit en vers aux querelles religieuses du temps et notamment à celle du quiétisme n'est guère plus probante : ami de Fénelon, il le défendait contre Bossuet, « sophiste évangélique », ose-t-il dire, ajoutant ces mots non sans force :

> De ton amour pour Dieu la flamme intéressée
> Cherche la récompense, et ton unique but
> Est moins l'amour de Dieu que l'amour du salut (1).

Après tout, la recherche du salut par une vie vertueuse, n'est-ce pas l'utilité sociale du christianisme? Et si le christianisme est la religion pour tous, peut-on se flatter qu'on inspirera au plus grand nombre l'amour pur et désintéressé de Dieu, quand on le conteste à la grande âme d'un Bossuet?

Avec le temps, Nevers s'éloigna un peu du Temple et prit ses quartiers de vieillesse à Sceaux, où l'humeur épicurienne était moins tapageuse. Il s'y fit si bien sa place qu'on trouve des pièces de son cru dans le volume consacré par l'abbé Genest à cette petite cour (2). Il y avait trouvé un milieu favorable à sa débilité sénile et toujours frivole. Chaulieu à l'eau de rose, il était tout en teintes douces, volontaire de l'école édulcorée qu'allait avant peu tonifier Voltaire.

En attendant Voltaire, la poésie devait se contenter de très menue monnaie. Un des meilleurs parmi les poètes dont on peut ne parler qu'en passant est Alexandre Lainez (1650-1710). Instruit, versé dans les langues modernes comme dans les anciennes, il compose des vers grecs, il sait passablement de géographie, il connaît assez les intérêts des puissances de l'Europe pour que les politiques le consultent avec fruit. Ses vers bachiques en français ne sont pas du premier venu, bien qu'il n'ait jamais voulu qu'on les imprimât de son vivant (3). Ils ont du naturel, de l'aisance

---

(1) Am. Renée, p. 161-169.
(2) *Les divertissemens de Sceaux*, t. I.
(3) Ceux en petit nombre qui ont pu être recueillis furent publiés après sa mort par Titon du Tillet (1753).

dans l'expression, une certaine fraîcheur et quelque originalité. Voltaire a introduit l'auteur dans son catalogue des écrivains du règne : « Poète singulier, dit-il, dont on a recueilli un petit nombre de vers heureux ». Ami de Chapelle, Lainez partageait ses goûts; porté au scepticisme, il allait visiter Bayle en Hollande. A Paris, où il avait fini par se fixer, les grands le recherchaient pour sa conversation brillante et instructive. Incapable de la moindre concession à cet honneur, il ne leur épargnait pas les vives saillies de son esprit mordant.

Très libre aussi était Palaprat (1650-1721), avocat toulousain, mais déserteur de la chicane, et non certes par ambition. Il pouvait faire fortune auprès de la reine Christine, qui voulut l'attacher à son service; il préféra pour maître le grand prieur et il devint secrétaire de ses commandements. Que de tels personnages se le disputassent, c'est un indice assuré de sa direction d'esprit. Il était, en effet, d'âme libertine, avec la grosse et intarissable gaieté du Temple, qu'il assaisonnait de sel piquant ou fin. Cet homme, qu'on appelait « la dupe de tout le monde », savait très bien dire que dans ce repaire on mourait d'indigestion ou d'inanition. Et lorsque Catinat tremblait pour lui des témérités de sa parole : — Rassurez-vous, répondait-il, ce sont mes gages. — Catinat pourtant n'avait pas tort, puisqu'il finit par y avoir rupture entre le protecteur et le protégé. Fâcheuse conclusion d'une intimité très longue, à l'épreuve de dix ans d'un exil où le collaborateur de Brueys avait suivi par dévouement le grand prieur de Vendôme (1).

Nous passerons plus rapidement encore sur Jacques Vergier, de Lyon (1655-1720), autre habitué du Temple. Il avait quitté le petit collet pour entrer dans l'administration de la marine, et il dérobait à ses devoirs professionnels le plus de temps possible au profit des lettres. De tels plumitifs ne sont point une espèce perdue. Mais les lettres n'avaient pas besoin de ce chétif concours. Vergier imite faiblement

(1) Voy. Auger, Notice sur Palaprat, en tête des Œuvres de Brueys et Palaprat, 2 vol.

les *Contes* de La Fontaine, et il est, selon Voltaire, au regard de son modèle, ce que Campistron est au regard de Racine, un imitateur faible quoique naturel (1). Le voilà classé, n'en déplaise à Jean-Baptiste Rousseau qui prisait outre mesure ses vaudevilles, ses fables, ses épîtres, ses sonnets, ses madrigaux, ses épigrammes, ses parodies, ses chansons bachiques. On avait alors pour les vers faciles et médiocres, prosaïques et prolixes, uniformes et sans nerf, des complaisances dont n'est plus capable notre goût exigeant.

Enfin, Jean-Baptiste Rousseau (1671-1741) passa aussi par le Temple, avant de faire le pompeux étalage de sentiments religieux par lequel il espérait persuader les gens de son retour au bien. Ame basse, il rougit de son père le cordonnier, il se met à la solde des grands, il fabrique une paraphrase des Psaumes sur la commande de la cour; il compose pour la ville d'obscènes épigrammes qu'il appelle les *Gloria patri* de ses Psaumes, et il va les débiter rue Dauphine, au café Laurens que Chaulieu appelle « un bouge salope » (2), puis au Temple où il laisse la harpe des prophètes pour le flageolet de Marot, où David redevient avec bonheur Pétrone, se prenant toujours au sérieux, se croyant « biblique en parodiant les Psaumes, pindarique en pillant Malherbe, anacréontique en essayant d'attraper la grâce de Chaulieu et de La Fare » (3).

La variété de ces talents frelatés a permis de voir en lui le dernier classique du xvii° siècle. Elle fit son succès dans les sociétés, variées aussi, des grands seigneurs et des hommes de lettres, jusqu'au jour où, pour un grief sans fondement peut-être, il dut prendre la route de cet exil que, selon d'autres, il avait largement mérité. Impie tant qu'il le crut utile à ses vices, pieux dès qu'il vit dans la piété son intérêt, adversaire déclaré du parti des philosophes, toujours méprisable, il survécut à cette société du Temple dont le grand tort avait été de dégrader la nature humaine. Et elle

---

(1) *Siècle de Louis XIV* (Écrivains français).
(2) A Voltaire sur son Parnasse. *Œuvres*, II, 203.
(3) P. Albert, II, 405.

n'a fini, cette société trop fameuse, qu'à la manière de la tache d'huile, en s'étendant à tout le xviii° siècle, en diluant son venin et ne laissant vivace, heureusement, que ce qu'il y avait de bon en elle, le principe de liberté (1).

XI

Le Temple n'était pas, tant s'en faut, le seul asile des dégoûtés de Versailles. On les voyait à Saint-Maur chez M. le Duc (1692-1720), ce petit-fils du grand Condé, si justement maltraité par l'histoire ; à Passy, chez le duc de Nevers; à Sceaux surtout, chez la duchesse du Maine, et, autour d'elle, chez ses amis de Chatenay, d'Aunay, du Plessis-Piquet. Mais de tous ces palais, de tous ces châteaux on n'entend plus sortir que le vain bruit des fêtes. L'épicurisme ne s'y manifeste plus que par ce qu'il a, sinon de plus matériel, car l'esprit y a toujours, et plus que jamais peut-être, ses entrées, du moins de plus étranger à ce qui est l'honneur de l'esprit, les méditations, les entretiens sur l'origine, la nature, la destinée de l'homme et du monde, les conditions morales qui peuvent donner aux sociétés humaines la dignité et en même temps la stabilité.

Le vide qu'on a souvent signalé, non sans exagération, dans le xviii° siècle, est la conséquence inéluctable de la dépression subie par les libertins à la suite de leur défaite, ce qui permet de dire que la faiblesse morale du xviii° siècle aura été l'œuvre involontaire du xvii°, croyant et cartésien, nullement plus moral. Chez des hommes qui se sont effacés par tactique prudente jusqu'à disparaître, cette attitude, en devenant habituelle, devient une seconde nature, et c'est ainsi qu'arrivés au point où se rejoignent les deux périodes, nous ne trouvons presque plus que le néant bachique ou mondain.

(1) Voy. Sainte-Beuve, *Portr. litt.*, I, 121-132; Eug. Manuel, Notice en tête de son édition, p. 9, 17; Pessonneaux, Notice en tête de la sienne ; Malitourne, Notice (*Poëtes fr.*, III, 131-141); P. Albert, II, 402, 405.

L'historien en est déconcerté. Il regrette de terminer ainsi, loin des idées générales, loin des faits moraux, en miettes parfois infinitésimales, une étude qui avait principalement pour objet de montrer comme étant quelque chose encore ce qui semblait n'être plus rien. Nous sommes, qu'on le remarque bien, à ces premières années du xviii° siècle qui font réellement partie du xvii°, qui en sont la fin et qui le prolongeront longtemps encore, tout aussi longtemps que durera la vieille société destinée à périr en 1789, tandis que, à côté et mêlée à elle, grandira cette secte des philosophes qui va relever le libertinage en le transformant. Après tout, le phénomène que nous signalons avec regret pour l'intérêt et l'ordonnance de ce livre n'a rien qui nous puisse trop étonner : qui ne meurt pas de mort subite, violente ou non, s'éteint de mort lente, heureux quand cette mort n'est qu'une apparence et qu'elle permet d'entrevoir la résurrection.

Nous nous bornerons donc, pour terminer, à jeter sur la brillante et frivole société de Sceaux un rapide regard, suffisant pour donner une idée de ses succédanés ou de ses similaires. Sceaux diffère fort du Temple : le plaisir y est plus léger, plus éloigné de l'orgie et tout ensemble de la philosophie ; l'impiété n'ose s'y afficher ni se déclarer sur les toits.

Dans ce palais où Colbert s'était plu naguère à résider et à réunir les savants, trônait vers la fin du règne, Louise-Bénédictine de Bourbon, petite-fille du héros de Rocroi. Elle avait épousé l'élève de M™° de Maintenon, le bâtard royal laid, boiteux, avare, sans cœur, qui, à la mort de son père, « crevoit de joie (1) », et dont la Palatine n'aurait pas voulu pour gendre (2). Ce mari que sa femme faisait légitimer, pour qui elle rêvait le sceptre, elle le méprisait, lui reprochant l'honneur de son alliance, et tant d'actes où elle ne voyait que « misères de foiblesse » ; elle le rendait « petit et souple à force de le traiter comme un nègre. C'est à coups

---

(1) Saint-Simon, VIII, 200, an. 1715.
(2) Corresp., 20 avril 1683, éd. Jaeglé, I, 63.

de bâton qu'elle le poussoit en avant (1). » Moyen médiocre de faire de ce fantoche princier un homme et un libre esprit, de l'arracher au jésuite qui lui inspirait une dévotion effrénée (2)! Ce n'est pas qu'elle n'en eût le désir. Il faut entendre sur ses sentiments religieux l'ancienne gouvernante : « Vous m'avez trompée, écrit Mᵐᵉ de Maintenon à Mᵐᵉ de Brinon, dans l'article principal, qui est celui de la piété ; elle n'a veine qui y tende, elle veut faire comme les autres... Je ne voudrois point faire la dévote de profession, mais j'avoue que j'aurois bien voulu la voir régulière et prendre un train de vie qui seroit à Dieu (3) ». L'austère duègne a plus d'exigences qu'elle n'en veut laisser paraître. Que lui fallait-il donc, s'il ne lui suffisait pas que cette tête légère, mais d'infiniment d'esprit, courageuse et entreprenante à l'excès (4), fût si incapable de supporter le doute qu'elle acceptait également bien le catéchisme et le système de Descartes, qu'elle croyait à un égal degré, sans examen, sans discussion, en Descartes et en Dieu ? Il est vrai qu'elle croyait aussi et surtout en elle-même ; mais ce n'est point là un culte exclusif et dont les plus zélés dévots pussent prendre ombrage.

La duchesse du Maine est tout entière dans les actes que lui dictent son ambition conjugale et son goût pour les plaisirs. Ses intrigues politiques, source pour elle de si cruels mécomptes, appartenant à l'histoire, nous n'avons pas à nous en occuper ici. Nous négligerions même ses futiles plaisirs, s'il n'y fallait chercher les traces fugitives de sa vie intellectuelle et les montrer noyées dans un océan de niaiseries mondaines qui les laissent à peine entrevoir.

Son palais de Sceaux était un centre et comme un soleil dont les châteaux voisins, Châtenay, Annay, le Plessis-Piquet d'autres encore, étaient les satellites immobiles (5). Tandis que le duc du Maine continuait dans sa tourelle une « vertu régulière et solide », une « piété et douceur charitable »,

---

(1) Saint-Simon, III, 437, ann. 1707.
(2) Mém. de Mˡˡᵉ de Launay.
(3) Corresp. de Mᵐᵉ de Maintenon, éd. Lavallée, 1866, 28 août 1693.
(4) Saint-Simon, III, 437, an. 1707.
(5) Divertissemens de Sceaux, I, 35, 137.

n'en sortant parfois que pour distraire la duchesse quand elle était grosse (1), celle-ci occupait ses jours et ses nuits à se promener dans ses jardins ou à se divertir dans ses salons, à moins que, pour rompre la monotonie, elle ne se transportât chez ses amis. Le premier volume des *Divertissemens de Sceaux*, attribué par Barbier à l'abbé Genest, décrit plusieurs brillantes fêtes données à Châtenay par M. de Malézieux (1650-1727), le plus intime des familiers. Mathématicien, il avait enseigné la mathématique aux ducs du Maine et de Bourgogne, ce qui le conduisait à l'Académie française, tout aussi sûrement qu'à l'Académie des sciences. Ce savant, ce lettré, jurisconsulte et philosophe par surcroît, qui « parle à charmer et qui écrit comme il parle (2), » devait trouver à Sceaux, dans ses fonctions d'organisateur des fêtes, l'emploi où il était supérieurement idoine, comme le prouvaient celles de son Châtenay (3). A la divinité de ces lieux charmants faisait cortège toute une cour. En nommer les principaux membres, d'après les historiographes, serait oiseux : ils n'énumèrent que les gens de qualité, ils passent sous silence les croquants, même de talent avéré, tels que Chaulieu et ce Fontenelle qui présidait avec grâce aux réunions polies de la marquise de Lambert. Sur ce *vile pecus*, l'abbé Genest, passé talon rouge, se borne à dire qu'il y avait « belle et nombreuse compagnie (4). »

Mlle de Launay nous avertit pourtant que sa maîtresse les choisissait, « pour animer sa chartreuse », à cause moins de leur rang que de leur mérite (5). Elle les voulait délicats et précieux. Choquée de la grossièreté croissante, elle demandait qu'on la ramenât aux carrières de Benserade et de Voiture, qui la devaient amener à celles de Moncrif et de Marivaux.

Ce qu'on faisait dans ces fêtes serait aujourd'hui encore la joie de notre *high life*. Se promener, chasser, écouter des

---

(1) *Divertissemens de Sceaux*, I, 48.
(2) Lettre de l'abbé Genest à Mlle de Scudéry. *Divert.*, I, 31.
(3) Voyez-en la description au t. I des *Divert.*, passim.
(4) *Divert.*, I, 100.
(5) *Mém.*, I, 201.

charlatans, assister à leur parade, débiter petits vers et madrigaux, manger au son des instruments (1) pouvait suffire aux heures de jour ; mais les soirées ! On se lassait du noble jeu de l'oye, renouvelé des Grecs (2). On recourait aux chansons, aux dialogues en vers improvisés, à des fêtes de quinzaine où l'on jouait la comédie avec des costumes taillés et cousus pour la circonstance, endossés par les plus fameux chanteurs et danseurs, sans négliger la musique des plus grands maîtres de l'art. Le duc lui-même ne dédaigne pas d'y figurer quand la duchesse est grosse. Après la comédie, le feu d'artifice qui représente des tournois, des villes qu'on assiège, et qui, paraît-il, charmait aussi chacun des jours d'intervalle entre deux fêtes (3).

Le souci de l'organisation était commis à deux personnes qui prenaient le nom de roi et de reine, sans le moindre droit, du reste, à l'inamovibilité. Ce privilège était réservé à la duchesse reine et à Malézieux, grand maître du fameux ordre de la « Ruche à miel ». On sait que le grand maître y présidait travesti en abeille et que les affiliés portaient comme insigne une médaille attachée à un ruban citron (4). Mellin de Saint-Gelais, Honoré d'Urfé, Vauquelin des Yveteaux sont-ils revenus au monde ? L'hôtel de Rambouillet a-t-il rouvert ses portes ? De piètres écrivassiers, de petits rimailleurs copiaient le style des romans de chevalerie, les grâces cavalières et galantes du règne de Louis XIII et de la Fronde, remettaient en honneur, non sans l'affadir encore, le bel esprit affecté et alambiqué si longtemps à la mode. Naïvement ils croyaient, comme Chapelle et Chaulieu, que pour être sublime il suffit d'être enjoué. Les deux volumes des *Divertissemens de Sceaux* ne contiennent, en dehors de la description des fêtes, que les pièces de vers, épiceries à la Marot, monnaie courante de cette société sans cervelle. Passons, sans y insister davantage, sur ces fariboles. Il nous

---

(1) *Divert.*, I, 37, 40, 89.
(2) *Ibid.*, I, 40.
(3) *Divert.*, I, 41, 44, 45, 48 ; II, avert.
(4) *Mém.* de Mlle de Launay, I, 220, 261 ; *Divert.*; Sinet, *Hist. de Sceaux*; Lud. Lalanne, *Dict. de la France*; *Mém.* de Marmontel.

reste à montrer jusqu'à quel point elles sont incapables de devenir sérieuses, alors même que, par hasard, elles y prétendent.

La religion, tout d'abord, tient évidemment peu de place dans ces esprits légers. M. le Duc, de Saint-Maur où il résidait, ayant demandé à l'abbé Genest ce qu'il faisait dans sa solitude du Plessis, Genest empêché charge de sa réponse l'ami Malézieux, et celui-ci, qui a, ne l'oublions pas, grand renom de piété, qu'on nomme même familièrement « le curé », subordonne lestement les prières à la boustifaille :

> A peine ai-je dit *oremus*
> Avec le *benedicamus*,
> Que le très prudent Des Carrières,
> Ennemi des longues prières,
> Me vient avertir qu'il est temps
> D'avoir des soins plus importans.
> Sur une escabelle commode
> Il place mon bœuf à la mode... etc. (1).

Manger et boire, même avec excès, est, en effet, à Sceaux, une occupation aussi sacrée qu'au Temple, où la duchesse du Maine, nous l'avons vu, sa suivante Mlle de Launay qui y faisait la bacchante, et ses autres familiers, allaient plus ou moins souvent se retremper dans les bons principes et les bons exemples. C'est au Temple même que Malézieux compose, pour l'adresser au grand prieur, la chanson suivante :

> Grand prieur, vidons les celliers,
> J'en veux donner l'exemple.
> Buvons comme des Templiers,
> Nous voici dans le Temple.
> De ses antiques fondateurs
> Rappelons la mémoire
> Non par le désordre des mœurs,
> Mais à force de boire.

Vienne le mardi gras, le même émule des anciens goinfres s'écriera avec conviction :

> Empiffrons-nous de saucissons
> Détrempés du jus de la vigne (2).

(1) *Divert.*, I, 144.
(2) *Ibid.*, II, 49, 53.

La religion se perd donc ici dans des flots de vin et des pyramides de victuaille.

La morale semble avoir moins à se plaindre, si nous en jugeons par un des vers que nous venons de citer. La garantie n'est que fort relative, étant donné le temps et les gens dont il s'agit. La confirmation de Genest ne suffit assurément pas pour la rendre absolue ; toutefois, quand il dit que Sceaux, Châtenay, Aunay, le Plessis, etc. sont « une vraie image de l'âge d'or » et que « l'innocence des premiers jours du monde renaît ici » (1), sous l'exagération dont il est coutumier une petite part de vérité se peut admettre. La duchesse du Maine avait conservé quelque respect de la décence. Mais il faut avouer que si Adam et Ève vivaient à sa mode, ils avaient un terrible prurit des plaisirs et de hautes facultés gastronomiques.

Reste la philosophie, ce qui en pouvait surnager dans tout cela. La duchesse soutenait avec assez de bon sens que sur ce sujet sans fleurs il convient d'écrire en prose. L'abbé Genest, qui pense autrement, est trop courtisan pour lui rompre en visière ; pourtant, invité à répondre ou désireux de le faire, il passe la plume à Descartes, qui déclare en vers que Son Altesse a raison (2). Descartes fabriquant de petits vers pimpants à la mode du XVIII° siècle permet déjà d'entrevoir ce que peut être la philosophie de Sceaux. Le voir tout à fait n'est pas précisément facile, car rien n'y paraît plus rarement. Une fois cependant, par aventure, Chaulieu a réfuté la démonstration cartésienne sur la distinction de l'âme et du corps. Malézieux, le « curé, » lui adresse une réponse en chanson :

> Chaulieu, tes moindres ouvrages
> Prouvent mieux que nos raisons.

Pur compliment de politesse, car il est suivi de huit vers qui prétendent démontrer la spiritualité, l'immortalité de l'âme :

(1) *Divert.*, I, 35.
(2) *Ibid.*, I, 345.

> Le plus subtil mouvement,
> La matière la plus pure,
> La plus parfaite figure,
> Le plus bel arrangement,
> Bref, un être périssable
> Ne peut avoir fait tes vers.
> Il faut une âme semblable
> A l'âme de l'univers.

Chaulieu n'a garde de s'obstiner. Il s'accommode au goût du lieu et se retire du débat en faisant une pirouette :

> Pour répondre à tes chansons,
> Il faudrait de la nature,
> De Lucrèce et d'Épicure
> Emprunter quelques raisons.
> Mais sur l'essence divine
> Je hais leur témérité,
> Et je n'aime leur doctrine
> Que touchant la volupté (1).

Et c'est tout, autant vaut dire le néant. Les familiers de cette curieuse Altésse semblent bien être libertins ; mais pour la plupart d'entre eux nous n'oserions affirmer qu'ils le soient, tant les idées métaphysiques ou morales qui constituent le libertinage dogmatique tiennent peu de place dans leur vie et leur esprit. Nous en sommes aux dilutions infinitésimales que popularisera plus tard l'homéopathie.

A peine est-il besoin de confirmer par d'autres preuves ces assertions peu contestables. Jetons néanmoins un rapide regard sur quelques-uns des gens de lettres qui sont, pour nous, de préférence aux gens de cour, le principal de Sceaux. Nous ne reviendrons pas sur M. de Malézieux, qui tient parmi eux le premier rang. Ce que nous pourrions ajouter à son sujet ne vaut pas la peine d'être dit. Mais on peut revenir sur quelques autres que nous avons nommés plus haut, ajouter même des noms qui n'ont pas encore paru dans ces pages. Un de ces noms, déjà prononcé en passant, diminuera notre regret de terminer, comme nous l'avons dit, en queue de poisson notre travail.

---

(1) *Divert.*, II, 65, 47.

Tout près de la duchesse, en qualité de femme de chambre, vivait la spirituelle M¹¹ᵉ de Launay, plus tard Mᵐᵉ de Staal (1693-1750). Élevée au couvent où elle devait, sous le poids des ennuis, tristement achever de vivre, elle raisonnait, dès l'âge de quatorze ans, sur Descartes et Malebranche avec une rare supériorité d'esprit. « A force de penser, dit-elle, je craignis que la philosophie n'altérât la foi (1). » Ses craintes ne pouvaient être sans fondement. Aux heures folles de sa jeunesse, nous avons signalé sa présence dans la société du Temple. Son esprit et sa gaieté l'y avaient fait bien accueillir. De Chaulieu, témoin oculaire, est ce mot qu'elle y paraissait la plus aimable des bacchantes. Déjà s'éclipsait la philosophie, et pas encore, assurément, au profit de la foi. Si ses fins et agréables *Mémoires* nous frappent par un autre caractère que l'esprit délicat, c'est à la fois par l'alliance de tous les défauts des esprits forts avec l'absence de toute idée philosophique et même de toute idée sérieuse (2). Sa fin cloîtrée ou peu s'en faut confirme cet aphorisme fameux que la nature — féminine surtout — a horreur du vide.

L'homme s'y plaît davantage, surtout quand il a pris le petit collet. Nous pouvons ajouter quelques mots à ceux qu'on a lus sur cet excellent abbé Genest (1639-1719) qui entendait mieux que Cyrano raillerie sur son énorme nez (3). Attaché, en qualité de précepteur, à M¹¹ᵉ de Blois, la royale bâtarde qui valut à son mari, fils de la rude Palatine, un si retentissant soufflet de la main maternelle, il s'était essayé dans bien des carrières. On l'avait vu commis dans les bureaux de Colbert, officier, petit abbé. Sa vocation finale pour l'état ecclésiastique avait paru suffisante à Bossuet pour qu'il le protégeât. On peut admettre que le grand évêque ne se fût porté garant ni de sa moralité, ni peut-être de sa foi. Néanmoins, Genest ne se prononça jamais contre la religion; il disputa tel de ses amis à l'hérésie

---

(1) *Mém.*, I, 24.
(2) Voy. Sainte-Beuve, *Portr. de femmes*, p. 379.
(3) *Divert.*, I, 141.

calviniste; en 1706 à Clagny, chez la duchesse du Maine, et en 1710 à la Comédie-Française, il fit représenter une tragédie intitulée *Joseph*, où il est resté fidèle au texte de l'Écriture. Pur respect peut-être des convenances, mais dont il faut le louer, puisque tant d'autres bénéficiaires, non moins bien partagés que lui, s'en affranchissaient. Le succès fut médiocre; il n'empêcha pas cependant l'auteur, pas plus que les mauvais vers dont il habillait la philosophie de Descartes, d'être admis au nombre des quarante. L'Académie alors se recrutait assez mal et il avait de puissants protecteurs. Il est bien peu de chose; mais nous devions insister quelque peu sur le nom d'un des personnages les plus en vue à la cour de Sceaux. Sous condition de montrer patte blanche, les esprits forts atténués jusqu'à l'indifférence y trouvaient leur place. Les jugements qu'on portait sur leur passé n'étaient pas un motif d'exclusion (1).

Il ne serait pas difficile de montrer à Sceaux des habitués qu'on aurait peine à faire passer pour de bons croyants. On nous permettra bien de mettre dans le nombre l'abbé de Choisy (1644-1724), physionomie équivoque et scandaleuse de qui l'on peut tout dire et rien affirmer, pas même qu'il fût libertin autrement que par ses mœurs. Il avait pourtant demandé à voir aussi clair que le jour qu'il y a un Dieu; mais c'est au temps où il s'habillait en femme pour des excès qui s'appelleraient aujourd'hui en justice « détournements de mineures ». Depuis, il avait voyagé jusqu'aux Indes, où il s'était fait ordonner prêtre; il était revenu se reposer dans un fauteuil de l'Académie, dont le rendait digne sa plume fine et lestement négligée, à la manière du XVII° siècle commençant. Il avait passé d'un extrême à l'autre : il croyait à tout désormais, sans excepter le baptême des cloches. Sur ce que valait en lui le chrétien et le prêtre, prononce qui se croira bien informé (2).

Point de doutes, en revanche, sur le marquis de Sainte-Aulaire (1643-1742). Lui aussi il était académicien, moins

(1) Voy. *Vie de l'abbé Genest*, par l'abbé d'Olivet.
(2) Voy. *Lundis*, III, 435.

pour ses vers, qu'il n'a jamais daigné recueillir, que pour ses spirituelles causeries chez M™° de Lambert et surtout chez la duchesse du Maine. Boileau n'estimait pas que ce fût un titre suffisant ; mais ce n'est pas d'aujourd'hui que les salons à la mode font des immortels. La duchesse reprochait à Sainte-Aulaire de ne pas aller à confesse. On connait sa réponse et la réplique de son interlocutrice :

> — Ma bergère, j'ai beau chercher,
> Je n'ai rien sur ma conscience.
> De grâce, faites moi pécher,
> Après, je ferai pénitence.
> — Si je cédais à ton instance,
> On te verrait bien empêché ;
> Mais plus encore du péché
> Que de la pénitence.

C'est une variante du mot de M™° de Launay à Chaulieu, galant jusque sous ses cheveux blancs (1). A qui revient l'honneur de l'invention ? A la maîtresse ou à la suivante, qui étincelaient d'esprit toutes les deux ?

Lagrange-Chancel (1677-1758), médiocre auteur dramatique, est accusé, lui aussi, d'avoir manqué de foi. On pourrait alléguer, pour soutenir le contraire, qu'en mourant il laissa ses manuscrits inédits aux chanoines de sa province. Mais on se demande si ce ne fut pas un biais ingénieux pour faire pénitence à peu de frais.

Dans cette cour de Sceaux, royaume des frivoles, on trouverait, en cherchant bien, quelques hommes plus sérieux. Il est même juste de dire qu'à eux allaient, malgré d'inévitables jalousies, l'influence et l'autorité. Nous n'en nommerons que deux, Lamotte-Houdart et Fontenelle, qu'unissait une étroite amitié. Avec eux et autour d'eux la conversation déserte les sentiers trop fleuris d'une galanterie puérile et d'une littérature superficielle. Les routes plus larges qu'ils suivent ne portent pas encore sur les sommets, ni même sur les hauteurs ; mais en les suivant ils retrouvent les vieilles querelles assoupies des modernes contre les anciens, de la clarté contre le pathos, de la prose

(1) Voy. *Mém. de M™° de Launay*, I, 201.

solide contre les vers à peine bons pour cadencer et rimer les raisonnements, enfin de la destinée humaine dans ce monde et dans l'autre, s'il y en a un. Manifestement l'esprit se relève par la nature des problèmes qu'il aborde, sinon encore par la manière dont il les étudie. Les deux amis et leur groupe, l'abbé Mongault, l'abbé de Bragelonne, le géomètre Mairan ne peuvent verser au débat que ce qui est chez les plus distingués d'entre eux, le goût de l'observation exacte et de l'analyse, la précision scientifique du langage, la méthode et la doctrine du doute. Mais c'est un gain marqué, un retour à ce qu'avait de bon le passé libertin, une preuve que Voltaire n'a rien du météore, et qu'il ne fit que diriger avec supériorité, à la grande surprise des témoins de ses débuts, le mouvement bien antérieur à lui qu'avaient interrompu pour un temps assez long la force des circonstances et la faiblesse des hommes.

Dans quel esprit Lamotte-Houdart et Fontenelle, les premiers, abordèrent de nouveau la discussion des grands problèmes, c'est plus intéressant pour la curiosité de notre sujet qu'important en soi. L'important, il faut le voir dans l'impulsion communiquée et le mouvement repris. Lamotte-Houdart (1672-1731) versifie parce que c'est la mode, parce que tout le monde fait des vers. De la manière dont on les fait, c'est chose si facile! Mais chez ce poète-géomètre, aveugle dès l'âge de trente ans, et toujours, malgré son malheur, d'une bonté parfaite, d'une urbanité exquise, il n'y a rien de l'esprit fort. Inconsolable d'un échec au théâtre, on le vit entrer à la Trappe; on dit même qu'il pensait à y endosser le froc, à y coiffer le capuchon (1).

XII

Fontenelle (1657-1757), lui, est bien le philosophe qu'il fallait à ce singulier monde, un philosophe prêt à mettre la

(1) Voy. Jean Morel, Notice sur Lamotte-Houdart (*Poètes fr.*, III, 154); P. Albert, III, 61.

vérité en madrigaux, comme en d'autres temps on l'eût voulu faire avaler en bouillon ou en pilules. Homme de société, d'élégance discrète, il évitait de se compromettre aux agapes du Temple. Les « divertissements » de Sceaux lui convenaient mieux. On y glissait sur tout, on n'y risquait pas la Bastille. Il y déploya de rares qualités. Il savait écouter, et lancer à l'occasion de ces mots heureux qui sont devenus le patrimoine de la postérité. Plein de ménagements et d'égards même pour ce qui le méritait peu, à plus forte raison le fut-il pour ce qui le méritait davantage. Dans sa vieillesse il se glorifiait de n'avoir jamais déversé le plus petit ridicule sur la plus petite vertu (1). Quoiqu'il n'ait pu franchir cette limite qui sépare le talent du génie, il dépasse singulièrement ses hôtes et ses compagnons de Sceaux, qui ne semblent pas avoir senti sa supériorité.

Il est bien l'homme sur qui se doivent terminer ces études. Si l'on regarde aux chiffres, sa vie séculaire est partagée par moitié entre les deux siècles. Mais sa vie active appartient surtout au xvii°. Le xviii° l'a vu sourd, aveugle même, atteint des infirmités et des affaiblissements de cette grande « difficulté d'être » qui était, disait-il, le seul mal dont il souffrît (2). Du xvii° siècle qui finit il tient la circonspection, la prudence poussée à l'excès ; du xviii° qui commence il n'a que les idées, sans la hardiesse nécessaire pour les mettre en circulation et en valeur. Il est donc curieux pour nous à observer d'un peu près. En lui plus qu'en aucun de ses contemporains nous constaterons l'harmonieux assemblage des contraires qui facilite la transition d'un temps à un autre. Ce sera pour nous un repos non sans charme après notre course à vol d'oiseau par-dessus tant de gens du monde et de poètes médiocrement dignes de fixer l'attention.

Son tempérament explique Fontenelle pour une très grande part. Il redoutait toute fatigue : un déménagement

(1) Mot conservé par Mme de Forgeville, qui s'était constituée la lectrice de ses dernières années. Voy. l'Éloge de Fontenelle par Grandjean de Fouchy, en tête de ses Œuvres, I, 22, et Charma, Biographie de Fontenelle, dans les Mémoires de l'Académie de Caen, 1857, p. 268, 313.
(2) Grimm, Correspondance littéraire, 1er févr. 1757, t. II, p. 152, 1813.

suffisait à lui faire tourner la tête (1). Il redoutait toute émotion. — Il y a quatre-vingts ans, disait-il à Diderot, que j'ai relégué le sentiment dans l'églogue (2). — Son apologiste enthousiaste, l'abbé Trublet, rapporte ce mot de lui : « Je n'ai jamais ri ni pleuré (3). » Il est impassible volontairement et insensible naturellement. Pour ne pas troubler sa quiétude, il laissait sans réponse, quoique très vaniteux, les attaques dont ses livres étaient l'objet. Lorsque l'abbé de Saint Pierre fut exclu de l'Académie française, Fontenelle seul vota contre l'exclusion. Comme ce vote devint bientôt dans l'opinion un titre d'honneur, le duc de La Force, en présence de celui-là même qui l'avait émis, prétendit se l'attribuer ; il le put sans protestation de l'intéressé (4). Réservé comme il l'était, oncques notre homme ne demanda un service à personne. Il en reçut quelquefois, mais n'en rendit jamais, ne se maria point, ne parut point avoir d'affections. Un parent, son ami, chez qui depuis vingt ans il recevait l'hospitalité, n'avait qu'un défaut : il n'aimait qu'au beurre les asperges que Fontenelle préférait à l'huile. De là un compromis nécessaire. Mais un beau jour, à table, le parent est frappé d'apoplexie. Fontenelle aussitôt de courir à la cuisine : — Toutes à l'huile ! — s'écrie-t-il. L'oraison funèbre en resta là (5). Mᵐᵉ de Tencin, qui l'avait admis au nombre de ses « bêtes » dans sa « ménagerie », disait en lui mettant la main sur la poitrine : « Ce n'est pas un cœur que vous avez là, c'est de la cervelle (6) » ! Avec la vanité, le seul point sensible est la gourmandise, une gourmandise avérée, reconnue par ses amis comme incurable et malsaine (7). Aussi sa vie est-elle inerte, inutile. Elle a été, dit La Harpe, un siècle

---

(1) Lettre à Mˡˡᵉ de Raymond de Farceaux, plus tard Mᵐᵉ de Forgeville. (*Œuvres*, VIII, 415, Charma, p. 166, 339.

(2) Grimm, *loc. cit.*, II, 155.

(3) Trublet, *Mémoires pour servir à l'histoire de la vie et des ouvrages de M. de Fontenelle*, 2ᵉ éd. Amsterdam, 1759, p. 40; Grimm, II, 154.

(4) Trublet, p. 175, 176 ; Charma, p. 208, 313.

(5) Grimm, 15 févr. 1757. Charma (p. 270, 315) donne de l'anecdote une autre version moins piquante.

(6) Trublet, p. 116 ; Charma, p. 270, 315.

(7) Trublet, p. 184 ; lettre à Mˡˡᵉ de Farceaux, 29 juillet 1745, *Œuvres*, VIII, 428 ; Charma, p. 270, 317.

de repos (1). Un Anglais actif, lord Hyde, qui l'avait connu, disait : — Je vivrais ses cent ans dans un quart d'heure (2). —

Par sa gourmandise il ne rappelle pourtant qu'à moitié les goinfres, parce qu'il a plus de souci qu'eux de l'élégance et de la dignité du maintien. Par son inertie il se rapproche davantage de l'épicurisme ; mais par ses idées il s'éloigne souvent du libertinage, et l'on se sent porté à le ranger parmi les cartésiens. Seulement, c'est un cartésien mitigé qu'il ne serait pas, dans l'occasion, impossible de classer parmi les gassendistes. Il ne s'asservit à aucun maître. De Descartes et de Gassendi il est aussi indépendant que de Leibniz ou de Malebranche, dont il a écrit officiellement l'éloge. S'il goûte fort la méthode cartésienne, le système lui paraît faux ou incertain (3). « C'est suivant les principes de Descartes, dit-il expressément, qu'on s'est mis en état d'abandonner ses opinions... Il faut l'admirer toujours et le suivre quelquefois (4). » Quand il ne le suit pas, c'est pour aller à Gassendi et aux libertins. Souvent il parle de la nature en homme qui ne lui résiste pas. S'il déclare que « la science étoit tombée dans un abîme de galimatias, parce qu'on s'obstinoit à chercher la vérité dans les écrits énigmatiques d'Aristote, au lieu de la chercher dans la nature (5), » — encore une idée libertine, — il pense comme les libertins et comme Aristote que « tout ce qui étoit dans l'esprit avoit passé par les sens », et que, de l'idée la plus sublime il faut toujours remonter à quelque idée sensible et grossière. « L'idée même de l'infini n'est prise que sur le fini dont j'ôte les bornes (6). » C'est du Locke, dit le philosophe Charma, ou mieux du Condillac tout pur (7).

Les mêmes raisons de tempérament expliquent son attitude dans la société devant les questions religieuses.

(1) *Cours de littér.*, éd. Crapelet, XIV, 38 ; Charma, p. 309.
(2) Grimm, 15 févr. 1757, II, 154.
(3) *Digression sur les anciens et les modernes* (Œuvres, V, 290 ; Charma, p. 258, 304).
(4) *Hist. de l'Acad. des sciences*, ann. 1725, p. 139 ; Charma, p. 304.
(5) *Digression*, etc. (Œuvres, V, 303 ; Charma, p. 258, 304).
(6) *De la connoissance de l'esprit humain* (Œuvres, V, 396).
(7) P. 259, 304.

Sur ce point, Grimm est formel : « Il n'avait nulle opinion en fait de religion, et cette indifférence, il l'a conservée toute sa vie (1). » Il pensait, par là encore semblable aux libertins, qu'en son temps il fallait s'effacer. — Si je tenais, disait-il, la vérité comme un oiseau dans ma main, je l'étoufferais (2). — Il y tenait trop peu pour lui faire le sacrifice de sa vie, de sa liberté ou simplement de son repos. Est-ce pour ce motif qu'on présentait en lui le modèle des hommes sages (3)? De ces sages-là nous en avons connu : il y a toujours eu des esprits d'élite qui, comme Panurge, craignent les coups; mais Fontenelle était plus excusable que Renan : on risquait alors plus que des tracasseries. A ceux qui le tenaient pour tiède, Fontenelle répondait : — Qu'avez-vous à me dire? n'ai-je pas fait mes pâques (4)? — Chez le futur régent avaient lieu des conférences religieuses auxquelles il assistait; il se couvrait d'un mot : — Qu'est-ce que tout cela prouve ? — Vienne la Révocation, il la célébrera dans de mauvais vers (5). Et ne croyez pas qu'il cède, comme la plupart de ses contemporains, à un entraînement tout ensemble dévot et courtisanesque. Non, c'est un calcul : il vient de publier son *Allégorie de Bornéo* et il ne veut pas coucher à la Bastille. Malgré ses légitimes inquiétudes, ce froid neveu de l'ardent Corneille conserve, à l'exemple de son ami Lamotte, une égalité, une sérénité d'humeur étonnantes, une gaieté même qui ne dépasse jamais le discret sourire, mais qui lui permet, siècle ambulant, d'ouvrir la danse, au bal, avec la petite fille d'Helvétius, âgée de dix-huit mois.

Tel que nous venons de le voir, il devait prêcher ou plutôt pratiquer la tolérance. Son scepticisme l'y obligeait. Non pas qu'il fût sceptique de toutes pièces : toujours comme Lamotte, il avait l'esprit scientifique ; il ne niait pas la vérité dans l'ordre des faits, et, par exemple, il n'hésitait pas

---

(1) Grimm, II, 156.
(2) *Ibid.*
(3) *Id.*, p. 152.
(4) Notes mss. de M. de Quens dans Charma, p. 268, 312.
(5) Charma, p. 312, dit où ont été publiés ces vers.

avec Pascal sur la question de savoir si ce n'est pas le soleil qui tourne autour de la terre (1). Mais dans l'ordre moral, il croyait, sans nier la vérité, qu'on ne la peut discerner; que si tout est possible, tout est incertain, même la vertu et le devoir; que nos idées seules ont une réalité et qu'elles sont fausses trop souvent. Qu'en conclure, sinon qu'il faut être tolérant et indifférent? Avec Voltaire, la tolérance va cesser d'être indifférente; chez Fontenelle l'indifférence domine, suivie, il est vrai, de la tolérance, de principe devenue corollaire. Scepticisme paisible, dégagé, impertinent, note discordante, a-t-on dit, dans le concert du XVIIe siècle (2). Discordante, soit, si l'on persiste à ne pas tenir compte du courant libertin; mais nouvelle, comme on l'ajoute, non pas. Nous espérons que ce livre aura établi le contraire. Il n'y a concert au XVIIe siècle que si l'on néglige des minorités non négligeables. Pour rester dans le vrai, il n'y aurait eu qu'à dire « le XVIIe siècle officiel ».

Que Fontenelle fût de la minorité mécréante, ce n'est pas douteux. Nous avons le mot de sa pieuse mère : — Avec toutes vos petites vertus morales vous serez damné, mon fils (3)! — Ce n'est donc pas pour des vices, c'est pour des idées qu'il aurait mérité la damnation. On n'en a pas moins voulu le ranger, après tant d'autres en qui il serait difficile de voir des volontaires, sous la bannière du christianisme : on rappelle qu'il a reconnu ostensiblement une « religion vraie qui est l'ouvrage de Dieu seul » (4); on cite cette phrase restée célèbre : « L'*Imitation de Jésus-Christ*, ce livre le plus beau qui soit parti de la main d'un homme, puisque l'Évangile n'en vient pas (5) »; on rappelle ce sermon sur la patience où il imite avec onction et talent la rhétorique sacrée, jusqu'à adresser, selon l'usage des prédi-

---

(1) Voy. *Pensées*, art. I, t. XXIV, 17. Douze ans après la mort de Pascal, Malebranche n'osait encore que timidement défendre l'opinion devant laquelle Pascal hésitait. Voy. *Recherche de la vérité*, IV, 12.
(2) P. Albert, III, 151.
(3) Trublet, p. 124; Charma, p. 313.
(4) *Hist. des oracles*, Introd.; Charma, p. 261, 307.
(5) *Vie de Corneille*, Œuvres III 901; Charma, p. 26, 307.

cateurs, la prière finale au Verbe incarné. Mais comment s'est-on refusé à voir dans ce jeu d'esprit le factice, le pastiche? Il ne faut pas oublier ce qu'il a dit lui-même, qu'il respecte jusqu'aux délicatesses excessives que l'on peut avoir (1). D'ailleurs, s'il est permis de contester que sa véritable pensée se puisse chercher soit dans de courtes réflexions semées au courant de ses ouvrages et dictées par les circonstances ou imposées par les convenances, soit dans de brefs fragments de ses écrits posthumes, la contestation n'est plus possible en présence des deux livres, agressifs à armes sournoises, qui sont la plus grande impiété de sa vie et dont la date est la même à un an près.

Le premier, c'est l'histoire allégorique d'une guerre civile dans l'île de Bornéo (1686). Il fallait un bien médiocre chrétien pour montrer sur un pied de parfaite égalité les deux sœurs Mréo (Rome) et Eenegu (Genève), se disputant leur mère la reine Glisée (Église). Quand Bayle publia cet écrit (2), la paternité en fut aussitôt attribuée à Fontenelle, et les doutes de Walckenaer ne la lui ont point ôtée, ce qui prouve tout au moins que ses sentiments d'indépendance religieuse étaient bien connus. L'*Histoire des oracles* (1687), sans aller encore au fond des choses, s'en approche davantage. Ce n'est pourtant qu'un sommaire, en style agréable, du volumineux fatras d'un médecin anabaptiste de Harlem, nommé Van Dale (1638-1708). Il s'y agit de dénier aux puissances infernales le pouvoir des miracles et des oracles que l'Église leur attribuait jusqu'à la venue du Christ, mais point au delà. La nouveauté consistait à soutenir que les temps ultérieurs ont eu aussi leurs oracles, le moyen âge notamment pour lequel, à tous les points de vue, Fontenelle se montre si sévère. Ces oracles, que valaient-ils? Ceux des prêtres païens n'étaient que superstition et fourberie. Au lieu de les admettre comme indubitables et d'en rechercher, d'en trouver sur-le-champ la cause, on aurait dû s'assurer d'abord si le fait était réel ou controuvé. Ni au clergé ni aux dévots

---

(1) *Entretiens sur la pluralité des mondes*, préf.; Charma, p. 361, 307.
(2) *Nouvelles de la Rép. des lettres*, janv. 1686, art. 10; Charma, p. 307.

il n'échappait que cette méthode, scientifique par excellence évidemment bonne pour les oracles et les miracles païens, ne pouvait être mauvaise pour les oracles et les miracles chrétiens. Qu'on la leur appliquât, et combien de sornettes ne verrait-on pas dans ceux que l'Église prenait de temps à autre et pour un temps sous sa protection ! Car ceux-là comme ceux de l'antiquité « sentaient plus l'homme que le diable (1). »

On ne saurait supposer un instant que ce malin Normand n'en ait pensé infiniment plus qu'il n'en disait. N'ayant jamais été naïf, il ne comprenait pas la naïveté du moyen âge. — Vous êtes bien excusable, lui disait finement M⁽ᵐᵉ⁾ de Genlis, de méconnaître la seule espèce d'esprit qui vous ait manqué (2). — Il ne faut pas l'en croire quand il proteste, et à plusieurs reprises, auprès du Père Tournemine, « qu'il n'auroit jamais travaillé sur cette matière, s'il n'avoit été convaincu qu'il étoit fort indifférent pour la vérité du christianisme que ce prétendu miracle de l'idolâtrie fût l'ouvrage des démons ou une suite d'impostures (3) ». Un paratonnerre de plus dans la vie de cet homme prudent, nous n'en sommes pas à les compter.

Fontenelle nous paraît aujourd'hui enfoncer des portes ouvertes ; mais les portes alors n'étaient pas même entrebâillées. Le jésuite Baltus lui répondit. Il ne répliqua point, en quoi il fut sage à son ordinaire. Savait-il, la querelle s'envenimant, s'il n'y risquerait pas sa liberté (4) ? Déjà il tenait pour un excès de témérité sa discrète ironie. Effectivement, il disait que, s'il eût été dès lors le censeur royal qu'il devint plus tard, il n'aurait pas octroyé à son livre l'autorisation nécessaire pour l'imprimer. Il la refusa, quand il eut revêtu cette dignité mal vue, à des ouvrages moins hardis que le sien. Affaire de devoir professionnel, dont l'accomplissement ne dut pas coûter beaucoup à son esprit et à sa conscience, s'il pensait, comme il le disait,

---

(1) *Lundis*, III, 330.
(2) Voy. La Harpe, *Cours de littér.*, t. VII, p. 238, dans Charma, p. 252, 312.
(3) *Journal de Trévoux*, août 1707 ; Charma, p. 311, 312.
(4) Charma, p. 330, 282.

que tout est possible et que tout le monde a raison (1).

Chez ce philosophe indifférent, le spiritualiste, du moins, n'est pas douteux ; mais il est singulier, les lettres ayant rarement vu esprit plus libre, nature plus indépendante. Fontenelle croit en Dieu froidement et résolument, moins parce qu'il faudrait l'inventer s'il n'existait pas, que parce qu'il lui faut une cause première. Ce qui nous conduit sûrement à Dieu, ce n'est pas l'histoire de l'homme, « suite d'événements si bizarres que l'on a autrefois imaginé une divinité aveugle et insensée pour lui en donner la direction, c'est celle de la nature (2) ». — « La véritable physique s'élève jusqu'à devenir une espèce de théologie (3). » C'est même Dieu seul qui agit sur les corps et les esprits, qui peut par conséquent nous rendre heureux ou malheureux.

On dira peut-être que tel est le principe de la morale chrétienne. On aura tort. Le Dieu des chrétiens n'est pas celui de Fontenelle. Le Dieu de Fontenelle n'agit que par des volontés se manifestant en lois générales. Les volontés particulières seraient peu dignes de lui. C'est la réponse aux plus graves objections contre la Providence (4). Essai de réponse plutôt : ce grand sceptique ne se croit pas si près que cela de tenir la vérité, comme un oiseau, dans sa main. Il ne se pique pas de tout comprendre en Dieu. Il ne comprend pas, notamment, pourquoi Dieu a voulu créer le monde tel qu'il est, le possible étant pour lui autant que le réel (5). Il comprend encore moins les rapports de l'homme avec son créateur. C'est même une question qu'il élude soigneusement.

De ce déiste donc on fera difficilement un chrétien. Avec le christianisme il n'a que des liens officiels. Du cartésianisme même il s'affranchit par la manière dont il parle des êtres

---

(1) Charma, p. 269.
(2) *De l'existence de Dieu. Œuvres*, V, 321 sq.; Charma, p. 260, 305.
(3) Préface 1699. *De l'utilité des mathématiques et de la physique. Œuvres*, VI, 70; Charma, 260, 305.
(4) *Éloge de Malebranche, Œuvres*, VI, 406; Charma, 248, 301.
(5) *Doutes sur le système physique des causes occasionnelles*, ch. IV. *Œuvres*, VIII; Charma, p. 260, 305, 306.

vivants, hommes et bêtes. S'il admet, d'après Descartes, l'immatérialité de l'âme, il ne saurait dire ce qu'elle est. « Il a trop d'esprit, disait Marivaux, pour en savoir plus que moi là-dessus (1). » Les bêtes, à ses yeux, ne sont point des machines : elles pensent, elles veulent comme nous (2). Les singes l'inquiètent. Il les trouve si semblables à nous par la figure extérieure, si supérieurs aux autres animaux par l'esprit! Il est si frappé de voir ces ressemblances plus manifestes encore quand on compare le squelette du singe à celui de l'homme! L'écart sans doute est grand encore, mais vainement on le chercherait moindre ailleurs (3). Ce sont bien là nos « parents pauvres », selon le mot d'un homme d'esprit. Il y a dans tout cela de quoi faire bondir un chrétien.

Les chrétiens reprennent l'avantage en morale. Fontenelle manque de vues hautes et larges, sauf peut-être quand, après Pascal et Perrault, il proclame la loi du progrès (4), ou quand il désigne, comme héritiers probables de l'Europe, les Américains (5). La générosité ne lui fait pas moins défaut. S'il loue, orateur officiel, le désintéressement (6), il n'y voit plus, hors de l'Académie, que pure chimère. « La mode d'être désintéressé, dit-il, ne viendra point (7). » Et ce n'est pas une simple boutade, car voici comment il parle de la vertu : « On n'a rien de mieux à faire en ce monde que d'être vertueux (8). » Encore cet éloge de la vertu est-il officiel comme celui du désintéressement. Et pourquoi ne peut-on mieux faire? Parce que la vertu seule peut nous rendre heureux. En quoi donc consiste le bonheur? C'est « une situation telle qu'on en désirât la durée sans chan-

(1) Trublet, p. 210; Charma, p. 305.
(2) *Doutes*, etc., ch. II. Œuvres, VIII, 22 et le petit traité sur l'instinct, Œuvres, V, 411; Charma, p. 259-260, 305.
(3) *Hist. de l'Acad. des sciences*, I, 179, ann. 1674; Charma, p. 247, 301.
(4) Préf. de son théâtre, Œuvres, IV, 17; Charma, p. 264, 308.
(5) *Digression sur les anciens et les modernes. De l'origine des fables*, Œuvres, V, 300, 305; Charma, p. 264, 308, 309.
(6) *Éloges de l'abbé Gallois et de Tschirnhaus*; Charma, p. 369.
(7) *Dialogues des morts*, 5ᵉ sixain, dial. II; 2ᵉ sixain, dial. III; Charma, p. 265, 309.
(8) *Éloge de Homberg*. Charma, p. 265, 309.

gement... Celui qui veut être heureux se réduit et se resserre autant qu'il est possible. Il a ces deux caractères : il change peu de place et il en tient peu (1). » A ce pauvre moraliste on attribue ce mot : « Pour être heureux, il faut avoir l'estomac bon et le cœur mauvais (2). » Si le propos est de lui, ce qui n'a rien d'invraisemblable, quoiqu'on ne puisse avoir mauvais ce qu'on n'a pas du tout, accordons-lui, avec M. Charma, le bénéfice des circonstances atténuantes : il a pu être séduit par le piquant, par le paradoxal de l'antithèse. Cette âme peu cornélienne d'un collatéral de Corneille était foncièrement égoïste. Sa charité pratique ne fut qu'un demi-correctif, car il n'était charitable que pour obéir à sa raison. La noblesse et la hauteur lui manquaient dans les sentiments comme dans l'imagination.

A son avis, la mort est le plus grand des maux (3). Devant ce mal il sut du moins rester calme, serein et même gai. Il a, au bord de la tombe, des mots plus authentiques que ceux de la légende rabelaisienne et non moins jolis. Ayant perdu l'ouïe par degrés, puis la vue subitement, il disait : — J'envoie devant moi mes gros équipages (4). — S'il s'achemine vers le néant, ce n'est, le mot est de lui, que « par difficulté d'être » (5). Il faisait trop régulièrement ses pâques pour disparaître sans avoir reçu les sacrements. Pour un libertin de plus qui aura passé par ces fourches caudines, nous ne nous étonnerons pas.

Du libertinage intellectuel il avait conservé tout ce qu'en pouvait encore supporter son temps. Il devait donc être apprécié des salons. Il plaisait à la frivole cour de Sceaux. On y prisait fort son esprit en demi-teintes, juste et fin, raffiné jusqu'au précieux, ingénieux jusqu'à l'affectation, tendu toujours vers l'épigramme, incapable, dans sa première manière, du simple et du naturel, langue, dit

(1) *Du Bonheur. Œuvres*, V, 430. Charma, p. 265, 309.
(2) Cousin d'Avalon, *Fontenelliana*, p. 55 ; Charma, p. 271, 317.
(3) *Du Bonheur, Œuvres*, V, 336. Charma, p. 271, 317.
(4) Trublet, p. 303 ; Charma, p. 272, 317.
(5) Grimm, II, 152 ; M. Charma (p. 317) cite d'autres sources de ce mot qu'a ignoré l'abbé Trublet.

Grimm, qu'il n'entendait point. De tous nos écrivains Corneille trouvait seul grâce à ses yeux : la gloire de la famille y avait intérêt. En somme, ses qualités et ses défauts formaient un ensemble trop rare pour qu'on ne lui fît pas partout bon accueil.

Son succès dépassa même quelque peu les salons. Grimm assure qu'il exerça sur son temps une certaine action, pour avoir le premier rendu la philosophie populaire en France parmi les gens polis et les femmes (1). Il l'eût exercée plus grande, s'il eût été homme de science; mais il n'était qu'homme de plume : il n'a rien découvert, ni même rien cherché; il recueille et rédige. Les éloges des savants, qu'il écrivit pendant un tiers de siècle, fort goûtés pour les portraits et le ton aimable de la conversation (2), le furent moins dès qu'on se montra plus exigeant sur l'exposé des faits scientifiques. On ne lui sut plus suffisamment gré d'avoir porté la lumière dans ce qu'ont d'obscur les travaux dont il loue les auteurs et généralisé ce qu'ils ont de spécial, de technique (3). Injustice assurément, mais assez excusable : il était difficile de prendre très au sérieux un écrivain qui, publiant des *Élémens de la géométrie de l'Infini*, dit lui-même que ce livre ne peut être entendu que par sept ou huit géomètres dont l'auteur n'est pas (4).

Voilà pourquoi sa mort passa presque inaperçue. Voltaire en dit, sans plus : « Fontenelle est mort à cent ans (5). » On a bien indiqué une autre cause de cette indifférence : Damiens venait de donner son coup de canif. Voltaire était absorbé par ce grand attentat et ne cessait d'en parler. « L'événement de Versailles, écrit Grimm, a trop consterné tous les honnêtes gens et occupé l'attention publique pour laisser à qui que ce soit le loisir de penser à autre chose ». Mais Grimm vient de dire « qu'en d'autres temps la mort de

---

(1) Grimm, II, 148.
(2) Marquis d'Argenson, *Mémoires*.
(3) Voy. Flourens, *Journal des Savants*, 1846, p. 274; Alf. Maury, *L'ancienne Académie des sciences*, 1884, p. 43, 44.
(4) Trublet, p. 70, note 1; Charma, p. 236, 294.
(5) Corresp., 20 janv. 1757.

Fontenelle aurait fait à Paris *quelque* sensation (1) ». Par cet adjectif négligemment jeté, sans y penser peut-être, il rabaisse celui qu'il loue ailleurs. Supposons que Voltaire, qui n'était pas encore pourtant en possession de sa royauté, eût disparu au lieu de Fontenelle, personne ne croira qu'il n'eût pas disputé l'attention à Louis XV égratigné Mais lui, il ne parlait pas par demi-mots et à voix basse; il parlait par mots entiers, il criait par les fenêtres dont il cassait les vitres. Le beau miracle que ce centenaire qui n'avait pas voulu être entendu de la foule en fût ignoré! Quand il répondait à Mme Grimaud, qui, ayant son âge, se disait oubliée avec lui par la Providence, ce joli « chut! » qui a fait son chemin dans le monde (2), ce n'est pas la Providence qui se montrait oublieuse, c'était le monde. Il n'est donné qu'à un bien petit nombre de grands génies de dépasser impunément pour leur popularité les limites ordinaires de la vie humaine. A plus forte raison quand on n'a été qu'un talent, et un talent trop fin, trop réservé, trop discret.

Au demeurant, la mémoire de Fontenelle n'a point péri. Il vivra dans la postérité à une place qui, pour modeste qu'elle soit, est bien la sienne. Il n'était pas toujours resté l'auteur précieux et prétentieux des *Lettres galantes* et des *Dialogues des morts*, qui ont trouvé tant d'imitateurs déjà insupportables à Grimm (3). Les ouvrages plus simples où il se fait le porte-voix élégant des savants et des sciences seront la sauvegarde de sa renommée. Il n'est pas, comme Chamfort et Rivarol, de ces hommes d'esprit qui n'ont laissé derrière eux que des mots; mais il en a laissé, lui aussi, qui ne sont pas la partie la moins connue de son bagage, et qui ont peut-être sur les leurs l'avantage d'être moins préparés : il y avait du naturel dans ses plus raffinées quintessences et moins d'effort qu'on ne croit vers l'originalité.

Il méritait assurément de prendre dans cette galerie des libertins une place qui, pour être la dernière par la date,

---

(1) Grimm, 15 janv. 1757.
(2) Id., II, p. 152.
(3) *Ibid.*, p. 147.

n'en est pas la moindre. S'il n'a tenu et passé le flambeau que d'une main timide et vacillante, il marque mieux que personne autre dans son temps ce qu'était devenu le libertinage à l'heure où il semblait s'éteindre, tandis qu'il était à la veille de se rallumer en se transformant.

Ce n'est pas dans le monde superficiel et léger dont la petite cour de Sceaux nous a pu donner l'idée qu'allait se développer l'esprit ancien qu'on a cru être un esprit nouveau parce qu'il changeait de nom et prenait celui d'esprit philosophique. Aux dernières années de Louis XIV tout s'atténue, tout s'affaiblit. Les œuvres dans le goût du moment, tragédies de Crébillon ou de Lagrange-Chancel, dernières comédies de Boursault et de Regnard, premières de Dufrénoy et de Destouches, n'obtiennent de succès que par la complaisance d'amis, de compagnons, de contemporains curieux de nouveautés. Massillon n'est qu'un pâle reflet de Bossuet et de Bourdaloue. Hamilton est un étranger. L'honneur des lettres, en cette fin de règne, c'est Lesage : *Turcaret* est joué en 1709. *Gil Blas* commence à paraître en 1715. A vrai dire, *Œdipe* se produit sur la scène en 1718, et les *Lettres persanes* sont de 1721 ; mais ce n'est là qu'un commencement; la continuation se fera attendre, la marche sera lente. Mieux que personne, pendant plusieurs années, Fontenelle aura bouché le trou, masqué le vide, indiqué des tendances encore inconscientes d'elles-mêmes, mais qui vont s'accuser et s'accentuer peu à peu, montrer des philosophes hardis à la place de nos libertins devenus si timides. Le nom de ces derniers aura cours encore, mais il ne se sauvera de l'oubli que par la modification de sens qui le déshonore. Celui d' « esprit fort » que n'a pu déshonorer la facile malice de Bossuet et de La Bruyère, disant de l'esprit fort qu'il est l'esprit faible, a depuis longtemps disparu. Mieux vaut pour un nom s'ensevelir dans l'histoire que de se perpétuer dans la vie par une infamante déviation.

CONCLUSION

I. Œuvre inconsciente des libertins. — Excès de domination du parti triomphant. — Genèse du xviii° siècle. — Évolution politique. — Évolution morale. — Évolution religieuse. — Croyances du xviii° siècle. — Déisme de Voltaire. — Spiritualisme de Rousseau. — Matérialisme de Diderot et d'Holbach. — Les salons. — Les cafés. — Le club de l'Entresol.
II. Vicissitudes de la libre pensée. — Libertinage de la vie. — Libertinage de la pensée. — La morale religieuse et la morale sociale. — La morale désintéressée et l'amour de l'humanité. — Résurrection et transformation du libertinage.

I

Les libertins ont accompli leur œuvre, une œuvre dont ils n'avaient pas conscience. Ils vont maintenant passer la main. S'ils avaient su ce qu'ils faisaient et qu'il leur eût été donné de se survivre, ils auraient ressenti une grande joie. Au moment où nous prenons congé d'eux comme aux heures de leur folle jeunesse, se croyant morts, ils noyaient dans le vin leurs prochaines funérailles. Ils n'imaginaient pas qu'un triomphe éclatant fût réservé à leurs idées, et moins encore que la génération nouvelle dût aller plus loin qu'eux. Ils vivaient repliés sur eux-mêmes, préparant un avenir qu'on peut maudire, depuis surtout qu'il est le présent, mais qui semble appelé à propager sa victoire dans le monde entier.

Ce mouvement était bientôt devenu irrésistible : il entraînait, vers la fin du xviie siècle, des hommes d'élite qui l'avaient en horreur, qui auraient voulu y résister, qui en cherchaient les moyens, Fénelon, La Bruyère, Vauban, l'abbé de Saint-

Pierre, pour ne parler que de ceux qui étaient le plus en vue. La tâche du xviii° siècle eût été impossible, si toute une série d'esprits, libres à des degrés divers, n'eussent, durant tout le xvii°, perpétué en le modifiant le génie du xvi°. Le mérite des indépendants ne fut pas médiocre, malgré la médiocrité personnelle d'un grand nombre d'entre eux, car ils connurent la persécution sous ses formes les plus variées et les plus cruelles, puis, en des temps moins durs, les tracasseries, l'injure, l'obligation de fermer les portes et de baisser la voix, si mieux ils n'aimaient absolument se taire.

Qu'ils aient été dépassés dans leurs doctrines, la faute en est pour une bonne part aux adversaires qui les ont calomniés. En affectant d'y voir, pour les flétrir, l'athéisme et le matérialisme, on a donné droit de cité à ces deux formes extrêmes de la libre pensée. Comme le nom de « gueux » en Hollande, ces deux noms infamants sont devenus pour toute une école des mots de ralliement, presque des titres d'honneur. On parle d'immoralité ? L'immoralité est dans tous les camps, dans tous les temps, c'est une des tares inhérentes à la nature humaine. Quel singulier abus du parti pris que de la reprocher si violemment aux libertins, quand on la dissimule si pieusement chez ceux qui la recouvrent des dehors de la croyance ! Quel abus encore de tactique cléricale que de triompher bruyamment sitôt qu'un incrédule en danger de mort rentrait dans le rang et désavouait son passé pour assurer à ses os un coin de terre bénite, pour conjurer les éventuels supplices de l'autre monde, peut-être aussi par cette faiblesse naturelle au mourant devant les obsessions dont il est assiégé ! Y avait-il donc lieu d'emboucher la trompette pour chaque impénitent qui finissait par la pénitence, quand tous, sauf de rares exceptions plus ou moins volontaires, ne connaissaient pas d'autre fin ?

En fait, de très courte durée, de cinquante ans à peine, fut, sous Louis XIV, le règne de Pascal, de Bossuet, de Bourdaloue, de ceux qu'on appelle les sages, et qui ont à ce beau nom moins de droits qu'on ne pense, puisqu'ils ont été

« sages » avec excès et non sans dureté. Pour établir l'accord de la raison avec la foi, ils n'ont pas reculé, la persuasion échouant, devant l'intimidation, la persécution, la violence. Contre les protestants, ces demi-frères ennemis, se multiplient les mesures de rigueur, aujourd'hui les dragonnades, demain la Révocation. Pour qui ne se veut soumettre, point d'autre refuge que l'exil ou la mort. En vain Leibniz et Bossuet essayeront-ils entre protestants et catholiques un rapprochement qui, ce semble, aurait dû être facile, et qui, depuis, l'est devenu ; il était pour lors impossible. La quasi hérésie des austères jansénistes et celle des doux mystiques du quiétisme, frères ennemis, eux aussi, mais frères germains, ne furent guère mieux traitées par cet esprit superbe de domination qui faillit aboutir à un schisme.

Tant de sévérités impitoyables et trop avérées ne pouvaient qu'ébranler la foi traditionnelle. « Vos triomphes, écrivait Bayle, sont plutôt ceux du déisme que ceux de la vraie foi (1). » Du déisme, entendez du libertinage, les deux causes n'en faisant qu'une, et la faible minorité des athées restant hors de cause. Les descendants des vieux huguenots ont beau être intraitables comme eux, intolérants à l'égal de leurs adversaires, par surcroît méprisants et moroses ; les jansénistes ont beau leur ressembler si fort que débiter leurs prières en latin ne les a pas préservés d'être taxés de parpaillots, ils n'en sont pas moins, les uns et les autres, on l'a dit tout récemment, « la substance morale » du royaume (2). Où pouvaient se prendre les âmes candides, quand elles voyaient, par exemple dans la querelle du quiétisme, leurs oracles se combattre sans merci, rivaliser d'insinuations malignes et d'imputations outrageantes, Fénelon manquer de franchise et Bossuet de charité ? Le cri du cœur passait par la bouche de la Palatine : « Tout cela n'est qu'un jeu pour gouverner le roi et toute la cour... Je vous assure que cette querelle

---

(1) Voy. son pamphlet intitulé : *Ce que c'est que la France catholique sous le règne de Louis le Grand. Œuvres diverses*, in f°, t. II, p. 338.
(2) Brunetière, *Revue des Deux Mondes*, 15 oct. 1892, p. 898-902; *Essais critiques*, 4ᵉ série, p. 168.

d'évêques n'a pas le moins du monde la foi pour but. Tout cela est ambition pure, et l'on ne pense presque plus à la religion, elle n'est que le prête-nom... Les vers qu'on a faits là-dessus disent donc vrai, c'est la foi seule qui périra :

> Dans ces combats où nos prélats de France
> Semblent chercher la vérité,
> L'un dit qu'on détruit l'espérance,
> L'autre que c'est la charité,
> C'est la foi qu'on détruit et personne n'y pense (1). »

Et voilà comment ce règne, aux dehors brillants qu'on produit en pleine lumière et aux vilains dessous que l'on cache avec tant de soin, finit d'une façon lugubre. Les grands hommes ont disparu, sauf Fénelon qui est en disgrâce. La France semble vieillie comme son roi. Rien ne reste debout de la génération vigoureuse que Richelieu avait fortement trempée, par comparaison du moins avec celle qui occupe maintenant la scène. On n'y voit plus que des ombres où l'œil ne peut se fixer.

Cette décadence provient en partie de ce que la politique du despotisme, malgré d'éclatants succès, ne saurait rester éternellement confiée aux mêmes mains : elle y perd toutes les qualités qui l'ont soutenue, elle y prend tous les défauts qui doivent la perdre. Mais la part est plus grande encore de cette tyrannie religieuse que Mazarin ni Richelieu même n'avaient essayé de brider, qu'exerçait à côté d'eux et quelquefois contre leur gré la société ecclésiastique et universitaire, — l'Université de ce temps-là était l'humble servante de l'Église, — qui devint surtout redoutable le jour où elle eut tous les atouts dans son jeu : un roi septuagénaire, une reine morganatique, gardienne dévote et vigilante de ses dernières années, un jésuite-confesseur, qui les inspirait, qui les faisait « marcher » tous les deux.

Quand fut brisé le lien qui maintenait le faisceau, l'on vit clairement que les gens qu'on avait cru tuer se portaient assez bien, et que les tronçons épars de l'hydre abattue se

---

(1) A la duchesse de Hanovre, 20 juillet 1698. *Corresp.*, éd. Jaeglé, I, 176.

rejoignaient avec une terrifiante facilité. Pas n'est besoin d'aller en Angleterre chercher dans Bacon, Newton, Locke, Hobbes même, les initiateurs de notre xviii° siècle. Nous les avons en France au xvii°, si tant est qu'on ne veuille pas remonter au xvi°, dans Gassendi et dans Bayle (1), puis dans les hommes qui procèdent d'eux. Leur revanche sur le cartésianisme est proche, et elle sera plus pleine, plus éclatante qu'ils n'auraient osé l'espérer. Ils n'ont jamais rien eu d'une secte, même quand la persécution les eut poussés à prendre des allures mystérieuses ou effacées. Ils sont même alors moins sectaires que jamais. Bayle avec sa critique curieuse, Fontenelle avec son respect ésotérique de la science, l'abbé de Saint-Pierre avec ses théories philanthropiques, Vauban avec ses idées de tolérance et ses Mémoires sur cette question toujours vitale, ont entre eux fort peu de rapports, mais tous ils annoncent vaguement les deux grandes familles d'esprits qui vont se partager la société française : ceux qui rechercheront l'absolu et l'idéal, — Rousseau et Mably, — ceux qui se contenteront du relatif et du réel, Montesquieu, Voltaire, Diderot.

Au fond, il n'y a rien là de bien nouveau. Cette grande division, nous la retrouverions jusque dans les temps du moyen âge. Isoler le xviii° siècle, c'est, pour le mieux battre en brèche, une tactique de l'esprit de parti. La différence essentielle entre cette période et les précédentes, la voici : le petit nombre y devient le grand nombre; l'opposition à ce qui était hier l'esprit général n'est plus désormais que l'opposition aux pouvoirs établis, dont l'isolement dans la nation apparaît par mille signes et notamment par des saillies restées célèbres : — Ce n'est pas tout d'être blâmé, il faut être modeste. — M. le garde des sceaux est bien hardi d'oser comparaître devant Diderot ! — Lorsqu'un haut magistrat, lorsqu'un prince de sang royal profèrent de telles impertinences, l'édifice qu'ils sont censés soutenir est bien ébranlé sur sa base. Et en effet, si ses supports naturels

---

(1) Voy. Bouillier, 1, 25, 549; Lanfrey, p. 80.

l'abandonnent au dedans, ils font de même, à plus forte raison, au dehors : les têtes couronnées poursuivent de leurs compliments, de leurs éloges, de leurs bienfaits les écrivains frondeurs et libres qu'on emprisonne à Paris.

Spectacle curieux entre tous ! L'esprit nouveau commence à souffler avec quelque force ; mais qu'il est loin encore de souffler en tempête ! Les courtisans qu'ennuie à la mort le Versailles assombri et bigot ont fini par émigrer à Paris, par se mêler au grand courant de « la ville », où les sujets commencent à devenir citoyens et les plus louangeurs à tout critiquer. Mais le chemin parcouru n'est rien au regard de celui qui reste à parcourir. Si la foule insulte au cadavre du demi-dieu déchu en route vers Saint-Denis, ce n'est pas la royauté que flagellent ses injures, c'est le souverain despote d'une bonne moitié du siècle, et l'opposition, sous cette forme, dans cette mesure, n'a jamais déplu à notre vieille France monarchique. Le respect de l'institution elle-même est si loin d'avoir disparu qu'il éclate au milieu des imprécations populaires, à la vue du bambin de cinq ans que l'on coiffe de la lourde couronne, que l'on juche sur le trône vermoulu de son bisaïeul. Combien de fautes, de vices, d'ignominies ne faudra-t-il pas encore pour qu'on puisse mesurer l'impopularité croissante du monarque, et, cette fois, de la monarchie ! Six mille messes dites pour Louis XV en 1744 durant une de ses maladies ; six cents après le coup de canif de Damiens ; trois contre l'éruption de petite vérole qui emporta le lubrique et pitoyable héritier de nos rois !

Déjà le siècle est au milieu de son cours qu'à peine un ou deux enfants perdus risquent sans écho les mots inattendus d' « Assemblée nationale » et de « République ». La presque universalité, plutôt que de les suivre, en revient à Louis XIV, que Voltaire relève par une vigoureuse réaction. Les *Lettres anglaises* (1733 en Angleterre, 1734 en France), si elles sont un grand coup en faveur de la liberté, ne visent aucunement l'institution monarchique. En vain un arrêt (10 juin 1734) les condamne au feu comme « propres à inspirer le libertinage le plus dangereux pour la religion et pour l'ordre de la société civile ». L'effet fut considérable de ce pamphlet politique, philosophique, religieux, qui montrait les idées nouvelles ayant passé dans la pratique à nos portes, au delà d'un ruisseau d'eau salée (1). Oui, de ce manifeste éclatant la monarchie sort indemne et même glorifiée ; mais c'est la monarchie tempérée des Anglais que Voltaire glorifie, tout comme Montesquieu.

Ainsi, dans l'ordre politique point de solution de continuité entre les deux siècles. Aujourd'hui, comme dit le proverbe indien, est bien fils d'hier. Il ne l'est pas moins dans l'ordre moral. S'il est vrai de dire que le xviii° siècle fut cynique dans l'immoralité, le xvii° l'avait été avant lui, et au cynisme il avait ajouté, ou même joint dans une coexistence hybride, l'hypocrisie. Ce retour à la nature, dont on fait à bon droit honneur au plus mal famé des deux, ne fut pas l'affaire d'un jour. Voyez, en effet, ce qu'écrit, de 1718 à 1721, la princesse Palatine : « Les jeunes gens d'ici sont si corrompus, si livrés à leurs vices contre nature qu'ils ne croient ni à Dieu ni au diable et qu'ils regardent l'impiété et la dépravation comme une gentillesse (2)... Les débauches de la maison de Condé sont par trop affreuses et publiques (3)... Certes il se commet plus d'horreurs à Paris que jamais il ne s'en est commis chez les gentils, voire même à Sodome et Gomorrhe. Ceux qui veulent être vertueux et vivre chrétiennement, on les tient pour sots et pour des gens sans esprit. Les vicieux sont aimés et les gens vertueux on les hait (4)... Tout ce qu'on lit dans la Bible sur la façon dont se passaient les choses avant le déluge ou à Sodome et à Gomorrhe n'est rien à côté de la vie qu'on mène à Paris (5). »

1718 et 1721 même, ce n'est pas encore l'esprit du xviii° siècle : il y a trois ans à peine que le xvii° a disparu avec

---

(1) Voy. J. Texte, p. 79.
(2) 14 sept. 1718, éd. Brunet, II, 466.
(3) 13 févr. 1718. *Ibid.*, II, p. 870.
(4) 4 janv. 1720, éd. Jaeglé, III, 68.
(5) 26 avril 1721. *Ibid.*, III, 98.

Louis XIV. Ce qu'on voit encore et ce qu'on verra bientôt moins, c'est ce qu'on avait vu de longues années sous ce prince impuissant à retenir le vice, sur la pente, au point précis où son goût personnel s'arrêtait. La différence essentielle d'un règne à l'autre, c'est que, au lieu de « maximer » leurs pratiques, comme les libertins du premier, ceux du second pratiquent les maximes qu'ils ont reçues de leurs pères spirituels. Philosophes et encyclopédistes continuent évidemment la tradition, en s'affublant de noms nouveaux. Des anciens noms, l'un, celui d' « esprits forts », est tombé en désuétude; l'autre, celui de « libertins », a décidément changé de sens : le *Journal de Trévoux* et l'*Encyclopédie* en font foi. Richelet et Furetière, chez qui déjà le sens de « débauché » domine, sont bien moins exclusifs.

La continuité est également sensible dans l'ordre religieux. D'innovation alors on n'en voit guère d'autre que la liberté de parler à ciel ouvert, de crier sur les toits, comme on l'avait fait jadis aux temps héroïques où l'on y risquait le bûcher. Molière, La Fontaine, Bayle, Montesquieu pensent comme Voltaire et Diderot. Voltaire exprime encore avec mesure leur commune pensée : « L'homme paraît être à sa place dans la nature... Il est, comme tout ce que nous voyons, mêlé de bien et de mal, de plaisir et de peine, il est pourvu de passions pour agir et de raison pour gouverner ses actions (1). » Diderot, lui, selon sa coutume, va brutalement et d'un bond aux extrêmes : « Tu es en délire si tu crois qu'il y ait rien, soit en haut, soit en bas, dans l'univers, qui puisse ajouter ou retrancher aux lois de la nature. Sa volonté éternelle est que le bien soit préféré au mal et le bien général au bien particulier. En dépit des ordres exprès de trois législateurs, Dieu, le prêtre et le magistrat, un jeune homme, dans ton pays, ne couche-t-il jamais sans leur permission avec une jeune fille (2)? » On ne saurait mieux montrer la tyrannie des lois de la nature, mais n'est-

---

(1) Remarques sur les *Pensées* de Pascal, éd. Beuchot, t. XXXVII, p. 30.
(2) *Œuvres*, éd. Assézat et Tourneux, t. II, p. 198; Brunetière, *Essais critiques*, 4ᵉ sér., p. 238.

ce pas, en vérité, les faire trop tyranniques, n'est-ce pas trop refuser à ce libre arbitre que le déterminisme supprimera plus tard? De Dieu l'épicurisme avait fait un fétiche; que gagne-t-on à substituer au fétiche Dieu le fétiche Nature?

Du moins l'incrédulité épicurienne abjure ces airs d'ignorance frivole qu'elle affectait au XVII° siècle; elle prend des allures scientifiques et devient raisonneuse; elle retient du cartésianisme sa méthode d'investigation, et va chercher les armes qui lui manquent encore au seul pays où l'on ait plus de liberté pour en forger et en aiguiser. La plume devient redoutable chez les prosateurs, dont la phrase vive, acérée, coupante, propre à la lutte, est bien plus dans le génie français, n'en déplaise à Désiré Nisard, que le large fleuve de Descartes ou le sublime à jet continu de Bossuet. La tactique diffère de celle des libertins et l'ardeur au combat est bien plus vive, mais le fond est le même et aussi le terrain où il faut combattre, toujours semé de chausses-trapes et bordé de précipices, couvert de populations qu'il semble impossible d'entraîner. Quels efforts ne faudra-t-il pas pour amener à soi, c'est-à-dire à l'athéisme aristocratique ou au déisme qui ne l'est guère moins, ces multitudes qui acclament Louis XV s'agenouillant dans la boue, devant le viatique, ou commençant leurs tumultes contre Maupeou et Terray par le *Domine salvum fac* et l'*Exaudiat* !

Que l'entreprise fût politique, c'est une autre question. Encore pourrait-on à cet égard se déclarer perplexe, puisque les croyances, les superstitions, les pratiques étroites n'empêchaient pas le peuple de fournir à Paris par milliers et milliers des filles publiques. Dans la bourgeoisie nous voyons la pensée se mettre de la partie. C'est prendre d'étranges libertés avec la religion que de parler comme fait l'avocat Barbier : L'Église, dit-il, pourrait bien accorder au roi, à qui elle doit tant, le privilège de faire ses pâques sans congédier ses maîtresses. A la ville comme à la cour, Massillon sait bien quel langage tenir : il laisse de côté le dogme pour ne prêcher que la morale, selon le vœu de Voltaire, et il fait si bien que, malgré ses menaces sur le petit nombre des élus, jamais Voltaire ne le prendra pour un ennemi. Les jours ne sont pas loin où un abbé de Besplas, n'osant plus dire en chaire « saint Louis », retranchera l'épithète qui béatifie le roi modèle du moyen âge et dira tout court « Louis »; où un abbé de Bassinet supprimera de ses sermons le traditionnel *Ave Maria* de l'exorde; où Marmontel à la Bastille sera autorisé à faire gras le vendredi, pourvu que son valet fasse maigre. Que les temps seront changés!

Ainsi l'esprit chrétien perd rapidement une grande partie du terrain qu'il avait reconquis après le terrible ébranlement du XVI° siècle où le scepticisme s'était fait sa place, sans parvenir à supplanter ce qu'il combattait. Le scepticisme sera plus heureux au XVIII° siècle. Il ne sera plus, comme pour Montaigne et Charron, un oreiller doux à des têtes bien faites ni, comme pour Descartes, une méthode en vue de philosopher, ou, comme pour Pascal, une arme au service de la foi. Il sera une arme encore, mais qu'on brandira par amour de l'humanité, afin d'en accélérer les progrès. On pense alors qu'il est nécessaire à tout et qu'il ne suffit à rien; on admet qu'il est bon d'avoir une « croyance philosophique », mais que des esprits libérés en sont seuls capables. On abuse de l'adjectif, devenu à la mode, et l'on évite le substantif, par suite de l'abus qui en a été fait; tout le monde n'en croit pas moins à quelque chose de non démontré. Pour le roi du siècle, pour Voltaire, le postulat qui s'impose, le grand article de foi, c'est l'existence d'un Dieu. Rien ne l'en détourne, ni les railleries de Frédéric II, ni les facétieux propos de La Mettrie, ni les raisonnements plus ou moins sérieux d'Holbach et d'Helvétius. Si les libertins et les esprits forts avaient admis le Dieu d'Épicure, c'était comme un fait, non comme un bienfait, et qui donc pense à eux désormais? L'avocat Marais (1665-1737) n'en souffle mot, quoiqu'il se déclare « bayliste » (1).

Ce déisme froid et réfléchi, comme voulu, ne pouvait

---

(1) Voy. Aubertin, p. 41, 62; P. Albert, III, 112-157.

être un terme d'arrivée. Il se peut qu'on l'ait espéré un moment ; dans ce cas, l'erreur ne dura guère. Le spiritualisme chrétien et le matérialisme s'élèvent l'un en deçà, l'autre au delà, par assertions nettement contradictoires. Rousseau, quand il affirme que tout est bien sortant des mains de l'auteur des choses et que tout dégénère entre les mains de l'homme, donne-t-il vraiment envie de marcher à quatre pattes? Le gros de ceux qui préfèrent se tenir sur deux pieds ne nieront pas du moins que le philosophe de Genève a réveillé le sentiment religieux en proclamant la religion naturelle, et la foi au Dieu-Providence en négligeant le problème insoluble du bien et du mal. Sans doute il essaye de s'arrêter à moitié du chemin : sa Providence universelle ressemble fort au Dieu indifférent des épicuriens, puisqu'elle « se contente de présider au tout, sans s'inquiéter de la manière dont chaque individu passe cette courte vie ». Mais il a lancé le mouvement, et le mouvement ne s'arrêtera plus. Grâce à lui, le sentiment est devenu le fond de la croyance. « J'ai trop souffert en cette vie, a-t-il dit, pour ne pas en attendre une autre (1). » Et Chateaubriand, parlant de sa mère morte, s'écriera bientôt : « J'ai pleuré et j'ai cru ». Il n'y a pas à raisonner avec le cœur, puisqu'il a, selon Pascal, des raisons que la raison ne connaît pas. Rousseau disant que si la mort de Socrate est d'un juste, celle de Jésus est d'un dieu, n'a pas voulu donner à entendre tout ce qu'on suppose, ni proclamer la divinité substantielle du Christ ; mais il touche au christianisme, à un christianisme qui, insuffisant pour les chrétiens, s'oppose victorieusement pour le grand nombre au courant matérialiste dont le siècle à ce moment est emporté.

Ce courant qui supprime Dieu et matérialise l'âme entraînait Diderot parmi tant d'autres. Diderot voudrait résister, il est parti du déisme (2); sa fougue ne lui permet pas longtemps de suivre une impulsion donnée ; par privilège

---

(1) Citations de P. Albert, III, 243, 245. Cf. R. Doumic (*Revue des Deux Mondes*, 15 sept. 1894, p. 446).
(2) Voy. son premier ouvrage, *Essai sur le mérite et la vertu*, 1743.

du tempérament et par droit du talent il a bientôt pris la tête. Quatre ans écoulés, il n'a plus que des objections contre l'existence de Dieu (1). Et cependant, il ne paraît pas un athée bien convaincu, puisque, à l'exemple de Spinoza, il répand Dieu dans toute la nature. Il se contente de rire en petit comité de ce pauvre patriarche de Ferney qui s'acoquine à son Dieu personnel, de repousser avec Holbach, Helvétius, Naigeon et autres parangons accrédités de l'athéisme, le Dieu vengeur et rémunérateur qui agit par colère ou bienveillance, selon des volontés propres non impassibles et qu'on serait tenté d'appeler capricieuses. Ce qu'est, au vrai, Diderot, c'est, comme nos vieux libertins, un sectateur de la nature. Il veut qu'on en suive les indications, car nos instincts sont infaillibles et partant doivent être notre seule loi. Or la nature ignore le bien et le mal, le vice et la vertu, l'estime de soi et le remords; elle ne tient pas dans ses balances plus de compte du roseau pensant que des autres êtres auxquels elle donne incessamment la vie. Toute loi civile en contradiction avec la loi de nature est mauvaise.

Diderot insinue donc, plus qu'il ne le professe, un matérialisme atténué. Le baron d'Holbach, Allemand établi à Paris, bientôt suivi du médecin Helvétius, l'exagère, le propage à grand bruit et à grands frais. Il est assez riche pour faire éclore sous son patronage, clandestinement en France, publiquement en Hollande, une foule d'ouvrages négatifs, agressifs, auxquels vient se joindre le sien (2), où la doctrine ne s'enveloppe plus de circonlocutions, mais où elle reste embarrassée dans une contradiction singulière : elle suppose en effet que nos facultés nous permettent de voir la matière telle qu'elle est et ne nous permettent pas de voir l'esprit tel qu'il est, puisque nous ne lui voyons pas d'atomes et que le matérialisme suppose qu'il en est composé. En ce moment-là on ne brûlait guère dans le royaume moins d'une trentaine d'ouvrages de ce genre; mais si le bûcher

(1) Voy. sa *Lettre sur les aveugles*, 1747.
(2) *Système de la nature*, 1770.

qui dévorait jadis les auteurs n'arrêtait pas toujours leurs idées, comment celui qui ne brûlait plus que des volumes aurait-il eu plus d'efficace? Les esprits étaient soulevés et il suffisait d'une accalmie à attendre ou d'un ruisseau-frontière à franchir pour que le livre supprimé chez nous y pût revoir le jour ou fût ailleurs aussitôt réimprimé. Le feu n'avait été qu'un puissant moyen de propagation. « Il est bigot, c'est un déiste », était une parole devenue courante.

Or que les esprits fussent soulevés et dans un perpétuel mouvement, c'est un fait acquis à l'histoire. On était en marche vers la Révolution. Jamais les êtres humains n'avaient éprouvé tant de propension à se rapprocher les uns des autres et à se communiquer leurs vues. Les salons sont plus nombreux, plus fréquentés, plus brillants qu'aux beaux jours du « grand règne », et ils ne s'éclipsent plus dans le rayonnement du « Roi-Soleil ». Les gens de lettres, qui ne pénétraient pas aisément dans son Versailles et qui ne reculaient pas devant les bassesses pour y être admis, ont des héritiers qui dédaignent le Versailles de son indigne successeur, le sultan du Parc aux Cerfs. C'est à Paris que la marquise de Lambert, la maréchale de Luxembourg, M%%me%% Du Deffand, M%%lle%% de Lespinasse, M%%me%% d'Épinay, M%%me%% de Tencin aussi, qui ne sut pas, comme Ninon, être un honnête homme, tiennent leurs assises; que M%%me%% Geoffrin donne comme elles ces soupers de « chère succincte » dont parle Marmontel, mais de conversation intarissable où se posaient incessamment et se débattaient les plus hardis problèmes, jusqu'au jour où elle bannissait de son salon ceux de ses convives qui avaient le verbe trop haut ou trop vif. Mais il aurait fallu, au lendemain de ces exécutions prudentes, la voir verser clandestinement à la caisse presque vide de l'*Encyclopédie* des sommes successives qui ne s'élevèrent pas à moins de trois cent mille francs (1). On eût compris dès lors quelle force avait reprise en se

---

(1) Voy. Tornezy, *Un bureau d'esprit au* XVIII%%e%% *siècle. Le salon de M%%me%% Geoffrin*, 1895; F. Hémon, *Revue pédagogique*, mars 1896, p. 243.

transformant le courant libertin, malgré les précautions qu'imposait encore le bras séculier plus que jamais au service de l'intolérante Église.

Viennent les dernières années de l'ancien régime : dans le salon grave de la très vertueuse et très protestante Mme Necker trône Buffon. Buffon vit isolé dans un temps dont il répudie les tendances ; il accomplit, à Montbard où il est dans toute son évidence seigneuriale, ses devoirs religieux de bon catholique avec une pompe qui semble une hebdomadaire profession de foi ; il mourra « muni, comme disent nos communications mortuaires, des sacrements de l'Église ». Mais il serait facile de relever dans son passé des paroles inquiétantes pour son orthodoxie, celle-ci, entre autres, qu'on pourrait remplacer le nom du créateur par celui de la nature. Ce mot-là semble échappé aux lèvres d'un de nos vieux libertins.

En sortant des salons, nous devons le rappeler au risque d'une redite, les hommes savaient fort bien retrouver le chemin du cabaret. Ils avaient soif, de vin peut-être encore, mais surtout d'une liberté non gênée par la décence, d'ailleurs variable et peu exigeante, que leur imposait la société des femmes. Le cabaret pourtant n'avait plus alors son ancienne vogue. Il eût suffi de la mode, qui use tout, pour expliquer cette décadence ; mais la crise de Law y avait contribué pour une large part. Du Marais les buveurs s'étaient portés en foule vers l'affreuse rue Quincampoix et la fangeuse ruelle qu'on appelait déjà la rue de Venise. En se déplaçant la débauche, de plus en plus crapuleuse, avait abouti, dans le bouge de *l'Epée de bois* et dans ses similaires, au vol, au meurtre, à l'assassinat, quelquefois avec la complicité plus ou moins ouverte du tavernier (1). Pour les gens de bon ton il fallait quelque chose de moins révoltant. Les cafés s'ouvrirent à eux (1669). La classe supérieure, la classe moyenne, désormais, au lieu de se gorger de vin jusqu'à s'alourdir, préfèrent siroter ce breuvage léger,

1 Voy. Fr. Michel, II, 340-356.

légèrement excitant. Le café Procope est resté célèbre, et les plus âgés d'entre nous l'ont vu encore ouvert. On fréquentait aussi chez la veuve Laurens, chez Gradot. A partir de quatre heures du soir, et surtout après la Comédie, affluaient les hommes de lettres (1), que venaient bientôt rejoindre, comme jadis au cabaret, les gens du monde et les gens de cour. On parlait de tout, de Versailles, de Paris, de la politique, de la religion, comme des lettres et des arts. On jugeait la pièce nouvelle, le livre du jour, on colportait à l'oreille les anecdotes, les épigrammes scabreuses ou hardies. Le fond est le même que par le passé, la forme seule a varié, elle s'est relevée.

Il se trouve des hommes sérieux qui aiment mieux converser dans tel petit entresol de la place Vendôme que dans le plus brillant salon ou dans le plus bruyant café. Nous parlons ici de ce fameux « club de l'Entresol », baptisé, croit-on, par Bolingbroke, mais fondé par l'abbé Alary. Ce clerc émancipé et quelques autres ecclésiastiques, diplomates, hommes d'État, restaient en deçà des philosophes, s'en tenaient au gallicanisme de Bossuet, n'y ajoutant qu'un article, de poids il est vrai, la tolérance. Un mot de d'Argenson pourrait bien donner leur note : « Aimer Dieu, se méfier des prêtres ». La seconde moitié du précepte avait un arrière-goût de libertinage. Elle exposait le club de l'Entresol à voir une police ombrageuse fermer ses portes. La première moitié le mettait en dehors du grand courant de l'opinion, lui ôtait par avance l'appui des philosophes qui allaient devenir les maîtres.

Salons, cabarets, tavernes, cafés, c'est là désormais, et non plus à la cour, qu'il faut chercher la société française au XVIIIe siècle. La souveraineté s'est déplacée. Elle passe à l'esprit soutenu par le nombre. Nous espérons avoir montré ou tout au moins indiqué en cet écrit la part trop méconnue des esprits forts et des libertins dans cette lente et progressive transformation. Une compression obstinée et aveugle

---

(1) Chaulieu, *Œuvres*, II, 44 ; Larroumet, *Marivaux*, p. 71.

poussa les libres intelligences au grand éclat de 1789. Qui ne parvient pas à étouffer ce qu'il comprime lui communique une force propre à renverser toutes les barrières. Le libertinage, né au xvie siècle, a traversé tout le xviie, se faisant protée pour se plier aux circonstances, hardi si le pouvoir était négligent ou faible, timide s'il devenait attentif et fort. Il a fallu les trois quarts de siècle (1715-1789) que l'histoire appelle le xviiie siècle, pour que cette école, qui paraissait n'être plus rien, prouvât qu'elle était restée quelque chose en attendant qu'elle devînt presque tout.

II

Jamais on n'a mieux vu à quel point il faut compter avec l'inexorable loi d'action et de réaction. La force des choses pousse l'humanité dans certaines voies, malgré d'inévitables arrêts ou retours en arrière, malgré les décevantes agitations du flux et du reflux. Après les siècles de foi qu'on appelle le moyen âge, à l'heure de la Renaissance, la pensée a entrepris de s'affranchir. Cent ans plus tard, ses envahissements manifestes sont l'effroi de ce qui a régné jusqu'alors. Vaincue par la religion que seconde le pouvoir civil et même la philosophie, cette alliée inconsciente, elle a bientôt repris, sous un roi enfant, ses avantages, au point même d'en pouvoir abuser, et elle en abuse.

Ce fut une faute capitale. Les conséquences en ont été graves. Nos pères croyaient n'avoir plus à compter sinon avec les religions, du moins avec les superstitions; nous les voyons refleurir de plus belle dans notre xixe siècle à son déclin, sous les formes les plus révoltantes pour la raison. En même temps un mysticisme de surface enveloppe des générations formées pourtant au culte de la science. Retour au passé plus apparent sans doute que réel, plus passager que durable, plus littéraire que philosophique, plus politique que vraiment religieux, mais bien propre à inspirer d'amères réflexions aux apôtres du « progrès » constant et indéfini, sans retour en arrière. De ce rêve d'antan nous sommes, en général, bien revenus. Toutefois, les progrès partiels et intermittents n'étant pas contestables, la question se pose de savoir si le mouvement d'émancipation qui se produisit au XVIe siècle et qui refusait à toutes les religions le droit de s'imposer, justement parce qu'elles y prétendent, fut un progrès ou un recul.

Répondre n'est point aisé. Ne pouvant émanciper l'esprit sans émanciper la vie, on retournait à la nature dont l'Église avait toujours contrarié les tendances. Or légitimer nos appétits c'était leur lâcher la bride. A quoi bon exciter certaines appétences toujours en quête de leur exutoire et que nous rougissons d'avouer ? L'effort de la religion en sens inverse n'avait été dangereux que par l'excès et l'outrance : s'il n'avait pu supprimer le mal il en avait amoindri la contagion. Entre ceux qui cachent leurs mauvaises mœurs et ceux qui les affichent les premiers ne sont pas les pires, si leur hypocrisie est un hommage du vice à la vertu, non une manœuvre de la chasse aux faveurs.

Le retour à la nature n'en fut pas moins la gloire de Montaigne et de Shakespeare au XVIe siècle, l'excuse des écarts libertins au XVIIe, un des mérites de Rousseau au XVIIIe. Gœthe regrettait que nos grands classiques se fussent obstinés à ne regarder la nature qu'à travers les anciens. L'esprit humain retrouva cette liberté de la pensée dont la soif est son honneur ; il put rompre avec l'ascétisme chrétien, réhabiliter le plaisir et la beauté, sans tomber dans l'excès opposé à celui du rigorisme chrétien. On eut beau écrire avec une majuscule le nom sacré de la Nature, faire d'elle une autre Providence, on ne put la rendre aussi anthropomorphe que le Dieu qu'elle détrônait. Elle resta moins portée aux volontés particulières, plus soumise aux lois d'origine mystérieuse qu'elle a subies ou qu'elle s'est données, selon qu'elle n'est pas ou qu'elle est l'incréé, auquel il faut toujours aboutir.

Point d'abîme donc entre ces deux conceptions, Dieu et la Nature. S'il y en a un, c'est dans les deux manières qui en résultent de concevoir la morale. Et encore! Avec le Dieu personnel des religions, son origine d'en haut la rend plus impérative. Avec la Nature, même divinisée, elle n'est plus qu'une conséquence du besoin de vivre en société. Il n'y a là qu'une différence de degré, car la préoccupation personnelle du salut est le fondement de la morale divine, et les sociétés humaines ne seraient pas viables sans un certain sentiment de justice, peut-être aussi de bonté. C'est nous-mêmes que nous voyons dans les autres hommes, ainsi qu'en Dieu. Il ne nous échappe pas que le respect du droit d'autrui est la plus sûre protection du nôtre. Si nous avons fait Dieu à notre image en le dégageant de toutes nos scories, en l'ornant de toutes nos qualités portées au plus haut point qu'il nous soit donné de concevoir, comment nos « semblables » ne trouveraient-ils pas en nous, quelle que soit la lutte des intérêts, les égards que nous commande notre intérêt bien entendu, en d'autres termes la raison? Le cœur y a sans doute la moindre part. Il ne l'a certainement pas plus grande dans « l'amour du prochain », que nous professons par obéissance à un Dieu arbitre suprême de nos félicités ou de nos tourments futurs.

Il faut le remarquer à l'honneur de ces libertins si souvent taxés d'égoïsme, c'est de leurs rangs qu'est sortie la formule nouvelle destinée, dans leur esprit, à remplacer l'amour de Dieu. C'est un d'eux, Molière, qui donne à l'athée perverti l'amour de l'humanité, devenant presque une religion. L'école, pour se former à sa voix, y a mis du temps; elle n'est encore ni bien fervente, ni bien nombreuse; mais la ferveur et le nombre s'en accroissent tous les jours. La chimère et les chimériques ne sont même plus des isolés. Du moins la fraternité, « l'altruisme », comme disent nos philosophes d'aujourd'hui, est un grand et incontestable progrès.

La gloire du christianisme est d'avoir dit non seulement qu'il ne faut pas faire à autrui ce que nous ne voudrions pas qu'on nous fît, mais encore qu'il faut nous aimer les uns les autres; sa faiblesse est de n'avoir pu imposer le respect pratique de ces nobles préceptes ni aux ouailles, ni même aux pasteurs. Jamais cet aphorisme, d'une vérité d'ailleurs trop constante, *homo homini lupus*, n'a été plus vrai qu'aux temps où l'Église faisait à tous la loi. On pourrait dire qu'elle contribua sans le vouloir au succès des loups en proposant aux hommes, pour les détourner du mal et les pousser au bien, les terreurs de l'enfer et les espérances du paradis. Cet appât est celui qui convient aux âmes rudimentaires. « Plus une religion est grossière, disait Fustel de Coulanges, plus elle a d'empire sur la masse du genre humain (1). » Ainsi se justifient ou s'excusent ceux qui prêchent ce qu'ils ne pratiquent pas, et même ceux qui pratiquent ce qu'ils ne croient pas. Mais tant que la morale reposera sur de telles bases, on ne pourra dire qu'elle ait atteint un niveau bien élevé : elle ne sera toujours que la morale de l'intérêt. Qu'il s'agisse de sauver notre âme dégagée des liens du corps dans une vie à venir ou de protéger notre personne entière dans la vie présente, c'est un intérêt égoïste qui nous guide, « l'amour-propre » de La Rochefoucauld.

Heureusement, il y a au fond, tout au fond de nous, un instinct de dévouement et de sacrifice. Cet instinct sommeille sans doute chez le plus grand nombre, et ne s'y éveillera jamais. La morale de l'Église et du prédicateur est presque aussi impuissante à cet égard que la morale de l'école et de l'instituteur. Mais cette fleur rare s'épanouit dans certains êtres d'élite, incrédules comme croyants, et même, chose bien propre à nous tenir en défiance de nos plus légitimes présomptions, chez des malheureux qui sont loin d'appartenir à l'élite, qui ont voué leur existence au mal. Sur la cire molle que nous sommes au début, l'éducation peut quelque chose, disons mieux, elle peut beaucoup ; mais elle ne détermine pas plus les grands dévouements, le sacrifice de soi, qu'elle ne crée les talents. L'esprit, a-t-on dit, souffle où il veut ; du cœur on pourrait dire qu'il bat où il peut. Les

---

(1) Voy. P. Guiraud, *L'œuvre historique de Fustel de Coulanges* (*Revue des Deux Mondes*, 1er févr. 1896, p. 106).

facultés intellectuelles et les affectives non seulement naissent selon de mystérieux caprices du sort ou de l'hérédité, mais encore elles se développent sans loi ni règle, contre vent et marée, fréquemment contre l'attente ou même contre la volonté de l'éducateur. Quand nous avons cessé d'être une cire molle, nous devenons un terrain de culture où les soins de la famille et de la société, soit cléricale, soit laïque, pourront faire germer et grandir ce qu'elles n'ont pas semé ; encore, si nous voulons être sincères, confesserons-nous, dans le plus grand nombre des cas, notre humiliante impuissance. Ce que nous pouvons faire de mieux dans l'intérêt des êtres qui nous sont chers ou dont, par un acte de volonté, nous cherchons à procurer le bien, c'est d'observer d'un œil intelligent et déférent les indications de la nature, pour les seconder, ou, au besoin, pour les rectifier si c'est en notre pouvoir. L'essentiel se résume en un mot, c'est qu'il ne faut pas courir toujours, comme dit Agnès, l'épicurienne naïve, après « ce qui fait du plaisir ».

Si nous sommes sages, nous ne nous flatterons pas de gagner à cette doctrine austère le suffrage universel. Les Agnès de tout sexe, sans compter tant d'autres gens plus calculateurs et par conséquent moins excusables, continueront à suivre leur penchant, et nous ne cesserons de nous heurter à ce tuf humain qui ne se laisse pas entamer. Les plus vertueux ont pour fils un coquin ; des coquins donnent le jour à une perle d'honnêteté. Tel mathématicien est plus surpris que charmé de devoir à un romancier qui n'a jamais aligné que des phrases, le retentissement de son nom. Qui pourra dire jamais de quels éléments sont formés ces produits inattendus ? Qui ne serait confondu de la contradiction si frappante entre la cause et l'effet ? Après l'Église, qui prêche la charité et produit, provoque même les horreurs du moyen âge, la Révolution s'accomplit au nom de l'individualisme, et c'est elle qui met en circulation le mot de « fraternité » ; elle se montre plus soucieuse des misères humaines qu'on ne l'a été auparavant. L'instinct social est chez nous ce qui étonne le plus les Américains, ces individualistes par excellence. Or l'instinct social qui nous pousse à améliorer la condition des misérables n'est autre chose que cet amour et cette religion de l'humanité dont nous avons relevé le premier cri dans le libertin Molière.

L'amour de l'humanité indépendant de toute métaphysique, voilà donc le sommet où peut aboutir la plus éthérée morale, comme la plus terre à terre. Le libertinage y aboutit ouvertement, non par un détour comme les religions. S'il n'y a pas recruté beaucoup de fidèles, s'il est à craindre qu'il n'y en recrute jamais une nombreuse phalange, les fidèles du bien ne sont nombreux sous aucune bannière. La brute qui sommeille au fond de nous, et qui trop souvent a de hideux ou d'atroces réveils, diffère moins qu'on ne pense des autres bêtes, objet de nos dédains parce que nous nous obstinons à voir d'elles à nous une différence de nature, non de degré. Les exagérations de la théologie et aussi de la métaphysique si longtemps sa servante, ont provoqué une réaction qui s'efforce de mettre la morale d'accord avec la physiologie, c'est-à-dire avec la nature.

Cette réaction, très incomplète encore, risque fort, à son tour, d'aller trop loin, de compter pour trop peu ces dévouements, naturels aussi, qui ne s'enseignent pas et où l'humanité met en lumière ce qu'elle a de meilleur, l'esprit de sacrifice. Mère peu tendre et qu'on pourrait appeler marâtre, l'impassible nature n'a pas donné à l'homme de supériorité plus incontestable sur les autres êtres de la création que sa faculté de s'émouvoir instinctivement aux périls de qui ne lui doit pas la vie, et de souffrir avec réflexion du mal d'autrui. Ce n'est plus ici la fonction mécaniquement remplie par le castor, l'abeille, la fourmi et tant d'autres animaux. Les dévouements que l'animal-homme raisonne sont les plus nobles de tous. Il n'y a pas à chercher plus loin ce qui fait de nous une aristocratie parmi les êtres vivants.

La morale sociale, comme celle du christianisme, n'en a pas moins ses dangers. La morale chrétienne, en prêchant la charité, a encouragé la paresse et fait lever des myriades d'abjects mendiants. La morale de la Révolution a fait sortir du sol des générations d'hommes qui prétendent qu'on les nourrisse, qu'on les loge, qu'on les habille, qu'on les enseigne, qu'on les voiture, qu'on leur fasse des rentes, non plus à titre gracieux, mais par devoir strict et sous une sanction pénale. On voit très bien ce qu'y gagnera le vice et ce qu'y perdra la dignité. De telles exigences ne sont propres qu'à refroidir le zèle... ne disons plus « charitable », puisque l'abus du mot en a discrédité l'usage, disons « fraternel ». Notre honneur sera de le ramener, malgré nos désillusions, à sa ferveur primitive, quelle que doive être notre récompense. Nous n'oublierons pas qu'au-dessus de cette morale sociale qui a sur la morale religieuse la supériorité de pouvoir être imposée par l'État agissant au nom de la communauté, il y a une morale plus haute et plus pure parce qu'elle est désintéressée, parce qu'elle ne dépend ni de l'État, ni de la religion, ni de la métaphysique, parce que l'hérédité, l'éducation en transmettent et, sur les terrains riches, en font germer les vivifiants préceptes, le bien étant quelquefois, par bonheur, contagieux comme le mal.

Le libertinage ne s'est que par exception élevé aussi haut. Nous ne lui en ferons pas un reproche. La métaphysique est trop abstruse, la solution des problèmes qu'elle pose trop incertaine pour qu'on ne soit excusable de n'en avoir pas une bien arrêtée. Sans parler davantage de la morale du dévouement, la morale sociale ne paraît même pas avoir attiré l'attention des libertins. Ils ne semblent pas avoir vu qu'il n'y a rien de plus essentiel dans la vie des hommes réunis en société, que la croyance au bien et à la justice, au nom de quelque principe que ce soit. S'ils avaient eu plus d'ouverture d'esprit sur ce point capital, ils auraient obtenu l'estime qu'on ne refuse ni à Gassendi, ni à Molière, ni à Bayle. Heureux pourrait-on les dire si, pour les désigner, le nom d' « esprits forts » eût prévalu sur celui de « libertins », car leurs contemporains eussent montré par là qu'ils les tenaient pour gens portés à s'affranchir des préjugés et des superstitions plutôt qu'à chercher leur plaisir.

Mais même avec leurs tares, ils ont marqué leur place dans la marche et l'histoire de la pensée française. Cette place, on la leur a contestée. Pour la garder, ils ont dû un temps s'effacer jusqu'à faire les morts ou du moins jusqu'à dissimuler leur courant comme fait le Rhône, — ne craignons pas de rappeler en terminant cette comparaison qui a sa justesse, — quand il disparaît momentanément sous la terre. Comme lui, les libertins ne tardent pas à reparaître, mais on ne s'expliquait ni cette disparition ni cette réapparition avec le néant entre elles. Rien n'indiquait comment le xviii° siècle avait pu reprendre le cours du xvi° et de la première moitié du xvii°, que la seconde a si fortement contrarié et si victorieusement refoulé. Il nous a suffi de quelques coups de pioche pour revoir dans les entrailles du sol le fleuve coulant à l'étroit, sans bruit perceptible et sous la protection des ténèbres. Nous avons pu constater que la compression lui rendait la force de briser les barrières et de se répandre à nouveau au grand jour, mais cette fois, sous des couleurs modifiées, en vrai triomphe, en véritable inondation.

FIN

INDEX DES NOMS

A

Ackermann (Mme), 263, 265.
Adam, 161.
Adam (maître), 220.
Agen, 77, 261.
Agrippa (Corneille), 81.
Alary, 408.
Albret (d'), ?
Alexandre le ?, 321.
Amaury de Be..., 28.
Ambreville, 153.
Américains, 389.
Amérique, 128.
André (Père), 10, 79, 237.
Anet, 227, 291, 348, 349.
Angennes Pisani, 164.
Annat, 111.
Anne d'Autriche, 25, 52, 111, 138, 147, 148, 156, 170, 176, 181, 192, 232, 251, 284, 342, 352.
Anne de Gonzague, 162, 165-169, 190.
Anvers, 165.
Aonius Palearius, 42.
Apocolokyntose, 23?.
Arétin, 33.
Argenson, 145, 408.
Arioste, 82.
Aristote, 40, 42, 63, 101, 125, 135, 191, 383, 388.
Arnault, 14, 111, 153, 201, 202, 205, 260, 284, 301, 324, 336.
Arnoux, 77.
Arpe, 63.
Artigues, 230.
Aspasie, 189.
Asserac, 79.
Assoucy, 218, 219, 234-336, 244.
Astolphe, 177.
Athées, 13-16, 32, 62, 64, 72, 81, 82, 107, 141, 308, 335, 318.
Aubigné (Agrippa d'), 54, 282.
Auguste, 131.
Augustinus Niphus, 32.
Aulnoy (Mme d'), 349.
Aureng-Zeb, 294.
Avenet, 166.
Averroès, 29, 63.
Avranches, 298.

B

Bachaumont, 105, 107, 170, 189, 220, 230, 291.
Bacon, 13, 18, 398.
Baillet, 290.
Baltus, 387.
Balzac (Guez de), 52, 75, 84, 122, 172, 197, 243, 255, 256.
Barbier, 372, 402.
Barbin, 59.
Bardin, 219, 223, 261.
Bardouville, 108, 117, 213.
Barletta, 79.
Baron, 282.
Bassinet, 403.
Bassompierre, 65, 76.
Batrachomomachie, 232.
Bautru, 109, 110, 130, 260.
Bayard, 198.
Bayle, 28, 63, 114, 126, 132, 141, 162, 287, 292, 296, 318, 327, 329, 331-337, 367, 386, 396, 398, 401, 415.
Beghards, 28.
Bellegarde, 53.
Belle-Isle, 224.
Bellièvre, 130.
Belot, 223.
Belurget, 124.
Benserade, 173, 192, 196, 218-220, 271, 274, 343, 372.
Bentivoglio, 59.
Bernard de Chartres, 28.
Berne, 7.
Berni, 232, 234.
Bernier, 188, 227, 278, 281, 291, 293-297.
Bernis, 279.
Béroalde de Verville, 54.
Berthelier, 7.
Berthelot, 76, 80.
Bérulle, 54, 110.
Berviu (veuve), 219.
Besplas, 404.
Bessarion, 129.
Bêtes, 47, 136, 138, 189, 246, 389, 414.
Béthune, 352.
Beys, 219, 220, 238.
Bèze, 82, 90.
Bilot, 223.
Blois (Mlle de), 377.
Blot, 103-105, 107, 224, 291.
Boccace, 14, 30, 149, 233.
Bodin, 14, 43.
Boileau, 3, 12, 13, 15, 20, 75, 88, 132, 149, 152, 153, 189, 196, 217, 219, 220, 222, 225, 227, 228, 230, 231, 237, 243, 248, 253, 256, 258, 260, 261, 264, 265, 271, 277, 294, 299, 309, 362, 365, 379.

INDEX DES NOMS.

Boisdauphin, 344.
Boisguillebert, 327.
Boisrobert, 110-114, 225, 244.
Bois-Yvon, 118, 119.
Bolingbroke, 403.
Bologne, 128.
Borro, 140.
Bossuet, 9, 10, 13, 15, 16, 20, 22, 23, 25, 37, 49, 51, 52, 146, 147, 161, 163, 165, 167, 168, 178, 182, 201, 206, 209, 217, 253, 254, 261, 271, 284, 298, 302-304, 307, 316, 318, 323-325, 333, 336, 366, 377, 393, 395, 396, 402, 408.
Bossuet (Mme), 178, 261.
Bouchard, 71, 121, 122.
Boucingo, 219.
Bougerel, 123, 130, 227, 229.
Bouhours, 9, 113, 196.
Bouillier, 57, 300.
Bouillon, 341, 342, 352.
Bouillon (chev. de), 345, 357, 360.
Bourbon l'Archambault, 309.
Bourdaloue, 24, 146, 150, 182, 187, 190, 271, 283, 285, 304, 307, 321, 393, 394.
Bourdelot, 162, 166.
Bourdoise, 97.
Bourleroy, 183.
Boursault, 116, 261, 309-314, 348, 393.
Brancas, 171.
Brantôme, 50.
Breton (gentilhomme), 84.
Brèves, 85, 86, 89, 90.
Brienne, 148.
Brinon (Mme de), 371.
Brinvilliers, 175.
Brion, 103.
Brisach, 182.
Brissac, 170, 303.
Brissac (Mme de), 173.
Broglie, 349.
Brossette, 291.
Broussin (abbé), 219.
Broussin (comte), 344.

Broussin (frères), 230.
Brueys, 367.
Brun (poète), 223.
Brunetière, 306.
Bruscambille, 54.
Brutus, 48.
Bruxelles, 265, 267.
Buckingham, 148.
Buffon, 407.
Burlesque, 232-234, 237, 242, 250.
Bussy, 150, 157, 160, 167, 177-182, 190, 195, 196, 204, 288.
Butte, 223.
Byzantins, 31.

C

Cabarets, 72, 73, 151, 218, 219, 227, 234, 327, 328, 344, 345, 407.
Cafés, 345, 368, 407.
Calvin, 7, 8, 13, 35, 124, 126, 127.
Campanella, 69-71, 131.
Campistron, 368.
Canaye, 208, 210, 213.
Capucins, 182.
Cardan, 33, 62, 64, 81, 83.
Cardinaux, 128.
Casaubon, 32.
Castelnau (maréchale de), 191.
Catelet, 80.
Catinat, 367.
Caton, 48.
Caussin, 79.
Caylus (Mme de), 304.
Cesalpini, 62, 64.
César, 131, 321.
Chalon-sur-Saône, 116.
Chamfort, 392.
Champigny (Marc de), 122.
Champmeslé, 247.
Chantelauze, 204.
Chantilly, 80, 283.
Chapelain, 218, 220.
Chapelle, 73, 105, 107, 121, 189, 219, 220, 226-229, 230, 235, 236, 240, 244, 262, 266, 270, 281, 291, 293-295, 353, 354, 357, 365, 367, 378.

Charles II, 53.
Charles VII, 352.
Charleval, 188, 259.
Charma, 383, 390.
Charrier, 82.
Charron, 10, 54-58, 60, 81, 83, 125, 137, 210, 211, 213, 214, 297, 299, 330, 403.
Chassaingrimont, 223.
Chateaubriand, 41, 401.
Châteauneuf, 189, 363.
Châteaupers, 223.
Château-Thierry, 276.
Châtillon, 164, 188.
Châtillon (Mme de), 189, 193.
Chaulieu, 88, 189, 227, 228, 259, 345, 348-359, 360, 363, 365, 372, 373, 375-377, 379.
Chavigny, 87.
Ché... 344.
Chev... (Mme de), 167, 18...
Choi...
Choisy (abbé de), 177, 378.
Choisy (Mme de), 190, 191.
Christine de Suède, 54, 155, 166, 224, 340, 367.
Cicéron, 147.
Cinq-Mars, 76, 106, 107, 120, 214, 288.
Citois, 111.
Clément VIII, 62.
Clérambaut, 214.
Clichy, 348.
Coconas, 61, 63.
Coiffier, 219.
Colbert (ministre), 320, 370.
Colbert (Charles), 174.
Coligny (Mme de), 155.
Coligny-Saligny, 159.
Colletet, 77, 80, 219, 220, 237, 242, 261, 278.
Colonna (Prince), 340.
Commercy, 302, 308.
Concini, 59, 89, 72.
Condé (famille), 400.
Condé (père du héros), 164.
Condé (mère du héros), 192, 256.

INDEX DES NOMS.

Condé (le héros), 120, 146, 158-166, 169, 177, 181, 192, 200, 208, 209, 259, 264-266, 283, 292, 310, 365.
Condé (fils du héros), 107, 347.
Condé (petit-fils du héros, M. le duc), 369, 374.
Condillac, 383.
Condorcet, 51.
Conrart, 111, 226, 299.
Conti, 149, 163, 256, 277, 284, 326, 339.
Coras, 218.
Corbinelli, 188, 193, 200.
Cordeliers, 177, 198.
Corneille, 11, 140, 143, 220, 223, 235, 242, 252, 274, 309, 343, 391.
Cornuel (Mme), 112, 264.
Corsini, 95.
Cosme Ruge...
Cosnac, 16...
Costar, 172...
Cotton, 59.
Coulanges (abbé de), 188, 259.
Coulanges (Mme de), 191.
Courcelle - Lenoncourt (Mme de), 191.
Courcelle - Marguenat (Mme de), 191.
Courtin, 189, 315, 355, 356.
Cousin (Victor), 63, 67, 137, 142, 164.
Cramail, 65, 214.
Crébillon, 393.
Cremonini, 64, 114, 124.
Créqui, 206, 214.
Cyrano, 243-250, 272, 274, 291, 294, 310, 377.

D

Dalesso, 184.
Damiens, 391, 399.
Dancourt, 145, 304, 344, 345.
Dangeau, 240, 319, 358, 362.
Daniel (Père), 138.
Dante, 29, 283.

Daunou, 36.
David de Dinan, 28.
Delorme (Philibert), 348.
Démocrite, 136.
Des Barreaux, 70, 114-117, 119-121, 127, 147, 185, 213, 219, 264, 266, 281, 285, 291.
Descartes, 14, 18, 20, 25, 49, 51-53, 96, 100, 101, 123, 132, 135, 137-139, 141-143, 147, 191, 192, 212, 228, 275, 282, 293, 295, 299-302, 325, 327, 333, 335, 336, 363, 371, 375, 377, 383, 389, 402, 403.
Des Houlières (Mme), 114, 115, 230, 231, 263-270, 287, 292, 321, 343, 349, 360, 365.
Des Houlières (Mlle), 266.
Des Houlières (Chevalier), 264.
Deslandes-Payen, 238.
Des Maizeaux, 332.
Des Marais, 188, 189.
Desmarets, 220.
Desmoulins (Camille), 148.
Destouches, 393.
Diderot, 16, 187, 261, 279, 291, 327, 333, 337, 398, 401, 404, 405.
Diodati, 71.
Dolet (Étienne), 42.
Domitien, 144.
Dubois (abbé), 189.
Du Bos (abbé), 320, 322.
Duc (M. le). Voy. Condé.
Duchatelet (Mme), 322.
Duclos, 253.
Du Deffand (Mme), 252, 344, 347, 406.
Du Fail (Noël), 41.
Du Fargis (mère), 205.
Dufrénoy, 393.
Du Lude, 90, 103.
Du Maurier, 224.
Dumège, 67.
Dumoulin, 82.
Dunoyer, 349.
Du Perron, 200.
Du Puy, 122.
Durand (Mme), 349.

Du Ryer, 220.
Du Tillet (Mme), 147.
Du Toc, 219.
Du Tort (Mme), 191.
Du Vair, 54, 55.

E

Elbène, 188, 238.
Elbeuf, 184, 319, 320.
Entresol, 408.
Epernon, 52, 53.
Éphèse, 91, 177.
Épicure, 16, 17, 19, 40, 48, 127, 134-136, 191, 194, 206, 211, 212, 240, 275, 281, 292, 295, 301, 333.
Épicurisme, 17, 213.
Épinay (Mme d'), 349, 406.
Érasme, 36-38.
Ésope, 310.
Esprits forts, 22, 23.
Estampes de Valençay, 108.
Estienne (Henri), 8, 36, 39, 43, 336.
Eugène (Prince), 149, 340.
Eutrope, 225.
Évreux, 225.

F

Faret, 113, 117, 152, 220, 223, 225, 226.
Fénelon, 207, 307, 325-327, 366, 391, 396, 397.
Ferrare, 40.
Fervaques, 171.
Fiesque, 171.
Fiesque (Mme de), 191, 210.
Fite, 345.
Fléchier, 270.
Florence, 30.
Flotte, 221, 238.
Fontanier, 68, 69.
Fontenay, 298.
Fontenelle, 188, 327, 348, 365, 372, 379-393, 39...
Fontrailles, 106, 107, 170.
Forel, 345.
Foucquet (abbé), 178.
Foucquet (Mme), 240.
Fraguier (abbé), 189.
France, 6, 36, 66.

INDEX DES NOMS.

Francheville (Abbé), 270.
François Ier, 35.
Francon, 66.
Frédéric II (empereur), 30.
Frédéric II (de Prusse), 403.
Frenicle, 77.
Furetière, 8, 9, 218, 220, 270, 401.
Fustel de Coulanges, 412.

G

Gabrielle d'Estrées, 88.
Gallien, 85.
Gand, 161.
Garasse, 10, 14, 15, 44, 56, 63, 65-69, 77, 79, 81, 100, 115, 116, 211, 225.
Gassendi, 28, 43, 53, 55, 70, 71, 96, 122, 123, 127, 132-139, 153, 211, 228, 239, 244, 247, 262, 266, 275, 280-282, 290, 291, 293, 297-301, 303, 383, 398, 415.
Gaston d'Orléans, 4, 103-106, 156, 181, 272.
Gautier (Garguille), 232.
Gazette de France, 283.
Gazier, 199.
Gedoin le Turc, 86.
Gedoyn (abbé), 189.
Genève, 6, 7.
Genest (abbé), 366, 372, 374, 375, 377, 378.
Genlis (Mme de), 388.
Gentilly, 122, 123.
Geoffrin (Mme), 241, 349, 406.
Gesvres, 224.
Giordano Bruno, 60, 64.
Giraud (Ch.), 46, 145, 210, 325, 331.
Gobelin, 104.
Gœthe, 410.
Gombaud, 220.
Gomberville, 257.
Gonzague (Marie de), 222, 224.
Gonzague. Voy. Anne de.
Gournay (Mlle de), 98, 130.

Gourville, 188.
Gradot, 408.
Grammont (chev. de), 157, 171, 188, 213, 361, 362.
Grammont (duc de), 180, 181, 188.
Gramond, 63, 67.
Grandchamp, 213.
Grégoire VII, 129.
Grignan (Mme de), 200, 204.
Grimarest, 282.
Grimaud (Mme), 392.
Grimm, 384, 391, 392.
Gros Guillaume, 282.
Grotesque, 234.
Gruet, 7.
Guébriant (maréchale de), 171.
Guérin, 79.
Guicciardin, 32.
Guiche, 157, 158, 164, 177, 179, 180, 188, 288.
Guiet, 122.
Guillaume III, 159, 321.
Guillaume de Malmesbury, 29.
Guillaume des Autelz, 41.
Guise (archev.), 166.

H

Habert de Montmor, 139, 299.
Hamilton, 171, 361, 362, 393.
Hanotaux, 95, 96.
Harcourt, 117, 157, 176, 221, 222, 224, 226, 320, 344.
Hardouin, 14.
Harlay (Ach. de), 85.
Harlay (Franç. de), 273.
Hegel, 142.
Helvétius, 78, 337, 381, 403, 405.
Hémon, 206.
Hennezon, 202.
Henri IV, 50, 51, 53, 85, 88, 151.
Hercule, 321.
Hérouard, 91.
Hermant, 202.

Hervart (Mme), 275.
Hesnaut, 261-263, 266, 270, 281, 292.
Hippeau, 113.
Hobbes, 134, 135, 297, 398.
Hocquincourt, 208, 213, 252, 306.
Holbach, 403, 405.
Horry, 41.
Huet, 93, 131, 297-305.
Hugo, 238.
Huygens, 188.
Hyde (lord), 383.

I

Innocent III, 28.
Innocent XI, 178.
Italie, 128.
Italiens, 52, 284.

J

Jacqu... ...7.
Jacqu... ...5.
Jansénistes, 62, 99, 131, 141, 207, 284.
Jansenius, 14.
Jean de Meung, 41.
Jeannin, 56, 89.
Jésuites, 62, 63, 99, 128, 147, 150, 198, 284, 291, 298, 303, 363.
Jésus-Christ, 6, 30, 67, 317, 404.
Joconde, 177.
Joinville, 249.
Joli (Guy), 199.
Joly (Claude), 261.
Joseph (Père), 95.
Joséphe, 91.
Julien l'Apostat, 102.
Jurieu, 316, 383.
Jurieu (Mme), 331.
Juvénal, 144.

K

Kant 47.

L

La Boétie, 188.
La Brosse, 86.

INDEX DES NOMS. 421

La Bruyère, 11, 15, 140, 198, 256, 267, 284, 290, 304, 307, 308, 319, 322, 334, 393, 394.
La Chaise (Père), 267.
La Fare, 148, 189, 278, 314, 345, 359-362, 368.
La Fayette (Mme de), 190, 191, 265, 299, 304, 340.
La Ferté, 345.
La Ferté (maréchale de), 190.
La Fontaine, 10, 25, 41, 149, 189, 207, 227, 233, 242, 274-278, 290, 299, 343, 349-351, 353, 354, 368, 401.
La Force (duc de), 352.
La Force (Mme de), 349.
La Framboisière (Mme de), 279.
La Frette, 214.
La Garde, 264.
Lagrange-Chancel, 379, 393.
La Harpe, 382.
Lainez, 366, 367.
La Lande, 87.
Lalanne (Ludovic), 3.
Lamartine, 265.
Lambert, 219.
Lambert (Mme de), 191, 304, 365, 372, 379, 406.
La Meilleraie, 341.
La Mennais, 131.
La Mesnardière, 180.
La Mettrie, 78, 403.
Lamoignon, 128, 145, 204, 344.
La Mole, 61.
La Monnoye, 318.
La Morellière, 345.
Lamotte, 223.
Lamotte-Houdart, 379, 384.
La Moussaye, 159, 164.
Lamy, 219, 345.
L'Angely, 109.
Lanoue, 10.
La Planche, 219.
La Peyrère, 164, 165.
Larivey, 281.
La Rochefoucauld, 25, 143, 148, 149, 169, 173,

186, 203, 205-207, 252, 266, 334, 352.
La Rochefoucauld (cardinal de), 80, 95.
La Sablière (Mme de), 191, 275, 278, 279, 281, 294, 296.
La Serre, 219.
Lassay, 189.
La Suze (Mme de), 155, 167, 190, 240, 256.
Launay (Mlle de), 349, 372, 374, 377, 379.
Laurens, 368, 408.
Laurent de Médicis, 33.
Lauzun, 188.
Laval-Boisdauphin (Mme de), 151.
La Vallière (Mlle de), 179, 285, 319, 340.
Lavardin, 171-175.
Law, 407.
Lebret, 240.
Le Clerc (Jean), 303.
Le Camus, 177, 179, 182.
Le Coigneux, 220.
Leibniz, 203, 308, 383, 396.
Lejay (Père), 303.
Le Laboureur, 171.
Léon X, 31, 32.
Le Parquet, 238.
Le Roux, 184.
Lesage, 304, 343, 358, 393.
Lesdiguières (Mme de), 204, 240.
Lespinasse (Mlle de), 349, 406.
L'Estoile, 88, 220.
Le Tellier, 201, 275.
Leti, 341.
Leucippe, 130.
Le Vayer (La Motl.), 54, 102, 122, 123, 129-132, 141, 244, 299, 338.
Lhéritier (Mme), 349.
L'Hermite (Pierre), 272.
L'Hermite. Voy. Tristan.
L'Hôpital, 14.
Liance, 192, 193.
Liancourt, 15, 170.
Lignou (comte de), 219.
Linières (chev. de), 230, 231.
Linières (Jésuite), 162, 163.

Lionne, 169, 170, 188, 214, 288.
Livry, 259.
Locke, 136, 327, 334, 383, 398.
Londres, 77, 207, 210, 215.
Longueville (Mme de), 161, 164, 167, 168, 176, 190, 284.
Lopez, 110.
Loret, 107, 235, 236, 274, 319.
Lorraine (Chev. de), 157, 158.
Louis XI, 272.
Louis XIII, 51, 59, 62, 80, 86, 103, 108, 149, 235, 273.
Louis XIV, 20, 25, 49, 51, 73, 131, 138, 143, 146, 149, 150, 178, 179, 181, 182, 194, 218, 235, 242, 251, 252, 255, 282, 283, 289, 290, 319, 326, 333, 340, 343, 348, 354, 362, 399, 401.
Louis XV, 146, 149, 392, 399, 406.
Louis XVI, 346.
Louvois, 150, 180, 348, 360.
Lucien, 65.
Lucrèce, 1, 16, 267, 263, 281, 286, 295.
Luillier, 79, 120-122.
Luther, 13, 35-37, 81, 82, 124, 127.
Luxembourg (maréchale de), 406.
Luynes, 59, 76-78.

M

Mably, 398.
Machiavel, 32, 64, 83, 154.
Madame (duchesse d'Orléans), 157, 158.
Madame (Palatine), 111, 145, 158, 159, 162, 163, 166, 193, 251, 283, 308, 320, 370, 377, 396, 400.
Madelonnettes, 185.
Mademoiselle (de Montpensier), 148, 151, 156, 160.

Mademoiselle (duchesse de Savoie), 235.
Mahomet, 30.
Maignelais (Mme de), 197.
Maillard, 79.
Maine (duc du), 370-372.
Maine (duchesse du), 349, 369-372, 374, 375, 378, 379.
Maintenon (Mme de), 11, 13, 73, 150, 191, 205, 238-242, 284, 285, 290, 307, 318, 319, 326, 353, 370, 371.
Mairet, 76, 219.
Maisons, 329-331.
Malebranche, 14, 102, 275, 336, 377, 383.
Malenfant, 67.
Malézieux, 372-376.
Malherbe, 52, 75, 84, 85, 88, 101, 140, 233, 238, 265.
Mallenoë, 219.
Malte, 176.
Mancini (Hortense), 207, 209, 212, 215, 294, 341-343, 265.
Mancini (Laure), 339, 346.
Mancini (Marie), 340, 341, 365.
Mancini (Marie-Anne), 341-343, 349.
Mancini (Olympe), 340.
Mancini. Voy. Nevers.
Mangot, 59.
Manicamp, 157, 177, 179, 180.
Manzuoli, 69.
Marais (Mathieu), 403.
Marca (Pierre de), 14.
Maréchal, 120.
Marescot, 14.
Margitès, 232.
Marie de Médicis, 52, 59, 85, 88-90, 103, 147, 264.
Marie Stuart, 102.
Marie-Thérèse, 168.
Marigny, 105, 109, 219, 223-225, 240, 279.
Marion de l'Orme, 114, 119, 120, 151, 189, 238.
Marivaux, 284, 334, 372, 389.
Marmontel, 241, 403, 406.

Marot, 16, 147, 176, 228, 237.
Marsile Ficin, 32.
Martel (Mme de), 240.
Martin, 210.
Martinozzi, 338.
Martinozzi (Anne-Marie), 339.
Martinozzi (Laure), 341.
Mascaron, 174.
Massillon, 145, 307, 318, 393, 402.
Matha, 107, 108, 170, 171, 188.
Maucroix, 183, 257, 277-280.
Maugras, 98.
Maupeou, 402.
Maurice de Nassau, 61.
Maynard, 76, 220, 221, 240.
Mazarin, 95, 105, 107, 111, 128, 148-150, 168, 172, 181, 182, 199, 201, 224, 243, 251, 252, 328, 338, 340, 342, 352, 364, 397.
Ménage, 15, 42, 216, 240, 263, 343.
Ménippée, 232, 281.
Mercœur, 339.
Mercure François, 63, 67.
Métel. Voy. Boisrobert.
Méré (chev. de), 200, 248.
Mersenne (Père), 14, 81, 100, 122, 134.
Mesmes (Mme de), 179.
Mésopotamie, 162.
Michelet, 322.
Mignot, 219.
Millevoye, 265.
Miosseus, 160, 188, 214.
Miramion (Mme de), 177.
Mitton, 117, 118, 214.
Moïse, 30, 124, 189, 224, 363.
Molé (Père Athan.), 77.
Molé (proc. gén.), 78, 155.
Molière, 10, 13, 16, 18, 23, 25, 41, 189, 204, 220, 227, 228, 235, 242, 248, 262, 265, 275, 280-290, 291, 307, 309, 323, 343, 401, 411, 414, 415.
Molière d'Essartine, 223.
Monaco (Mme de), 158, 190.

Moncrif, 372.
Monet (Philibert), 8.
Monsieur, 111, 131, 140, 156-158.
Montaigne, 12, 18, 36, 41, 44-48, 53, 70, 98, 102, 130, 137, 185, 207, 210, 211, 213, 214, 281, 297, 335, 336, 403, 410.
Montauban, 115.
Montauron, 264.
Montbazon (Mme de), 214.
Montchal, 95.
Montespan (Mme de), 177, 182.
Montesquieu, 214, 337, 398, 400, 401.
Montluc, 65.
Montmorency, 76, 77, 80.
Moreau, 117.
Moret (comte de), 103.
Morin (docteur), 134.
Morin (poète), 76.
Morosini, 166.
Motteville (Mme de), 107, 148, 153, 156, 161, 162, 166, 168, 170, 174, 182, 183.
Mozambique, 128.
Mulot, 98.
Musset-Pathay, 204.

N

Naigeon, 405.
Nature, 18, 37, 40, 41, 44, 45, 54, 66, 67, 70, 82, 140.
Naudé, 14, 18, 32, 36, 55, 74, 102, 122-126, 127, 132, 234, 244, 262, 299.
Navarre (reine de), 76.
Necker (Mme), 407.
Nemours (duchesse de), 200.
Nervèze, 224.
Nevers, 177, 179, 182, 344, 364-366, 369.
Newton, 398.
Nicole, 14, 201, 284, 308.
Nicot, 8.
Ninon de l'Enclos, 97, 113, 120, 184-192, 207, 214, 242, 278, 281, 288, 291, 294, 333, 349, 363, 406.

INDEX DES NOMS.

Nisard (Désiré), 402.
Nodler (Ch.), 243.

O

Olivarès, 130.
Olonne (comte d'), 214, 341.
Olonne (Mme d'), 167, 180, 190.
Omelette, 115, 116, 350.
Oratoriens, 192.
Orléans (Phil. d'), 318, 377, 384.
Ottaviano des Ubaldini, 29.
Oudin, 8.
Ovide, 235.

P

Padoue, 39, 40.
Palaprat, 315, 367.
Palatine. Voy. Madame et Anne de Gonzague.
Panat, 65, 84.
Panthéisme, 6, 28, 60, 64.
Paracelse, 81, 83.
Paris, 6, 82, 144.
Paris (Paulin), 67, 257.
Parnasse Satyrique, 77, 78, 80, 82, 83.
Parny, 265.
Particelli d'Emeri, 183.
Pascal, 10, 14, 23, 44, 51, 58, 117, 131, 143, 146, 207, 208, 239, 253, 299, 300, 336, 345, 389, 395, 403, 404.
Pasquier (Etienne), 42.
Passaut, 191.
Pasteur, 4.
Patin (Guy), 11, 32, 42, 55, 66, 70, 86, 91, 101, 117, 127, 128, 125-129, 132, 133, 135, 144, 145, 161, 164, 165, 176, 199, 244, 252, 259, 297, 307, 332.
Patru, 183, 184, 270.
Paul V, 85.
Paulet (Mlle), 256, 264.
Pauline, 140.
Pauquet, 172, 173.
Pavillon, 259, 270, 271.
Payen (Mme), 264.

Peiresc, 70, 122.
Pélicier (Guillaume), 43.
Pelletier, 220, 261.
Pellisson, 237.
Péréfixe, 138.
Périclès, 120.
Perrault, 261, 266, 310, 389.
Perrin, 261.
Petit (Claude), 153.
Petitval, 219.
Pétrarque, 29.
Pétrone, 91.
Philippe le Bel, 41, 346.
Picot (abbé), 117, 118.
Pilate, 122.
Pilou (Mme) 264.
Piron, 109, 157, 358.
Platon, 47, 69, 120, 125, 191, 300.
Pline le Jeune, 151.
Plutarque, 132.
Pocques, 6.
Poggio, 149.
Poitevin, 145.
Polyeucte, 13, 115, 140.
Pomponace, 13, 32, 34, 62, 63, 81, 83, 151.
Port-Royal, 43, 141, 198.
Potel, 117, 238, 240.
Pradon, 261, 265, 310, 365.
Praslin, 104.
Prevost-Paradol, 206.
Procope, 408.
Protestants, 62.
Proudhon, 16.
Provinciales, 194, 198.
Prudence, 85.
Puymorin, 219.
Pulci (Luigi), 31.
Puy Laurens, 224.
Pyrrhon, 57, 211.

Q

Quesnel, 11.
Quevedo, 232.
Quinault, 261, 274.
Quintin, 6.

R

Rabelais, 16, 18, 38-42, 98, 121, 149, 277, 281, 336.

Racan, 84, 88, 195, 220, 265, 274.
Racine, 75, 220, 227, 242, 264, 270, 271, 277, 281, 300, 318, 343, 365, 368.
Raincy (libertin), 117.
Raincy (localité), 282.
Rambouillet (financier), 264, 278.
Rambouillet (Mme de), 151, 239, 256.
Ramus, 42.
Rancé, 201, 214, 265.
Raoul Glaber, 29.
Rapin (Père), 138, 257.
Raulin, 79.
Raynaud (Père), 79.
Rebellinu, 3, 315.
Rebout, 41.
Redon (abbé de), 65.
Regnard, 301, 393.
Régnier, 16, 41, 76, 277, 281.
Rémond, 189.
Rémusat, 51.
Renaissance, 31, 35, 40, 58.
Renan, 16, 384.
Rennes, 182.
Retz, 9, 25, 108, 119, 143, 155, 160, 169, 170, 173, 196-205, 213, 221, 238, 288.
Richelet, 8, 9, 183, 401.
Richelieu, 25, 50, 51, 59, 87, 93-101, 105, 106, 109, 110, 113, 120, 128, 131, 147, 148, 151, 181, 199, 221, 225, 252, 397.
Rigault, 145.
Riolan, 127.
Rivarol, 392.
Rivière (abbé), 103.
Rivière (chevalier de), 171.
Robespierre, 15, 148.
Robinet, 220.
Rochefort (maréchale de), 360.
Rœderer, 150.
Rohan (Mme de), 189.
Roissy, 179.
Romainville, 177.
Rome, 121, 164, 174.
Ronsard, 13, 75, 233, 238.

INDEX DES NOMS.

Roquelaure, 14, 175-177, 180.
Rose, 170.
Rosteau, 288.
Rotrou, 220.
Rouen, 6.
Roullin, 283.
Rousseau (J.-B.), 180, 363, 368.
Rousseau (J.-J.), 78, 275, 334, 337, 398, 404, 410.
Rousseau (La), 334.
Rouville, 188.
Ruvigny, 214.

S

Sablé (Mme de), 151.
Sablé (ville), 173.
Sacchetti, 31.
Saint-Amant, 117, 218-223, 225, 226, 234, 243.
Saint Ambroise, 17.
Saint-Antoine (faubourg), 182.
Saint Augustin, 17, 19, 277.
Saint-Barthélemy, 125.
Saint-Brice, 223.
Saint-Cloud, 115.
Saint-Cyran, 54, 65, 207, 217.
Saint-Denis, 203.
Saint-Evremond, 13, 75, 137, 143, 147, 157, 173, 184, 185, 188, 201, 202, 207-215, 219, 240, 274, 285, 293, 294, 296, 327, 341, 361, 362.
Saint François de Sales, 54, 207.
Saint-Gelais, 259, 273.
Saint-Germain, 189.
Saint Ibal, 108, 117, 147, 213.
Saint Jean Chrysostome, 326.
Saint Jérôme, 17.
Saint Julien, 237.
Saint-Lazare, 197.
Saint-Louis, 109, 403.
Saint-Louis (île), 181.
Saint-Luc (Arthur d'Epinay), 65.
Saint-Mihiel, 200, 202, 205.
Saint-Pavin, 105, 139, 213, 258-261, 270, 285.
Saint-Pierre (abbé de), 326, 327, 336, 382, 394, 398.
Saint-Réal, 341.
Saint-Simon, 51, 156, 157, 170, 186, 187, 194, 303, 318, 329-331, 345-349, 352, 357, 358, 364, 365.
Saint-Sorlin, 260.
Saint Thomas d'Aquin, 326.
Saint Vincent de Paul, 172, 197, 256.
Sainte-Aulaire, 378, 379.
Sainte-Baume d'Aix, 84.
Sainte-Beuve, 25, 46, 51, 52, 163, 194, 196, 206, 207, 213, 257, 259, 262, 264, 280, 282, 295, 303, 306, 309, 336, 352-354, 358.
Sainte-Marthe, 43, 205.
Salons, 151, 152, 160, 184, 406.
Sanchez, 299.
Sanguin (abbé), 260.
Sannois, 183.
Sarasin, 163, 188, 196, 218, 240, 256, 274, 299.
Saumaise, 122.
Sauval, 85.
Sauvebœuf, 214.
Scaliger, 11, 42.
Scarron, 87, 105, 111, 160, 188, 219, 220, 234, 237-242, 273, 299.
Sceaux, 369-378.
Scepticisme, 44.
Scipion, 198.
Scot Erigène, 28.
Scudéry, 75, 151, 216, 220, 222, 240, 242.
Segrais, 240, 299, 343.
Séguier, 258.
Séjan, 245.
Senaux (mère de), 249.
Sénèque, 17, 27, 124, 127, 132, 262.
Senlis, 231.
Sévère, 140.
Sévigné (Mme de), 9, 25, 105, 149, 158, 173, 175, 177, 187, 190, 191, 200-201, 206, 223, 240, 259,
263, 265, 304, 341, 365.
Sextus Empiricus, 48, 49, 301.
Shaftesbury, 332.
Shakspeare, 410.
Sigogne, 76.
Sillery, 89.
Singlin, 284.
Sirmond, 131.
Smith (Richard), 97.
Socrate, 57, 120, 146, 189, 212, 404.
Soissons (comte de), 108.
Soissons (ville), 298.
Somaize, 194, 266.
Sonninge, 201, 356.
Sorbière, 132, 139, 296, 297.
Sorel (Ch.), 54, 218.
Souvré, 188, 344.
Spinoza, 18, 60, 292, 293, 303, 326, 405.
Stoïciens, 17, 18.
Subligny, 237.
Sully, 52, 53, 96.
Sully (Mme de), 191.
Surmont (Mme de), 190.

T

Tabarin, 54, 228, 232.
Taine, 318.
Tallart, 180.
Tallemant des Réaux, 51, 84, 87, 93, 96, 103, 105, 108, 109, 117, 118, 121, 129, 155, 176, 177, 185, 191, 192, 203, 222, 230, 245, 256, 257, 270.
Tambonneau, 240.
Tassoni, 111, 234.
Temple, 227, 291, 346, 348-351.
Templiers, 346.
Tencin (Mme de), 349, 382, 400.
Téniers, 218.
Tennemann, 133.
Térence, 228, 242.
Termes, 170.
Terray, 402.
Tertullien, 27.
Têtu (abbé), 189.
Théophile de Viau, 74-80, 82-85, 114, 122, 147,

INDEX DES NOMS.

218, 220, 223, 243, 255, 261, 274, 279, 288, 310.
Thésée, 321.
Thierry (Augustin), 3.
Thierry (Jean), 8.
Thou (Jacques-Aug. de), 42.
Thou (Fr.-Aug.), 107.
Thury, 320.
Tilladet, 180.
Tilly, 224.
Titreville, 261.
Toland, 303.
Tormes, 232.
Toulongeon, 104.
Toulouse, 62, 66, 176, 249.
Touraine, 77.
Tournelles (rue des), 185-191.
Tournemine, 387.
Tréville, 214.
Tristan l'Hermite, 220, 249, 271-274.
Trublet, 382.
Turenne, 15, 61, 176, 200, 208, 343.
Turlupin, 232.

U

Ubaldini, 59, 89, 91.
Urbain VIII, 70.
Urfé, 151, 373.
Uxelle, 344.

V

Valets, 170, 183.

Vallée (Geoffroy), 43.
Valois (Louis de), 55.
Van Dale, 386.
Vanini, 62-68, 83.
Varangeville, 329.
Vardes, 183, 288.
Varicarville, 180.
Vassé, 188.
Vauban, 326, 327, 336, 394, 398.
Vauquelin de la Fresnaye, 87.
Vauquelin. Voy. Yveteaux.
Vauvenargues, 334.
Vendôme (fils d'Henri IV), 88, 91.
Vendôme, 227, 277, 291, 339, 344, 345, 351, 352, 365.
Vendôme (duc de), 339, 342, 345, 347-350, 352.
Vendôme (grand prieur), 189, 277, 339, 345-349, 352, 365, 367, 374.
Venelle (Mme de), 338.
Venise, 40, 128.
Vergier, 367, 368.
Verneuil (Mme de), 272.
Versailles, 282, 283.
Vialart, 170.
Vignory (Mme de), 182.
Vilgard, 29.
Villandry, 344.
Villarceaux (abbé de), 112, 344.

Villars (maréchale de), 329.
Villedieu (Mme de), 190.
Villeroy, 89, 308.
Villon, 72, 237.
Vinet, 296.
Virgile, 90, 127.
Vitré, 175.
Vitry, 59, 170, 314.
Vivonne, 177-180, 182, 288, 360.
Voisenon, 279.
Voisin (chancelier), 349.
Voisin (la), 340, 342.
Voisin (Père), 79, 80.
Voiture, 75, 105, 148, 173, 216, 240, 256, 259, 274, 279, 372.
Voltaire, 9, 14, 15, 27, 41, 65, 66, 125, 132, 146, 143, 189, 214, 227, 229, 274, 282, 296, 324, 333, 336, 337, 350, 354, 359, 363-368, 380, 385, 391, 392, 398-402, 405.
Vossius, 341.

W

Walckenaer, 386.
Waller, 213.

Y

Yveteaux (Vauquelin des), 74, 87-93, 184, 288, 352, 373.

INDEX

DES AUTEURS ET DES TITRES D'OUVRAGES CITÉS.

Un chiffre à la suite d'un nom d'auteur indique la page où le titre de l'ouvrage cité est donné pour la première fois, par conséquent *in extenso*; le nombre des chiffres répond aux différents ouvrages cités d'un même auteur.

A

Actes des apôtres, 8.
Albert (Paul), 39.
Alembert (d'), 271.
Alibray (d'), 225.
Alleaume, 75.
Amabile, 71.
Anselme, 347.
Argenson (d'), 391.
Arnauld, 202.
Assoucy (d'), 235, 236.
Aubertin, 141.
Audin, 8.
Auger, 275, 367.
Aumale (d'), 164.
Avenel (d'), 97.

B

Babou, 153, 224, 262, 318, 351.
Baillet, 290.
Balzac (Guez de), 67, 173.
Barthélemy (Ed. de), 206.
Bartholmèss, 398.
Baudouin, 60.
Bayle, 335, 386, 386.
Bentivoglio, 59.
Bernardin, 76.
Bernier, 293, 295.
Béroalde de Verville, 54.
Bertin (Ernest), 205.
Boccace, 14.
Boileau, 122.
Bois d'Annemetz (de), 90.
Boissière, 275.
Bonnivard, 7.
Bossuet, 9, 10, 13, 37.
Bouchard, 131.
Bougerel, 122.
Bourdaloue, 24, 187.
Boursault, 310.
Boyer (Philoxène), 362.
Brucker, 135.
Brueys, 367.
Brun (P.-A.), 65.
Brunetière, 18, 145, 325, 319.
Burckhardt, 13.
Burigni, 37.
Bussy-Rabutin, 51.

C

Cabinet Satyrique, 76.
Camburat, 138.
Cardan, 33.
Caro, 246.
Carte géographique de la Cour, 167.
Casaubon, 32.
Chantelauze, 198.
Chapelle et Bachaumont, 107.
Chapelle, 228.
Charma, 381.
Chasles (Philarète), 79, 274.
Chaulieu, 345.
Chéruel, 168.
Chevræna, 193.
Choisy, 150.
Cicéron, 47.
Colbert, 174.
Coligny-Saligny, 160.
Corneille, 235.
Cougny, 55.
Courcelle, 347.
Cousin (Victor), 59, 204.
Cousin d'Avalon, 390.
Crépet, 109.
Cyrano, 243.

D

Dangeau, 150, 170, 320.
Dante, 29.
Dardier, 6.
Delaporte, 194.
Délices de la poésie française, 91.
Denis (Jacques), 14.
Descartes, 138.
Des Houlières (Mme), 144, 231.
Des Maizeaux, 332.
Despois, 51.
Desnoiresterres, 180.
Diderot, 6, 401.
Diogène de Laerte, 18.
Documents historiques pour l'histoire de France, 298.
Doumic, 287, 291.
Durand (David), 68.
Du Vair, 54.
Duvernet, 363.

E

Encyclopédies, 6.

INDEX.

Érasme, 37.
Etienne (Louis), 55.

F

Fagniez, 95.
Faret, 152.
Fénelon, 307.
Flögel, 236.
Flottes, 298.
Flourens, 391.
Fontenelle, 383-385, 388-390.
Fouchy, 381.
Fournel (Victor), 74.
Fournier (Edouard), 72.
France italianisée, 150.
Franck, 23.

G

Garasse, 15, 43.
Garsonnet, 210.
Gassendi, 134, 135, 138.
Gautier (Théophile), 75.
Gauthiez (Pierre), 33.
Gazier, 13, 14, 198.
Gebhart, 36, 40.
Geffroy, 241.
Genest, 349.
Géruzez, 76.
Gilbert, 294, 334.
Giraud (Ch.), 13.
Godefroy (Fréd.), 8.
Gournay, 298.
Gourville, 178.
Gréville (Mme Henry), 318.
Gramond, 67.
Grimarest, 228.
Grimm, 381.
Grousset (René), 79.
Guichard, 42.
Guillaume de Malmesbury, 29.
Guiraud (Paul), 412.
Guyau, 18.

H

Hanotaux, 95.
Hauréau, 172.
Hémon, 206, 406.
Henry (C.), 298.
Hermant, 14.
Hesnaut, 263.

Hippeau, 112, 165, 255, 257.
Holbach (d'), 405.
Huet, 298, 301, 302.

J

Jacob (Bibliophile), 43.
Jacquinet, 164.
Janet (Paul), 138, 285.
Journal des Savants, 227.
Journal de Paris, 183.

L

Labitte, 121, 217.
Labouderie, 46.
La Bruyère, 15.
La Croix du Maine, 41.
La Fare, 148.
La Harpe, 383.
Lalanne (Lud.), 373.
La Monnoye, 54.
Lanfrey, 333.
Lanusse, 46.
La Rochefoucauld, 149.
Lassay, 189.
Launay (Mlle de), 349.
Le Bas, 230.
Lehanneur, 174.
Le Laboureur, 171.
Lemontey, 170.
Lenient (Ch.), 79, 116.
L'Estoile, 89.
Le Vayer (La Mothe), 54, 129, 131.
Littré, 10.
Loret, 172.

M

Machiavel, 32.
Madame (la Palatine), 111, 150, 160.
Mademoiselle, 157.
Maintenon (Mme de), 241, 371.
Malenfant, 67.
Malitourne, 369.
Manuel (Eug.), 369.
Marivaux, 285, 322.
Marais (Mathieu), 117.
Marlot, 108.
Martzoutel, 373.
Martha, 18.

Massillon, 308, 319.
Maucroix, 258.
Maulde (R. de), 74.
Maury (Alfred), 391.
Mazarin, 199.
Mazarin (Mme de), 330.
Mémoires d'Estat, 90, 91.
Ménage, 113.
Menagiana, 243.
Mercure françois, 59.
Mersenne, 81.
Mesnard (Paul), 138.
Michel (Francisque), 72.
Michon (Joseph), 196.
Mignet, 7.
Millet (R.), 39.
Molière, 10.
Monet, 8.
Montaigne, 12.
Montchal, 108.
Morel (Jean), 380.
Motteville (Mme de), 107.
Muse Coquette, 220.

N

Naudæana, 18.
Naudé, 14, 70.
Nicole, 308.
Nisard (Ch.), 68.
Nisard (Dés.), 37.

O

Olivet (d'), 378.
Ouville (d'), 112.

P

Palaprat, 367.
Palombo, 60.
Parnasse Satyrique, 77.
Patin (Guy), 11.
Patiniana, 29.
Pellisson, 225.
Percy (Lucien), 341.
Peiresc, 70.
Perrens, 29, 59, 304.
Pessonneaux, 369.
Pichon (Jérôme), 88.
Piron, 157.
Pontchateau, 14.
Platon, 189.
Prevost-Paradol, 206.

INDEX.

Q

Quatrains du déiste, 76.
Quens, 384.

R

Raoul Glaber, 29.
Racine (Jean), 300.
Racine (Louis), 227.
Rapin (Père), 138.
Rebelliau, 37.
Réflexions sur les grands hommes, 134.
Renan, 29.
Renée, 157.
Renouard, 172.
Retz, 9.
Rigault, 145.
Rolland, 305.
Rou (Jean), 153.
Roullier, 283.
Rousseau (J.-J.), 401.
Ruchet, 8.

S

Saint-Amant, 222.
Saint-Evremond, 13.
Saint-Pavin, 258.
Saint-Réal, 339.
Saint-Simon, 109, 162.
Sainte-Beuve, 52, 58, 118.
Salins (Hugues de), 98.
Sandras des Courtilz, 51.
Sanguin, 232.
Sapey, 55.
Sauval, 85.
Scarron, 105, 173.
Schmidt, 28.
Schramm, 68.
Sénèque, 17, 27.
Sévigné (Mme de), 9.
Sinet, 373.
Somaize, 194.
Stapfer, 46.

T

Taine, 275.
Tallemant des Réaux, 34.
Taschereau, 73.
Texte, 327.
Thomas (Félix), 135.
Tillet (Titon du), 271.
Tornezy, 406.
Trévoux (Mémoires de), 9.

Tristan L'Hermite, 273.
Trublet, 382.

U

Urbain, 225.

V

Valois (Adrien de), 117.
Vanini, 18, 63, 64.
Vauvenargues, 334.
Vie de Descartes, 133.
Viollet-le-Duc, 153, 231, 263.
Vision des pèlerins du Parnasse, 78.
Voltaire, 14, 27, 105.
Voyage du monde de Descartes, 138.

W

Waddington (Ch.), 43.

Y

Yveteaux (Vauquelin des), 91, 92.

TABLE DES MATIÈRES

Avant-propos...	1
Introduction...	5
Chapitre préliminaire. — Origines du libertinage. — Le xvi⁰ siècle.	27
Chap. I⁰ʳ. — Au xvii⁰ siècle. — Avant Richelieu...............	50
— II. — Sous Richelieu...................................	94
— III. — Sous Louis XIV. — La jeunesse. — I. Gens de cour et gens du monde...........................	143
— IV. — Sous Louis XIV. — La jeunesse. — II. Gens de lettres goinfres et burlesques................	216
— V. — Sous Louis XIV. — La maturité. — Gens de lettres ni goinfres ni burlesques................	251
— VI. — Sous Louis XIV. — Le déclin. — Gens de cour, gens du monde, gens de lettres.............	308
Conclusion..	394

www.ingramcontent.com/pod-product-compliance
Lightning Source LLC
Chambersburg PA
CBHW050913230426
43666CB00010B/2152